Theodore Zeldin

GUT LEBEN
EIN KOMPASS DER LEBENSKUNST

Aus dem Englischen
von Claus Sprick

Hoffmann und Campe

Die Originalausgabe erschien 2015 unter dem Titel *The Hidden Pleasures of Life.*
A New Way of Remembering the Past and Imagining the Future
im Verlag MacLehose Press, London.

1. Auflage 2016
Copyright © 2015 by Theodore Zeldin
Für die deutschsprachige Ausgabe
Copyright © 2016 by Hoffmann und Campe Verlag, Hamburg
Covergestaltung: glanegger.com, München
Coverabbildung: © Liudmyla Marykon / shutterstock
Satz: Dörlemann Satz, Lemförde
Gesetzt aus der Apollo und Adam CG
Druck und Bindung: CPI books GmbH, Leck
Printed in Germany
ISBN 978-3-455-50391-3

Ein Unternehmen der
GANSKE VERLAGSGRUPPE

FÜR DEIRDRE WILSON

INHALT

Vorwort 9

1 Was ist das große Abenteuer unserer Zeit? 15
2 Wann ist ein Leben vergeudet? 33
3 Wie bewahrt man sich vor Selbsttäuschungen? ... 47
4 Bleibt einem etwas anderes übrig,
   als ein Rebell zu sein? 64
5 Was haben die Armen den Reichen zu sagen? 78
6 Was haben die Reichen den Armen zu sagen? 91
7 Wie viele Arten des Selbstmords gibt es? 109
8 Wie kann ein Ungläubiger einen
   Gläubigen verstehen? 123
9 Wie kann sich eine Religion ändern? 136
10 Wie lassen sich Vorurteile überwinden? 154
11 Wie kann man über die Zukunft nachdenken,
   ohne sie vorhersagen zu wollen oder Ängste
   zu schüren? 175
12 Ist Spott die wirksamste Form gewaltlosen
   Protests? 189
13 Wie kann man Sinn für Humor erwerben? 203
14 Was hindert die Menschen, sich im eigenen
   Land richtig wohl zu fühlen? 218
15 Wie viele Nationen kann man gleichzeitig lieben? .. 235

16 Warum fühlen sich so viele verkannt, ungeliebt und nicht wirklich lebendig? 251
17 Wie könnten Frauen und Männer anders miteinander umgehen? 266
18 Wie kann man dem Mangel an Seelengefährten abhelfen? 280
19 Ist eine andere Art sexueller Revolution möglich? . . 297
20 Gibt es für Künstler noch andere Ziele als die Selbstdarstellung? 318
21 Was ist interessanter, als eine Führungskraft zu werden? 334
22 Was bringt es, so hart zu arbeiten? 355
23 Kann man seinen Lebensunterhalt auch vergnüglicher verdienen? 372
24 Was kann man in einem Hotel sonst noch tun? 387
25 Um was können die Jüngeren die Älteren außerdem noch bitten? 407
26 Reicht es, im Herzen jung zu bleiben, um nicht zu vergreisen? 423
27 Was lohnt es zu wissen? 439
28 Was bedeutet es, lebendig zu sein? 455

Wo findet man Nahrung für den Geist? 470
Namensverzeichnis 473

VORWORT

Kämpfen Sie für Ihre Rechte! Protestieren Sie! Ignorieren Sie die Schrecken ringsum, amüsieren Sie sich, seien Sie glücklich! Verdienen Sie Geld, arbeiten Sie hart, gewinnen Sie Einfluss! Verbergen Sie Ihre Falten! Sind diese Ermahnungen – und andere Ratschläge dieser Art – die einzigen Waffen, mit denen wir uns gegen die Grausamkeiten des Lebens wehren können? Die Menschheit ist nicht mehr dieselbe wie zu der Zeit, als diese alten Schutzmechanismen erfunden wurden. Wir wissen mehr als je zuvor und haben mehr Enttäuschungen erlitten, als uns in Erinnerung geblieben sind. Jetzt haben wir die Chance, uns aus der Abhängigkeit von abgewirtschafteten Versionen der Ideale zu befreien, die früher einmal nur Schönheit und Hoffnung auszustrahlen schienen. Deshalb habe ich versucht, andere Ideale zu finden, verborgene, unausgesprochene oder vergessene, indem ich der Geschichte menschlicher Erfahrung aus meinem persönlichen Blickwinkel nachgegangen bin.

Jedes Kapitel meines Buchs beginnt mit der Stimme einer Person, die aus einer anderen Epoche und Zivilisation stammt und vor einer der großen Entscheidungen stand, wie sie ein jeder zu treffen hat, und erzählt die Geschichte ihrer persönlichen Erfahrung. Daraus entwickelt sich ein Gespräch, in dem ich frage, welche anderen Antworten heute denkbar wären, welche Chancen in der Vergangenheit vertan wurden und welche Möglichkeiten sich seitdem eröffnet haben. Die Figuren in diesem Buch sind keine Helden, denen es nachzueifern gilt. Teils habe ich sie ausgewählt, weil sie besonders aufrichtige persönliche Zeugnisse hinterlassen haben, was zum einen nahelegt, dass es manchmal einfacher ist, mehr über Tote zu erfahren, wenn deren private Geheimnisse enthüllt werden, als über Lebende, die sich so viel Mühe geben, die ihren zu verbergen, zum anderen aber auch, weil mich ihre unerwarteten Gedanken über Wege, die die Menschen in der Zukunft einschlagen könnten, inspiriert haben. Sie haben mich angeregt, bei der Suche nach dem, was ein Leben ausmachen kann, neue Richtungen einzuschlagen, mir zu verdeutlichen, was mir entgangen ist, und zwischen dem, was Menschen sind, und den Etiketten zu unterscheiden, die sie sich selbst anheften. Die Geschichte ist nicht nur eine Aufzeichnung dessen, was geschehen ist und warum es geschah, sondern regt vor allem die Phantasie an.

Ich beginne mit der Untersuchung noch unerprobter Optionen, die Menschen offen stehen, wenn sie sich machtlos oder isoliert vorkommen, sich unter ihrem wirklichen Wert eingeschätzt fühlen oder frustriert sind, weil ihnen die Begleiterscheinungen der Zivilisation nicht passen. Ich erkunde vernachlässigte Pfade, die über die Grenzen hinausgehen, die durch Geld, Vorurteile, Täuschungen und Missverständnisse gezogen wurden, und konzentriere mich auf das, was geschieht, wenn zwei Fremde einander begegnen, wobei ich den Begriff des Paares erweitere und darunter nicht nur Menschen verstehe, die sich lieben oder einmal geliebt haben oder zusammenleben, sondern auch »Paare des Geistes«, die sich unabhängig von Zeit, Ort oder körperlicher Vereinigung bilden. Neugier kann ein Verlangen erzeugen, das ebenso mächtig ist wie körperliches Begehren. Ideen können dauerhafte Bindungen schaffen, selbst wenn sie von Illusionen über einen selbst oder über andere geprägt sind (Kapitel 1–7).

Später begegne ich Menschen, die als Angehörige einer großen Gruppe, einer Nation oder einer Religion auftreten (Kapitel 8–16). Je tiefer ich in die Geschichte eindringe und betrachte, wie diese Gruppen wurden, was sie sind, und wie sehr sie sich von ihren Ursprüngen entfernt haben, desto klarer wird mir, dass die scheinbar unerbittlichen Schranken um sie herum weniger starr sind, als sie zunächst scheinen. Unter der Oberfläche der Metaphern verbergen sich zahlreiche Ungewissheiten, mit denen sie sich abgrenzen, und Lehrsätze, die interne Konflikte verhüllen oder von aufgegebenen Idealen ablenken. Ist es unvermeidlich, dass Menschen immer wieder vergessen, wie sehr sie die Gewalttaten, zu denen ihre leidenschaftliche Loyalität geführt hatte, im Nachhinein bedauert haben? Warum hat das Vergnügen, über menschliche Torheiten zu lachen, so wenig dagegen ausrichten können? In der Geschichte der Beziehungen zwischen Männern und Frauen (Kapitel 17–19) finde ich den einen oder anderen Fingerzeig, wie sich stumpfsinnige Gewohnheiten allmählich ablegen lassen könnten.

Danach wende ich mich dem großen Rätsel zu, warum so viele Menschen einen so großen Teil ihrer wachen Stunden mit langweiligen, sinnlosen und manchmal sklavischen Tätigkeiten verbringen, warum es nicht genug lohnende und das Leben bereichernde Jobs gibt, die den Talenten neuer Generationen angemessen sind, und warum es am Arbeitsplatz oft mehr Enttäuschung, Verrat und Intrigen gibt als in der Familie (Kapitel 20–25). Was mir in Unternehmen und Regierungen widerfahren ist, hat mir vor Augen geführt, wie schwer sie sich tun, sich zu ändern, aber auch, dass sie durchaus anders sein könnten. Das Wort »business« bedeutete ursprünglich so viel wie Sorge, Bedrängnis, Eifer oder Mühe. Also gehe ich der Möglichkeit nach, diesem Begriff wieder zu einem neuen Sinn zu verhelfen, der auf einer lebensbejahenderen Philosophie beruht. Die Triumphe der Technik und der Medizin verdanken wir unablässigen Versuchen, der »Forschung und Entwicklung«; daher möchte ich aufzeigen, wie Freiberufler und Unternehmen neben ihren bestehenden Praktiken eine Art Versuchslabor unterhalten könnten, um in einem überschaubaren Rahmen verschiedene Möglichkeiten durchzuspielen, sich neu zu erfinden und einem breiteren Spektrum heutiger Bestrebungen entgegenzukommen.

Meine letzten Kapitel (26–28) befassen sich mit der Kunst, über den Lauf der Zeit nachzudenken. Ich halte es sogar für möglich, das Altern und den Tod in einem milderen Licht zu sehen.

Wie also könnte man beginnen, menschliche Energien auf andere Weise zwischen sexuellen, geschäftlichen und auf dem Gedankenaustausch beruhenden Beziehungen aufzuteilen? Das Misstrauen und die Missverständnisse, die das Leben zur Qual machen, lassen sich häufig durch ein Gespräch unter vier Augen ausräumen, aber viele Gespräche sind banal, werden hastig geführt, erweisen sich als Monologe oder sind bloß das menschliche Gegenstück zum Vogelgesang, nur ohne dessen Schönheit, und wiederholen endlos denselben Refrain vor demselben kleinen Kreis von Zuhörern. Ein Buch ist hingegen eine Einladung an den Leser, sich in dem Rhythmus, der ihm genehm ist, auf ein stilles Gespräch mit dem Autor und seinen Figuren einzulassen. Dieses Buch ist kein Thriller, der es Ihnen unmöglich machen soll, ihn wieder zur Seite zu legen; es soll Sie im Gegenteil anregen, nach jedem Kapitel innezuhalten und nachzudenken und Ihrerseits ein Gespräch darüber zu beginnen. Ich wüsste gern, was Sie zu sehen und zu verstehen imstande sind und ich nicht. Wenn uns das dazu bringt, Dinge zu sagen, die wir zuvor noch nie gesagt haben, sind wir vielleicht in der Lage, auf fruchtbarere Weise über die Zukunft nachzudenken.

Thomas Edison hatte allerdings *diese* Warnung an seiner Labortür angebracht: »Es gibt keine Ausflucht, zu der ein Mensch nicht greifen würde, um sich die Mühe des Denkens zu ersparen.« Ein Spaßvogel bemerkte dazu: »Nun, warum sollte jemand denken, wenn ein Herr Edison die Schlussfolgerungen für ihn zieht? Was uns betrifft, wären wir eher bereit, uns jede Menge Gedanken zu machen, um echte Arbeit zu vermeiden.« Ich ziehe es vor, Denken als eine gesellige Aktivität zu betrachten. Ideen und Menschen aus unterschiedlichen Bereichen zusammenzubringen zählt zu den wichtigsten Voraussetzungen, unter denen sich das Denken entwickelt und Entdeckungen gemacht werden. Unvermutete Bindeglieder zwischen unterschiedlichen Personen, zwischen scheinbar unvereinbaren Meinungen und zwischen der Vergangenheit und der Gegenwart zu entdecken ist einer der ersten Schritte auf dem Weg zu verborgenen Freuden. Manchmal ist es heilsam, die Welt nicht nur in hellen und kontrastreichen Farben zu sehen, sondern auch in Sepiatönen, die die Konturen verschwimmen und unerwartete Gemeinsamkeiten hervortreten lassen.

1

WAS IST DAS GROSSE ABENTEUER UNSERER ZEIT?

1859, im Alter von dreiundzwanzig Jahren, verließ ein iranischer Student sein Elternhaus in Sultanabad, weil er nicht heiraten wollte. Seine Eltern drängten ihn dazu, aber er sagte, in jungen Jahren sesshaft zu werden bedeute, sein ganzes Leben lang am gleichen Ort zu verbringen und nichts von der Welt zu erfahren. Er nahm nur drei Laibe Brot mit und trug Sommerkleidung, als er sich nach Norden aufmachte, ohne genau zu wissen, wo der Weg ihn hinführen sollte.

KEIN BESCHWER IST SCHLIMMER ALS UNWISSENHEIT

Schließlich erreichte er Russland. Achtzehn Jahre lang durchwanderte und bereiste er die meisten Länder Europas, die USA, Japan, China, Indien und Ägypten. Neunmal schloss er sich einer Pilgerreise nach Mekka an. »Kein Beschwer in der Welt ist schlimmer als Unwissenheit«, schrieb er in sein Tagebuch.

Es mag Backpacker geben, die ebenso weit gereist sind, aber wer von ihnen hat schon wie Hajj Sayyah die Sprache fast jeden Landes erlernt, das er besuchte, und seinen Lebensunterhalt als Übersetzer verdient? Obwohl er kein Geld, keine Empfehlungsschreiben und keine einflussreiche Familie vorweisen konnte, wurden ihm Audienzen beim russischen Zaren, beim Papst, beim griechischen und belgischen König, bei Bismarck und Garibaldi gewährt, und er wurde mehrfach vom amerikanischen Präsidenten Ulysses Grant empfangen. Er war der erste Iraner, der amerikanischer Staatsbürger wurde. Er bewies, was Freundlichkeit, Höflichkeit und Bescheidenheit erreichen konnten. Überall war er willkommen. Nur einmal wurde er überfallen, in Neapel. Nur einmal wurde er dort beleidigt, vom ottomanischen Konsul, der sagte: »Er ist Iraner; wie können wir ihm glauben?« Aber der Konsul entschuldigte sich später, als er ihn besser kennengelernt hatte. Selbst die Taschendiebe von Neapel freundeten sich mit ihm an und gewährten ihm freie Unterkunft in dem Haus, in dem sie unerfahrene Taschendiebe anlernten. Er hegte keinen Groll und fragte sich nur: »Wie kann es solch extreme Unterschiede unter den Menschen geben? Wie kann jemand so hundsgemein sein, oder im Gegenteil so edel?«

WIE MAN ÜBERALL WILLKOMMEN IST

Seine unersättliche Neugier führte ihn nicht nur in die Museen einer jeden Stadt, sondern auch in ihre Schulen, Bibliotheken, Kirchen, Fabriken, botanischen Gärten, Zoos, Gefängnisse und Theater. Wenn man ihn fragte, wer er sei, pflegte er zu antworten: »Ein Geschöpf Gottes und ein Fremder in dieser Stadt.« Sein bevorzugtes Sprichwort war: »Halte dein Vermögen, dein Ziel und deine Religion geheim«. Er genoss es, ein »gewöhnlicher Mensch« zu sein, der in der Lage war zu erkennen, wie ungewöhnlich jeder gewöhnliche Mensch war. »Wenn ich König wäre, würde ich die Dinge nie so sehen, denn Könige können nicht unter den Armen leben. Ein König hat vor dem Volk den Schein zu wahren, während es den Armen vergönnt ist, die Leute so zu sehen, wie sie sind. Sie bewegen sich frei und ohne Angst. Niemand nimmt von ihnen Notiz, aber sie sehen alles und jeden.«

WAS EIN »GEWÖHNLICHER MENSCH« SEHEN KANN

Die Leute waren sehr freundlich zu ihm und luden ihn ein,

sie zu Hause zu besuchen, mit ihnen ins Theater zu gehen und an ihren Ausflügen teilzunehmen, denn sie erwiderten das Interesse, das er ihnen entgegenbrachte. Nicht, dass er alles gutgeheißen hätte. Er äußerte offene Kritik an der Herstellung von Waffen, als er den belgischen König traf. Er prägte sich die bitteren Klagen über Armut und Unterdrückung ein, die er zu hören bekam. Aber in Paris schrieb er: »Die Menschen hier genießen die Freiheit. Sie sagen frei heraus, was sie wollen. Niemand mischt sich in die Angelegenheiten anderer ein … Sorgen verkürzen das Leben. Diese Menschen haben keine Sorgen; sie sollten niemals sterben.«

Als er schließlich in den Iran zurückkehrte, wandte er sich einem ganz anderen Abenteuer zu – der Politik, der Suche nach politischen Lösungen für die Übel der Menschheit. Er protestierte gegen die »unverdienten Härten und Grausamkeiten, die über das hinausgehen, was Tiere – geschweige denn Menschen – ertragen können, und armen, glücklosen und ungebildeten persischen Untertanen wie mir zugefügt werden«, und schloss sich der Bewegung gegen Korruption und Regierungswillkür an, die zur jungpersischen Revolution von 1905 führte. Er wirkte in dem einflussreichsten Geheimbund mit, der einen Umsturz plante, wurde ins Gefängnis und ins Exil auf dem Land geschickt, und als er um sein Leben fürchten musste, suchte er fünf Monate lang Zuflucht in der amerikanischen Botschaft. Nach der Revolution, weithin bewundert für seine Weisheit und Bescheidenheit, nannte man ihn den geheimen Vorboten der Humanistischen Bewegung. Das persische Wort für »Humanist« lautet »adamiyat«. Hajj Sayyah war ein Protagonist des »Freundeskreises der Humanität« (ashab-e adamiyat). Aber es stellte sich heraus, dass die Politik zu sehr von Rivalitäten und Feindseligkeiten durchsetzt war, um seine Ideale zu übernehmen. Backpacker hingegen sind in der Regel nur daran interessiert, den Tag hinauszu-

> UNVERDIENTE HÄRTEN UND GRAUSAMKEITEN

schieben, an dem sie sich schließlich die Zwangsjacke überziehen müssen, die die gesellschaftlichen Institutionen für sie bereithalten. Welchen anderen Weg kann man einschlagen?

Hajj Sayyahs achtzehnjährige Reise war ein Abenteuer, das Gegenteil einer Karriere. Er unterschied sich von Abenteurern wie Cortés – der in dem Bestreben, sich ein Königreich zu verschaffen, herkömmliche Waffen, Gewalt und Hinterlist einsetzte – oder Kolumbus, der nach dem sagenumwobenen Gold Indiens gierte. Er hatte weder etwas mit den Piraten und Kurtisanen, den Söldnern oder den kalifornischen Goldsuchern gemein, die früher einmal die archetypischen Abenteurer darstellten, noch mit der Definition des Abenteurers, die die Französische Akademie 1823 prägte: »Eine Person ohne Vermögen oder Status, die von Intrigen lebt«. Erst in letzter Zeit hat ein Abenteurer genannt zu werden nichts Herabwürdigendes mehr, sondern bezeichnet stattdessen einen idealistischen Menschen, der nach etwas sucht, was die Gesellschaft nicht bietet. Aber darunter wurde häufig nur eine vage Sehnsucht nach dem Exotischen verstanden, nach neuen Empfindungen oder primitiver Einfachheit, oder eine Verachtung weltlicher Bestrebungen, wenn nicht gar allen Strebens, getreu der Maxime des Dichters Rimbaud, dass Ziele sinnlos sind. Abenteurergeist könnte als Flucht interpretiert werden, als eine individuelle Leistung oder als ein Triumph der Technik, wie die Reise zum Mond.

Fast genau ein Jahrhundert, nachdem Hajj Sayyah seine lange Reise angetreten hatte, entschloss sich Simon Murray, ein 19-jähriger Brite, den seine Freundin hatte sitzen lassen und dessen Arbeit in einer Eisengießerei in Manchester ihn anödete, sein Land zu verlassen und in die französische Fremdenlegion einzutreten. Er wollte sich beweisen, dass er ein besseres Schicksal verdiente und stark genug war, die Aus-

DAS GEGENTEIL EINER KARRIERE

DER ABENTEURERGEIST

wüchse der Grausamkeit und des Kriegs zu überstehen. Sein Lohn war Selbstbewusstsein. Er schrieb ein Buch, in dem er mit bemerkenswertem literarischem Talent schilderte, wie er die Grausamkeiten und Gefahren der Wüste überwand, und das war so packend, dass es verfilmt wurde. Dann ging er in die Wirtschaft, leitete riesige Konzerne und wurde sehr reich. Doch das war ihm nicht genug. In seinen Sechzigern wiederholte er seine jugendliche Rebellion und brach zu Fuß in die Antarktis auf. Aber seine Abenteuer folgten der Tradition, Dinge zu tun, weil sie schwierig sind und eine Herausforderung darstellen. Sie stellten eine Ergänzung des Lebens dar, so wie der Sport eine Flucht aus dem Alltag ist, ohne jedoch das Leben selbst zu ändern. Für ihn waren diese Abenteuer wichtig, aber für andere ging das gewöhnliche Leben weiter wie zuvor. Allerdings sind andere Arten von Abenteuern möglich.

<small>FLUCHT AUS DEM ALLTAG</small>

Wenn ich Ihnen im 16. Jahrhundert begegnet wäre, hätte ich Ihnen gesagt: Das große Abenteuer unserer Zeit ist es, neue Kontinente und Ozeane zu entdecken. Hören wir auf, über all das zu murren, was uns unzufrieden macht, und suchen wir uns ein aufregenderes Ziel. Brechen wir nach Amerika auf. Und danach erkunden wir die ganze Welt. Wie können wir uns einbilden, wirklich gelebt zu haben, solange wir den Lebensraum der Menschheit nicht in seiner ganzen Ausdehnung gesehen haben?

<small>EIN AUFREGENDERES ZIEL</small>

Ein Jahrhundert später hätte ich Ihnen gesagt, das große Abenteuer unserer Zeit sei die Wissenschaft. Sie wird uns enthüllen, dass sich hinter dem, was wir sehen, berühren und hören können, eine noch erstaunlichere Welt verbirgt. Kein Objekt ist, was es zu sein scheint. Lassen Sie uns die Geheimnisse der Natur entdecken: Sie sind weit verblüffender als die Phantasien der Magie.

<small>DIE PHANTASIEN DER MAGIE</small>

Im 18. Jahrhundert stellte ein wunderbares Abenteuer eine völlig neue Ära der Gleichheit in Aussicht. Kommen Sie und schließen Sie sich dem Kampf gegen die öffentlichen und privaten Tyranneien an. Lassen Sie uns Despoten stürzen und Freiheit für alle verkünden. Sorgen wir dafür, dass jeder Mensch das Recht hat, nach jedweder Art von Erfolg zu streben, wie arm seine Eltern auch gewesen sein mögen.

Wieder andere Abenteuer gibt es schon seit dem Beginn der Zeit. Eines davon ist die Suche nach einem Sinn und einer weniger egozentrischen Existenz; das ist, was Religionen und Weltanschauungen uns lehren. Ein zweites, ebenso alt, aber vernachlässigt, bis es jüngst wiederbelebt wurde, besteht darin, Wege zu einem Leben in Harmonie mit allen Lebewesen der Erde, dem Meer und der Landschaft zu finden, die sich beständig selbst erneuern. Ein drittes Abenteuer ist die Suche nach Schönheit und die Fähigkeit, sie in vielerlei Gestalt wahrzunehmen, um uns vor Augen zu führen, dass der Phantasie keine Grenzen gesetzt sind.

Jedes dieser Abenteuer ist aufregend genug, einen Menschen sein ganzes Leben lang in Anspruch zu nehmen, aber seit sie erdacht wurden, ist ein neuer Horizont aufgetaucht.

EINE NEUE ART VON MENSCHEN

Unser Verständnis des riesigen Universums und seiner winzigen Teilchen hat sich von Grund auf gewandelt. Durch Bildung, Informationen, Erfahrungen und Erwartungen, wie es sie nie zuvor gegeben hat, haben sich Männer und Frauen verändert. Die Welt ist bevölkert von einer neuen Art von Menschen. Vielen behagt es nicht mehr, ihren Lebensunterhalt mühsam zu verdienen und dabei nur einen Bruchteil ihrer Talente einzusetzen, nämlich in einer Weise, die vor langer Zeit für weit unterwürfigere Kreaturen erfunden wurde. Jeder ist zu einem Spezialisten auf einem einzigen Gebiet ausgebildet worden, mit Fähigkeiten, die zwar tiefe Befriedigung bieten, aber auch die Phantasie einengen können. Der »Sinn des Lebens« ist nicht mehr so klar, wie er es angeblich früher einmal war. Noch nie waren sich so viele Menschen unsicher, was jenseits des Arbeitsalltags und der üblichen Freizeitvergnügungen der eigentliche Sinn ihrer Existenz ist. Alte Überzeugungen drohen zu zerfallen und lassen einen ratlos zurück. Viele Menschen haben ihre Überzeugungen bereits verloren und fühlen sich nackt.

Ich gebe mich nicht damit zufrieden, meine Blöße mit geliehener oder abgetragener Kleidung zu bedecken. Ich möchte wissen, ob es außer einem »alternativen Leben« und dem »Ausstieg aus dem Hamsterrad« nicht doch noch andere Lösungen gibt. Utopien und Dystopien haben uns nicht weitergebracht; wohin soll man sich also wenden, wenn man den Versprechungen von einer besseren Zukunft nicht mehr glauben und die Propheten der Resignation und Verzweiflung nicht mehr hören kann? Ideologien, die früher einmal Hoffnung verbreiteten, haben ihren Glanz verloren. Der Fortschritt hat zu viele Menschen abgehängt, zu viele wissen nicht, wie sie ihren Platz in einer veränderten Welt finden sollen und was die Zukunft ihnen bringt. Neue Gesetze, neue Strukturen, neue Theorien, neue Patentrezepte für betrübte Seelen schießen aus dem Boden, und doch fühlen sich unzählige Menschen weiterhin frustriert.

<small>VOM FORTSCHRITT AUF DER STRECKE GELASSEN</small>

Natürlich herrscht kein Mangel an staatlich geprüften oder selbsternannten Experten, die Ratschläge erteilen, wie man sich zwischen all diesen realen oder imaginären Klippen und Untiefen durchmanövrieren kann. Eine riesige Auswahl von Hilfsmitteln steht bereit, um den Leuten, mögen sie noch so ratlos oder verwirrt sein, zu Glück, Reichtum, Erfolg oder was immer zu verhelfen. Eine überwältigende Vielfalt an Unternehmenslösungen, politischen Programmen und Psychotherapien existiert bereits. Es besteht also kein Bedarf an einer weiteren

<small>GANZ ANDERE VERGNÜGEN</small>

Formel, die Sie in die Lage versetzt, das zu bekommen, was Sie möchten. Übrigens bekommen die meisten Menschen ohnehin nicht, was sie wollen. Viele wissen nicht einmal, was sie wollen. Und einige würden sich vielleicht ganz andere Vergnügen wünschen, wenn sie wüssten, dass es sie gibt.

Wenn Menschen ihre Gewissheiten einbüßen, haben sie sich stets beeilt, neue zu finden, um die verlorenen zu ersetzen. Wenn es nicht mehr möglich ist, so weiterzumachen, wie man es schon immer getan hat, und wenn sich zum Beispiel herausstellt, dass der Traum von einer stetigen Karriere mit Aussicht auf Beförderung und auf eine gesicherte Rente unrealistisch ist, wird die Sehnsucht nach Sicherheit zur beherrschenden Sorge. Ich kann mich aber nicht für die Vorstellung begeistern, meine Zeit dafür zu opfern, angeschlagene Institutionen, die wie ein altes Auto ständig zusammenbrechen, wieder aufzumöbeln und an ihnen herumzuflicken, wenn auf der Hand liegt, dass eine neue Krise sie früher oder später erneut kollabieren lassen wird.

DER UNREALISTISCHE TRAUM VON EINER STETIGEN KARRIERE

Ich möchte meine Zeit auf dieser Erde nicht als ahnungsloser Tourist inmitten von Fremden verbringen und Ferien vom Belanglosen machen, ohne zu wissen, wann dieser Urlaub endet, möchte nicht vor der Eisbude Schlange stehen, um mir meine tägliche Portion Softeis-Glück abzuholen. Mir ist bewusst, dass ich zu wenige Speisen gekostet, zu wenige Formen der Arbeit erlebt, zu zaghaft an den Bergen von Wissen um mich herum geknabbert, zu wenige Menschen geliebt und zu wenige Nationen und Orte verstanden habe. Ich habe nur partiell gelebt, und das Einzige, das mich qualifiziert, dieses Buch zu schreiben, ist mein Wunsch, Genaueres darüber zu erfahren, was ein erfülltes Leben sein könnte. Lebe ich voll und ganz oder *über*lebe ich bloß, wenn ich stets nur die

WAS EIN ERFÜLLTES LEBEN SEIN KÖNNTE

gleichen Gesten wiederhole, auf die gleiche Weise ein- und ausatme, einem Weg folge, den andere mir vorgezeichnet haben, und Tag für Tag in dasselbe Büro fahre und wieder zurück? Oder muss ich mich erneuern, indem ich nicht mehr nur anderen beim Singen zuhöre und mich von ihnen unterhalten lasse, sondern selbst ein Lied komponiere, das andere inspiriert, und, statt lediglich »amüsiert« zu sein, selbst eine Muse werde?

Anstatt eine Nische zu suchen, in der ich mich sicher fühle, und anstatt mich mit Fragen zu quälen, was meine wahren Leidenschaften oder Talente sind, möchte ich es darauf anlegen, eine Kostprobe oder auch nur einen Krümel von all dem mitzubekommen, was man als menschliches Wesen erleben kann. Und was ich nicht persönlich erleben kann, möchte ich mir vorstellen, indem ich andere kennenlerne, die dorthin gegangen sind, wo ich noch nicht war. Ehe ich mich durch die Unfähigkeit lähmen lasse, zwischen all den Möglichkeiten zu wählen, die sich vor mir auftun, und ehe ich unbeachtet lasse, was mir zu fernliegend oder unangenehm erscheint, gehe ich lieber davon aus, dass die Erfahrung eines jeden etwas Interessantes für mich zu bieten hat. Eine verlorene Seele ist eine Seele, der die Gedanken anderer ein Geheimnis bleiben und der niemand zuhört.

VERLORENE SEELEN

Das große Abenteuer unserer Zeit besteht darin, zu entdecken, wer unsere Erde bevölkert. Obwohl schon vieles über die Klassen und Kategorien gesagt wurde, in die Menschen sich mehr oder weniger ungewollt einteilen lassen, bleiben die privaten Gedanken und verworrenen Gefühle eines jeden der sieben Milliarden einzigartigen Bewohner dieser Erde weitgehend im Verborgenen. Die winzigen Abweichungen in den Erfahrungen und Einstellungen eines jeden, durch die er sich vom statistischen »Durchschnittsmenschen« unterscheidet, machen das Wesen und die Bürde eines einzelnen Lebens aus – das, was andere anzieht und abstößt und einen zu dem macht, der man ist. Selbst Leute, die behaupten, sie interessierten sich vor allem für andere Menschen, kennen einander nicht. Allzu oft sind sie der Ansicht, ihre Absichten oder ihr Charakter würden verkannt und aus Äußerlichkeiten würden falsche Schlüsse gezogen.

Einen ersten Versuch zu diesem Abenteuer kann man unternehmen, indem man drei vernachlässigte Orte erkundet – beginnend mit dem Teil des Lebens, der den Blicken am meisten entzogen ist. Ich meine das Privatleben, das immer mehr aus der Dunkelheit hervortritt und dem öffentlichen Leben Konkurrenz macht. Statt wie besessen auf Regeln, Vorschriften und die Hackordnung innerhalb von Organisationen zu starren, ziehe ich es vor, die Folgen zu erkunden, die sich aus vertrauten persönlichen Beziehungen ergeben und eine immer größere Bedeutung für die Qualität eines Lebens gewinnen. Je mehr der bestimmende Einfluss des Eigentums auf die Familien zurückgeht, Familienfehden unblutiger werden und die Suche nach einem gleichgesinnten Partner einen zu fesseln und zu fordern beginnt, desto stärker entwickelt sich das Privatleben zur Quelle einer neuen Art von Energie und neuer Prioritäten. Wenn die Menschen mehr Kontakte außerhalb ihrer Nachbarschaft knüpfen, entstehen immer vielfältigere Beziehungen sowohl vorübergehender als auch dauerhafter Art, die das Umfeld neu gestalten.

> WAS DEN BLICKEN AM MEISTEN ENTZOGEN IST

Die Interaktion zwischen zwei Personen, die emotionale, intellektuelle oder kulturelle Verbindungen eingehen, wächst zu einer neuartigen Kraft heran, die den Wandel vorantreibt. Der Einfluss des Duos oder Paares steht dem der einsamen Seele oder der irrationalen Masse nicht nach. Menschen sind nicht mehr darauf beschränkt, sich zwischen individueller Eigenständigkeit und kollektivem Ringen zu entscheiden.

Zweierbeziehungen nehmen jetzt einen größeren Raum im Leben ein als je zuvor und erweisen sich als Quelle vieler außergewöhnlicher Leistungen in unterschiedlichen Bereichen. Die Chinesen bewiesen Weitblick, als sie für das Wort »Menschlichkeit« *(ren)* ein Schriftzeichen wählten, das zwei Menschen stilisiert, und damit zum Ausdruck brachten, dass die Beziehung das Wesen der Menschlichkeit ausmacht. Intimität ist ein Mikroskop, das ein bislang unsichtbares, weil von einer Kultur der Hierarchie und des Scheins kaschiertes Universum zeigt. Obwohl viele Menschen alles daransetzen, ihre Privatsphäre zu schützen, wollen sie als etwas Besonderes wahrgenommen werden. Der Konflikt zwischen diesen beiden Bestrebungen – dem Wunsch, sich zu verhüllen, und dem gelegentlichen Bedürfnis, sich aller Hüllen zu entledigen und so gesehen zu werden, wie man ist – eröffnet ein neues Aufgabengebiet.

> EINE NEUE KRAFT, DIE DEN WANDEL VORANTREIBT

> EIN BISLANG UNSICHTBARES UNIVERSUM

Zweitens werde ich die furchtbarste Barriere überwinden, die Menschen voneinander trennt: die Barriere des Todes. In meinen Augen lebt der Mensch ebenso viel in der Vergangenheit wie in der Gegenwart, indem er Ideen und Gewohnheiten aus lange vergangener Zeit fortsetzt, oft ohne es zu wissen. Arm ist nicht nur, wer zu wenig Geld besitzt, sondern auch, wer nur seine eigenen Erinnerungen hat. Die Eigentümlichkeit unserer Zeit zeigt sich darin, dass die Welt heute an Erinnerungen reicher ist, als sie es je war, reicher als alle herkömmlichen Zivilisationen, aber kaum Gebrauch davon macht. Ein gewaltiges Erbe von Erinnerungen wartet darauf, verteilt zu werden. Noch nie hat es so viele Gelehrte, Bücher, Museen, Archive und Erinnerungsstücke gegeben, die sämtliche Zivilisationen, die je existiert haben, wieder aufleben lassen. Niemals war so viel von der

> ARM IST, WER NUR SEINE EIGENEN ERINNERUNGEN HAT

Vergangenheit lebendig. Sogar das Fernsehen hat sie trotz all seiner Trugbilder und Abscheulichkeiten in viele Haushalte gebracht. Wir können nun sehr viel über die Vorfahren eines jeden Menschen erfahren und nicht nur über die unseres eigenen engen Kreises. Obwohl modern zu sein gemeinhin so verstanden wird, dass man in der Gegenwart lebt, sich von alten Tyranneien befreit und die Vergangenheit hinter sich zu lassen sucht, haben alte Traditionen mit einer Beharrlichkeit überlebt, die niemand erwartet hätte. Die eigenen Erinnerungen durch die anderer Menschen zu bereichern heißt auch, seine Vorstellungen von dem, was man in der Spanne eines Lebens vollbringen kann, umzugestalten. Eine neue Sicht der Vergangenheit ermöglicht eine neue Sicht der Zukunft. Die Geschichte ist kein Sarg, aus dem es kein Entrinnen gibt. Sie ist im Gegenteil eine Befreiung, ein Bund von Schlüsseln, die Türen zu Räumen öffnen, von denen man gar nicht wusste, dass sie vorhanden sind.

GESCHICHTE IST KEIN SARG, AUS DEM ES KEIN ENTRINNEN GIBT

Jeder Einzelne hat in meinen Augen seine eigene Geschichtsphilosophie – auch wenn man das selten so hochtrabend bezeichnet –, die ihm eine Erklärung dafür liefert, warum sein Leben von Ereignissen bestimmt wird, die er nicht steuern kann: Das mögen wirtschaftliche Faktoren sein, Zyklen revolutionärer und reaktionärer Umwälzungen, eine geistige Macht, der Einfluss außergewöhnlicher Menschen oder die Geißel persönlicher Traumata. Die meisten Menschen haben sich in ein Flickwerk von Philosophien eingemummt, die aus verschiedenen Jahrhunderten übernommen wurden und die ein jeder zu einem geringfügig unterschiedlichen Muster zusammengefügt hat. Ihre Denkweise kann sich als Reaktion auf die harten Schläge der Existenz zwar ein wenig verändern, aber Fragmente althergebrachter Einstel-

ÜBERZEUGUNGEN, WAS MÖGLICH IST UND WAS NICHT

lungen wirken fast immer unter der Oberfläche fort. Nichts schränkt einen Menschen mehr ein als diese ererbten Überzeugungen, was möglich sei und was nicht. Wir brauchen die Geschichte aber nicht als endgültiges Urteil darüber anzusehen, was Männer und Frauen und Kinder tun können. Im Gegenteil: Die Menschheitsgeschichte ist eine Folge nicht abgeschlossener Experimente, verpasster Wendepunkte und unbeachteter Erfindungen, weil unbedeutende Zwischenfälle das Geschehen häufig in eine Richtung gelenkt haben, die keineswegs unausweichlich war. Außerdem reichen die Erinnerungen an die Kindheit oder an die Errungenschaften der eigenen Vorfahren nicht aus, um sich ein umfassendes Urteil über das eigene Schicksal zu bilden. Man kann sich auch fremde Erinnerungen aneignen.

Drittens betrachte ich die Menschheit aus einem anderen Blickwinkel, indem ich versuche, mein Augenmerk auf andere Dinge zu richten als ihre herkömmlichen Wünsche, sei es ein siegreicher Krieg oder ein harmonischer Frieden. Kriege, die Tod und Vernichtung bringen, haben ihre frühere Faszination verloren. Beruflicher und finanzieller Erfolg, den vermutlich ein jeder anstrebt, ist immer schwieriger zu erreichen, und ihn durch sportliche Siege zu ersetzen ist ein schwacher Trost. Frieden scheint, leider, nur eine Schimäre zu sein. Menschen waren noch nie in der Lage, auf Dauer Harmonie zu erreichen, sei es untereinander, mit der Natur oder mit dem Übernatürlichen, selbst dann nicht, wenn sie vorgaben, den Lehren der Weisen zu folgen, die brüderliche Liebe predigen. Einer Meinung zu sein fällt immer schwerer, aus Gründen, die in späteren Kapiteln deutlich werden. Ich bin auf der Suche nach einer neuen Haltung gegenüber Meinungsverschiedenheiten, nach einer neuen Fähigkeit und neuen Methoden, sie besser zu nutzen. Statt sich

> EINE NEUE HALTUNG GEGENÜBER MEINUNGSVERSCHIEDENHEITEN

darauf zu konzentrieren, was Leute oder Nationen oder Gruppen gemeinsam haben, schlage ich vor, sich mit den unzähligen kleinen und häufig trivial erscheinenden Unterschieden auseinanderzusetzen, die Menschen voneinander trennen, und der Frage nachzugehen, wie diese Unterschiede fruchtbringend genutzt werden könnten.

Natürlich kann niemand sieben Milliarden Menschen kennen, aber von dieser Zahl sollten wir uns ebenso wenig einschüchtern lassen wie von den weit mehr Milliarden für das bloße Auge unsichtbarer Nervenzellen und Moleküle, mit denen die Wissenschaftler sich befassen und die genau so schwer zu begreifen sind, deren Geheimnisse aber, so wie sie Stück für Stück entschlüsselt werden, das Verständnis der Welt verändern. Sich auf einen Weg zu machen, der kein Ende hat – also ohne damit zu rechnen, dass man alle Antworten findet –, war schon immer lehrreicher, als zu einem vorher festgelegten Ziel zu reisen, weil es einem die Freiheit lässt, abzuschweifen und Seitenwege einzuschlagen, die sich als lohnender erweisen können als vorherbestimmte Ziele. Die großen Abenteuer der Menschheit wurden von einigen wenigen Leuten unternommen, die anders dachten als fast alle anderen. Wir werden sehen, ob es schwieriger ist, sich ihre Erfahrungen zunutze zu machen, als zum Mond zu fliegen.

REISEN OHNE BESTIMMTES ZIEL

Menschen werden nicht frei geboren. Niemand kommt ohne Furcht vor Fremden und vor dem Unbekannten auf die Welt. Aber die Geschichte ist nicht nur eine Aufzeichnung von Furcht und Unterwerfung, sondern auch von Menschen, die Gefahren getrotzt haben, vor allem aus Neugier. Neugier ist mein Kompass, Überraschung meine Nahrung, Langeweile mein Verderben. Neugier ist der beste Weg, den ich kenne, um sich von den Ängsten zu befreien, die das Licht zur Finsternis machen, denn sie zerlegt Probleme in mikroskopisch kleine

WOHIN KANN NEUGIER FÜHREN?

Partikel, von denen ein jedes eher zu einem Objekt des Staunens als der Bedrohung wird. Ich mag die Überraschung, weil sie das Mögliche mit dem Unmöglichen verbindet und gelegentlich zeigt, dass Gegensätze nicht notwendigerweise Feinde sind. Langeweile ist das Seufzen der Erschöpften und der Aufschrei der Ungeduldigen, aber auch das Gejammer der Hoffnung, wenn sie stirbt. Ich habe dieses Buch geschrieben, weil ich versuchen wollte, die Hoffnung lebendig zu halten – aber keine falsche Hoffnung und auch nicht die Art von Hoffnung, über die Skeptiker, Zyniker und Komiker spotten. Ist das möglich, wenn das Leben nicht mehr ist als ein kleines Licht, »ein Märchen, das ein Idiot erzählt und das nichts bedeutet«, wie es bei Shakespeare heißt?

Über einhundert Milliarden solcher kleinen Lichter sind bereits ausgelöscht und bis auf wenige Ausnahmen völlig vergessen. So viele Menschen haben nämlich nach Schätzung von Wissenschaftlern seit dem Erscheinen der Menschheit bis heute auf der Erde gelebt. Fraglos schieden viele mit der Überzeugung aus dem Leben, in einer anderen Welt eine neue Existenz zu beginnen. Heute gelingt es vielen, weit länger in dieser Welt zu leben, aber es gibt große Unterschiede, wie viel sie vom Leben erfahren und wie viel Licht sie hineinbringen. Was kann man heute tun, um nicht nur der Schein einer kleinen Kerze zu sein?

Ein Idiot hat jetzt die Chance, ein Märchen zu erzählen, das niemand zuvor gehört hat. Als das Wort »Idiot« erfunden wurde, bedeutete es »Privatperson«, weil man der Ansicht war, dass jemand, der üblicherweise nicht als Redner in öffentlichen Versammlungen auftrat, keinen unverzichtbaren Platz in der Gesellschaft einnahm. In diesem Sinne sind heute die meisten von uns Idioten. Als Idioten bezeichnete man bestimmte Leute auch, nicht weil sie dumm gewesen wären, sondern weil sie ungebildet oder unwissend waren. Heute

<small>WAS ES BEDEUTET, EIN »IDIOT« ZU SEIN</small>

gibt es so viel Wissen, das zu komplex ist, um es zu begreifen, dass wir einräumen müssen, auch in diesem Sinne Idioten zu sein. Alle, die in gesellschaftlicher Hinsicht von denen isoliert sind, die über ein anderes Einkommen und eine andere Bildung verfügen, die in kultureller Hinsicht von Vorlieben und Sprachen isoliert sind, die ihnen nichts sagen, oder die in beruflicher Hinsicht isoliert sind, weil sie so spezialisierte Fähigkeiten erworben haben, sind einander zunehmend fremd geworden: Sie dürften zwar über die erforderliche Technologie verfügen, um miteinander kommunizieren zu können, sind aber weit davon entfernt, einander zu schätzen und zu mögen. Also habe ich herauszufinden versucht, welche Art von Gesprächen uns von der Idiotie unserer Isolation befreien könnte.

Ein Leben erlangt Bedeutung, wenn es auf ein Dilemma reagiert, für das noch kein Ausweg gefunden wurde. Beim Übergang vom 18. zum 19. Jahrhundert, als die alte monarchische Ordnung unter dem Ansturm der industriellen und politischen Revolutionen zusammenbrach, erfanden unsere Vorfahren eine neue Sichtweise der Welt: Aufklärung und Romantik beschwichtigten die aufgewühlten Gemüter und entfachten wieder neue Begeisterung. Heute hingegen hat sich als Reaktion auf die digitale Revolution, die alte Gewohnheiten umkrempelt, und auf die Diskreditierung einstmals als unumstößlich geltender Institutionen noch kein vergleichbarer emotionaler oder rationaler Puffer herausgebildet, der uns vor diesen Schocks schützen kann. Das lässt uns aber die Freiheit, darüber nachzudenken, auf welche Abenteuer, die früher nicht möglich waren, Sie oder ich uns heute einlassen könnten. Welche neuen Prioritäten können wir in unserem Privatleben setzen? Was könnte an die Stelle des Wohlstands treten, wenn wir nicht imstande sind, reich zu

WAS IST EIN BEDEUTSAMES LEBEN?

WAS KANN BEGEISTERUNG NEU ENTFACHEN?

werden? Sind, wenn Religionen einander widersprechen, noch andere Resultate denkbar als Zwist oder Zweifel? Gibt es, wenn zu wenig Freiheit herrscht, eine Alternative zur Rebellion? Wenn es an spannenden Jobs mangelt: Welche neuen Arten von Arbeit könnte man erfinden? Wie lassen sich, wenn romantische Liebe enttäuscht, Gefühle auf andere Weise kultivieren? Welche Erfahrungen können wir aus den zerfallenden Institutionen mitnehmen? Was kann, wenn so vieles unvorhersehbar ist, den Ehrgeiz ersetzen?

Ich möchte nicht vorschreiben, was Sie tun oder glauben sollten. Ich ziehe es vor, zu erfahren, was Sie glauben, was andere glauben oder geglaubt haben, welches Bild sich andere als ich von der Welt machen und was passieren würde, wenn die Leute mehr darüber wüssten, was in den Köpfen der anderen vor sich geht. Es hat keinen Sinn, entscheiden zu wollen, was man mit seinem Leben anfängt, ohne zu wissen, was andere aus ihrem Leben gemacht haben und mit welchen Ergebnissen. Sie zu überreden, so zu denken wie ich, würde den Nutzen schmälern, den es mit sich brächte, Ihnen zuzuhören, und davon abgesehen wäre es ohnehin sinnlos, weil Ideen sich fast immer verändern, wenn ein anderer Kopf sie aufgreift.

WAS IN DEN KÖPFEN ANDERER VOR SICH GEHT

Ich weiß sehr wohl, dass eine Abenteuerreise ins Unbekannte das Letzte wäre, was viele Leute wollen, dass das Leben schon genug Belastungen mit sich bringt, die kaum zu ertragen sind, und dass der beste Schutz darin zu bestehen scheint, sich aus dem Trubel zurückzuziehen, seinen Gedanken mehr Ruhe zu verordnen und Genügsamkeit zu kultivieren. Die Welt ist in der Tat oft erschreckend, abstoßend und grausam, aber sie ist auch schön. Ich wüsste gern ganz genau, wie jeder Einzelne sie ein kleines bisschen weniger abstoßend und ein kleines bisschen schöner machen könnte,

ENTTÄUSCHUNGEN IN EINEN ANREIZ VERWANDELN

denn sonst müsste ich eine solche Aufgabe für unerfüllbar erklären. Ich vergesse auch nicht, dass ein ganz erheblicher Anteil bisheriger Bemühungen, Lösungen zu finden, die alle zufrieden stellen, zu unerwünschten und gelegentlich katastrophalen Auswirkungen geführt hat, und dass es leichter gesagt als getan ist, Enttäuschungen in einen Anreiz zu verwandeln, nach neuen Wegen zu suchen. Ich weiß, wie viele Versuche gescheitert sind, die scheinbar unausrottbare Grausamkeit der Menschheit zu mildern, aber was mir stets neuen Mut gemacht hat, ist ihr Einfallsreichtum, ihre Fähigkeit, aus dem Schlamassel, den sie angerichtet hat, wieder herauszukommen, und die Beharrlichkeit, mit der sie ungeahnte Wunder und Möglichkeiten sowohl bei den Menschen als auch in ihrer natürlichen Umgebung entdeckt.

<small>NACH EINEM SCHLÜSSEL SUCHEN</small>

Statt darüber zu streiten, ob die Dinge besser werden oder eher schlechter, ziehe ich es vor, diese Zeit auf die Suche nach einem Geschenk zu verwenden, das zum Ausdruck bringt, wie dankbar ich der Welt dafür bin, dass sie meine Anwesenheit in ihr toleriert; das muss natürlich etwas sein, das sie noch nicht besitzt. Das ist meine Schatzsuche. Jedes meiner Kapitel ist eine Suche nach einem Schlüssel.

2

WANN IST EIN LEBEN VERGEUDET?

Welche Ziele kann man sich heutzutage setzen, außer Examina zu bestehen, Karriere zu machen, den idealen Partner zu finden, eine liebevolle Familie zu haben und interessante Hobbys zu genießen? Gibt es andere Ambitionen, die neue Wege einschlagen und die Enttäuschungen aufwiegen, die auch die besten Pläne trüben?

Mao Ch'i Ling, ein zu seiner Zeit sehr berühmter Chinese, hatte die Stufen des Erfolgs bis zum Rang eines hohen Beamten erklommen, sich aber auch als Dramatiker, Dichter, Maler und Musiker Ansehen erworben. Trotz seiner zahlreichen Leistungen hatte er das Gefühl, sein Leben vergeudet zu haben. Zehn Jahre seines aufregenden Lebens hatte er einem Zweck gewidmet, den er für würdig hielt, nämlich dem bewaffneten Widerstand gegen eine feindliche Invasion. Viele seiner Freunde und Verwandten starben in diesem Krieg, während er alle möglichen Verkleidungen wählte, um nicht verhaftet und hingerichtet zu werden, und unablässig von einem Versteck zum nächsten eilte. Von seinen Wanderungen erschöpft, sehnte er sich nach Ruhe. Also biederte er sich bei einer Regierung an, die ihm zuwider war, und verachtete sich dafür. Er erreichte ein hohes Alter, aber das konnte in seinen Augen nicht als rühmliche Leistung gelten. Eine innere Stimme sagte

KEINEN BEITRAG LEISTEN

ihm: »Ich habe mich nicht als tugendhafter Mann erwiesen ... Ich habe keinen wirklichen Beitrag geleistet ... Meine leeren Worte waren zu nichts nütze ... Mein Herz ist voller Pein.« Er wies seine Nachkommen an, alle seine Gedichte zu vernichten und nur ein Zehntel der zahlreichen Bücher, die er geschrieben hatte, zu bewahren. Sein schonungsloser Nachruf, den er selbst verfasste, endete mit den Worten: »Sein Leben war vergebens.«

Würde Mao Ch'i Ling (1627–1716), wenn er heute lebte, zu demselben pessimistischen Schluss kommen, obwohl ihm alle Fortschritte der Medizin und der Technik, die Dienstleistungsgesellschaft, die Unterhaltungsindustrie und der Sozialstaat zugute gekommen wären? Hätten Therapeuten und Berater ihn von seiner Melancholie befreit? Hätten Versicherungsvertreter ihn überzeugt, dass seine Probleme banal seien im Vergleich zu den Katastrophen, denen er bislang entgangen war und vor denen sie ihn schützen könnten? Hätte sein Computer ihm die Augen geöffnet, welche Möglichkeiten weltweit offenstehen, und hätten Spam-Mails ihn zu dem Versuch ermuntert, seiner Libido wieder aufzuhelfen? Hätte er sein Gewissen beruhigt, indem er einen Scheck ausgestellt hätte, um das Leid ferner Länder zu lindern, die selbst aufzusuchen ihm zu beschwerlich wäre? Wäre er erfreut gewesen, alle vier Jahre seine Stimme abgeben zu dürfen, damit Berufspolitiker diese Welt zu einer besseren machen, was Philosophen wie ihm so offenkundig nicht gelungen war? Oder wäre er mit dieser anderen Art von Unsterblichkeit zufrieden, die darin besteht, sich als statistische Einheit in der Datenbank einer Marketingfirma zu verewigen, die alles aufzeichnet, was er gekauft hat?

Möglicherweise haben trotz aller Errungenschaften der Moderne mehr Menschen als je zuvor das Gefühl, ihr Leben zu vergeuden. Immerhin haben sie gelernt, über ihre inners-

MELANCHOLIE

LIBIDO

ten Sorgen zu sprechen, anstatt lediglich zu sagen, was die Machthaber von ihnen hören wollen. Das Selbstporträt, das Mao Ch'i Ling als Nachruf auf sich selbst verfasste, war ein ebenso mutiger Akt wie der Todesritt der leichten Brigade in der Schlacht von Balaklawa oder jeder andere militärische Angriff, der nur im Tod enden konnte. Für ihn war es der Selbstmord seines Renommees. Von einigen bemerkenswerten Ausnahmen abgesehen glichen die meisten Biographien, die vor seiner Zeit geschrieben worden waren, eher Hagiographien, die Menschen auf eine Stufe mit Helden und Heiligen stellten und sie als Muster an Tugend und als Vorbilder beschrieben, denen nachzueifern sei, während ihre menschlichen Fehler verschwiegen wurden. Im Gegensatz dazu gehörte Mao Ch'i Ling zu einer kleinen Zahl von Schriftstellern, die fast zeitgleich in China und Europa – ungefähr im 16. und 17. Jahrhundert – mit einer neuen Art von Autobiographien hervortraten, in denen sie hinter ihren persönlichen Eigentümlichkeiten einen Sinn zu erkennen versuchten und mit schonungsloser Offenheit über ihre Schwächen nachdachten, statt sich als Vorbilder und Quasiheilige hinzustellen. Sie waren Forscher, die die Bedeutung und die Schwierigkeiten der Individualität ergründeten. Sie machten es möglich, einen kurzen Einblick in die privaten Gedanken Einzelner zu gewinnen, in das, was in ihren Köpfen vorging, wenn sie nicht die Rolle spielten, die die Gesellschaft von ihnen erwartete. Sie boten zwar nur einen flüchtigen Blick auf einen Teil der Wahrheit, und man kann nie wissen, wie die ganze Wahrheit ausgesehen haben mag. Aber wenn man herausfinden will, welche Ambitionen zu kultivieren sich lohnt, ist es hilfreich, die Aussagen derer zu hören, die Ambitionen verfolgten und sie zu beschreiben versucht haben.

Es ist nicht leicht, schriftliche Zeugnisse von den Gefühlen gewöhnlicher Menschen zu finden, oder auch nur von ihren Gedanken, die zu offenbaren zu gefährlich oder schmerzhaft sind. Autobiographien sind seltene Kakteen in der Wüste der Heuchelei, die nur sporadisch aufblühen und sogleich wieder verschwinden, in der gleichen Art, wie die Epochen der Promiskuität und des Puritanismus kommen und gehen. Die Autobiographie war eine unbedeutende Literaturgattung, solange Stämme, Clans und Armeen jedwede Loyalität für sich beanspruchten und die meisten Individuen als bloße Bestandteile dieser Gruppierungen angesehen wurden. Es dauerte lange, bis das Leben des Einzelnen als eine unabhängige Kraft wahrgenommen wurde, so wie das Atom Jahrhunderte brauchte, als eine der wichtigsten Energiequellen erkannt zu werden.

EIN KAKTUS IN DER WÜSTE DER HEUCHELEI

EINE NEUE ART VON AUTOBIOGRAPHIE

Bald nach Mao Ch'i Lings Tod änderte sich das politische Klima in China und zwei Jahrhunderte lang wurden kaum noch Autobiographien geschrieben; sie kamen erst mit dem Studentenaufstand vom 4. Mai 1919 wieder auf, einer der wichtigsten Revolutionen in der chinesischen Geschichte, die zugleich Vorbote dessen war, was die westliche Welt im Mai 1968 erlebte. Plötzlich lösten Autobiographien allgemein Begeisterung aus. Eine neue Form des Schreibens entstand, die sich an der gesprochenen Sprache orientierte und klassische Konventionen aufgab, sodass sich Dinge sagen ließen, über die bislang nicht gesprochen wurde und die nun leichter zu verstehen waren. Die Tyrannei der überkommenen Ausdrucksformen wurde durch das Manifest des Hu Shi (1891–1962), dem geistigen Führer der chinesischen Revolution, mit einem Schlag beseitigt. Sagen Sie, was Sie sagen wollen, sprechen Sie Ihre eigenen Gedanken aus, imitieren Sie nicht die Antike, vermeiden Sie Klischees, weisen Sie die Melancholie von sich

EHRLICHKEIT ALS MODEERSCHEINUNG

und bringen Sie Ihre unmittelbaren Emotionen zum Ausdruck! Hu Shi forderte seine Zeitgenossen auf, Autobiographien zu schreiben, und ging mit gutem Beispiel voran. In den zwanziger und dreißiger Jahren des 20. Jahrhunderts schrieben fast alle chinesischen Autoren, ob berühmt oder nicht, in der einen oder anderen Form eine Autobiographie.

Bezeichnenderweise setzte sich eine Frau an die Spitze der Bewegung. Chen Hengzhe (1890–1976), die am Vassar College und in Chicago studiert hatte und die erste Professorin an der Universität Peking war, veröffentlichte eine kurze autobiographische Erzählung in der neuen Umgangssprache, in der ersten Person. Darin schilderte sie Studentinnen, die ungezwungen miteinander redeten, ohne erkennen zu lassen, welcher Gesellschaftsschicht, welchem Ort oder welcher Familie sie entstammten, und befreite sie von der traditionellen Einteilung in Töchter, Mütter oder Ehefrauen. Sie waren allein durch das, was sie sagten, zu identifizieren. Chen Hengzhes Ziel war es, »die menschlichen Empfindungen einzufangen, die entstehen, wenn Menschen interagieren«. Sie ging weit über das hinaus, was bislang in dieser Hinsicht versucht worden war. Lange widersetzte sie sich dem Druck, eine Ehe einzugehen, und als sie schließlich mit dreißig heiratete, fragte sie sich öffentlich, ob das eine gute Idee gewesen sei. Über sich selbst zu schreiben wurde zu einem Instrument der Rebellion. Die dauerte aber nur zwei Jahrzehnte an, bis die Regierung, der es nicht geheuer war, dass die Leute eigenständig dachten, erneut Schweigen gebot.

Außergewöhnliche Bedingungen waren nötig, damit Menschen offen miteinander reden und eine andere Art von Leben für sich ausmalen konnten. Das hatte es für kurze Zeit bereits im 10. Jahrhundert in Japan gegeben, als adlige Frauen

> EINGETEILT IN TÖCHTER, MÜTTER ODER EHEFRAUEN

> AUTOBIOGRAPHIE ALS MITTEL DER REBELLION

wirtschaftliche Unabhängigkeit genossen, getrennt von ihren Ehemännern in ihren eigenen Wohnungen lebten und ihre reichlich vorhandene freie Zeit darauf verwenden konnten, über die Unzulänglichkeiten der Männer nachzudenken. 905 n. Chr. begannen japanische Frauen in der Sprache zu schreiben, die sie sprachen, statt auf Chinesisch – der offiziellen Sprache –, und ihre Gefühle in Tagebüchern und Autobiographien zum Ausdruck zu bringen. Eine der bemerkenswertesten unter ihnen, die uns nur unter dem Namen »Michisunas Mutter« bekannt ist, war – wie später auch Mao Ch'i Ling – überzeugt, eine »vergebliche Existenz« geführt und nichts Bedeutsames getan zu haben, außer »zu leben, sich jeden Abend hinzulegen und jeden Morgen wieder aufzustehen«. Sie beschloss, dass es sich lohnen könne, zu beschreiben, wie es ist, »ein Niemand zu sein ... eine Frau, die mit einem hochgestellten Mann verheiratet ist«. Sie machte sich mit herausragendem literarischem und poetischem Talent ans Werk und schrieb ein faszinierendes Buch, das völlig anders war als all die Liebesromane, die sie verächtlich »Phantastereien« nannte. Ihr Buch erzählte von Schmerz und Leiden. Über ihren Mann schrieb sie: »Unsere Herzen verschmolzen nicht, und so entfernten wir uns immer weiter voneinander.« Ihr Mann fragte sie bei einem seiner Besuche, die immer seltener wurden, denn wie es herkömmlicher Brauch war, hatte er andere Frauen und Konkubinen: »Habe ich etwas falsch gemacht?« Sie schrieb: »Ich war so wütend, dass ich gar nichts antworten konnte.« Sie konnte auch nichts tun, außer darüber zu schreiben. Aber sie irrte, als sie sich für einen Niemand hielt; ihr Buch zeigte, dass sie kein Niemand war. Und doch dauerte es weitere zehn Jahrhunderte, bis die Beziehungen zwischen Männern und Frauen sich zu wandeln begannen, und dieser Wandel hält noch an.

Manchmal war es nicht Bescheidenheit, sondern Eitelkeit, die den Menschen, die ihren inneren Gefühlen nachspürten, den Blick versperrte. Im Mittelalter ließen sich die persönlichen Stimmen vor allem im Nahen Osten vernehmen, wo auf Arabisch über tausend Autobiographien geschrieben wurden (wie man erst vor kurzem entdeckt hat). Ein Satz des Korans wurde neu interpretiert, um Leute zu ermutigen, über ihr Leben zu schreiben. Das Gebot »Erzähle von der gnädigen Wohltat deines Herrn« sei so zu verstehen, dass man Gott danken solle, auch für schmerzliche Missgeschicke, die immer eine Lehre enthielten. So entstand eine ungewöhnliche Fülle von Texten voller Rechtfertigungen, Theorien, Ideale, emotionaler und geistiger Konflikte und Erinnerungen, die einen starken Gegensatz zum Leben der Heiligen bildeten, das die europäischen Vorstellungen prägte. Ein Autor sticht unter ihnen hervor, weil er von sich selbst völlig besessen war und die Strafe für seine Arroganz zahlen musste. Der Ägypter Jalal ad-Din as-Suyuti (1445–1505) nahm kühn für sich in Anspruch, über sein eigenes Leben zu urteilen, und stellte die Ansichten aller Autoritäten, auch die seines eigenen Vaters, öffentlich in Frage. »Niemand kommt mir gleich, denn kein Lebender beherrscht eine solche Zahl von Wissenschaften wie ich.« Er veröffentlichte rund sechshundert Bücher und Artikel über alle möglichen Themen (außer Mathematik, die er als »meiner Natur zuwider« abtat). Seine Bildung, glaubte er, qualifiziere ihn zur Ausübung des *idjtihad*, der Befugnis, eine eigenständige Meinung zu äußern und die Lehren der Religion selbst auszulegen, und bestand darauf, als ein *mujaddid*, ein Erneuerer des Glaubens, anerkannt zu werden. Die Menschen strömten zu ihm und ersuchten ihn um Fatwas über umstrittene Fragen des religiösen Rechts, aber er brachte seine Kollegen gegen sich auf, weil er sie als Ignoranten und Dummköpfe beschimpfte, wenn sie

DIE STRAFE FÜR ARROGANZ

AKADEMISCHER GRÖSSENWAHN

nicht seiner Meinung waren. Kapitel 17 seiner Autobiographie trägt die Überschrift: »Wie Gott mich segnete, indem er Feinde gegen mich aufstehen ließ und mich mit falschen Anschuldigungen eines Unwissenden (mit anderen Worten: eines rivalisierenden Gelehrten) auf die Probe stellte«. Am Ende waren seine Feinde so wütend auf ihn, dass sie ihn voll bekleidet in einen Tümpel warfen, in dem er fast ertrunken wäre. Daraufhin zog er sich zurück und schrieb seine Memoiren, unfähig, sich selbst zu sehen, wie andere ihn sahen, hinterließ der Nachwelt ein dürerhaftes Schwarzweißbild akademischen Grolls und Größenwahns und wetterte schon damals gegen den Niedergang der Bildung. Ägypten musste bis zum 20. Jahrhundert warten, bis der blinde Schriftsteller, Historiker und Kultusminister Taha Hussein (1889–1973) die Autobiographie als Genre wiederbelebte. Sein Meisterwerk, *Eine ägyptische Kindheit*, wurde nicht nur ein literarischer Klassiker und Pflichtlektüre in allen Schulen, sondern regte sowohl Frauen als auch Männer zu einer Fülle persönlicher Reflexionen an.

Autobiographien können natürlich auch geschrieben werden, um schmerzhafte Erinnerungen auszulöschen. Banarasidas, ein indischer Playboy des 17. Jahrhunderts und Sohn eines Kaufmanns aus Agra, erweckte nach außen hin den Eindruck, ganz offen zu sprechen. Er sagte, ihm sei bewusst, dass er sein Leben vergeude, aber das fechte ihn nicht an: »Ich schwebte zwischen Himmel und Erde und verpestete die Luft wie ein Kamelfurz.« Er beschrieb seine Schwächen ohne Reue und sagte von sich selbst: »Er kann nicht aufhören zu lügen ... und verschlingt mit Begeisterung unanständige Bücher ... Keine seiner dürftigen Fähigkeiten ist überragend oder ohne Makel.« Sehr emotional wird er allerdings, als er von seinen neun Kindern spricht, die alle gestorben waren. Resigniert stellt er

WAS UNGESAGT BLEIBT

DER TOD
DER KINDER

fest, dass »die Eltern wie Bäume nach dem Fall des Laubes als Stümpfe zurückbleiben«. Dieser kleine Satz offenbart, dass sich hinter seiner Dreistigkeit Verzweiflung verbarg. Ohne seine Kinder fühlte er sich wirklich wie ein Niemand.

In der modernen Zeit ist der Roman zum wichtigsten Hilfsmittel geworden, Sehnsüchte und Enttäuschungen in persönlicher, aber indirekter Form zu äußern. Aber warum heißt es, ein jeder trage einen Roman in sich, und nicht: eine Autobiografie? Margaret Cavendish (1623–1673) war wahrscheinlich die Erste, die gezeigt hat, welchen Gewinn es bringt, die Geschichte des eigenen Lebens und zugleich auch die eines anderen Lebens zu erzählen, das sie gerne geführt hätte. »Warum hat diese Frau ihre Lebensgeschichte geschrieben?«, fragt sie und gibt gleich selbst die Antwort: »Ich bin ebenso ehrgeizig, wie andere meines Geschlechts es waren oder sein können, und wenn ich schon nicht Heinrich der Fünfte oder Karl der Zweite sein kann, strenge ich mich halt an, Margaret die Erste zu sein, und dass ich weder die Kraft noch die Zeit noch die Gelegenheit habe, wie Alexander der Große oder Cäsar die Welt zu erobern, hält mich nicht davon ab, Herrscherin einer Welt sein zu wollen; weil das Schicksal und die Glücksgöttinnen mir keine schenken wollten, habe ich meine eigene erschaffen, was mir hoffentlich niemand verübeln wird, denn das liegt in der Macht eines jeden.« So ergänzte sie ihre Autobiografie, indem sie ein imaginäres Leben erfand, *Die gleißende Welt*, eine Art Utopie, in der sie alles tun konnte, was sie wollte. Und dem fügte sie noch die *Observations upon Experimental Philosophy* hinzu, die ihr den Ruf einer Wissenschaftlerin und eine Einladung der Royal Society einbrachten. Gleichzeitig behauptet sie, im Grunde sehr »schüchtern« zu sein. Sie fürchtete, vergessen zu werden, und sagte, sie schreibe zum Vergnügen, wolle aber unbedingt berühmt werden. Sie wollte nicht vergebens

> DIE FURCHT, VERGESSEN ZU WERDEN

leben. Was würde Mao Ch'i Ling denken, wenn er diese vielen mutigen Menschen hören könnte, die die Furcht umtreibt, vergebens zu leben?

In Südafrika, zur Zeit der Apartheid, zeigte Dugmore Boetie (1926–1966), wie die Autobiographie eine Art Antwort auf Verzweiflung sein kann. Er wurde fast eine Berühmtheit, als er beschrieb, wie er seine Mutter umgebracht hatte, im Militärdienst ein Bein verlor und für Verbrechen jeder Art, von denen er fröhlich berichtete, siebzehn Mal im Gefängnis saß. Er sagte, er sei stolz darauf, ein Hochstapler zu sein, den »die Vitamine eines leeren Magens stimulieren. Warum über sich selbst richten?« Aber es stellte sich heraus, dass seine Abenteuer erfunden waren. Er hatte behauptet, keine Familie zu haben, aber zahlreiche Verwandte besuchten ihn im Krankenhaus, wo er an Lungenkrebs starb. Sie verrieten, dass er sein Bein durch eine Infektion im Alter von acht Jahren verlor, nie gedient hatte und nur kurz im Gefängnis war. Wie er schließlich zugab, war seine Autobiographie ein Ausdruck seiner »Wut über ein polizeiverseuchtes Land«. Sie half ihm, sein Leid zu verdrängen und es durch die Freude an seinem eigenen Einfallsreichtum zu ersetzen: Seine imaginären Eskapaden waren eine ebenso wirksame Methode wie jede andere, die armen Teufeln wie ihm das Überleben ermöglicht. Nur seine Armut war real. Am Ende sagte er: »Sich selbst zu belügen ist die größte Sünde von allen.« Vielleicht ist es auch die am weitesten verbreitete.

Nichts ist schwieriger, als sein eigenes Leben zu beurteilen. Hätte Mao Ch'i Ling sein Leben womöglich ganz anders betrachtet, wenn er gewusst hätte, dass es in anderen Ländern Menschen gab, die ebenso dachten wie er? Er lebte in einer Zeit, in der die Pedanterie in China als Kennzeichen eines hohen Ranges bewundert wurde, und das hasste er. Er fühlte sich dem gegenüber machtlos. Er verachtete die Bürokraten, die die Klassiker auswendig lernten und ihr Wissen zur Schau stellten, indem sie »achtteilige Abhandlungen« schrieben. Er brauchte Ermutigung, und die wäre vorhanden gewesen, aber er konnte sie sich nicht verschaffen, wie es ihm heute vielleicht möglich wäre. Inspiration aus dem Ausland hat sich wiederholt als Rückhalt für Dissidenten erwiesen, die andernfalls an ihrer Vereinsamung verzweifelt wären. Es hätte Mao Ch'i Ling ermutigt, wenn er hätte lesen können, was fünf Jahre vor seinem Tod in einer beliebten Londoner Zeitschrift, dem *Spectator*, stand. Ein Pedant, schrieb ihr Herausgeber Joseph Addison (1672–1719), ist jemand, der unfähig ist, von etwas anderem zu sprechen als von den Büchern, die er gelesen hat, und »nicht in der Lage ist, über seinen Beruf und seine besondere Lebensweise hinauszudenken«. Vielleicht wäre Mao Ch'i Ling sogar versucht gewesen, das Bild zu korrigieren, das er sich von sich selbst machte, wenn er sich mit dem optimistischen deutschen Mathematiker, Philosophen und Diplomaten Gottfried Wilhelm Leibniz (1646–1716) hätte unterhalten können, der sich leidenschaftlich für China interessierte und überzeugt war, dass Europa von der konfuzianischen Kultur eine Menge lernen könne. Ein Leben mag im eigenen Land sinnlos erscheinen, wird im Ausland aber womöglich ganz anders beurteilt werden.

<small>INSPIRATION AUS DEM AUSLAND</small>

Mao Ch'i Ling gehörte zu denen, die von der Bürokratie und der Korruption der Obrigkeit enttäuscht waren und nach Wegen suchten, mehr Phantasie und Leidenschaft in den Alltag zu bringen und egoistische Ambitionen, sinnlose Rituale und unergiebige Kontroversen hinter sich zu lassen. Er wusste aber nicht, dass etwa zur gleichen Zeit, als Chinas sogenannte »Erneuerungsgesellschaft« (Fu-she) kühne Denker zusammenbrachte, um neue Prioritäten zu setzen, in England ein

<small>KÜHNE DENKER ZUSAMMENBRINGEN</small>

Bürgerkrieg tobte, der fast alle politischen und religiösen Ansichten in Frage stellte. Auch konnte er nicht ahnen, dass die europäische Aufklärung bald darauf jahrhundertealte Dogmen anzweifeln und neue wissenschaftliche Perspektiven eröffnen sollte, zur gleichen Zeit, als in China die Beweisführende Schule strengere historische Beweise in allen Zweigen des Wissens forderte, um metaphysische Spekulation durch die Suche nach neuartigen Lösungen für ethische, soziale und praktische Fragen zu ersetzen. Vor allem konnte er sich nicht vorstellen, dass seine mutigen Betrachtungen über seine Erfahrungen, die vielfältiger waren als die Erfahrungen der meisten Leute, bei späteren Generationen Anklang finden würden, die durchaus nicht die Ansicht teilten, er habe umsonst gelebt.

WAS SPÄTERE GENERATIONEN ZU SCHÄTZEN WISSEN

Ein vergeudetes Leben führt nur Selbstgespräche und käut nur seine eigenen Zweifel wieder. Aber nichts zwingt uns heutzutage, in unserem eigenen Raum und unserer eigenen Zeit gefangen zu bleiben. Wenn man verschiedene Leben einander gegenüberstellt, wandelt sich das Verständnis, das man von ihnen hat. Ich will mehr, als nur Menschen zuzuhören, die ihre eigene Geschichte erzählen und so den traditionellen Weg der Beichte einschlagen, dem auch die Autobiographie, die Oral History und verschiedene Formen der Therapie folgen. Mich interessiert viel mehr, wie die Menschen sich durch das, was sie sagen, gegenseitig beeinflussen, und auch, wie sie sich dagegen sträuben, sich durch das, was sie hören, verändern zu lassen. Je mehr die Gespräche zwischen ihnen in die Tiefe gehen, desto eher lassen sich Ziele erreichen, die sie zuvor für unerreichbar hielten. Zum ersten Mal in der Geschichte können sie einander über große Entfernungen hinweg zuhören, was bedeutet, dass sie Verbündete finden können, wo sie bislang nur Fremde vermute-

FREMDE, VERBÜNDETE UND OPFER

ten, und wenn das geschieht, ist die Versuchung, sich als Opfer zu sehen, gleich nicht mehr so groß. Beziehungen zwischen verschiedenen Biographien können etwas Neues erschaffen und damit die Zukunft auf unvorhersehbare Weise verändern, und da dies so ist, wird sich die düstere Prophezeiung vielleicht doch nicht erfüllen, dass die große Epidemie des kommenden Jahrhunderts die »klinische Depression« sei.

»Lies keine Geschichtsbücher, sondern nur Biographien, denn sie zeigen das Leben ohne Theorie.« So sagte Benjamin Disraeli (1804–1881), der sowohl Schriftsteller als auch britischer Premierminister war. Aber auch er wusste bestimmt, wie vieles in Biographien und auch in der Geschichte frei erfunden ist, sei es mit Absicht oder unbewusst. Biographie ergibt keinen Sinn ohne Geschichte, die ein Bild der Landschaft ist, die jedes Leben umgibt, und Biographie ist wertlos ohne Autobiographie, die der Spiegel dessen ist, was ein Mensch zu sein glaubt. Kritiker kritisieren und Schmeichler schmeicheln, aber jedes Individuum bleibt bis zu einem gewissen Grad ein Rätsel. Unzählige Autobiographien gelangen nie ans Licht der Öffentlichkeit oder werden gar nicht erst geschrieben, sondern existieren nur in der Einbildung; andere sind so vereinfacht, dass sie in die Irre führen. Eine populäre Zeitschrift, die sich auf den Kult zweitrangiger Berühmtheiten spezialisiert hat, macht

DAS EINSAME ICH

ihren Lesern zum Beispiel weis, diese Prominenten seien »spirituell«, weil sie »ihr inneres Selbst ergründeten«, »authentisch«, weil sie sich nicht darum kümmerten, was andere denken oder von ihnen halten, »sinnlich«, weil sie wüssten, »was sie heiß macht und wie sie es kriegen«, und »einzigartig«, weil sie von sich eingenommen seien und »sich selbst Liebeserklärungen machten«. Das ist die Doktrin, die man dem einsamen Ich auf den Leib geschneidert hat, um ihm die Gewissheit zu geben, dass es von nichts und niemandem etwas anzunehmen braucht und für alle Zeit unverändert bleiben kann.

Man kann jedes Leben aber auch als ein Experiment ansehen, das denen, die das Staunen über die Vielfalt und Unberechenbarkeit menschlichen Eigensinns noch nicht verlernt haben, etwas Interessantes zu sagen hat. Aus dieser Perspektive ist ein Leben vergeudet, wenn ein Mensch die Entdeckungen, die er macht, weder reflektiert noch teilt, und wenn er sich nie die Frage stellt, wie sein Leben wohl auf andere wirkt – hier und an anderen Orten. Dieses Buch ist meine Art, über die blinden Flecken in meinem Leben und darüber nachzudenken. Wenn das jemanden anregt, über seine Erfahrungen in einer Weise nachzudenken, wie er es vorher nicht getan hätte, dann habe ich mein eigenes Leben vielleicht nicht vergeudet. Die Kunst, ein Paar zu sein, besteht zum großen Teil darin, zu entdecken, was man anderen geben kann, und das Feingefühl zu kultivieren, das es einem erlaubt, etwas von anderen anzunehmen.

JEDES LEBEN
EIN EXPERIMENT

3

WIE BEWAHRT MAN SICH VOR SELBSTTÄUSCHUNGEN?

Wenn Lucian Freud (1922–2011) ein Porträt malte, beschattete er seine Augen häufig mit der Hand und betrachtete aus einigen Metern Entfernung Gesicht und Körper seines Modells – wie ein Seefahrer, der nach einem fernen Land Ausschau hält, oder wie ein Pfadfinder, der sich in einem undurchdringlichen Wald zu orientieren versucht.
Er achtete auf jedes Detail; in jeder Struktur, jeder noch so kleinen Partie der Kleidung sah er etwas Besonderes, das mehr war als nur ein Beispiel von etwas Allgemeinerem oder Idealem. Selbst wenn er ein Ei malte, war jedes Ei für ihn anders. Ein Modell war ein Geheimnis, ein Rätsel, das es zu lösen galt. Er plante nicht im Voraus, welche Gestalt seine Bilder annehmen sollten. »Das Gute an der Malerei ist, dass man nicht weiß, was passieren wird.« Sein Ziel war es gewiss nicht, Ähnlichkeit zu erreichen. Vielmehr wollte er eine Figur erschaffen, die »verstört« – ein Zeichen für Freud, »dass sie lebt«. Um zu »leben«, musste ein Porträt den Betrachter »einbeziehen« und ihm die Vorstellung vermitteln, dass das Bild etwas von ihm selbst enthalte. Wichtiger, als seine Modelle anzuschauen, war für ihn, sich in sie »hineinzuversetzen«. Ebenso gefiel

SICH SELBST IN ANDEREN SEHEN

ihm ein Roman, wenn er ihm geradezu das Gefühl gab, er hätte ihn selbst geschrieben. Wollte er damit sagen, dass einen anderen Menschen zu porträtieren ein Mittel ist, sich selbst zu entdecken oder ein anderer zu werden?

Obwohl er zugab, dass es manchmal nötig sei, die Öffentlichkeit zu schockieren, um ihre Aufmerksamkeit zu erregen, war er »stets der Ansicht, dass die Wahrheit zu sagen aufregender ist«. Er wollte vor allem die Wahrheit erkennen und »die Dinge so sehen, wie sie wirklich sind«.

DIE WAHRHEIT ZU SAGEN IST AUFREGEND

Aber welche Wahrheit war das? Über seine Frau Caroline, von der er mehrere berühmte Porträts gemalt hatte, sagte er: »So richtig habe ich Caroline nie gekannt.« Wie stellt man es dann an, jemand anderen oder gar sich selbst gut zu kennen? »Verliebt zu sein«, sagte er, »bedeutet vollständige und absolute Anteilnahme, bei der einen alles, was mit dem anderen zu tun hat, interessiert, beunruhigt oder erfreut.« Aber wie sehr kann man sich in der Person irren, in die man verliebt ist?

Lucian Freud brauchte häufig ein Jahr oder gar länger, um ein Gemälde fertigzustellen; er beobachtete seine Modelle mit »stechendem Blick«, während er sie umgarnte, mit weitläufigen Plaudereien unterhielt und mitunter zu seinen Geliebten machte, mit denen er im Laufe der Zeit vierzehn Kinder zeugte. Er beobachtete jede ihrer Gesten, selbst wenn sie hungrig, müde oder betrunken waren, beständig auf der

FREUD: GROSSVATER UND ENKEL

Suche nach der »Glut«. Die fünfzig Jahre jüngere Frau, die er in einem seiner »Naked Portraits« abbildete, erinnert sich, ihm sieben Mal in der Woche Modell gesessen zu haben, Tag und Nacht, ein ganzes Jahr lang; die beiden wurden ein Liebespaar, aber mit den Sitzungen fand auch ihre Affäre ein Ende. Obwohl Lucian Freud ein Gespräch häufig mit der Aufforderung »Erzählen Sie mir von Ihrer Kindheit« begann und in seinen Gemälden so häufig Genitalien abgebildet sind, unterschieden sich seine

Zielsetzung und seine Methode von denen seines Großvaters Sigmund, des Erfinders der Psychoanalyse. Er erzählte seinen Modellen nicht nur viel von sich selbst und versuchte, in jedem Bild einen Scherz unterzubringen, sondern vermied es, Urteile zu fällen, geschweige denn nach Heilmethoden zu suchen, und sobald er ein Bild beendet hatte, verschwendete er keinen Gedanken mehr daran. »Meine Arbeit ist rein autobiographisch. Sie stellt mich und meine Umgebung dar. Sie ist der Versuch einer Aufzeichnung.« Was sie über ihn aussagte, blieb jedoch auf das beschränkt, was zu beobachten und festzuhalten ihm wert schien. »Ich will nicht, dass das Bild von mir stammt. Es soll von den Modellen stammen.« Er wollte keine Botschaft vermitteln, keine Symbolik oder Rhetorik. »Ich mag es, wenn die Leute sehr widersprüchliche Dinge über meine Arbeit sagen.«

Dies ist eine der Wegscheiden ohne klar vorgegebene Richtung, an denen die Kunst des Porträts im 21. Jahrhundert angelangt ist. Jedes Mal, wenn Menschen neue Ideale entwickeln, brauchen sie eine neue Art von Porträt. Im Mittelalter, als man mehr Wert auf die Vorfahren und das Eigentum einer Person legte als auf ihre individuelle Begabung, war ein Wappen wichtiger als die Ähnlichkeit eines Gesichts. Das schmeichelnde Porträt, das einen möglichst wohlhabend und schön aussehen lässt, verdankt seine Erfindung dem Wunsch nach Prestige und dem Verlangen nach Bewunderung. Die Sehnsucht nach Unsterblichkeit bringt jene teilnahmslosen Porträts in Aufsichtsratspose hervor, die wie Grabsteine sind, die man an die Wand hängen kann. Wenn jedes Individuum als psychologisches Rätsel wahrgenommen wird, steigt der Künstler zum Deuter des Mysteriums auf, und man verherrlicht ihn mehr als sein Sujet. Der Schnappschuss mit der Sofortbildkamera fällt mit der Vorstellung zusammen, jeder könne interessant sein, aber auch, alles sei relativ und austauschbar.

EINE NEUE ART VON PORTRÄT

Heute ist die Ablehnung festgelegter Rollen in den zwischenmenschlichen Beziehungen, aber auch die Ächtung von Rassismus und Diskriminierung ein Beleg dafür, dass auf Äußerlichkeiten längst nicht mehr so viel gegeben wird wie früher. Ein Porträt sagt viel mehr aus, wenn Offenheit und Ehrlichkeit als höchste Werte gelten und die Erkenntnis zunimmt, dass Menschen unendlich komplex sind und nicht exakt oder auch nur annähernd so, wie sie zu sein scheinen.

DIE ABLEHNUNG FESTGELEGTER ROLLEN

Trotzdem sind wir alle verpflichtet, immer einen Ausweis mitzuführen, in dem all die Angaben über uns verzeichnet sind, die der Staat für wichtig hält – samt einem Porträtfoto. Warum können wir nicht unsere eigenen Pässe anfertigen, in die wir eintragen, wie wir von anderen verstanden oder gesehen werden möchten? Warum dürfen wir nicht jedes Mal neue Seiten und Bilder hinzufügen, wenn uns Menschen begegnen, die das Bild bereichern oder verändern, das wir uns von unserer Stellung in der Welt machen? Warum können wir nicht Seiten herausreißen, wenn unsere Hoffnungen sterben? Natürlich könnten wir andere irreführen, lügen oder missverstanden werden. Aber warum kann unser Selbstporträt-Ausweis nicht als unser ureigenes Kunstwerk akzeptiert werden, das etwas über unsere Illusionen und unsere Träume aussagt, über Dinge, die normalerweise nicht auf den ersten Blick zu erkennen sind? Warum können wir die Form unseres Passes nicht selbst auswählen und ihn ganz nach unserem eigenen Geschmack umhüllen oder binden? Warum sollen wir uns nicht von dem Maler Wang Shou-ch'i (1603–1652) inspirieren lassen, der auch Möbel entwarf, Porzellan herstellte, Gärten gestaltete, Tempel restaurierte, Dichter und Musiker war und vierunddreißig Selbstporträts in unterschiedlichen Kostümen hinterließ, um seine zahlreichen und vielfältigen Persönlichkeiten zu verewigen?

VIERUNDDREISSIG SELBSTPORTRÄTS

Nichts hindert uns, einen Pass zu entwerfen, der weit nützlicher wäre als ein Curriculum Vitae, das nur eine fadenscheinige Prahlerei darstellt und all jene Hoffnungen und Ansichten verschweigt, die eine Bewerbung scheitern lassen könnten. Ein solcher Pass könnte mehr Informationen enthalten als eine Visitenkarte, die lediglich mit einem Status wirbt und belegt, dass man Teil einer Organisation ist, die wichtiger ist als man selbst. Der obligatorische nationale Reisepass, ein Relikt der absoluten Monarchie, wurde von der Französischen Revolution abgeschafft, weil man ihn als Beleidigung der Freiheit ansah, und viele Länder folgten diesem Beispiel, sodass es im 19. Jahrhundert Leute gab, die sich rühmen konnten, keine Bescheinigung zu besitzen, die von einem Bürokraten ausgestellt war und den Anspruch erhob, ein besserer Identitätsnachweis zu sein als das eigene Wort. Sogar Napoleon III. erklärte, ein Pass halte keinen Verbrecher auf, sondern behindere nur die Freizügigkeit der Rechtschaffenen. Aber die krankhafte Angst vor Spionen im Ersten Weltkrieg ließ Pässe wieder aufkommen, und so nahmen sie allmählich wieder ihre Rolle ein, eher der Überwachung zu dienen als der Information.

Dieses Buch ist meine eigene Art von Pass, der Ihnen Zugang zu meiner Phantasie verschafft. Ich bin auf Ihren Besuch angewiesen, weil meine Gedanken von all denen genährt werden, die meinen Weg kreuzen. Mein Pass ist das Ergebnis von Gesprächen, die meine Interessen und Sympathien angeregt und mir vor Augen geführt haben, dass es andere Formen der Existenz gibt. Ich biete Ihnen meinen Pass an, weil ich gern in Ihren schauen würde. Die Welt ist das, was sich uns offenbart, wenn jeder sagt, was er sieht, und wir sie alle gemeinsam mit unseren schwachen Fackeln beleuchten.

EIN PASS, DER ZUGANG ZUR PHANTASIE VERSCHAFFT

Aber warum soll man zeigen, wer man wirklich ist? Die

Welt ist voll von höflichen, schüchternen, undurchschaubaren, unverständlichen, verschlossenen, oberflächlichen, unehrlichen und auch ehrlichen Leuten, aus denen klug zu werden immer schwerer fällt und die aus dem einen oder anderen Grund nicht nach außen dringen lassen, was in ihnen vorgeht. Viele geben ihre Gedanken oder Gefühle nicht preis, weil sie sich nicht sicher sind, was sie denken oder fühlen. Viele wären in ihren Äußerungen mutiger, wenn sie mehr Gewissheit hätten, dass man ihnen verständnisvoll zuhört. Vielen hat man eingetrichtert, sie könnten ohne Heuchelei nicht auskommen. Die verborgenen Gedanken in den Köpfen der Anderen sind das große Dunkel, das uns umgibt.

DAS GROSSE DUNKEL, DAS UNS UMGIBT

Nach den Lehren der europäischen Aufklärung sind es vor allem Aberglaube und Vorurteile, die uns hindern, die Welt so zu sehen, wie sie wirklich ist, aber Bildung und Gesetzgebung können diese Hindernisse aus dem Weg räumen. Dennoch ist es nach wie vor schwierig, die verborgenen Motive und Intentionen der Menschen zu deuten. So vieles, das noch immer im Dunklen liegt, wartet auf eine zweite und ehrgeizigere Aufklärung.

EINE EHRGEIZIGERE AUFKLÄRUNG

Manche Gedanken sind Totgeburten, weil dem Verstand der Ansporn fehlt, sie vollständig auszubilden. Die Zwänge des gewöhnlichen Lebens nehmen einen so sehr in Anspruch, dass wir den grundsätzlicheren Problemen der Lebenskunst für gewöhnlich ausweichen. Was am wichtigsten ist, wird oft am wenigsten diskutiert. Der Kampf gegen die Zensur ist nie gewonnen, aber die Selbstzensur ist noch heimtückischer. Seit Anbeginn der Zeit haben die Menschen bewusst oder unbewusst zu Verhütungsmitteln gegen das Denken gegriffen. Wenn Gedanken sich selbst überlassen werden, bleiben sie einsam und kraftlos. Für andere erlangen sie nur Bedeutung, wenn sie durch einen Dialog befruchtet werden.

Im Lauf der Geschichte hat man sich vor allem bemüht, vermeintlich leeren Köpfen überkommene Ideen einzutrichten. Aber man kann die Menschen nicht zur Erkenntnis zwingen, ebenso wenig wie man einen Menschen zur Liebe zwingen kann. Jeder Mensch hat Empfindungen und Erinnerungen, die dem, was er aufnimmt, ihr Gepräge geben. Und solange Ideen noch keine Bekanntschaft mit vielen unterschiedlichen Ideen gemacht haben, können sie ihren eigenen Wert nicht beurteilen. Von dem, was die große Mehrheit denkt und fühlt, bekommt man in Abstimmungen und Umfragen nur einen ganz oberflächlichen Eindruck. Nur eine winzige Minderheit verbreitet allenfalls einen Bruchteil ihrer Ideen in den Medien oder in Büchern. In der Religion und der Psychiatrie ist die Beichte streng vertraulich. Das Studium der Sitten und Mentalitäten von Nationen, gesellschaftlichen Klassen und Gruppen deckt nicht zwangsläufig auf, was in den Köpfen eigensinniger Individuen vor sich geht. Kann es einen anderen Weg geben, verborgene Gedanken ans Licht zu bringen?

VERHÜTUNGSMITTEL GEGEN DAS DENKEN

Private Gedanken gehören zu den größten Schätzen der Menschheit, denn sie enthalten die Essenz menschlicher Erfahrungen. Ein großer Teil dieser Gedanken wird mit anderen nicht geteilt, aus Furcht, zu verletzen oder Schaden anzurichten, aus Respekt vor der Intimsphäre oder weil man nicht fähig ist, ein persönliches Erlebnis für andere bedeutsam zu machen. Was die Geschichte aufzeichnet, ist nur die Spitze eines Eisbergs. Zu viele Menschen lernen ihre Eltern nie wirklich kennen oder geben ihre intimen Gedanken nie an ihre Kinder weiter und bereuen es später. Zu viele Regierungen sind ein Musterbeispiel für Geheimniskrämerei, weil sie behaupten, die Aufdeckung ihrer Motive oder ihrer Inkompetenz würde ins Chaos führen. Alle wissenschaftlichen Untersuchungen der Lüge beharren darauf, soziale Beziehun-

EINE WELT, DIE VON LÜGEN ZUSAMMENGEHALTEN WIRD

gen würden zusammenbrechen, wenn die Leute aufhörten zu lügen. Wirtschaft und Politik setzen zunehmend auf Halbwahrheiten und beschäftigen eine immer größere Zahl von Experten, die ebenso viel verbergen, wie sie erklären. Das hat sogar auf den Sport übergegriffen. Selbst die wissenschaftliche Forschung leidet unter Behauptungen, die nicht durch Beweise untermauert sind. Im Privatleben scheitern intime Beziehungen, wenn Schwindelei an die Stelle von Vertrauen tritt. Verschleierung ist das uneheliche Kind der Angst. Wer bringt den Mut auf, darauf zu pochen, dass wir nicht in einer Welt zu leben brauchen, die durch Lügen zusammengehalten wird?

Einzelne haben in letzter Zeit – nicht ohne Zögern – begonnen, aus den Höhlen hervorzukriechen, die sie als Privatsphäre bezeichnen. Sie haben ein Selbstporträt von sich gezeichnet und tun im Internet kund, dass sie existieren und wissen wollen, welche anderen Existenzen den riesigen unbekannten Raum um sie herum bevölkern. In den sozialen Netzwerken haben sie sich hauptsächlich darauf verlegt, kurze und oberflächliche Mitteilungen mit Hunderten von »Freunden« auszutauschen, denen sie nie begegnet sind. Von den mehr als hundert Millionen Bloggern, die in Wirklichkeit so etwas wie Fortsetzungsautobiographien schreiben, gibt jeder Zweite an, sich außerhalb seines eigenen kleinen Kreises unverstanden zu fühlen. Ihre Monologe, wie die der Autoren von Autobiographien, können auf dem Gebiet der Selbstdarstellung nicht das letzte Wort sein und die Selbstdarstellung kann nicht das letzte Kind bleiben, dem die Freiheit das Leben schenkt. Selbstbeobachtung kann nicht der einzige Weg zur Selbsterkenntnis sein.

Ich denke, indem ich auf die Gedanken anderer reagiere. Unter den Millionen Gedanken, die mir durch den Kopf ge-

FREUNDE, DENEN MAN NIE BEGEGNET IST

DAS LETZTE KIND DER FREIHEIT

hen, sind einige wenige fruchtbar und erzeugen neue Gedanken. Ideen wissen nie genau, wer ihre Eltern sind, denn sie knüpfen unablässig Kontakte, flirten und treiben es miteinander, immer auf der Suche nach wesensverwandten Partnern. Ich genieße die Momente, in denen die Gedanken anderer Menschen nicht nur ein ruhiges Plätzchen in meinem Gedächtnis erbitten, an dem sie sich niederlassen können, sondern einen Schalter in meinem Kopf umzulegen scheinen, der das Licht angehen lässt, und meine Überzeugungen zu einem bestimmten Thema erleuchten und Klarheit schaffen, indem sie ihnen eine gegensätzliche Ansicht gegenüberstellen und sie zu Veränderungen anregen, die ich mir zuvor nicht hatte vorstellen können. Vor allem mag ich es, wenn sie eine Verbindung zu Personen oder Ideen herstellen, die ich bisher für belanglos hielt.

WIE IDEEN GEBOREN WERDEN

Für die einsame Beschäftigung mit dem uralten Rätsel »Wer bin ich?« ist mir meine Zeit zu schade. Ich finde andere Menschen viel interessanter als die sich ständig wiederholenden oder der Selbsttäuschung dienenden Betrachtungen, die ich anstellen kann, wenn ich am Bodensatz meiner Erinnerungen herumkratze, oder als die Etiketten, die ich mir anklebe, um meine sogenannte Identität zu bekräftigen. »Erkenn' ich mich, so muss ich gleich davon«, schrieb Goethe. Ich gehe noch weiter und behaupte, dass ich mich selbst nicht erkennen kann. Obwohl die Selbsterkenntnis seit Urzeiten als unentbehrlicher Schlüssel zu einem erfolgreichen Leben gepriesen wird, bleibt sie so schwer erreichbar wie eh und je. Die Selbstporträts, aus denen ich im vorigen Kapitel zitiert habe, zeigen beispielhaft, wie verschwommen die Vorstellung ist, die man von sich selbst gewinnt, wenn man sich auf die Selbstbeobachtung verlässt. Es gibt offenbar noch viele weitere Arten, über sich selbst zu sprechen oder zu schreiben, die noch

DAS SELBSTPORTRÄT NEU ERFINDEN

zu erproben sind, oder sich in einem Bild, einer Skulptur oder einem Film darzustellen, ohne in Narzissmus, Überheblichkeit, Nostalgie oder Gejammer zu verfallen. Die Kunst des Porträts und des Selbstporträts wartet darauf, neu erfunden zu werden.

Anstelle von »Wer bin ich?« ziehe ich es vor, die Frage »Wer bist du?« zu stellen. So kann ein Gespräch beginnen und ein Selbstporträt entstehen. Nur wenige Menschen wollen oder können sich einfach an den Schreibtisch setzen und eine Autobiographie verfassen, von der sie das Gefühl haben, dass sie ihnen gerecht wird, und die nicht bloß eine Form von Selbstbeweihräucherung ist. Weit mehr Menschen wissen ein Gespräch zu schätzen und entdecken sich dabei gelegentlich selbst, indem sie anderen zu erklären versuchen, wer sie sind, denn dies läuft in der Tat darauf hinaus, eine grobe Skizze für ein Selbstporträt zu entwerfen.

Mich interessieren Leute, die sich nach Unterhaltungen sehnen, die mehr sind als nur oberflächliches Geplauder, Tratsch, Zank oder Fachsimpelei. Ich habe keine Lust, die angeblich vergessene Kunst der Konversation neu zu beleben, denn so vieles, was in früheren Jahrhunderten als Konversation galt, folgte den Geboten der Etikette. Man sagte, was von einem erwartet wurde – den Einflussreichen schmeichelte man, und denjenigen, die man verachtete, zeigte man seine Überlegenheit. Ich möchte hingegen herausfinden, wie andere Menschen die Welt sehen und was ihnen am wichtigsten ist, zugleich aber auch, was für mich wichtig ist. Wenn sich zwei Menschen in gegenseitigem Respekt unterhalten und einander in dem ehrlichen Bemühen zuhören, eine abweichende Auffassung kennenzulernen, wenn sie versuchen, sich in den jeweils anderen hineinzuversetzen, dann ändert sich die Welt, mag der Unterschied auch noch so gering sein. Sie legen zumindest teilweise die Masken ab, hinter denen sich fast

WANN DIE WELT SICH ÄNDERT

jeder verbirgt, und das ist ein wirksameres Mittel, Gleichheit zwischen zwei Menschen herzustellen, die den Mut haben, voreinander offen zu sein, als irgendein Gesetz es je sein könnte. Man kann Priestern seine Sünden beichten, aber sie werden sich nicht mit der Beichte ihrer eigenen Sünden revanchieren. Man kann Psychiatern seine Ängste ausschütten, aber sie werden einen, was ihre eigenen Ängste betrifft, nicht um Rat fragen.

In der Vergangenheit haben neue Gesprächsformen neue Phasen in den menschlichen Beziehungen eingeleitet, wie dies bei der Erfindung der Parlamente der Fall war. Ursprünglich bezeichnete der Begriff *Parlament* ein Gespräch zwischen zwei (und gelegentlich auch vier) Personen, die zu einer Diskussion oder Verhandlung zusammenkamen. Es dauerte lange, bis größere Teilnehmerzahlen miteinander zu reden lernten. Solange strenge Hierarchien das Leben beherrschten, sprachen die Leute in der Reihenfolge ihrer Rangordnung. Solange Gewalt das übliche Verfahren zur Beilegung von Streitigkeiten war, endeten Debatten häufig in Schlägereien, wie es noch 1992 der Fall war, als einige Mitglieder der russischen Duma mit den Fäusten aufeinander losgingen. Erst nach und nach wurden Regeln eingeführt, um die Menschen davon abzuhalten, alle gleichzeitig zu reden, zu fluchen, einander auszubuhen, Gesänge anzustimmen oder Gegner zum Duell herauszufordern. Die protestantische Reformation änderte viel, weil sie Menschen aus verschiedenen sozialen Schichten zusammenbrachte. Auch die Amerikanische Revolution veränderte das Gespräch. Alexis de Tocqueville schrieb in den dreißiger Jahren des 19. Jahrhunderts: zu diskutieren sei »das große Geschäft und ... das einzige Vergnügen, das ein Amerikaner kennt«, und die amerikanischen Frauen gingen »oft in die öffentlichen Versammlungen, und erholen sich, in-

NEUE GESPRÄCHSFORMEN

AMERIKA VERÄNDERT DAS GESPRÄCH

dem sie politische Reden anhören, von der langweiligen Hauswirtschaft ... Für sie ersetzen die Debattier-Clubs gewissermaßen die Schauspiele. Ein Amerikaner kann nicht plaudern, aber disputieren; er redet nicht herum, sondern analysiert. Er spricht zu Ihnen wie zu einer öffentlichen Versammlung.« Als literarische, wissenschaftliche, politische und andere Vereinigungen in vielen Ländern entstanden, entwickelten sie ihre eigenen Gepflogenheiten und Konventionen und gingen auf unterschiedliche Weise mit aggressiven, langatmigen, arroganten, schwafelnden oder spinnerten Rednern um. Dann kam der professionelle »Gesprächsmoderator« auf, der geschult ist, Meinungsverschiedenheiten in geordnete Bahnen zu lenken, zu mäßigen und auf einen unverfänglichen Kompromiss hinzuwirken. Aber Besprechungen können heutzutage die Hälfte der Zeit eines Managers in Anspruch nehmen, häufig ohne nennenswerten Nutzen, und oft fragen sich die Teilnehmer im Nachhinein, was jeder der anderen wirklich denkt und welche persönlichen Eigenarten sich hinter seinem offiziellen Auftreten verbergen.

SPINNERTE REDNER

Könnte eine neue Art von Gesprächen eine neue Phase menschlicher Beziehungen einleiten? Das mag übertrieben klingen. Aber eine Reihe von Experimenten, die ich unter Mitwirkung von mehr als zweitausend Menschen aus einem Dutzend verschiedener Länder durchgeführt habe, haben gezeigt, dass sorgfältig vorbereitete und strukturierte Gespräche erstaunliche Ergebnisse hervorbringen können. Die Gäste werden nach dem Zufallsprinzip paarweise platziert, sodass jeder von ihnen sich einem Fremden oder nur flüchtig Bekannten gegenübersieht, der nicht selten einem ganz anderen Hintergrund als dem eigenen entstammt. Jeder erhält einen Gesprächsleitfaden, der einem Menü im Restaurant gleicht, unterteilt in Vorspeisen, Fisch, Gegrilltes, Salate usw., aber anstelle der Gerichte

EIN GESPRÄCHSMENÜ

rund zwei Dutzend Diskussionsthemen in der Form von Fragen aufführt. Zum Beispiel: »Wo hört Ihr Mitgefühl auf?«, »Wie haben sich Ihre Prioritäten im Laufe der Jahre verändert?«, oder: »Welche moralischen, intellektuellen, ästhetischen und sozialen Auswirkungen hat Ihre Arbeit auf andere und auf Sie selbst?« Die Teilnehmer werden aufgefordert, ihre Erfahrungen auszutauschen, über den Nutzen nachzudenken, den sie für andere Menschen haben könnten, sie mit den Einstellungen anderer Zivilisationen zu denselben Problemen zu vergleichen und nach möglichen praktischen Anwendungen ihrer Schlussfolgerungen zu suchen. Andere, mitunter auf Wunsch bestimmter Organisationen oder Berufsgruppen zusammengestellte »Menüs« erweitern das Spektrum der behandelten Themen. Spielregeln sorgen dafür, dass das Gespräch nicht in einen Monolog ausartet oder an fixen Ideen »kleben« bleibt.

Trotz der sehr vielfältigen Zusammensetzung der jeweiligen Teilnehmer waren die Ergebnisse durchweg ähnlich. Die Gäste wissen es zu schätzen, dass ihnen Fragen zu Problemen gestellt werden, die sie üblicherweise mehr oder weniger ungelöst im Hinterkopf brachliegen lassen, und sie berichten, dass sie insbesondere von den Fragen angetan waren, die schwierig sind und gründliches Nachdenken erfordern, was ihrem Gespräch ungewohnte Substanz verleiht, und dass sie es begrüßen, wenn man ihnen eine Struktur vorgibt, die sie davor bewahrt, in zielloses Plaudern abzugleiten. Sie bedauern, dass es so wenig Gelegenheiten gibt, mit jemandem zwei Stunden oder länger aufrichtig reden zu können, ohne unterbrochen zu werden. »Ich war verblüfft, mit welcher Offenheit die Leute nach wenigen Minuten anfingen, sich alles Mögliche zu sagen«, gab der Geschäftsführer eines Arbeitgeberverbands zu. Ein Flüchtling, der in einem Obdachlosenheim wohnte, sagte: »Das ist das erste richtige Gespräch, das

WAS DIE TEILNEHMER AM TAG DANACH SAGEN

ich in den fünf Jahren meines Exils geführt habe.« »Dadurch, dass ich viel über meine Kollegin erfuhr, habe ich noch mehr über mich erfahren. Sie hat mir geholfen, das eine oder andere über mich herauszufinden, was mir hilfreich sein könnte«, sagte ein Mann, der für ein Mobilfunkunternehmen arbeitet. »Ich bin auf Gedanken gekommen, die ich noch nie hatte, und habe möglicherweise Sachen begriffen, von denen ich nichts wusste«, räumte ein Wissenschaftler ein. »Ich kann mich nicht erinnern, wann ich das letzte Mal diese Art von Gespräch mit jemandem geführt habe«, sagte ein Sozialarbeiter. Ein Gewerkschaftsführer hatte eine Gesprächspartnerin, die halb so alt war wie er, und bekannte: »Ich bin froh, sie getroffen zu haben und mit ihr reden und ihr zuhören zu dürfen; sie hat mir das Vertrauen in jüngere Menschen zurückgegeben.« »Ich fand es intellektuell herausfordernd und anregend«, sagte ein Polizeihauptkommissar. »Ich saß neben einem, der ein Arbeitskollege von mir ist. Ich kenne ihn seit zwanzig Jahren, und wir treffen uns ab und zu, aber heute Abend habe ich im Gespräch mit ihm mehr erfahren als in all den Jahren, in denen ich in seiner Nähe gearbeitet habe und ihm regelmäßig über den Weg gelaufen bin.« »Wir sprachen über Dinge, die wir mit Arbeitskollegen nie erörtern würden, und der Dienstrang spielte keine Rolle«, berichtete eine Kommunalbeamtin. »Faszinierend und unterhaltsam. Verborgene Tiefen aufgedeckt«, schrieb ein für den staatlichen Gesundheitsdienst verantwortlicher Arzt. »Ich habe in sechs Ländern gelebt und spreche bei der Arbeit Englisch, Französisch und Chinesisch«, sagte ein Anwalt, »und dieses Projekt hat mich absolut überzeugt.« »Es hat Zwiegespräche in Bereichen ermöglicht, die man im beruflichen Umfeld nur ungern anschneiden würde«, sagte ein Buchhalter.

Nur sehr wenige der Teilnehmer wichen den schwierigen Fragen aus, flüchteten sich in ein Gespräch über Belanglosigkeiten oder verloren das Interesse an ihrem Gegenüber. Diese

Methode wurde auch von Konzernchefs eingesetzt, um die Zusammenarbeit in ihren Unternehmen zu verbessern, und von leitenden Ministerialbeamten, um ihre Kollegen besser kennenzulernen. Jedes Jahr wird am 22. August in öffentlichen Parks ein *Fest der Fremden* organisiert, bei dem Touristen und Einheimische mit Hilfe des »Menüs« miteinander reden können, um einander zu entdecken. Es ist das Gegenteil vom Karneval, denn niemand braucht sich zu vermummen.

DAS FEST DER FREMDEN

Das Verlangen nach einem tiefer gehenden Gespräch kann in allen Bereichen des Lebens quälend sein, in der Liebe, in der Familie, am Arbeitsplatz und in jeder Art von Gemeinschaft, aber bisher haben die Menschen für das Recht und die Fähigkeit, frei zu sprechen, offenbar ziemlich erfolglos gekämpft. In keiner der Erklärungen der Menschenrechte ist das Recht verankert, Gehör zu finden. Auch der erste Zusatzartikel zur Verfassung der Vereinigten Staaten schützt die Bürger nur vor Beschränkungen der freien Meinungsäußerung durch den Staat; gegen Einschränkungen durch den Arbeitgeber gibt es keinen Schutz, und nichts verpflichtet die freien Medien, zu veröffentlichen, wovon sie nichts wissen wollen. Die erste Pflicht der Liebe ist das Zuhören, sagte der Theologe Paul Tillich, aber wie viele Menschen liebt man, und wie viele Liebende hören einem zu? Wie viele Menschen beherrschen die Kunst, über sich zu reden, ohne gegen die Gebote der Bescheidenheit oder Ehrlichkeit zu verstoßen und ohne zu langweilen oder missverstanden zu werden? Würde ein jeder seine Worte abwägen, bevor er spricht, und nur schreiben, was wirklich äußern zu wollen er sich ganz sicher ist, gäbe es lange Phasen des Schweigens und die meisten brächten gar nichts zu Papier. Aber wenn ein Gespräch aufgezeichnet wird, um als Grundlage für den Entwurf eines schriftlichen Selbstporträts zu dienen, kann man

WIE MAN VON ANDEREN VERSTANDEN WERDEN MÖCHTE

es korrigieren, ergänzen und Schritt für Schritt zu einem in sich stimmigen Bild dessen ausgestalten, was man anderen über sich selbst mitteilen will.

Gewöhnliche Menschen müssen enormen Mut aufbringen, sich der Tyrannei von Despoten zu erwehren, und ebenso viel Mut ist erforderlich, die Furcht zu überwinden, sich durch das, was man sagt, als minderwertig oder verachtenswert zu erweisen. Wenn ich es mir seit meiner Jugend zur Gewohnheit gemacht hätte, mich jede Woche mit einem anderen Fremden zu unterhalten, gleichsam als Ritual, um mein Denken von Vorurteilen zu säubern, so wie ich meine Kleider zur Reinigung bringe, wäre ich mittlerweile mehreren tausend individuellen Vorstellungen von der Welt begegnet. Das entspräche zwar nur einem winzigen Ausschnitt der sieben Milliarden Menschen, die ich im Idealfall kennenlernen müsste, um das Gefühl zu haben, den Planeten Erde nicht nur oberflächlich besucht zu haben. Aber wenn die Menschen Selbstporträts anfertigten, könnte ich sehr viel mehr davon lesen und anschauen und sie zu verstehen suchen. Allmählich entsteht eine Galerie von Selbstporträts, die zwar keine Sammlung von künstlerischen Meisterwerken ist, aber allen Menschen einen Raum zur Verfügung stellt, in dem sie ein Gespräch führen und dann ein Selbstporträt anfertigen und ausstellen können, das sich aller Kombinationen von Medien bedienen kann, seien es Film, Fotografie, Skulptur, Malerei, Musik oder Text, und das nicht nur sagt »Das bin ich« oder »Ich bin nicht, was ich zu sein scheine«, sondern auch »Dies ist der Beitrag, den ich leisten kann, und hier ist, was ich noch nicht getan habe«. Eltern sind ihren Kindern oft ein Rätsel und umgekehrt. Ein Student, der sein Selbstporträt seinem Vater zeigte, machte die Erfahrung, dass daraus das erste echte Gespräch entstand, das sie je hatten. Ich wollte, meine Eltern hätten mir Selbstporträts hinterlassen; es gibt so

> EINE GALERIE VON SELBSTPORTRÄTS

vieles, das ich gern über sie gewusst hätte. Als Denis Diderot in Öl porträtiert wurde, beklagte er sich: »Lasst euch gesagt sein: Das bin nicht ich! Ich hatte an einem Tag hundert verschiedene Physiognomien, je nach der Sache, von der ich eingenommen war. Ich war heiter, traurig, träumerisch, zärtlich, heftig, leidenschaftlich, begeistert; aber nie war ich so, wie ihr mich seht.« In jedem Kapitel dieses Buches sehen Sie mich aus einem anderen Blickwinkel, mit einem anderen Rätsel und den Sorgen unterschiedlicher Individuen konfrontiert. Lucian Freuds Blick hat Empfindungen und Gedanken geweckt, derer ich mir ohne ihn nicht bewusst geworden wäre. Die Unterscheidung zwischen einem Porträt und einem Selbstporträt ist irreführend. Wir brauchen ein anderes Wort für das, was zwischen beiden liegt.

Ein Gespräch und ein Porträt sind keine magischen Lösungen für Feindschaften, die auch sorgfältigst entworfene Pläne regelmäßig fehlschlagen lassen. Aber ich suche nicht nach Lösungen, sondern nur nach zu erkundenden Wegen.

WAS ICH NOCH NICHT GETAN HABE

4

BLEIBT EINEM ETWAS ANDERES ÜBRIG, ALS EIN REBELL ZU SEIN?

Nur die menschlichen Babys schreien, wenn sie das Licht der Welt erblicken. Begreifen sie etwa auf Anhieb, dass ihnen, obwohl sie zu einer Spezies gehören, die sich alle anderen untertan und die Natur zum Spielball ihrer Launen gemacht hat, nicht gefallen wird, was sie zu sehen bekommen werden? Manche protestieren und rebellieren ihr Leben lang, während andere schließlich lernen, den Mund zu halten, und Meinungsforschern erklären, dass sie mit ihrem Schicksal einigermaßen oder sogar sehr zufrieden sind. Aber welche anderen Möglichkeiten gibt es für verunsicherte Jugendliche, frustrierte Erwachsene und die unzähligen anderen Kategorien von Menschen, die allen Grund haben, zu rebellieren?

Vor einem Jahrhundert pries man das Kino als eine großartige technische Innovation, die die Denkweise der Massen verändern werde, indem sie ihnen nie gesehene Welten vor Augen führe. Einer der begabtesten Regisseure Russlands, Sergej Eisenstein (1898–1948), glaubte, das Kino – das er als eine »neue Muse« bejubelte – dazu einsetzen zu können, »das Publikum zu schockieren« und »unwissende Bauern« zu bekehren, jahrhundertealte Bräuche zugunsten einer sozi-

NIE GESEHENE WELTEN
VOR AUGEN FÜHREN

alistischen Utopie aufzugeben. Indem er Kunst als einen revolutionären Akt betrachtete und auf die »Armee der Kunst« setzte, entwickelte er geniale Techniken, Bilder »aufeinanderprallen« zu lassen und ungewöhnliche visuelle Metaphern zu kreieren, die ebenso poetisch wie verstörend waren, um auf diese Weise neue Ideen anzustoßen. Trotz all seines Einfallsreichtums konnte er es aber nicht vermeiden, nur ein weiterer klassischer Rebell zu sein, der sich in die lange Reihe der originellen und frustrierten Genies der Geschichte einreihte.

Er hatte den traditionellen Hintergrund eines Aufrührers. Er hasste seinen »tyrannischen« und »bourgeoisen« Vater, während er seine frustrierte und rebellische Mutter bewunderte, die sich von ihrem Mann hatte scheiden lassen, um ein unabhängiges Leben zu führen und allein ins Ausland zu reisen: »Sie war exzentrisch. Ich war exzentrisch. Sie war lächerlich. Ich war lächerlich.« (Noch hat niemand gezählt, wie viele anscheinend in das Korsett ihrer herkömmlichen Rolle gezwängte Mütter ihren Kindern unkonventionelle Wege gewiesen haben.) Er hatte sich wie sein Vater zum Ingenieur ausbilden lassen, gab diesen Beruf aber wieder auf, um zunächst Karikaturist zu werden – und so seine Verachtung der Autoritäten zu bekunden – und später das Theater zu reformieren. Aber er war ein bisschen zu rebellisch, sodass er wegen »mangelnder Anpassungsfähigkeit« von der Schauspielschule verwiesen wurde. Ihn faszinierten die Revolution, die Gewalt und der Konflikt, während er die Religion ablehnte, obwohl deren Rituale ihn nicht losließen. Er war zwar außerordentlich gebildet – er lebte »knietief in Büchern« – und vertiefte sich in das Denken aller Nationen, schloss weltweit Freundschaften mit den größten Künstlern seiner Zeit, entstammte einer Mischung aus russischen, lettischen, deutschen und jüdischen Wurzeln, beherrschte fünf Sprachen und lernte während seines Militärdienstes Ja-

DER TRADITIONELLE HINTERGRUND EINES AUFRÜHRERS

panisch, war aber nicht in der Lage, sich über einen begrenzten Kreis hinaus verständlich zu machen: Die Massen mochten seine Filme nur, wenn sie darin eine Bestätigung ihres traditionellen Patriotismus zu sehen glaubten. In Frankreich und England durfte sein erstes Meisterwerk, *Panzerkreuzer Potemkin*, nicht vorgeführt werden. Hollywood lehnte ihn ab, weil er nicht kommerziell genug war. Die sowjetische Regierung verfolgte ihn und befahl ihm, seine Filme zu überarbeiten, um sie der stalinistischen Ideologie anzupassen. So stieß er mit dem Kopf gegen fast jedes mögliche Hindernis. Auch sein Unterdrücker Stalin stieß sich den Kopf an der Hartnäckigkeit alter Gewohnheiten und brachte viele Millionen Menschen um, stets von der Furcht getrieben, seine Macht könne nicht ausreichen, alle seine Feinde zu besiegen.

Eisenstein blieb schließlich nichts anderes übrig, als die Kröte zu schlucken, Stalin zu gehorchen und ihm höflich zuzuhören, wenn er dozierte, auf welche Weise Filme die Massen in glückliche Arbeiter verwandeln sollten. Nur so konnte er weiterhin Filme drehen. Er fand sich in demselben Dilemma wie Galilei, der sich, von der Inquisition mit dem Tod bedroht, zum Widerruf gezwungen sah. »In meiner persönlichen, viel zu persönlichen Geschichte«, schrieb Eisenstein, »musste ich mehrfach bis zu diesen Stufen der Selbsterniedrigung hinabsteigen.« Er starb an seinem Schreibtisch, während er einen Brief schrieb, in dem es heißt: »Mein ganzes Leben lang habe ich mir gewünscht, dass man mich voller Zuneigung akzeptiert, aber ich spürte den Zwang, mich zurückzuziehen ... und so für immer ein Zuschauer zu bleiben.« Er hat sich nie bemüht, der Frage nachzugehen, warum das so war. In dem Film *Glashaus*, den er plante, aber nie verwirklichen konnte, hatte er zeigen wollen, dass die Menschen einander nicht sehen, weil »es ihnen nie in den Sinn kommt, hinzuschauen«; es fehlte ihnen an Neugier und sie

GEZWUNGEN, EIN ZUSCHAUER ZU BLEIBEN

wussten nicht, wie man sieht. Mit dieser Ansicht stand er in krassem Gegensatz zu dem Architekten Frank Lloyd Wright (1867–1959), der etwa zur gleichen Zeit der Auffassung war, man brauche nur moderne Häuser mit Glasfassaden, um »die Freiheit des Einzelnen« und einen neuen Lebensstil Wirklichkeit werden zu lassen. Wie man andere anschaut und in ihnen die Neugier erweckt, sich ihrerseits gern andere anzuschauen – das war etwas, das Eisenstein nicht herausgefunden hatte, vor allem, weil seine eigene Neugier begrenzt war; er sah in den Bauern keine Individuen, sondern eine Klasse. Er besetzte seine Filme mit Typen statt Individuen und wählte Schauspieler, die eher wie Karikaturen der Rolle aussahen, die sie zu spielen hatten. Nicht, dass ihm die Komplexität von Individuen verborgen geblieben wäre – einmal ließ er drei Menschen auf der Bühne gleichzeitig auftreten und verschiedene Seiten ein und derselben Person darstellen –, aber ihm ging es darum, die Ablenkung durch Details zu vermeiden, um Verallgemeinerungen über die Menschheit als Ganzes hervorzuheben und das endgültige Ziel der Unzufriedenen zu erreichen, nämlich »die Welt zu verändern«.

GRENZEN DER NEUGIER

Wie konnte Eisenstein sich einbilden, gewaltige Massen von Menschen dazu zu bringen, so zu denken wie er selbst, auf neue Ideen zu kommen oder auch nur Gefallen am Nachdenken zu finden? Die Geschichte seiner Vorgänger, die wie er große Veränderungen herbeiführen wollten, ist entmutigend. Die großartigen Triumphe menschlichen Einfallsreichtums werden durch Revolutionen aufgewogen, die selten zu den erhofften Ergebnissen geführt haben oder unvorhergesehene Probleme mit sich brachten. Wenn despotische Regimes gestürzt wurden, traten an ihre Stelle häufig andere Formen der Diktatur, die sich hinter populistischen Parolen verbargen. Bauernaufstände, Sklavenaufstände, Steuerrevolten,

EINE GESCHICHTE VON FEHLSCHLÄGEN

Erhebungen aus Hungersnot, Streiks, Revolutionen, Jugendbewegungen, Frauenbewegungen und Proteste gegen den Krieg oder die Wehrpflicht müssen auch dann, wenn sie scheinbar erfolgreich sind, mitunter machtlos zusehen, wie ihre Erfolge in den Labyrinthen der Bürokratie verebben oder durch reaktionäre Bewegungen, die heimlich die Uhr zurückdrehen, in ihr Gegenteil verkehrt werden. Trotz der unzähligen Proteste, die Unterdrückte und Frustrierte in vielen Ländern im Lauf der Jahrhunderte erhoben haben, plagt sich immer noch fast jeder mit Dingen herum, die ihn bekümmern oder die er bedauert, trotz allem Wohlstand und aller denkbaren Absicherung. Fast niemand bleibt davon verschont, wegen seines Geschlechts, seines Aussehens, seiner Herkunft, seiner Eigenheiten oder der klischeehaften Kategorien, unter die man ihn einreiht, benachteiligt zu werden.

NIEMAND BLEIBT DAVON VERSCHONT, BENACHTEILIGT ZU WERDEN

»Die Kluft, die sich zwischen den Reichen und dem Rest auftut, wird täglich tiefer, die Armut wird immer unerträglicher und der Hass immer bitterer.«

Diese Worte, die Louis-Sébastien Mercier (1740–1814) zwanzig Jahre vor der Französischen Revolution schrieb, gelten weitgehend auch heute noch – seine Aussage über den Hass vielleicht ausgenommen, denn die Privilegierten machen sich mit wachsendem Geschick die Alchemie zunutze, die den Hass in ein Sichabfinden mit dem vermeintlich Unumgänglichen verwandelt. Mercier war Autor einer Utopie, *Das Jahr 2440*, in der er die Abschaffung von Prostituierten, Bettlern, Tanzlehrern, Priestern, Konditoren, stehenden Heeren, Sklaverei, staatlicher Willkür, Steuern, Gilden, Außenhandel, Kaffee, Tee, Tabak und unmoralischer Literatur vorhersah. Keine dieser Voraussagen ist eingetroffen.

VORAUSSAGEN, DIE SICH NIE ERFÜLLT HABEN

Rebellen sind bei der Erreichung ihrer Ziele nicht effizienter geworden, weil sie ihrem Wesen nach dazu neigen, untereinander uneins zu sein, und es daher undenkbar ist, dass sich die Rebellen der Welt zusammentun könnten. Selbst wenn Revolutionen sich gelegentlich durchsetzen, betrügen sie sich nicht selten selbst, indem sie sich die Waffen ihrer Gegner zu eigen machen, zur Gewalt greifen und Andersdenkende unterdrücken. Zudem lernt jedermann in der Schule Gehorsam, während Auflehnung ein natürlicher Instinkt ist, der selten belohnt wird. Daher ist es kein Wunder, dass so viele junge Männer und Frauen, sobald sie ein gewisses Alter erreicht haben, ihren Idealismus in einer der untersten Schubladen ablegen wie Kleider, die aus der Mode gekommen sind. Aber die Tatsache, dass große Revolutionen sich nur selten ereignen, höchstens ein- oder zweimal in einem Jahrhundert, sollte einen nicht die zigtausend kleineren, lokalen Aufstände vergessen lassen, die in den Schulbüchern unerwähnt bleiben und deutlich machen, dass Unzufriedenheit ein schlafender Vulkan ist, der plötzlich ausbrechen kann, in guten Zeiten ebenso leicht wie in Krisenzeiten. Was muss geschehen, damit er nicht wieder bloß eine kleine harmlose »Fumarole« ausstößt? Das ist die Frage, die Eisenstein aufwirft.

DER UNTERGANG DES IDEALISMUS

Rebellion ist nicht die einzige Alternative zu Gehorsam oder Stillstand. Unabhängigkeit oder Exzentrizität sind nicht die einzigen Möglichkeiten, nicht ganz unauffällig zu bleiben. Ebenso, wie die meisten Menschen eine rebellische Ader aufweisen, haben sie auch eine künstlerische Ader, und die Kunst kann die eigene Einstellung zur Wirklichkeit auf subtile Weise enthüllen. In der westlichen Welt verbindet man mit Künstlern üblicherweise nur die enge Vorstellung von Gemälden und Objekten, die in Museen gesammelt werden, oder von Genies, die Maßstäbe der Schönheit setzen, denen nur wenige gerecht werden können. Es gibt aber eine sehr alte Tradition,

REBELLEN UND KÜNSTLER

die besagt, dass jeder eine Kunst ausüben muss, wenn er ein volles Leben leben will. In China machte einem schon der bloße Akt des Schreibens mit dem Pinsel bewusst, dass jeder Tuschestrich voller Schönheit sein kann. Schreiben zu können und künstlerische Fähigkeiten zu haben war ein und dasselbe. Alle gebildeten Menschen wurden ermutigt, Maler, Dichter, Kalligraphen und Musiker zu sein. Die Bürokraten in den Städten, die Gefangene ihrer dienstlichen Routinen waren, wurden dazu angehalten, ihren Geist mit »imaginären Reisen durch Landschaftsgemälde« zu nähren. Millionen konfuzianischer Beamter bildeten »die größte Gruppe von Mäzenen, die die Welt je gesehen hat«.

Die erste Kunstgeschichte der Welt, *Berichte über berühmte Maler aus allen Dynastien* (847), betonte, dass die Kunst die »Zivilisation vervollkommnet« und »die menschlichen Beziehungen fördert«. Für die Chinesen bedeutete ein Künstler zu sein nicht nur, die Schönheit in der Natur zu sehen, sondern auch zu entdecken, welchen Platz man selbst in ihr einnimmt. Zur Malerei gehörte es, die Natur aus vielen verschiedenen Winkeln zu sehen (statt nur aus einer einzigen Perspektive, wie es im Abendland üblich war), und die Beziehungen standen im Mittelpunkt der Kunst. Mit der Begeisterung für die Landschaft ging ein starkes Interesse an Porträts einher, die nicht Ähnlichkeit anstrebten, sondern zu offenbaren versuchten, in welcher Beziehung das Modell zur Welt stand. Die Malerei konnte auch eine gemeinsame Beschäftigung unter Freunden sein, die sich trafen, um miteinander Bilder aus dem Stegreif zu malen. Sie ließ sowohl Raum für Spontaneität (etwa, Tinte auf Papier zu spritzen, lange vor Jackson Pollock) als auch für die genaue wissenschaftliche Beobachtung einzelner Pflanzen. Künstler zu sein bedeutete, das Leben zu erkunden und moralischen Kriterien ästhetische an die Seite zu stellen.

Auch im alten Indien wurde den Menschen nahegelegt,

KÜNSTLER IM
ALTEN CHINA

nicht nur passive Bewunderer der Künste, sondern selbst Künstler zu sein. Das *Kamasutra* beschränkte sich nicht auf Ratschläge, wie man ein guter Liebhaber wird, sondern riet auch, diese Kunst zu erweitern, indem man sich als Maler, Bildhauer, Holzschnitzer oder Tonmodellierer betätigt und an den Poesiefesten teilnimmt, die zu den wichtigsten Vergnügungen der Gebildeten zählten. Die ideale Frau war mehr als nur eine pflichtbewusste und gehorsame Hausfrau: Es gab auch professionelle Kurtisanen, deren Dienst zwar darin bestand, Männer zu befriedigen, die aber bewundert wurden, weil sie gebildet und talentiert waren und die »vierundsechzig Künste« beherrschten, zu denen nicht nur Musik, Tanz, Gesang und Schauspiel zählten, sondern auch Logik und Architektur, Fechten, Bogenschießen und Gymnastik, Schreinern, Chemie und Gartenarbeit, Papageien das Sprechen beizubringen, in Geheimschrift zu schreiben, künstliche Blumen anzufertigen, Geister zu beschwören und so weiter. Die indischen Ganikas, die japanischen Geishas, die griechischen Hetären, die italienischen *cortigiane oneste*, die koreanischen Gisaeng und die babylonischen Naditu haben ungeachtet aller Unterschiede zwischen ihnen gezeigt, wie Frauen, obwohl sie oft missbraucht wurden, das prosaische Leben von Männern durch Kunst zu bereichern vermochten.

> DIE VIERUNDSECHZIG KÜNSTE

Obwohl ein großer Teil der Kunst alles andere als rebellisch erscheint und sich dem Geschmack von Mäzenen, akademischen Regeln oder der Tradition unterwirft (Veronese sagte: »Ich muss tun, was meine Vorgänger getan haben«), hat die Kunst auch gezeigt, dass die Welt reicher ist, als sie sich dem ungeschulten Auge darbietet. Aber zu viele Künstler kämpfen wie Eisenstein noch immer dagegen an, ebenso wie die Rebellen missverstanden zu werden, denn diese Gefahr besteht immer, wenn die Kunst zu einem Mono-

> KUNST ALS DIALOG ZWEIER VORSTELLUNGEN

log der Selbstdarstellung wird, statt ein Dialog zweier Vorstellungen zu sein. Die Glorifizierung und Kommerzialisierung einer kleinen Schar herausragender Künstler, die zu Genies hochstilisiert werden, lenken den Blick von dieser anderen Funktion der Kunst ab, nämlich einen wechselseitigen Austausch zwischen Menschen anzuregen, die in verschiedenen Ausschnitten der Wirklichkeit zu Hause sind und unterschiedlich empfinden. Aber der Verkehr zwischen den Vorstellungen läuft selten reibungslos. Wie passiert man die immer zahlreicheren Schranken und Kontrollen, die von unterschiedlichen Geschmacksrichtungen und Vorurteilen errichtet werden? Darauf steht eine Antwort noch aus. Eisenstein fand zu den russischen Bauern keinen rechten Draht, weil er so sehr damit beschäftigt war, seine kühnen imaginären Konstruktionen zu entwerfen, dass er sich nie die Zeit nahm, zu erkunden, was jeder von ihnen ihm hätte sagen können, das er noch nicht wusste, welche persönlichen Träume sie von ihren vermeintlich so ähnlichen Nachbarn unterschieden und warum sie mit seinen Idealen nichts anzufangen wussten.

Die Dichotomien der Politik, die Berechnungen der Ökonomie, die Verheißungen der Ideologien und der Erfindungsreichtum der Technologien reichen nicht aus, die Menschen zu lehren, einander zu verstehen. Eisenstein konnte die Denkweise der Massen nicht beeinflussen, weil die Menschen Veränderungen schon immer scheuen, und wenn sie sie denn herbeiwünschen, gewöhnlich zurück in die Vergangenheit blicken und die Wiederkehr der guten alten Zeiten fordern. Mit einer Vision der Zukunft können sie sich nur befreunden, wenn sie ihnen nicht fremdartig, sondern vertraut vorkommt. Genau dazu ist der Film fähig, indem er fiktive Gegenwelten schafft, die man gefahrlos im Voraus betrachten kann, sodass sie nicht mehr bedrohlich erscheinen.

FIKTIVE GEGENWELTEN ERSCHAFFEN

Science-Fiction hat die Akzeptanz der Technik gefördert, aber das Kino muss erst noch andere, persönlichere Spielarten der Zukunft auf die Leinwand bringen.

Die alten Griechen liefern uns einen Hinweis, wie man den Menschen, in deren Köpfen sich veraltete Vorstellungen festgesetzt haben, ungewohnte Ideen näherbringen kann. Sie errichteten nicht nur Tempel und Schreine, um die Gunst der geheimnisvollen göttlichen Wesen zu erbitten, die sich im Himmel verbargen und für sie die Kräfte symbolisierten, die das Universum regierten, sondern sie befassten sich mit ihren Problemen auch aus der Perspektive verschiedener Künste und Wissenszweige, die sie mit den neun Musen personifizierten: jewails eine für die verschiedenen Künste, ferner eine für die Astronomie (die einem eine Vorstellung vermittelt, wie sich alle Details in ein großes Bild einfügen) und eine für die Geschichte, denn die Erfahrungen der Vergangenheit standen ihnen stets vor Augen. Sie baten die Musen um Rat und lernten dabei, über größere und allgemeinere Fragen als ihre persönlichen Alltagsprobleme nachzudenken.

> UNGEWOHNTE IDEEN NÄHERBRINGEN

Seitdem haben Dichter sich auf der Suche nach Eingebungen stets an eine Muse gewandt, um sich von ihr zu neuen Ideen anregen zu lassen, aber es waren nicht nur die Poeten, die ihr Schaffen einer jeweiligen Muse – dem Boten einer anderen Sichtweise – verdankten. Auch Wissenschaftler und Erfinder jeglicher Art, ob berühmt oder nicht, brauchten Musen. Albert Einstein hätte das, was ihm gelungen ist, nicht allein zuwege gebracht. »Mathematische Berechnungen fallen mir schwer«, schrieb er. »Meine besondere Fähigkeit liegt darin, die Auswirkungen, Konsequenzen und Möglichkeiten und den Zusammenhang der Entdeckungen anderer mit der heutigen Gedankenwelt zu sehen. Ich begreife Dinge im Großen und Ganzen leicht.« Sein Freund

> DIE MUSE ALS BOTIN EINER ANDEREN SICHTWEISE

Marcel Grossmann musste ihm die mathematischen Modelle nahebringen, mit deren Hilfe er die Synthese erarbeiten konnte, aus der die allgemeine Relativitätstheorie hervorging. Dies als »Kreativität« zu bezeichnen ist irreführend, wenn man darunter eine angeborene Gabe versteht, in der sich die göttliche Schöpfung widerspiegelt, nämlich die Fähigkeit, etwas aus dem Nichts zu erschaffen. Einstein hob zu Recht hervor, was er anderen verdankte. Die anderen waren seine Musen. Seine Leistung bestand darin, eine neue Idee hervorzubringen, etwa so wie Eltern ein Kind zeugen, das ein unabhängiges und von ihnen verschiedenes Wesen ist. Wenn zwei Menschen im jeweils anderen etwas erblicken, das beiden bislang noch nicht bewusst war, und wenn diese Erkenntnis einen Funken entzündet, der es ihnen ermöglicht, gemeinsam etwas zu tun, zu dem sie ohne einander nicht fähig gewesen wären, und sie so die Grenzen ihrer persönlichen Vorstellungen überschreiten, stoßen sie ein neues Tor zur Freiheit auf. Jeder ist eine potenzielle Muse, und jeder braucht eine Muse, genauer gesagt viele Musen, damit seine Talente Früchte tragen können.

VIELE MUSEN

Aber wo findet man eine Muse? Nicht Kreativität, sondern Sensibilität lässt uns in einem anderen eine Idee erkennen, die sich mit einer eigenen Idee verbinden kann, um eine neuartige Möglichkeit zu schaffen. Es ist das Interesse an anderen, das Bewusstsein, dass jeder Mensch anders ist und voller Überraschungen stecken kann, welches uns den Weg weist, einer Muse zu begegnen. Ein Ehegatte oder ein Lebenspartner kann eine Muse sein, aber jeder andere auch. Die griechischen Musen lebten im Himmel, aber auch überall auf der Erde sind Musen zu finden. Menschen aller Art können Inspiration bei anderen Menschen aller Art suchen, vor allem bei solchen, denen man im alltäglichen Lauf seines Lebens eher selten begegnet, denn bei diesen ist die Wahrscheinlichkeit geringer, dass sie nur

EINER MUSE BEGEGNEN

wiederholen, was man schon viele Male zuvor gehört hat. Bisher waren die meisten Institutionen bestrebt, Individuen zusammenzubringen, die einander ähneln oder etwas gemeinsam haben, was herkömmlichen Zielen entgegenkam, aber die Langeweile, die sich dabei schnell einstellt, ist ein Zeichen dafür, dass man sich nach Abenteuern außerhalb der Grenzen des Gewohnten sehnt. Es ist »interessanter«, Menschen zu treffen, die einen überraschen, und vorteilhafter, eine Stätte der Begegnung zu schaffen, die anstelle eines oberflächlichen Austauschs zu phantasiereicherem Denken anregt, zu einem besseren Verständnis der Vergangenheit und zu einer klareren Vision der Zukunft. Die Musen der Mythologie verkündeten keine Lehren oder Gesetze; sie wollten Katalysatoren sein, die Begeisterung und einen Funken von Sinn und Schönheit in den Alltag hineinbringen, Gefühle durch künstlerische Tätigkeit verfeinern und Menschen befähigen, Dinge zu sehen und zu sagen, für die ihnen normalerweise der Mut fehlt. Sie wollten nicht angebetet, sondern mit Festen, Banketten, Tanz und Gesang gefeiert werden. Das Ideal, das sie verkörpern, ist eine Alternative zum romantischen Helden und zum romantischen Rebell. Statt die Besessenheit von einer idealisierten Leidenschaft oder von der Konfrontation mit Gegnern zu fördern, von deren Vernichtung man träumt, spornen sie dazu an, die unendliche Vielfalt der Menschheit zu erkunden und über sie nachzusinnen.

EINE ALTERNATIVE ZUM ROMANTISCHEN HELDEN

Natürlich haben viele Menschen beschlossen, ihre Neugier in Schranken zu halten, weil sie glauben, eine getönte Brille zu tragen mache das Leben erträglicher. Auch die Familientradition hatte maßgeblichen Einfluss darauf, ob man einen aufgeschlossenen Geist entwickelte oder voreingenommen blieb, neugierig war oder Scheuklappen trug, Konformist oder Nonkonformist wurde. Ein findiger Statistiker fand heraus, dass in der Geschichte des Abendlands zunächst jüngere Söhne und später jüngere Töchter die abenteuerlustigsten Personen waren. Die Wahrscheinlichkeit, dass die Erstgeborenen einer Familie neue wissenschaftliche Ideen guthießen, war offenbar siebzehn Mal geringer als bei ihren jüngeren Geschwistern. Während der politischen Revolutionen in Westeuropa waren die Verfechter des Radikalismus mit achtzehn Mal höherer Wahrscheinlichkeit Nachgeborene, und in der protestantischen Reformation waren sie unter denen, die für die neuen Lehren zu Märtyrern wurden, achtundvierzig Mal häufiger zu finden. Die Familie, angeblich die Hüterin der Normalität, war in Wirklichkeit ein Brutofen, der die Rebellion abwechselnd anfachte und wieder erstickte. Aber die Familie hat sich geändert. Die Privilegien der Erstgeborenen, insbesondere der männlichen, sind nicht mehr so ausgeprägt wie früher. Für die verschiedenen Berufe, die in mancher Hinsicht eine zusätzliche Familie darstellten oder an deren Stelle traten und durch Spezialisierung ebenfalls die Neugier einschränkten, gilt dasselbe: Auch ihr Erbe ist nicht mehr unangefochten.

JÜNGERE SÖHNE ALS REBELLEN

Vermutlich gibt es jetzt also mehr Rebellen – oder jedenfalls irgendwie rebellische Personen – als je zuvor. Das Ideal beständiger Innovation ist nichts anderes als eine abgemilderte Form der permanenten Rebellion. Aber da Aufstände eine so wechselvolle Geschichte von begrenzten Erfolgen und schmerzhaften Nebenwirkungen haben, dürften Rebellen sich heute lieber als Entdecker definieren wollen. Als solche haben sie, statt einfach nur wütend zu sein, viel mehr Freiheit, Feinde aus einer Vielzahl von Perspektiven zu sehen, ihre Posen zu durchschauen und verborgene Begierden und Verletzlichkeiten aufzudecken; sie können überprüfen, ob zu viele Leute fälschlich als Feinde eingestuft wurden, obwohl

REBELLEN DEFINIEREN SICH ALS ENTDECKER

nur Teile ihrer Persönlichkeit oder ihrer Einstellungen feindselig sind; sie können die Vorstellungswelt von Tyrannen (im öffentlichen oder privaten Leben) erweitern, die nur an sich denken, weil sie nicht gelernt haben, sich für andere zu interessieren, und sie können herausfinden, wann die wirksamste Reaktion auf Diktatoren nicht in einer Rebellion besteht, sondern darin, ihren Klauen zu entkommen und zu fliehen oder auszuwandern, sodass ihnen nichts anderes übrig bleibt, als ihresgleichen zu bekämpfen und sich gegenseitig zu vernichten.

Einen Rebell und einen Unterdrücker stellt man sich nicht als ein Paar vor, obwohl auch sie voneinander so besessen sein können wie ein Liebespaar. In einer solchen Beziehung gefangen zu sein bedeutet, für immer in einem Käfig zu leben. Wenn man einer Gruppe angehört, die durch gegenseitige Feindseligkeit verbunden ist, fällt es noch schwerer, sich vom Hass zu befreien.

5

WAS HABEN DIE ARMEN DEN REICHEN ZU SAGEN?

Wenn eine arme Frau den ganzen Tag nur drei Handvoll gekochten Reis mit ein wenig Salz zu essen hat, was begehrt sie dann mehr als alles andere? »Ich bin unfähig, zu betteln«, antwortete sie. Sie wollte keine Almosen, die sie als demütigend empfand. Lieber gab sie vor, es sei ihre persönliche Entscheidung, nur einmal am Tag zu kochen. »Die Leute kamen zu dem Schluss, meine Ernährung entspreche genau dem, was für ein spirituelles Leben erforderlich sei. Ich pflegte zu sagen: Ich bin nicht hungrig. Aber in Wirklichkeit konnte ich die ganze Nacht nicht schlafen, weil ich solchen Hunger hatte.« Wenn sie sich nicht einmal diese eine Mahlzeit am Tag leisten konnte, las sie Küchenabfälle auf und aß sogar Lehm. Einmal nahm sie eine ganze Woche lang nichts zu sich. Sie sagte, sie sei bereit zu sterben. »Ich habe mein Leben lang nur Not und Elend gekannt.«

EIN LEBEN LANG NUR NOT UND ELEND

Das sind die Worte von Haimabati Sen, die 1866 in Bengalen geboren wurde. Im Alter von neun Jahren verheiratete man sie mit einem fünfundvierzigjährigen Mann, der ein knappes Jahr später verstarb. Dann starben ihre Eltern. Ganz allein und gemieden, weil Witwen nach hinduistischer Überlieferung als Unglücksbringer galten, irrte sie von Ort zu Ort, wo immer sie Unterschlupf bei Verwandten oder Fremden finden konnte, und verdiente sich ihre Kost mit Hausarbeit. Als sie zu einer schönen Frau heranwuchs, wurde sie von Männern, die sich an sie heranzumachen versuchten, geradezu belagert, aber sie weigerte sich, eine Mätresse oder Prostituierte zu werden, und verließ fluchtartig mehrere Arbeitsstellen, die nicht so harmlos waren, wie sie zunächst schienen.

In den meisten Kulturen bedeutete arm zu sein bis vor kurzem, keine Familie zu haben. Haimabati Sen suchte Hilfe bei einer Vielzahl naher und entfernter Verwandter, aber deren Mitgefühl entpuppte sich häufig als fordernd und eigennützig. Zu Ansehen brachte sie es erst, als sie mit dreiundzwanzig eine neue Ehe mit einem Mann einging, dessen großherzige Ideen sie schätzte. Aber gleich darauf gab er seine Arbeitsstelle auf, um sich der »Suche nach Gott« zu widmen, und sie musste das Geld verdienen. Er erwartete, dass sie ihn bediente, und einmal schlug er sie und verletzte sie schwer. Als er starb, konnte sie die Bestattungsriten nicht bezahlen. Sie klagte, dass ihre fünf Kinder sie schikanierten und unterdrückten. Bis auf eines waren sie undankbar, nahmen auf ihre angeschlagene Gesundheit keine Rücksicht und interessierten sich nur für ihre eigenen Angelegenheiten.

WAS ARMUT FRÜHER BEDEUTETE

»Ich wüsste nicht, was ich durch mein Leiden gewonnen hätte«, sagte sie am Ende ihres Lebens. Aber dieses Leben war alles andere als tragisch. Sie hatte im Gegenteil auf drei verschiedenen Gebieten nachdrücklich bewiesen, was man ohne Geld erreichen kann. Obwohl man Mädchen warnte, dass niemand sie heiraten werde, wenn sie gebildet wären, hatte sie mit Hilfe ihrer Brüder lesen gelernt, beharrlich studiert, schließlich ein Stipendium für die medizinische Fakultät erhalten und war Krankenhausärztin geworden. All das brachte

WAS MAN OHNE GELD ERREICHEN KANN

sie zuwege, während sie gleichzeitig ihre Kinder aufzog und morgens um vier aufstand, um den Haushalt zu versorgen und ihren Mann zu bedienen, der keinen Finger rührte, um ihr zu helfen. Ihr Arztberuf machte sie nicht reich, denn man zahlte ihr nur einen Bruchteil dessen, was ihre kolonialen britischen Vorgesetzten verdienten, aber sie war es mehr als zufrieden, Patienten helfen zu können. Es störte sie nicht, dass das Geld knapp war. »Ich erkannte, dass man Frieden im Herzen nicht schon dadurch findet, dass man als Gegenleistung für ein Gehalt bestimmte Aufgaben erledigt ... Es ist die Pflicht eines jeden Menschen, anderen zu helfen.« Obwohl sie Almosen verschmäht hatte, als sie fast verhungert wäre, erklärte sie nun: »Barmherzigkeit ist der zärtliche Impuls in unserem Herzen, der wie kein anderer unsere Seele besänftigen und uns lehren kann, selbstlos und großzügig zu sein.« Sich für andere aufzuopfern war ihr Lebensziel. Die Grausamkeit, mit der die Gesellschaft sie behandelt hatte, vergalt sie mit unendlicher Güte. »Für mich ist es nicht wichtig, schöne Kleider oder teure Schuhe zu haben ... oder luxuriöse Betten und Matratzen. Wenn man müde ist, kann man überall einschlafen, egal wo man sich hinlegt.« Sie fand, der Wunsch nach materiellen Annehmlichkeiten zerstöre den Seelenfrieden. Es erschien ihr sinnlos, »wie ein Wurm zu leben, der weltliche Dinge in sich hineinschlingt«.

DER WUNSCH NACH MATERIELLEN ANNEHMLICHKEITEN

Da Familien nicht immer so ideal funktionieren, wie sie eigentlich sollten, schuf sie sich eine Ersatzfamilie, die nicht auf Verwandtschaft beruhte, sondern auf freier Wahl, gegenseitiger Zuneigung und Dankbarkeit. Sie machte kein Hehl daraus, dass es ihr nicht genügte, sich um andere zu sorgen, sondern dass auch sie selbst sich umsorgt und beschützt fühlen wollte. »Du bist ab heute meine Mutter – oder

ERSATZ FÜR EINE ENTTÄUSCHENDE FAMILIE

meine Tochter oder mein Sohn«, pflegte sie zu sagen, wenn sie jemandem begegnete, der sich nach Liebe oder Aufmerksamkeit sehnte. »Ich werde mich um dich kümmern.« Ihr Mitgefühl ließ alle Gebote der Vorsicht außer Acht. Sie brachte es nicht über sich, irgendwem Hilfe zu verweigern, und so wohnten schließlich regelmäßig dreißig oder vierzig Waisenkinder in ihrem Haus, und sie zog insgesamt 485 Kinder auf. Für sie gab sie ihre gesamten spärlichen Einkünfte aus. Kleine Familien züchten Egoismus heran, sagte sie. »Je mehr Beziehungen Sie in dieser Welt haben, desto besser für Sie.« Ihr Lieblingskind, das ein besonders inniges Verhältnis zu ihr hatte, war eine Adoptivtochter. »Wenn meine Kinder zu mir kommen und mich Mutter nennen, geht mir das Herz vor Freude auf.«

Bei ihren medizinischen Prüfungen erzielte sie zwar die besten Noten von allen, aber ihre Kommilitonen zettelten einen Streik an, um zu verhindern, dass sie die übliche Auszeichnung, eine Goldmedaille, erhielt, denn die, sagten sie, sei noch nie einer Frau verliehen worden. Sie protestierte nicht und gab sich mit der Silbermedaille zufrieden. Sie weigerte sich auch nicht, die traditionelle gehorsame Ehefrau zu sein, die sich ihrem Mann widerspruchslos fügt. Sie händigte ihm ihr gesamtes Gehalt aus, um damit zu machen, »was er für richtig befand«. Die Angst, von ihm verlassen zu werden, war für sie wie eine Schlinge, die sie jederzeit zu erdrosseln drohte: »Wer kümmert sich dann um mich?« Gleichzeitig verabscheute sie aber die grausame Welt, in der die Männer sich offensichtlich wohl fühlten, eine Welt, die sich auf »Macht und Geld« gründete, hartherzig gegenüber Kindern war, die »die ganze Arbeit machen« mussten, und von wucherischen Geldverleihern geplündert wurde, die »den Bauern mit Gewalt alles wegnehmen, was sie besitzen,

ABSCHEU VOR DER GRAUSAMEN WELT

DIE EITELKEIT UND KNAUSEREI DER MÄNNER

und es zum doppelten Preis an Händler weiterverkaufen«. Ihre Reaktion darauf war, neben dieser grausamen Welt ihre eigene aufzubauen und zu versuchen, die »Eitelkeit und Knauserei« der Männer zu ignorieren.

Haimabati Sen starb in dem Jahr, in dem ich geboren wurde, 1933, und hinterließ eine wunderbare Autobiographie in Gestalt eines Manuskripts, das zwei Generationen lang verschollen blieb, bis der große Historiker der »Befindlichkeit«, Tapan Raychaudhuri, es rettete und übersetzte. Es ist eine der detailliertesten Schilderungen eines Privatlebens, die sich wo auch immer finden lassen, und gibt die Worte und Stimmen der einzelnen Personen so treffend wieder, wie es in Romanen nur annähernd gelingt. Hätte sie ein Jahrhundert später gelebt, wäre die Versuchung, reich zu werden, viel stärker gewesen. Vielleicht wäre sie ausgewandert, eine Modeärztin geworden und hätte die Menschen von ihren Neurosen geheilt oder die Wohlstandsbürger von ihrem Übergewicht. Aber heute gibt es weit mehr arme Menschen als zu ihrer Zeit, weil die Weltbevölkerung so stark angewachsen ist, und die jahrhundertealten Klagen über die Armut zeigen, wie wenig sich geändert hat. Zhang Tao (1560–1620), ein kleiner Beamter, der zu einer Zeit lebte, als China wieder einmal einen wirtschaftlichen Aufschwung erlebte, hielt die Ansichten vieler Zeitgenossen fest, die über den schamlos zur Schau gestellten Luxus bestürzt waren. Er schrieb: »Einer von hundert Männern ist reich, während neun von zehn bettelarm sind. Der Gott des Silbers herrscht über alles. Geiz kennt keine Grenzen. Alles dient dem persönlichen Vergnügen ... Im Verkehr mit anderen lässt man sich alles bis auf die kleinste Münze genau bezahlen ... Die Balance zwischen den Mächtigen und den einfachen Leuten ist dahin, seitdem beide selbst um geringste

Sidenotes:
DIE BALANCE ZWISCHEN DEN MÄCHTIGEN UND DEN EINFACHEN LEUTEN

DER FORTSCHRITT BRINGT SOWOHL ARMUT ALS AUCH WOHLSTAND MIT SICH

Beträge schachern ... Jeder nutzt den anderen aus und versucht ihn zu übervorteilen. Betrug nimmt überhand und die Rechtsstreitigkeiten sind nicht mehr zu zählen.« Nach wie vor verschleiert der Glaube an das Märchen vom Fortschritt die Enttäuschungen, die in jeder Epoche wirtschaftlichen Aufschwungs wiederkehren. Seit jeher hat der Fortschritt sowohl Armut als auch Wohlstand mit sich gebracht. Wann war die Mehrzahl der Menschen nicht arm? Alle Versuche, die Armut zu beseitigen, sind gescheitert, auch wenn ein Teil der Menschheit heute weniger arm ist als zu früheren Zeiten. Seit das Geld erfunden wurde, gab es davon nie genug, dass ein jeder so viel haben konnte, wie er wollte oder brauchte. Es kann niemals genug Geld geben.

Alles Gerede über Menschenrechte und Demokratie hat nichts daran geändert, dass fünfundachtzig Prozent des Reichtums der Welt sich noch immer in den Händen eines Zehntels der Bevölkerung befinden. Das angebliche Ende des Kolonialismus hat nicht verhindert, dass weiterhin jedes Jahr Hunderte von Milliarden Dollar von den armen Ländern in die reichen fließen. Selbst in den USA entfallen auf vier Fünftel der Bevölkerung nach wie vor nur fünfzehn Prozent des nationalen Vermögens, während das reichste Prozent rund ein Drittel besitzt. In ihren Anfangsphasen hat die Industrialisierung regelmäßig mehr Menschen in Armut gestürzt als reich gemacht. In Botswana, das nach finanziellen Kriterien ein Vorzeigemodell des afrikanischen Kontinents ist – mit einem Wirtschaftswachstum von über sieben Prozent während der letzten zwanzig Jahre und einem Bruttosozialprodukt, das sich in dieser Zeit mehr als versechsfacht hat –, lebt die Hälfte der Bevölkerung noch immer von weniger als einem Dollar am Tag. In Indien ist das Wirtschaftswachstum noch beachtlicher, dennoch wohnen fünfundfünfzig Prozent der städtischen Bevölkerung in einem Zimmer von nicht mehr als

LEBEN AUF FÜNF QUADRATMETERN

5,5 Quadratmetern, der vorgeschriebenen Mindestgröße einer Gefängniszelle in den USA.

Bekanntlich hat Adam Smith in seiner *Theorie der ethischen Gefühle*, die sein Hauptwerk *Der Wohlstand der Nationen* ergänzt, mit Nachdruck betont, dass Wohlstand zu schaffen mit wechselseitigem Wohlwollen, Sympathie und Dankbarkeit einhergehen muss. Er war überzeugt, dass es nicht in unserem Interesse liegen kann, selbstsüchtig zu sein, weil wir Menschen der Anerkennung, Sympathie und Zuneigung der anderen bedürfen und es für uns von Vorteil ist, sich um »das Schicksal der anderen, unabhängig von unserem Eigeninteresse«, zu kümmern. Für ihn konnte es keinen wahren Wohlstand ohne ein zunehmendes gegenseitiges Verständnis geben. Aber er hatte kein Rezept, wie man Menschen wohlwollender macht. Er hoffte lediglich, ihre Frömmigkeit werde sie zu der Erkenntnis bringen, dass Gott gütig sei und sie daher seinem Vorbild folgen sollten; zumindest aber sollten sie auf diese Weise ihren guten Geschmack beweisen, denn gütig zu sein sei »gefällig« und »verleihe eine Schönheit, die alle anderen übertreffe«. Adam Smith wäre entsetzt, zu erfahren, was aus seinen Theorien geworden ist. Er war der Ansicht, jemand, der nur industrielle oder fachliche Fertigkeiten besitzt, müsse »dumm und engstirnig« werden. »Die Erstarrung seines Geistes setzt ihn nicht nur außer Stande, Gefallen an einer vernünftigen Unterhaltung zu finden oder zu ihr beizutragen, sondern auch, irgendein großzügiges, edles oder zartes Gefühl zu empfinden, sodass er sich nicht einmal über die gewöhnlichen Pflichten des Privatlebens ein rechtes Urteil bilden kann.«

DIE ILLUSIONEN DES WOHLSTANDS

DUMM UND ENGSTIRNIG WERDEN

Möglicherweise hätten die Dinge eine andere Wendung genommen, wenn die Menschen einem Schüler des Sokrates, dem auch als »attische Muse« bekannten Xenophon (geboren etwa 444 v. Chr.), mehr Beachtung geschenkt hätten, denn er war der Erste, der ein Buch über die Ökonomie schrieb, unter der man ursprünglich verstand, über die beste Art der Haushaltsführung und des Familienlebens nachzudenken. Geld ist nutzlos, sagte er, wenn es nicht zu einem guten Leben führt. Sokrates war reicher als der reichste Mann in Athen, denn obwohl er barfuß ging, zerlumpte Kleider trug und sich weigerte, für Geld zu lehren, brachte ihm sein Beruf als Steinmetz alles ein, was er brauchte, und er war mit seinem bescheidenen Heim zufrieden. Der Reiche hingegen, dessen Eigentum hundertmal mehr wert war, hatte so viele Verpflichtungen zu erfüllen, um seinen Ruf zu wahren, dass er selbst mit dem Dreifachen dessen, was er besaß, nicht hätte sicher sein können, dass »die Götter und seine Mitbürger ihn dulden«. Wirklich reich war nur, wer seinen Reichtum zu nutzen wusste. Reich zu werden bedeutete nicht, bloß Geld zu verdienen, sondern zu lernen, wie man sowohl mit dem Leben als auch mit Geld umgeht. In seinem Buch *Oikonomikos* ging es um Beziehungen, Freundschaft und Charakter, insbesondere um die Beziehungen zwischen Mann und Frau, und auch darum, wie sinnlos es sei, wenn eine Frau in Kothurnen mit übertrieben hohen Korksohlen herumstakse, ihr Gesicht mit Bleiweiß schminke und sich die Wangen mit dem Rot der Alkannawurzel färbe, denn damit könne sie die Bewunderung ihres Mannes ebenso wenig gewinnen wie dieser die ihre, wenn er sich mit Männerschminke einkleistere. Ziel eines Paares solle es sein, zu »wahren Gefährten« zu werden, die einander ausgleichen und ergänzen. Beide seien wahrlich reich, wenn sie ehrlich und liebenswürdig seien, hart arbeiteten und die Natur wie auch die häuslichen Freuden zu genießen wüssten, denn »der liebliche Klang der Harmonie weile auch in ordentlich aufgereihten Töpfen und Pfannen«. Xenophon führt

DIE ÖKONOMIE DER FREUNDSCHAFT

PAARE UND GEFÄHRTEN

uns zurück zu der grundlegenden Form menschlicher Interaktion, der Kommunikation. Aber Gespräche zwischen Menschen, die einander besser verstehen wollen, müssen noch immer große Hindernisse überwinden.

Als die Weltbank, deren Aufgabe es ist, der Armut ein Ende zu bereiten, mehr als zwei Jahrtausende nach Xenophon zwanzigtausend arme Menschen aus allen Kontinenten einlud, um sich von ihnen erläutern zu lassen, was sie mehr als alles andere benötigten, machten diese deutlich, dass »Geld nicht die Antwort« sei.

<small>NIEMAND WILL MIT DIR REDEN</small>

Die Isolation sei schlimmer. »Nicht die Lepra oder die Armut tötet die Aussätzigen, sondern die Einsamkeit«, sagte ein Ghanaer. »Wenn du arm bist, will niemand mit dir reden. Du tust allen leid, aber keiner will mit dir einen trinken«, beklagte sich ein Bulgare. Zum Stigma der Armut gesellt sich die Scham, sodass man außerstande ist, voll am gesellschaftlichen Leben teilzunehmen, und sich nicht mehr traut, auf Hochzeiten oder Feste zu gehen. »Jeder bleibt auf sich allein gestellt. Wir besuchen keine Freunde mehr wie früher. Die Leute sind unleidlich und einsam«, erklärte ein Russe. »Armut ist wie im Gefängnis zu sitzen und darauf zu warten, dass man freigelassen wird«, sagte ein Jamaikaner. Aus der Finsternis des Elends herauszutreten, sagte ein Ägypter, könne »deine Ehre, deine Sicherheit oder deine Zukunft gefährden«.

<small>MITLEID, ANGST, EKEL UND HASS</small>

Ein Brasilianer meinte, die Polizei mache die Einsamkeit nur schlimmer, denn sie beraube und demütige diejenigen, die sie zu Hilfe riefen. In manchen Gegenden hätten Witwen noch mehr zu leiden als Ausgestoßene. Regierungen seien korrupt. Den »Ärmsten der Armen«, denen die Hilfsprogramme am wenigsten zugute kämen, schlage »eine Mischung aus Mitleid, Angst, Ekel und Hass« entgegen.

Die Weltbank kam zu dem Schluss, dass die Lösung nur darin bestehen könne, der Korruption, der Gewalt sowie der Ineffizienz und Ohnmacht der Regierungen ein Ende zu bereiten. Aber diese Geißeln sind ebenso alt und beständig wie die Armut selbst und werden sich in absehbarer Zukunft wohl kaum ausrotten lassen. Deshalb entschied sich die Bank für eine andere Lösung und nahm sich vor, nicht die Welt, sondern die Menschen zu ändern: Den Armen müsse durch Bildung, berufliche Qualifizierung und die Schaffung von Arbeitsplätzen die »Fähigkeit« vermittelt werden, ein menschenwürdiges Leben zu führen, das es ihnen ermögliche, eigene Entscheidungen zu treffen, »ihre Lebensbedingungen bewusst zu bestimmen und zu gestalten« und »am sozialen und wirtschaftlichen Leben ihrer Gemeinschaften teilzunehmen«. Aber auch das ist noch immer eine von oben verordnete Lösung.

Wer sich der Überraschungen der Geschichte und der Unberechenbarkeit von Individuen bewusst ist, könnte versucht sein, nach Möglichkeiten auf einer persönlicheren Ebene zu suchen. Weil Regierungen keine Güte verbreiten können und Bildung nicht zwangsläufig Menschen hervorbringt, die zu vernünftigen Entscheidungen in der Lage sind oder sich auch nur darüber einigen können, was als vernünftig zu gelten hat, könnte man es vorziehen, genauer zu betrachten, was die Armen der Weltbank über die Isolation erzählt haben, unter der nicht nur die Armen leiden, sondern in unterschiedlichem Maß die überwiegende Mehrheit der Menschen. Unabhängig davon, ob man arm ist oder nicht, setzt jede Flucht aus der Isolation voraus, dass zwei Menschen, die sich verstehen und schätzen, eine Verbindung eingehen, die weder Gesetze noch Geld herbeiführen können. Ohne solche persönliche Beziehungen greift das Bemühen, Wohnungen für die Obdachlosen und Arbeitsplätze für die Arbeitslosen zu finden, um sie widerstandsfähiger gegen die Härten des Lebens zu machen, zu kurz. Haimabati Sens Be-

> DIE ISOLATION SOWOHL DER ARMEN ALS AUCH DER REICHEN

ziehungen – zwischen einem Erwachsenen und einem Kind, einer Mutter und einer Waise – beruhten auf Gegenseitigkeit, denn jeder von ihnen hatte etwas zu geben, das dem anderen fehlte. Aber wenn zwei Menschen beginnen, einander zu schätzen und gemeinsam aus ihrer Freundschaft etwas zu erschaffen, das es vorher nicht gab, lässt sich das Ergebnis ebenso wenig vorhersehen wie der Charakter eines Neugeborenen. Individuen sind es gewohnt, das Risiko einzugehen, einen Fremden zu lieben; mächtige internationale Organisationen sind es nicht. Nur der Einzelne kann erkennen, dass nicht nur die Einkommensschwächsten aus ihrer Isolation befreit werden müssen. Menschen, die in Geld schwimmen oder mit ruhmreichen Auszeichnungen überhäuft werden, sind mitunter noch isolierter.

LIEBE IN GROSSEN ORGANISATIONEN

Ein Bettler, der in Paris auf der Straße die Hand aufhielt, ohne von der Menge der vorüberhastenden Passanten wahrgenommen zu werden, bezeichnete es als sein schlimmstes Unglück, sich beständig fragen zu müssen, ob er überhaupt noch lebe, da ihn doch niemand zu sehen scheine. Die meisten Menschen, nicht nur die Bedürftigen, könnten ebenso von sich sagen, dass die Welt sie nicht zur Kenntnis nimmt. Die humanitäre Antwort auf die Obdachlosigkeit lautet, dass keine Obdachlosen mehr zu sehen sein sollten, denn niemand solle auf der Straße leben müssen. Aber was die Bedürftigen zu sagen haben, ist unendlich wertvoll, weil es um das von Heuchelei entblößte Leben geht und sich zeigt, wie brüchig die Grundfesten unserer Zivilisation in Wahrheit sind. Nichts ist willkürlicher als der Wert, der auf verschiedene Formen der Erfahrung und des Wissens gelegt wird.

LEBEN SIE, WENN NIEMAND VON IHNEN NOTIZ NIMMT?

Die spontane menschliche Reaktion auf das Leid anderer pflegte persönlicher auszufallen, als die Armen noch nicht so ausgegrenzt waren wie heute. In unseren Tagen werden viele Wohltätigkeitsorganisationen von Profis nach geschäftlichen Prinzipien verwaltet wie Großkonzerne. Sie arbeiten parallel zu den Regierungen und ergänzen, was diese tun, indem sie das Ziel verfolgen, Wohlstand und Gerechtigkeit zu vermehren. Und sie müssen über ihre Effizienz Rechenschaft ablegen, indem sie greifbare Ergebnisse vorweisen. Die Armen spenden allerdings einen größeren Anteil ihres Besitzes für einen guten Zweck als die Reichen, und die Obdachlosen sind manchmal die Großzügigsten von allen. Es bleibt also Raum für neue philanthropische Experimente, um der Isolation zu begegnen, das Geben und Nehmen stärker am Grundsatz der Gegenseitigkeit auszurichten und neuartige Lebensweisen zu erfinden, statt nur die Risse in den schon bekannten auszubessern.

<small>EXPERIMENTELLE PHILANTHROPIE</small>

Haimabati Sen ist für mich eine Muse, weil sie aufzeigt, wie man mehr bewirken kann, als die langwierige Debatte über die sogenannte Kultur der Armut, die angebliche Resignation der Armen, ihre Schicksalsergebenheit und ihr Gefühl der Hilflosigkeit fortzuführen. Gewiss hatte auch sie sich häufig hilflos gefühlt, war resigniert. »Ich muss mich mit meinem Schicksal abfinden«, sagte sie immer wieder. Aber das hinderte sie nicht, unerbittlich gegen all die Traditionen anzukämpfen, von denen sie unterdrückt wurde, weil sie arm und eine Frau war. Sich dem Brahmo Samaj anzuschließen (einer hinduistischen Reformorganisation, die die Unterordnung der Frauen ablehnte) genügte ihr nicht. Sie erkannte, dass auch dessen aufgeklärte Führer nicht in der Lage waren, überkommene Konventionen völlig zu beseitigen. Keine Institution wurde ihren Ansprüchen gerecht. Ihre Botschaft lautete nicht »Frauen, vereinigt euch!«, denn Haimabati Sen akzeptierte, dass viele Frauen sich aus den verschiedensten

<small>JENSEITS DER »KULTUR DER ARMUT«</small>

Gründen anders entscheiden. Ihre große Leistung war es vielmehr, zu zeigen, wie sich durch den Aufbau von Zweierbeziehungen, die auf Sympathie, Verständnis, Vertrauen und Dankbarkeit beruhen, mit der Zeit ein nach ideellen Maßstäben reiches Leben ergeben kann, und wie sich diese Zuwendung über die Familie und die Nachbarn hinaus auf einen größeren Kreis ausdehnen lässt. Weit davon entfernt, vom Kampf um die Verbesserung der materiellen Bedingungen und der sozialen Gerechtigkeit abzulenken, speist sich aus dieser Quelle der Mut, den man zum Durchhalten braucht, denn in vielen Fällen kann menschliche Wärme der Hilflosigkeit ein Ende bereiten.

IDEELLER REICHTUM

6

WAS HABEN DIE REICHEN DEN ARMEN ZU SAGEN?

Unter all den reichen Menschen, die so viel Geld angehäuft haben, dass sie von Studenten der Betriebswirtschaft wie Helden verehrt werden, ragt ein Großindustrieller heraus, der sich wohl wie kein anderer darum bemüht hat, Adam Smiths Maximen in die Praxis umzusetzen. Während Haimabati Sen drauf und dran war zu verhungern, stand Andrew Carnegie (1835–1919) im Begriff, einer der reichsten Männer der Welt zu werden. Dabei war er sogar noch ärmer als sie. Er verließ die Schule als Zwölfjähriger. Aber statt auf die Hilfe seiner armen Verwandten zu zählen, setzte er seinen Scharfsinn, seinen Charme, seine Herzlichkeit, sein Gedächtnis und seine Energie ein, um sich vom Laufburschen hochzuarbeiten und sein Glück in all den neuen Industriezweigen zu versuchen, die die Welt veränderten: Telegraphie, Eisenbahnen, Brückenbau, Eisen und Stahl. Bald bewies er seinen Arbeitgebern, dass er ebenso clever war wie sie und außerdem ein bisschen schneller. Er traf stets zum richtigen Zeitpunkt die richtige Entscheidung und verbündete sich mit den Geschäftspartnern, die ihm am besten helfen konnten, um äußerst ehrgeizige Ziele zu erreichen. Mit dreiunddreißig besaß er nach heutigem Geldwert fünf Millionen Dollar.

Dann fasste er einen Entschluss: »Verdiene niemals mehr als das und versuche nicht, dein Vermögen zu vergrößern, sondern spende alles, was darüber hinausgeht, jedes Jahr für wohltätige Zwecke.« Bis zu diesem Wendepunkt habe er nur ein »Idol« gekannt, sagte er, nämlich Reichtum anzuhäufen. Aber das sei »eine der schlimmsten Arten des Götzendienstes. Kein Idol entwürdigt so sehr wie die Anbetung des Geldes. Noch länger so weiterzumachen – von geschäftlichen Sorgen erdrückt, während die Gedanken meist nur darum kreisen, in kürzester Zeit mehr Geld zu machen – hätte mich derart erniedrigt, dass es keine Hoffnung mehr gegeben hätte, dauerhaft zu genesen.« Er beschloss, nur noch morgens Geld zu verdienen und sich den restlichen Tag über »Wissen anzueignen und systematisch zu lesen«. Er beschloss, sich mit fünfunddreißig zur Ruhe zu setzen, sich »in Oxford niederzulassen, eine solide Bildung zu erwerben und die Bekanntschaft von Literaten zu machen«, um sich dann dem Schreiben, öffentlichen Angelegenheiten und der »Verbesserung der Lage der ärmeren Klassen« zu widmen. Einem Geschäftsfreund, der sich damit brüstete, jeden Morgen um sieben in seinem Büro zu sitzen, sagte er: »Sie müssen ziemlich langsam sein, wenn Sie zehn Stunden brauchen, um die Arbeit eines Tages zu erledigen. Das mache ich anders. Ich stelle fähige Leute ein und gebe ihnen nie irgendwelche Anweisungen. Meine Vorgaben gehen selten über Anregungen hinaus. Morgens lasse ich mir von ihnen berichten. Innerhalb einer Stunde habe ich alles geregelt und alle meine Vorschläge weitergegeben. Damit ist die Tagesarbeit erledigt und ich bin bereit, auszugehen und das Leben zu genießen.« Nach Oxford, das ihn zweifellos enttäuscht hätte, ging er nicht, aber er bereiste die ganze Welt. Er dachte über Inder nach, die »fast verhungerten«, und fand es »bedauernswert«, dass ein reicher Chinese »allein in seiner Kut-

EINE PHILOSOPHIE
FÜR PLUTOKRATEN

VERDIENE GELD NUR
AM MORGEN

sche fährt«, ohne die Begleitung einer Frau, denn Frauen waren in seinen Augen »die Quelle des Besten, was das Leben zu bieten hat ... Ohne sie ist das Leben leer.« Die Arbeitsmoral, sagte er, ruiniere das Leben. »Ich hoffe, die Amerikaner finden eines Tages mehr Zeit zum Spielen.«

Aber Spiele und Geselligkeit waren nicht genug. »In Gesellschaft hört Herr Carnegie gern Musik und schätzt humorvolle Geschichten; wenn seine Freunde ihn darum bitten, singt er ein Lied oder rezitiert sehr wirkungsvoll Verse.« Er verwöhnte seine Gäste mit »jeder Art guter Unterhaltung«, unter anderem mit Tanz, Karten- und Gesellschaftsspielen. Aber er wurde nie ein Playboy. »In dieser Periode meines Lebens wusste ich nicht mehr weiter. Kein Glaubensbekenntnis, kein System gab mir Halt. Es war ein einziges Chaos. Ich hatte mich von Vergangenem gelöst, aber keinen Ersatz gefunden.« Dann las er Herbert Spencer, und Fortschritt wurde seine Religion. Von Spencer übernahm er die Überzeugung, dass der Fortschritt ein Naturgesetz sei – kein Zufall, sondern eine Notwendigkeit – und dass moralischer und materieller Fortschritt Hand in Hand gehe: Die Industrialisierung sei eine höhere Stufe der Zivilisation, die die Menschheit nicht nur reicher, sondern auch moralischer mache. Er fand es zwar bedauerlich, dass viele Arbeiter nur Hungerlöhne verdienten, aber das sei in der »Übergangszeit« im Interesse des allgemeinen Wohlbefindens unvermeidlich. »›Alles ist gut, denn alles strebt zum Besseren‹ wurde mein Motto, mein wahrer Trost.« Auf dem »Weg des Menschen zur Vollkommenheit« war ein Endpunkt undenkbar. Spencer wurde sein Lehrmeister. »Der große Denker unserer Zeit« lieferte ihm eine Rechtfertigung für seinen Reichtum und gab ihm die Gewissheit, dass sein Erfolg unaufhaltsam zur Besserung aller Menschen führen werde. In seinem Buch *Triumph der Demokratie* (1886) erklärte er, wie die Demokratie Amerika zum besten Land der Erde gemacht habe. Er stellte

DIE RELIGION DES FORTSCHRITTS

sich als »Freund der Arbeiter« dar, als ein sozialistischer Millionär, der Kooperation und Gewinnteilung zwischen Arbeitgebern und Arbeitnehmern predigte. Er nahm für sich in Anspruch, beide zu verstehen, weil er in seiner Jugend selbst ein Arbeiter gewesen war.

In seinem *Evangelium des Reichtums* (1901) fasste er sein Denken zusammen, was ihm den Ruf des Philosophen eines neuen, vom wirtschaftlichen Erfolg geleiteten Zeitalters einbrachte. Die Kluft zwischen Arm und Reich sei »unvermeidlich«. Aber Menschen, die mit ihrem »Talent für Organisation und Verwaltung« gewaltige Vermögen angehäuft hätten, müssten begreifen, dass dieser Reichtum nicht das Ergebnis ihrer Bemühungen ist, sondern das Ergebnis der ganzen Gemeinschaft. Deshalb müssten sie ihr Vermögen für das Wohl der Gemeinschaft verwalten. Er beschloss, sein gesamtes Vermögen zu Lebzeiten wegzugeben. »Wer reich stirbt, stirbt entehrt.« Extrem reich zu werden bedurfte für ihn keiner Rechtfertigung, denn das versetzte ihn in die Lage, seine Ressourcen und »seine höhere Einsicht, seine Erfahrung und sein Verwaltungstalent« in den Dienst seiner »ärmeren Brüder« zu stellen und »für sie Besseres zu vollbringen, als sie für sich selber vollbringen würden und könnten«. Er beschloss, seinen Erben nichts zu hinterlassen, weil Armut der Ansporn für seine eigene Anstrengung gewesen war: »Die Schule der Armut ist die einzig fähige, die erhabensten Großen, die Genies, hervorzubringen.« Je höher die Zahl der Millionäre war, desto fortschrittlicher wird die Gesellschaft, und das Problem mit Ländern wie China oder Indien, die ärmer waren als Amerika, bestand darin, dass es dort zu wenig Millionäre gab. Es war die Pflicht eines Millionärs, »seine Einkünfte zu vermehren«, um sie weiterhin zum Nutzen der Armen verwenden zu können.

DAS EVANGELIUM DES REICHTUMS

DIE PFLICHTEN EINES MILLIONÄRS

In der zweiten Hälfte seines Lebens widmete Carnegie sich vor allem der Verteilung seines Vermögens. Er errichtete oder unterstützte 1689 öffentliche Bibliotheken in den USA, 660 in Großbritannien und weitere 607 im Rest der Welt, weil er Selbstbildung als Schlüssel zum Fortschritt ansah, denn auf diesem Weg hatte er es zu dem gebracht, was er war, und sich die Fähigkeit erworben, seitenlang aus dem Gedächtnis Shakespeare und Burns zu rezitieren. Er verschmähte die Eliteuniversitäten und unterstützte mit seinen Spenden vorzugsweise kleinere Berufsfachschulen, an denen arme Arbeitnehmer praktische Fähigkeiten erwerben konnten, sowie die schottischen Universitäten, die sich schon immer für sozial Schwache stark gemacht hatten. Die »Carnegie Institution« in Washington, die der wissenschaftlichen Forschung gewidmet war, spiegelte seinen Glauben an den technischen Fortschritt wider. Die »Carnegie-Stiftung für Lebensretter« belohnte nicht Soldaten, sondern Zivilisten, die sich im Alltag durch Mut und Selbstlosigkeit ausgezeichnet haben, und mit einem Pensionsfonds brachte er seine Wertschätzung für Schullehrer zum Ausdruck. Seiner Heimatstadt Pittsburgh und seinem Geburtsort Dumfermline stiftete er prächtige öffentliche Gebäude und Parks. Schließlich errichtete er die »Carnegie-Stiftung für den Frieden«, die das beenden sollte, was er am meisten hasste: den Krieg.

Optimismus war eine der größten Stärken Carnegies. Aber als 1914 der Erste Weltkrieg ausbrach, war er erschüttert. Er schien plötzlich um zehn Jahre gealtert und wurde schweigsam. Waren die 350 Millionen Dollar, die er gespendet hatte und heute Hunderten von Milliarden entsprechen würden, vergebens? Ihn plagte das Gefühl, dass seine unternehmerischen Erfolge ihm das, was er am meisten wollte, nicht hatten geben können. Das war ein Gefühl des Bedauerns, nicht der Schuld.

Seine Autobiographie zeigt, dass ihn die Widersprüche seiner Karriere nicht beunruhigten. Sein geschäftliches und finanzielles Geschick hatte es ihm ermöglicht, die technisch modernsten Stahlwerke der Welt zu errichten, aber er hatte die Gewinne nicht so gerecht verteilt, wie er behauptete. In den Jahren 1892 bis 1899 zum Beispiel stieg der Wert seiner Produktion um 226 Prozent, während die Löhne der Arbeitnehmer um 67 Prozent sanken. Wiederholt hatte er die Forderung der Arbeiter nach einem Achtstundentag zurückgewiesen und auf einem Zwölfstundentag bestanden, an sieben Tagen die Woche, für viele bei einem Tagesverdienst von weniger als anderthalb Dollar. Er rechtfertigte das mit dem Argument, den Arbeitern sei eine dauerhafte Beschäftigung wichtiger als höhere Löhne. »Es gibt eine sinnvollere Verwendung für überschüssigen Reichtum, als den Verdienst der Massen geringfügig anzuheben. Die lächerlichen Beträge, die man jedermann wöchentlich oder monatlich mehr auszahlen könnte – und diese Beträge wären in der Tat lächerlich –, würden in neun von zehn Fällen für Dinge verplempert, die für den Körper und nicht für den Geist bestimmt sind, nämlich für reichlicheres Essen und Trinken, bessere Kleidung und ein extravaganteres Leben, was weder für Reiche noch für Arme von Vorteil ist. Diese Dinge sind Äußerlichkeiten, leibliche Genüsse, die nicht dem höheren, göttlichen Teil des Menschen dienen.« Er behauptete, besser zu wissen als die Arbeiter, wie man mit Geld umgeht, und hatte seine eigene Vorstellung von dem, was Zusammenarbeit und Gewinnteilung mit den Arbeitern bedeutete. In der Öffentlichkeit beteuerte er, für den regelrechten Vernichtungskrieg, den sein Unternehmen gegen die Gewerkschaften führte und in dem eine bewaffnete Privatarmee zum Einsatz kam, um sie physisch zu bekämpfen, persönlich nicht verantwortlich zu sein. Seine

Anweisungen an seine Untergebenen waren stets unerbittlich – Gewerkschaften und Streikenden gegenüber war eine einfache Taktik anzuwenden: Keine Verhandlungen, das Werk schließen, die Streikenden verhungern lassen und anschließend nur diejenigen erneut einstellen, die seine Bedingungen akzeptierten. Trotz des Geschicks und der Meisterschaft, mit der er sein Vorgehen in ein positives Licht zu setzen verstand, sah er sich schweren Vorwürfen ausgesetzt. Der landesweite Aufschrei, als mehrere Arbeiter in seinem Kampf gegen die Gewerkschaften getötet wurden, zerstörte sein Ansehen bei der Arbeiterklasse. Als Ersatz für unbequeme Arbeiter, die sich gegen ihn auflehnten, ließ er arme Einwanderer aus Osteuropa kommen, die bereit waren, noch für den niedrigsten Lohn zu arbeiten. Er modernisierte seine Unternehmen, indem er qualifizierte Arbeitskräfte durch billige ersetzte. Homestead, der Standort seiner wichtigsten Stahlwerke, erlangte denselben traurigen Ruf wie 1819 »Peterloo«. Nirgends in Amerika, sagte der Schriftsteller Theodore Dreiser nach einem Besuch, sei die tiefe Kluft zwischen Arm und Reich so offensichtlich – mit Carnegies prachtvoller weißer Bibliothek im wohlhabenden Vorort und den grauen Mietskasernen in den Elendsvierteln.

Carnegie, dessen Vater als rebellischer Chartist in Schottland gegen die Reichen gekämpft hatte, gab sich mit Vorliebe als gewöhnlicher Arbeiter, der seinen Weg gemacht hatte. Aber als Eigentümer eines riesigen Konzerns hatte er rasch den Kontakt zum einfachen Arbeiter verloren, der in seinen Augen nur noch eine abstrakte Größe war und nicht mehr ein individueller Mensch. Seine Jovialität und seine fröhliche, versöhnliche, taktvolle, oft manipulierende Art täuschten darüber hinweg, dass er mit den Managern, die ihm beim Aufbau seines Imperiums geholfen hatten, nur vordergründig befreundet war. Als Freunde behandelte er sie, wenn er sie brauchte,

WAS LÄSST DER ERFOLG VERMISSEN?

aber sobald es kriselte, zählte nur noch das Geschäft und nicht die Freundschaft. Nur selten sagten sie ihm offen, was sie wirklich dachten. Einmal verlor sein ranghöchster Mitarbeiter allerdings die Beherrschung und schrieb ihm: »Ich bin Ihre Geschäftspraktiken satt, Ihre absurden Zeitungsinterviews und persönlichen Bemerkungen und Ihre ungerechtfertigte Einmischung in Angelegenheiten, von denen Sie nichts verstehen. Seit Jahren pflegen Sie immer, wenn einer Ihrer Partner Ihnen widerspricht, über ihn zu sagen, er sei krank und brauche eine Abwechslung ... Ich warne Sie ...«

Carnegie sehnte sich nach Freundschaft, oder genauer gesagt nach Freunden, die ihn so schätzten, wie er sich selbst sah, nicht als den erfolgreichen Manager, sondern als einen weisen und erfahrenen Mann, auf dessen Rat die Mächtigen der Welt hören sollten. Er heiratete erst mit über fünfzig, nach dem Tod seiner Mutter, mit der er bis dahin zusammengelebt hatte und die ihn bewunderte, aber ihn dürstete auch danach, von mächtigen und berühmten Leuten gelobt zu werden. Die Kunst, sich hochgestellte Persönlichkeiten zu Freunden zu machen, beherrschte er vortrefflich und verstand es, ihnen bis an die Grenze der Speichelleckerei zu schmeicheln und Gäste mit verschwenderischem Luxus, aber auch immer mit anregenden Gesprächen zu unterhalten, denn er war ungewöhnlich kenntnisreich, amüsant und sehr gesellig. Fast jeder, der es in der Literatur, der Politik oder der Kunst zu Ansehen gebracht hatte, sei es in Amerika oder Europa, wurde zu endlosen Empfängen in eine seiner zahlreichen palastartigen Residenzen eingeladen. Ständig schrieb er für Zeitungen, gab Interviews und hielt Reden bei Anlässen aller Art. Er rühmte sich, mit sechs aufeinanderfolgenden Präsidenten der USA »eng vertraut« gewesen zu sein, und überhäufte sie mit seinen Ratschlägen. Sie behandelten ihn wie ihresgleichen, und das nicht nur, weil er den Wahlfonds der

DÜRSTEN NACH LOB

Republikaner unterstützte. All diese mächtigen Menschen wollten das Gleiche wie er, nämlich von denen, die zählten, anerkannt und umschmeichelt werden. Das hieß aber nicht, dass sie aufeinander gehört hätten, wenn es um Themen ging, bei denen sie unterschiedlicher Ansicht waren. Präsident Theodore Roosevelt nahm Carnegies außenpolitische Ratschläge wohlwollend und dankbar entgegen, und beide unterhielten eine ausgiebige Korrespondenz, in der sie sich sehr häufig ihrer Freundschaft und hohen Wertschätzung versicherten, aber in vertraulichen Gesprächen machte Roosevelt kein Hehl daraus, dass er seine Ideen für »albern« und »nebulös« hielt. Er habe »versucht, Carnegie zu mögen«, soll er gesagt haben, »aber das ist ziemlich schwierig. Für keine Sorte von Menschen empfinde ich größere Verachtung und Abscheu als für jemanden, der das bloße Geldverdienen zum Götzen erhebt und zugleich im Namen hoffnungslos verworrener Ideale ständig in dieses absolut dümmliche Geschrei gegen den Krieg einstimmt. Ein ungerechter Krieg ist ein furchtbares Übel, aber ich bin mir nicht sicher, ob er schlimmer ist als Ungerechtigkeit in wirtschaftlichen Dingen.« Präsident William Howard Taft war ebenso heuchlerisch. Öffentlich schenkte er Carnegie seine Aufmerksamkeit, aber privat verspottete er seine Philanthropie als »Carnegies Pläne, sich arm zu machen«.

SCHEINHEILIGE UND SPEICHELLECKER

Mark Twain, der ebenfalls zu Carnegies »lieben Freunden« zählte, schrieb über ihn: »Er selbst ist sein Lieblingsthema, das einzige, an dem er ein erstaunliches Interesse zu haben scheint.« Carnegie prahlte nicht mit seinen kapitalistischen Errungenschaften, sondern mit den Berühmtheiten, die ihm Komplimente gemacht hatten. »Er wird nicht müde, wieder und wieder von den Aufmerksamkeiten zu reden, die man ihm erwiesen hat.« Er hatte das Bedürfnis, den Leuten ständig zu erzählen, für wie wichtig ihn andere Leute hielten.

Seine Besucher führte er von einem Raum zum anderen, um ihnen Erinnerungsstücke, handsignierte Bücher und Fotos zu zeigen, »über denen er wie ein glücklicher Kolibri umherschwirrte, denn alle waren Mr. Carnegie gewidmet«. Seine Briefe, die er an eine Unzahl berühmter Menschen schrieb (von denen er unterwürfige Antworten erhielt), waren mit Bemerkungen angereichert, dieser oder jener große Mann habe »nach ihm gerufen«. »Wenn man Carnegie hört, sucht er nie die Gesellschaft der Großen – es sind immer die Großen, die ihn suchen.« Mark Twain kam zu dem Schluss, Carnegie sei unfähig zur Selbsterkenntnis: »Er hält sich für einen hemdsärmeligen, geradlinigen und eigenständigen Geist, der unumwunden schreibt, was er denkt, und sich seine Meinung mit einer Unabhängigkeit bildet, die fast den vierten Juli übertrifft – dabei ist er kein bisschen anders als der Rest der Menschen, die ihre Gedanken nur offen aussprechen, wenn damit keinerlei Gefahr verbunden ist. Er hält sich für einen Verächter von Kaisern, Königen und Herzögen, aber auch in dieser Hinsicht ist er wie der Rest der Menschheit: Eine kleine Aufmerksamkeit von einem von ihnen reicht aus, ihn eine Woche lang in einen Rausch zu versetzen und sieben Jahre lang glücklich darüber plappern zu lassen.«

SELBSTTÄUSCHUNG

Einmal stattete ihm König Edward VII. einen Besuch auf seinem grandiosen schottischen Landgut ab. Twain schreibt: »Mr. Carnegie kann es nicht lassen, über den Besuch des Königs zu reden; er hat mir mindestens vier Mal in allen Einzelheiten davon erzählt, und er muss gewusst haben, dass es das zweite, dritte oder vierte Mal war, denn er hat ein ausgezeichnetes Gedächtnis ... Er hat liebenswerte Eigenschaften und ich schätze ihn, aber ich fürchte, noch einen Besuch von König Edward halte ich nicht aus.«

Daran ist nichts Ungewöhnliches. Die Mächtigen haben sehr oft wie die Armen unter Entbehrungen gelitten, unter dem Hunger nach Wertschätzung, Anerkennung, Beifall oder aufrichtiger Bewunderung, der ebenso schmerzhaft ist wie der Mangel an Geld. Der Hunger nach Liebe, in seinen vielen Spielarten, ist nicht durch den modernen künstlichen Ersatz »Liebe dich selbst« gestillt worden, auf den manche zurückgreifen, um ihr Selbstwertgefühl zu stärken, obwohl er auch zu Größenwahn und bedauernswerter Selbsttäuschung führen und zu einer Art geistiger Selbstbefriedigung ausarten kann. Die Geschichten von Haimabati Sen und Andrew Carnegie laufen auf dieselbe Feststellung hinaus: Sie mögen in sehr unterschiedlichem Grade materielle Annehmlichkeiten genossen haben, aber was sie am meisten schmerzte, war der Mangel an emotionaler Nahrung, die sie mehr als alles andere vermissten. Alle Berechnungen, wer reich ist und wer arm, sind Stückwerk; sie greifen zu kurz, weil sie die Qualität der persönlichen Beziehungen außer Acht lassen, die die Auswirkungen von Reichtum und Armut beeinflussen. Die industrielle Revolution machte es noch schwieriger, das zu erkennen, indem sie die Bedeutung des Wortes »Komfort«, das ursprünglich persönliche moralische Unterstützung (»Trost«) bezeichnete, derart verflachte, dass darunter nur noch eine physische Annehmlichkeit verstanden wurde, die man sich durch den Erwerb materieller Güter verschaffen kann. Dieser Wandel lässt sich ziemlich präzise datieren: Die Franzosen importierten den englischen Begriff in seiner neuen Bedeutung im Jahr 1815.

Die lähmenden Auswirkungen physischer Entbehrung und des Mangels an lebensnotwendiger Nahrung und Unterkunft sind nur zu real und lassen sich durch solche Tröstungen nicht lindern. Aber dass die Armut als ein Problem betrachtet wurde, das sich durch Almosen oder wirtschaft-

REICHE HUNGERN WIE DIE ARMEN

EIN KÜNSTLICHER ERSATZ FÜR LIEBE

BERECHNEN, WER WIRKLICH REICH IST

liches Wachstum vermindern lässt, liegt unter anderem daran, dass man den Hunger nach Nahrung von anderen Arten des Hungers isoliert hat. Wenn dem nicht so wäre, würde dieser erweiterte Begriff der Armut als ein Leiden erkannt, von dem die überwiegende Mehrheit der Menschen betroffen ist. Die von Menschen mit geringem Einkommen entwickelten Fähigkeiten, mit dem Mangel zurechtzukommen, indem sie den Wert eines jeden brauchbaren Rests natürlicher Rohstoffe erkennen und untereinander großzügig sind, sind noch nie in Geld veranschlagt oder in einer volkswirtschaftlichen Gesamtrechnung berücksichtigt worden. Könnte man sich nicht eine neue Art wirtschaftlicher Berechnungen vorstellen, die unterscheiden zwischen oberflächlichem Reichtum und innerem Reichtum?

Carnegie hat keine befriedigende Antwort auf die Verbitterung derer gefunden, die nie reich waren. In einem Werk mit dem Titel *»Berufliche Tätigkeiten gewisser wohlhabender Personen«* klagte Han Shu 25 n. Chr., Reichtum werde selten mit uneingeschränkt anerkennenswerten Mitteln erworben. So schrieb er über einen Magnaten: »Was andere hergaben, griff er sich. Was sie unternahmen, gab er auf. Was er verdiente, häufte er an ... indem er das Gesetz missachtete ... und Bodenschätze monopolisierte.« Über eine bedeutende Geschäftsfrau, Ching, Witwe von Pa (246–210 v. Chr.), die das Monopol an Chinas Quecksilbervorkommen geerbt hatte, schrieb er: »Sie verwendete einen großen Teil ihres Reichtums darauf, sich zu schützen, weshalb niemand wagte, sich gegen sie zu stellen«, sodass der Kaiser sie »mit Zeremonien empfing, die eines Herrschers würdig waren«. Han Shu kommt zu dem Schluss: »Lag das etwa nicht an ihrem Reichtum?« Die Privilegien und Methoden Carnegies fanden ebenso viel Verachtung wie Bewunderung.

EINE ANTWORT
AUF VERBITTERUNG

Finanzieller Reichtum war immer nur ein Anfang, eine Herausforderung, Wege zu finden, Geld auszugeben. Carnegie konnte sich nur schwer entscheiden, wem er sein Geld geben sollte. Er gab zu, dass die einzige seiner Wohltaten, die er sich selbst ausgedacht hatte, seine »Stiftung für Lebensretter« war. Seine Spenden wurden von Managern auf geschäftsmäßige, unpersönliche Art verteilt. Auf die Lawine der Bittbriefe, die er erhielt, reagierte er fast nie, sodass ihn sein Vermögen dem Rest der Menschheit nicht näher brachte. Die arme Haimabati Sen mit ihren viel bescheideneren Mitteln war großzügiger als er.

BITTBRIEFE BEANTWORTEN

Anstatt mit dem Kopf immer wieder gegen dieselbe Mauer anzurennen, wie so viele Experten es bei dem Versuch getan haben und noch tun, die Armen – mit leider sehr begrenztem Erfolg – weniger arm zu machen, und statt wer weiß wie viele Jahrhunderte darauf zu warten, dass Reichtum umfassender oder gerechter verteilt oder in kleinen Beträgen als Darlehen zugeteilt wird, ziehe ich es vor, einen anderen Weg zu erkunden, ohne jedoch die entmutigen zu wollen, die an ihrer edelmütigen Suche festhalten. Wie kann man den Hunger derer lindern, die nicht ausreichend gewürdigt werden, und wie lernt man, andere zu schätzen, so unsympathisch sie auch erscheinen mögen? Wie entrinnt man den Fehlvorstellungen, zu denen sowohl der Besitz als auch der Mangel an Geld führen? Jedes Mal, wenn Haimabati Sen am Rande der Verzweiflung war, beschwichtigte sie sich – wie unzählige Menschen, ob reich oder arm, es vor ihr getan haben –, indem sie sich sagte, dass Gott sich auch im größten Leid um sie kümmere, aber selbst dann sehnte sie sich nach mehr menschlichem Verständnis und menschlicher Güte. Der Traum, steinreich zu werden, ist nur für die verlockend, die noch nie etwas von den Traumata sehr reicher

UNSYMPATHISCHE MENSCHEN SCHÄTZEN

Leute mitbekommen haben. Der Traum, zur Mittelschicht aufzusteigen, hat für diejenigen einen Sinn, die verzweifelt versuchen, dem mit bitterer Armut verbundenen Leid zu entkommen, aber der Mittelschicht anzugehören bringt einen dem Paradies nicht näher. Welche anderen Ziele kann man sich setzen?

Eine andere Einstellung zum Reichtum machte sich der indische Industrielle G. D. Birla (1884–1983) zu eigen. Mit Hilfe seiner gigantischen Beteiligungen in den Branchen Jute, Zucker, Papier, Autos, Banken, Zement, Chemie und Textilien errichtete er die größte private Stiftung Indiens.

DER TRAUM, ZUR MITTEL-
SCHICHT ZU GEHÖREN

Seine Feinde beschuldigten ihn, nur auf persönliche Bereicherung aus zu sein und mit seinen Wohltaten für Religion und Bildung lediglich Steuern vermeiden zu wollen. Aber in seiner Autobiographie, *Im Schatten des Mahatma*, erläutert Birla, warum er trotz seines Glaubens an eine Industrialisierung in großem Stil – wohingegen Gandhi der Verfechter des dörflichen Kleinhandwerks war – zum wichtigsten Finanzier der von Gandhi angeführten Kampagne für die nationale Unabhängigkeit wurde. Das lag nicht nur daran, dass ihn die Briten mit ihrer »rassistischen Arroganz« gedemütigt hatten, die sich darin äußerte, dass »es mir nicht gestattet war, den Aufzug zu benutzen, wenn ich ihre Büros aufsuchte, oder mich auf die Bank zu setzen, wenn ich auf sie wartete … Diese Kränkungen trafen mich tief.« Er war von Gandhis einfacher Lebensweise fasziniert: »Eine heilige Person, die allen Annehmlichkeiten der Wohlstandsgesellschaft abgeschworen hatte. Obwohl ich bei vielen Problemen nicht seiner Meinung war, habe ich mich nie geweigert, seinen Wünschen nachzukommen. Er hat meine Unabhängigkeit nicht nur toleriert, sondern liebte mich deswegen umso mehr, so wie ein Vater sein Kind. Unsere Verbundenheit wurde familiär, wie die ei-

VON KRÄNKUNGEN
TIEF GETROFFEN

nes Vaters zu seinem Sohn.« Obwohl Birla selbst den Luxus nicht verachtete, predigte er seinen Kindern Gandhis Lehren. »Alle Vergnügungen sind zu meiden. Gib für dich selbst nur aus, was absolut notwendig ist. Wer etwas nur des Geschmacks wegen isst, stirbt vor seiner Zeit. Nimm Nahrung zu dir, als nähmest du eine Medizin ein.«

Der grundlegende Unterschied zwischen dem indischen und dem amerikanischen Tycoon war, dass Birla die Rolle, die die Freundschaft und die Familie im Geschäftsleben spielten, klar erkannte. Er betonte, »wie wichtig es ist, Leute zu kennen, und wie wertvoll persönliche Kontakte sind«. Während Carnegie alles darauf anlegte, entweder die Zustimmung oder den Gehorsam der anderen zu erreichen, war Birla an der emotionalen Verbundenheit mit seinen Mitmenschen gelegen. »In Indien zählen Gefühle«, schrieb er. »Wir erwidern Freundschaft, lassen uns von Liebe und Sympathie leiten und empfinden Mitleid. Wir können auch tiefen Hass empfinden, aber der richtet sich in der Regel gegen Gruppierungen und Systeme, und wenn er sich gegen Einzelne richtet, sind das meistens Personen, denen wir noch nie begegnet sind ... Begegnungen offenbaren Wahrheiten. Das Gute, das wir in anderen entdecken, überwiegt das Böse bei weitem.«

> HASS AUF DIE, DENEN WIR NIE BEGEGNET SIND

Was ihn an Gandhi faszinierte, war dessen »aufrichtige Suche nach der Wahrheit«. Diese Suche war das Wichtigste. Gandhi bezeichnete sein Leben als eine »Geschichte seiner Experimente mit der Wahrheit«. Birla schrieb: »Oft konnte ich seiner Argumentation nicht folgen ... Aber ich war stets überzeugt, dass er auf die eine oder andere Weise, die mir entging, recht hatte. Ich konnte ihm keinen Wunsch abschlagen. Aber er führte sich nie wie ein Diktator auf und war im Grunde bescheiden. Kritik ertrug er ohne die geringste Verärgerung.«

> KRITIK OHNE VERÄRGERUNG

Für Wirtschaftsstudenten taugt Birla ebenso wenig als mustergültiges Vorbild wie Carnegie. Im Geschäftsleben war er nicht weniger skrupellos, und auch sein Privatleben, das von familiären Streitigkeiten überschattet wurde, war nicht glücklicher. Aber die Finanzakrobatik beider Männer macht deutlich, dass es eine Alternative zu den Gewinn- und Verlustrechnungen gibt, die die Geschäftswelt zusammenhält. Die Kriterien für den geschäftlichen Erfolg sind zu eng, solange sie die damit verbundenen Opfer an Lebensqualität nicht einbeziehen. Buchprüfer wurden (vor gar nicht mal so langer Zeit, in der Mitte des 19. Jahrhunderts) erfunden, um die Öffentlichkeit vor Unredlichkeit und Korruption in der Wirtschaft zu schützen, aber inzwischen sind sie so sehr mit der Geschäftswelt verflochten und stehen häufig sogar an der Spitze von Unternehmen, wo sie Entscheidungen im Wesentlichen nach finanziellen Gesichtspunkten treffen, dass sich die Hoffnung, ihr Status könnte sich möglicherweise dem einer unabhängigen Justiz annähern, nicht erfüllt hat. Zu ignorieren, was sich nicht in genauen Zahlen bemessen lässt, kommt mir so töricht vor, wie bei einem Blumenstrauß die Stiele zu zählen, aber den unbeschreiblichen Duft und die Schönheit jeder einzelnen Blüte außer Acht zu lassen.

BUCHPRÜFER ALS UNABHÄNGIGE INSTANZ

Eine Währung, in der sich die Qualität eines Lebens ausdrücken ließe, würde wohl eher Honig ähneln als Geld. Honig war lange Zeit ein Symbol für das, was das Leben versüßt und von den Menschen am meisten geschätzt wird, mehr noch als Geld. In fast jeder Mythologie ist Honig die Speise der Götter, das Wahrzeichen der Liebe, die Quelle der Energie und das bakterizide Wundermittel, mit dem die Pharaonen einbalsamiert wurden, damit sie über den Tod triumphierten. Erst vor kurzem hat der Honig das uralte Geheimnis seiner heilenden Wirkung preisgegeben: Es ist das Protein, dass jede einzelne

WAS HONIG SÜSS MACHT

Biene ihm aus ihrem eigenen Immunsystem hinzufügt. Honig lässt sich unmöglich in einer Formel erfassen, künstlich herstellen oder nachahmen. Er ist weder tierisch noch pflanzlich, enthält über zweihundert verschiedene Inhaltsstoffe und kommt in unzähligen Varianten vor.

Was Leute mit ihrem Geld machen und was sie ohne Geld machen, ist ein Aspekt, den das Rechnungswesen noch zu gewichten und zu bedenken lernen muss. Was reiche und arme Menschen durch ihren Kontakt mit anderen nicht nur an Wissen, sondern auch an Weisheit, Mitgefühl und Geschmack für sich gewinnen, und was andere von ihnen empfangen, welche Erkenntnisse aus jeder Begegnung gewonnen werden (und nicht nur, wie viele Cents ausgetauscht wurden), welchen Preis in Lügen und Verbrechen, Opfern und Vertrauensbrüchen man zahlen muss, um mehr Besitz als andere anzuhäufen – all dies sind Faktoren, die in einer Gewinn- und Verlustrechnung auftauchen müssten. Jede Menge Geld zu machen bleibt ein faszinierendes Wunschbild, weil nur sehr wenige Menschen die damit verbundenen Freuden und Schmerzen erfahren haben. Die 75 Millionen Privatpersonen, denen die Hälfte des weltweiten Reichtums gehört, sind höchst verschwiegen und unter allen menschlichen Wesen diejenigen, die am wenigsten verstanden werden, weil sie so fern und schwer zu erfassen sind wie die halb menschlichen, halb tierischen Götter der antiken Zivilisationen: Eine Studie über ihre Zoologie würde zweifellos viele unbekannte Arten und ungeahnte Variationen ihres Verhaltens zutage bringen. Nur wenn die Realität ihres Lebens offenbart würde, könnte man objektiver beurteilen, was eine Wirtschaft taugt, die sich dem Wohlstand und der Ansammlung und Vergeudung von Reichtümern verschrieben hat. Bislang haben die sehr Reichen nur selten darüber gesprochen, wie sich der Reichtum

DER PREIS DES REICHTUMS

KINDER REICHER ELTERN

auf sie ausgewirkt hat, obwohl ihre Kinder die Wahrheit über ihre Eltern erfahren müssen, denn nichts ist gefährlicher als Nachfahre eines Millionärs zu sein. Obwohl sie eine Umverteilung des Reichtums möglicherweise als bedrohlich empfinden und jeden Gedanken daran von sich weisen, wäre eine Umverteilung von Neid und Mitgefühl für jede gesellschaftliche Klasse ein Gewinn.

7

WIE VIELE ARTEN DES SELBSTMORDS GIBT ES?

Der Suizid ist heute eine viel häufigere Antwort auf die Qualen des Lebens als früher. Alle vierzig Sekunden wählt jemand auf dieser Welt diesen Weg, ihnen zu entkommen. Weit mehr Menschen ziehen Selbstmord zumindest in Betracht oder unternehmen einen Selbstmordversuch, wenn auch ohne Erfolg. Noch größer ist die Zahl derer, die sich zwar nicht umbringen, aber Teile ihres Geistes amputieren, sodass sie nur noch partiell lebendig sind. Jedes Mal, wenn die Welt eines Menschen schrumpft, weil das Interesse für andere Menschen, Orte oder Ideen erlischt, findet ein Selbstmord statt. Einen langsamen, schleppenden Selbstmord begehen alle, die ihren Lebensunterhalt mit einer Arbeit verdienen, die ihnen das Gefühl nimmt, lebendig zu sein. Manche vermitteln den Eindruck, sich freiwillig zu verstümmeln, aber oft sind es die Institutionen, die sie dazu treiben.

<small>FREIWILLIGE SELBSTVERSTÜMMELUNG</small>

Der Maler Benjamin Haydon (1789–1846) war so fest entschlossen zu sterben, dass er nicht aufgab, als die Kugel, die er sich in den Kopf schoss, nur ein paar Zentimeter weit eindrang. Er nahm ein Rasiermesser und schnitt sich mehrfach die Kehle durch, bis er schließlich zusammenbrach. Welche

Art von Selbstmord war das? Seine Aufzeichnungen über die zahllosen Widrigkeiten, die ihn gehindert hatten, voll und ganz am Leben teilzunehmen, füllen sechsundzwanzig Folianten. Er war stets knapp bei Kasse. Seine Freunde Keats, Shelley und Wordsworth machten sich über sein Vertrauen in die Verheißung im Buch Jesaja lustig, dass »Gott ... deine rechte Hand stärkt und zu dir spricht: Fürchte dich nicht, ich helfe dir«. Haydon war der festen Überzeugung, ohne seinen Glauben wäre er »verrückt geworden«. Aber warum brachte er sich dann um und bat Gott um Vergebung mit einer Anspielung auf König Lear: »Spann mich nicht länger auf die Folter dieser zähen Welt«?

Nie genug Geld zu haben und sich ständig welches leihen zu müssen, um unerreichbare Ziele zu verfolgen – mit diesem Dilemma plagte Haydon sich ein Leben lang herum. Und drei Viertel der Bevölkerung der USA definierten Erfolg inzwischen als die Fähigkeit, Kreditkartenschulden bezahlen zu können! Zwischen der Kunst, arm zu sein, und der Wissenschaft, reich zu werden, liegt das Geschick, zu leihen und zu verleihen, die Fähigkeit, den Unterschied zwischen Schulden zu erkennen, durch die man einen Teil seines Lebens an einen anderen abtritt, und Schulden, die Menschen einander näherbringen.

DAS GESCHICK, ZU LEIHEN UND ZU VERLEIHEN

Benjamin Haydons Leben ist ein Beweis für die Koexistenz von zwei gegensätzlichen Zivilisationen. Darlehen können Zeugnisse der Freundschaft, des Mitgefühls oder der Ermutigung sein. Sie können aber auch rein geschäftlich sein. Als Haydons Rückstände 100 Pfund Sterling erreichten, was heute gut 10 000 Euro entspricht, setzte sein Vermieter ihn nicht vor die Tür: »Ich möchte nicht, dass Sie gehen«, sagte er. »Sie haben immer gezahlt, wenn Sie es konnten, und warum sollten Sie das nicht wieder tun, wenn Sie dazu in der Lage sind?« Als Haydon erwiderte, er brauche zwei weitere

Jahre, um das riesige Gemälde fertigzustellen, an dem er arbeite, erklärte sein Vermieter, dann werde er eben zwei Jahre warten. Als er in der nahe gelegenen Schänke John O'Groats nach einer Mahlzeit gestand, kein Geld zu haben, und fragte, ob er am nächsten Tag zahlen könne, bat der Wirt ihn in ein Hinterzimmer und gewährte ihm einen langfristigen Kredit. Haydon notierte: »Zwei Jahre lang empfing mich Mr. Seabrook, Rupert Street, mit lächelndem Gesicht und offenen Händen, ohne mir je einen Vorwurf zu machen, ohne zu murren und ohne den geringsten Anflug von Missachtung, als hätte ich die Zeche wie ein Edelmann bezahlt.« Ein anderer Vermieter, der von Beruf Tischler war, wurde ein Bewunderer Haydons und erwarb eine ganze Reihe seiner Bilder anstelle der Miete. Ein Journalist, der dem Maler auf der Straße begegnete und von ihm erfuhr, er sei »in größter Sorge«, weil »heute achtundfünfzig Pfund zu zahlen sind und ich nur fünfzig habe«, antwortete ihm: »Mein lieber Haydon, warten Sie einen Augenblick«, verschwand um die Ecke, verpfändete seine Uhr und kehrte zu ihm zurück, um ihm die fehlenden acht Pfund zu geben. Sogar der Bankier Coutts lieh ihm Geld, wohl wissend, dass er es nie wiedersehen würde. Und selbst der Gerichtsdiener, der ihn wegen seiner Schulden verhaften und ins Gefängnis bringen sollte, war so beeindruckt von dem riesigen Christusgemälde, an dem Haydon gerade arbeitete, dass er ihm anbot, später wiederzukommen, wenn es passender sei. Diese Menschen behandelten Haydon, wie sie ihre eigene Familie behandeln würden, weil sie in ihm einen Mann mit einer Vision erkannten, die andere zwar nicht ganz verstehen konnten, dessen starke Überzeugungen aber solchen Eindruck auf sie machten, dass sie ihm behilflich waren, ein Bild fertigzustellen, das sich möglicherweise als ein Meisterwerk erweisen konnte.

Zu Haydons Zeit kaufte man Dinge des täglichen Lebens

GELD VERLEIHEN, OHNE EINE RÜCKZAHLUNG ZU ERWARTEN

meist auf Kredit, wobei der Verkäufer auf seine persönliche Kenntnis des Charakters, der Eigenheiten und der politischen und religiösen Anschauungen seines Kunden vertraute. Das bedeutete, sich auf eine persönliche Vertrauensbeziehung einzulassen, die das Geschäftliche mit gegenseitiger Gastfreundschaft verband und deren Verlauf von den Erfordernissen gutnachbarschaftlichen Zusammenlebens bestimmt wurde. Nicht selten wurden Kunden nach einem Kauf zum Abendessen eingeladen oder suchten ein Geschäft auf, bloß um zu plaudern, nicht um etwas zu kaufen. Die meisten Ladenbesitzer in London wohnten im selben Haus, in dem sich auch das Geschäft befand. Hausierer waren ständige Besucher. Das Verhältnis zwischen Käufer und Verkäufer war emotional und nicht nur kommerziell. Einmal weigerte sich Haydon, die Rechnung seines Schneiders vollständig zu begleichen, weil das das Ende ihrer Beziehung hätte bedeuten können und er fortan »wie ein Fremder« behandelt worden wäre. Noch 1895 konnte man in einer Fachzeitschrift für Handel und Gewerbe lesen: »Keine anständig geführte Firma hat je etwas anderes als die jährliche Zahlung ihrer Außenstände gefordert oder erwartet«, und es gibt Fälle, in denen Schulden erst nach sechzehn Jahren beglichen wurden. Handwerker gestatteten den Reichen, die Bezahlung ihrer Rechnungen hinauszuschieben, weil die Verbindung zu ihnen auch außerhalb der Geschäftsbeziehung vorteilhaft sein konnte. Es gab Fälle, in denen jemand bei seinem Tod Schulden bei mehr als hundert verschiedenen Menschen hinterließ, was beinahe als Zeichen der Beliebtheit in seiner Gemeinschaft gelten konnte, während andere zu gleicher Zeit darauf angewiesen waren, für einen Laib Brot und ein kleines Stück Butter einen Kinderschuh zu verpfänden. Schulden zu erlassen war üblich, und die abgeschriebenen Forderungen übertrafen die

Spenden für wohltätige Zwecke. Die Gesellschaft wurde durch ein weitverzweigtes Netz von Schulden zusammengehalten. »Jeder ist ein Schuldner seines Nachbarn«, hieß es, und die meisten Verbindlichkeiten kamen mündlich und formlos zustande. Manchmal waren geschäftliche Schulden sogar ein deutlicheres Zeichen gegenseitiger Wertschätzung als eine nur auf Gewinn ausgerichtete geschäftliche Transaktion. Das beste Beispiel ist die Finanzierung in den frühen Jahren der englischen Siedler in Amerika, die zum großen Teil von Händlern erbracht wurde, die nur sehr vage andeuteten, wann sie mit einer Zahlung zu rechnen gedachten.

Haydon war nicht vor allem deshalb ein Künstler, weil er Bilder malte, sondern weil er die Kunst als Mittel ansah, die Gestalt der Welt zu ändern. Sich Geld zu leihen lief darauf hinaus, die Geschwindigkeit der Zeit zu verändern, weil man gezwungen war, sich zu sputen und rasch zu verwirklichen, wovon man zuvor nur geträumt hatte. Die Malerei war für ihn nicht ein Vergnügen oder ein Job, sondern eine Mission. Zu erreichen, dass sein Talent anerkannt wurde, war nur ein Anfang: Sein endgültiges Ziel war es, den Geschmack des britischen Volkes zu verändern und jedermann das Zeichnen zu lehren, sodass »selbst der bescheidenste Maler, der Türen streicht, eine menschliche Gestalt abbilden kann«. Er war überzeugt, dies werde im Ergebnis »die Seele über diese Welt erheben«, »den Geist stärken« und zu »Heldentum, innerer Einkehr oder Tugend« anspornen. Seine Gemälde sollten Gegenstände nicht kopieren und ihnen ein gefälliges Aussehen verleihen oder nur den Sinnen schmeicheln, sondern vor allem eine moralische Wirkung erzielen und inspirierende Ideen vermitteln. Obwohl er ein außergewöhnliches Talent für die naturgetreue Darstellung besaß, verachtete er herkömmliche Porträts, Stillleben und flämische Interieurs. Er zog histori-

MALEN, UM DIE WELT ZU VERÄNDERN

KUNST, DIE DEN GEIST STÄRKT

sche Themen vor, große Ereignisse, die die Welt erschüttert hatten, und verewigte sie auf monumentalen, drei Meter hohen Gemälden, Bildern, die eine Botschaft zum Ausdruck brachten. Er stellte die Techniken der Historienmalerei in den Dienst der Ideologie seiner Zeit – Patriotismus und politische Reformen – und wollte, dass alle öffentlichen Gebäude mit erhebenden Darstellungen der Siege und der Hoffnungen der Massen dekoriert werden. Zwei Jahrhunderte später hätte er vielleicht historische Blockbuster für das Kino gedreht: Er versah seine Bilder gern mit »poetischen Eingebungen« und »einem femininen Touch«, wie er es nannte, und versicherte: »Es gibt nichts Schönes, das nicht weiblich ist.«

DIE HOFFNUNGEN DER MASSEN ABBILDEN

Mit dem Geld, das er sich lieh, konnte er seinen Traum verfolgen, »ehrbaren Arbeitern« den Sinn für die Kunst nahezubringen und so die Barriere zwischen »großer Kunst« und industrieller Produktion niederzureißen. »Für einfache Handwerker darf Kunst nicht länger ein Geheimnis bleiben.« Das gleiche Prinzip, sagte er, solle »für Milchkännchen ebenso gelten wie für heroische Figuren«, und damit meinte er, dass die künstlerische Wahrnehmung der Proportionen des menschlichen Körpers dazu beitragen könne, schönere Gebrauchsgegenstände zu entwerfen. Zur gleichen Zeit, als die Handwerker ihre Autonomie einbüßten und gezwungen waren, sich den Produktionsweisen der Fabriken anzupassen, bereiste er das Land und forderte mit flammenden Reden, alle Arbeiter sollten dieselbe Ausbildung wie Künstler erhalten, sie sollten lernen, Menschen zu zeichnen, und sollten so die industrielle Fertigung durch Inspiration, Originalität und Ästhetik bereichern. Aber den Fabrikanten waren Disziplin, Ausdauer und Gewinn wichtiger. Daher fanden die Konservativen es schockierend, als Haydon – der immerhin einen wesentlichen Beitrag zur Gründung einer

EINE WEIT VERBREITETE MANIE, KÜNSTLER ZU WERDEN

Hochschule für Gestaltung geleistet hatte, die sich zum Ziel setzte, industrielle Fertigung zu einer kreativen Kunst zu machen (und aus der fünfzig Jahre später das Royal College of Art entstand) – sowohl junge Frauen als auch Männer einstellte, um den Studenten Modell zu stehen. Sein Traum von einer Bildungsrevolution, die »den Handwerker erhöhen« würde, zerschlug sich letztlich. Schon in den vierziger Jahren des 19. Jahrhunderts mokierten sich pragmatisch gesinnte Stimmen über »eine weit verbreitete Manie, Künstler zu werden«, und wiesen der Kunst den dritten Rang hinter der Wissenschaft und der Technik zu.

Der Entschluss, Künstler zu werden und in seinem Idealismus weit über das hinauszugehen, was die meisten praktisch veranlagten Menschen erstrebten, war Haydons erster Vorstoß in das gefährliche Terrain zwischen Abenteuer und Selbstmord, zwischen dem Bewahren einer Brücke zur »normalen« Gesellschaft und der Übersiedlung in ein Land, in dem Phantasie und Hoffnung die einzige Nahrung sind. Er beklagte sich, ein »Ausgestoßener« und ein »Opfer« zu sein, ein Außenseiter in einer Welt, die von Leuten mit Einfluss und Geld regiert wurde, ihn aber nicht zu schätzen wusste. Über jede andere Art von Kunst außer seiner eigenen pflegte er sich so abfällig zu äußern, dass die Royal Academy sich mehrfach weigerte, ihn als Mitglied aufzunehmen. Während modische Künstler mit weniger Talent, aber größerer Bereitschaft, die Art von Kunst zu produzieren, die den Leuten gefiel, ein komfortables Leben führen konnten, blieb ihm das verwehrt, weil er sich hartnäckig sträubte, nur des Geldes wegen Gefälligkeitsmaler zu werden und von sich selbst eingenommene reiche Männer und hübsche Frauen zu porträtieren. Für ihn war es eine Qual, nicht zu wissen, wie er mit Leuten umgehen sollte, de-

> DER KÜNSTLER ALS OPFER UND AUSSENSEITER

> MIT LEUTEN UMGEHEN, DIE ANDERER MEINUNG SIND

ren Geschmack er verabscheute, obwohl gerade sie ihm lukrative Aufträge hätten verschaffen können. Dass er mittellos blieb, lag nicht nur an seinem Unvermögen, sich bei ihnen einzuschmeicheln, sondern auch daran, dass seine eigene Phantasie begrenzt war: Er hatte keine Ahnung, wie er mit Menschen umgehen sollte, die anderer Meinung waren als er, oder wie er sich deren Unverständnis besser hätte zunutze machen können, nämlich nicht nur zur Bestärkung seiner eigenen Entschlossenheit, sondern auch als Inspiration, die seine Ambitionen hätte erweitern und bereichern können. Er war unfähig, zu ihnen eine Beziehung aufzubauen, in der sie gewiss wie Streithähne aufeinander eingehackt hätten, die aber trotz alledem fruchtbar gewesen wäre. Stattdessen steigerte er sich in seine Wut und glaubte sich von »Feinden« umringt. Er dramatisierte Meinungsverschiedenheiten und schürte sie noch, indem er seine Umgebung mit wüsten Beleidigungen bedachte, seinen Gegnern vorwarf, absichtlich das »Mittelmaß« zu fördern, und sie als »Despoten« verhöhnte. Dennoch konnte er nicht begreifen, warum die Royal Academy seinem großformatigen allegorischen Gemälde, das einen antiken römischen Helden darstellte, ein banales, dem Publikumsgeschmack entsprechendes Porträt eines kleinen Mädchens mit einer rosa Schärpe vorzog. Aus dem Hinterhalt auf Institutionen zu schießen, Kritiker zu verleumden und Gegner abzustrafen führt selten zum Erfolg, wenn man keine andere Munition hat als die eigene Wut.

KUNST NACH DEM GESCHMACK DER MASSEN

Haydon war so überzeugt, »für eine große Aufgabe bestimmt« zu sein, dass er unablässig malte, oft zwölf oder sechzehn Stunden am Tag, ohne je mit den Ausgaben für Leinwand, Modelle und Farben zu geizen, gleichgültig, ob er sie sich leisten konnte oder nicht. Bei seinem Tod hinterließ er immense Schulden. Charles Dickens war bei weitem nicht der Einzige, den Haydons offensichtliche Missachtung der

Regeln über den Umgang mit Geld irritierte. In *Bleak House* schuf er die Figur des Harold Skimpole, um die Selbstsucht von Menschen anzuprangern, die zwar charmant sein mochten, sich aber bedenkenlos verschuldeten. Aber als er von Haydons Tod erfuhr, schickte er seiner Witwe fünf Pfund.

Eine öffentliche Demütigung führte Haydon schließlich vor Augen, dass er, wie man heute sagen würde, absolut nicht auf derselben Wellenlänge lag wie die Massen, die er hatte erziehen wollen: Seine letzte Ausstellung fand in derselben Halle statt, in der der Circus »Barnum« mit dem einen Meter großen Zwerg General Tom Thumb gastierte, zu dem 12 000 zahlende Gäste strömten, während nur 133 kamen, um Haydons Monumentalgemälde *Der Segen der Gerechtigkeit* zu sehen, das König Alfred zeigt, wie er das erste englische Geschworenengericht unterweist. Dann weigerte sich ein Freund – oder zumindest einer, den er für seinen Freund gehalten hatte –, ihm erneut etwas Geld zu leihen. Jetzt spürte er endgültig, dass in der Welt kein Platz für ihn war. Was blieb denn noch, wenn auf Freundschaft kein Verlass war? Man sagte ihm nach, er habe ein »Talent zum Scheitern« gehabt. Aber als seine Tagebücher nach seinem Tod veröffentlicht wurden, stellte sich heraus, dass er ein scharfsinniger Analytiker seiner Zeit und ein begabter Schriftsteller war. Dickens sagte, Haydon hätte Schriftsteller werden sollen. Vielleicht sollte jeder, der die Welt verändern will, zunächst als Schriftsteller anfangen und sich darin üben, die Wirklichkeit zu gestalten, und zwar nicht in Form utopischer Entwürfe, sondern ausgehend von aktuellen Stimmungen und eigenen Beobachtungen. Haydons Selbstmord zeugt im Übrigen von ebenso viel Mut wie Verzweiflung: Die meisten Menschen begehen eine feigere Art von Suizid, indem sie ihre Ideale aufgeben, aber dazu war er nicht bereit.

> NICHT AUF DERSELBEN WELLENLÄNGE WIE DIE MASSEN

> DIE FEIGSTE ART DES SELBSTMORDS

Haydon lebte in einem Land, das zwischen zwei Kulturen schwankte, der einen, in der man Wert auf gute Nachbarschaft legte, und der anderen, in der man sich an der Macht des Geldes berauschte. Problematisch war nicht nur, dass die Nachbarschaft sich unter dem Druck der Verstädterung, der Industrialisierung und der Überbevölkerung in Gleichgültigkeit verwandeln konnte oder dass wegen der zunehmenden Kommerzialisierung der Gesellschaft das persönliche Mitgefühl eine immer geringere Rolle für Darlehen und gegenseitige Hilfe spielte. Haydon musste am eigenen Leibe erfahren, dass Geldverleiher andere Prioritäten hatten, denn er wurde sieben Mal verhaftet und saß vier Mal im Gefängnis, stets weil er seine Schulden bei gefühllosen Geldgebern nicht bezahlt hatte, und die Gerichtsvollzieher verkauften all seine weltliche Habe, sogar seine Pinsel, um seine Gläubiger auszuzahlen.

Der Stellenwert des Geldes im Leben begann sich schon im 13. und 14. Jahrhundert zu verändern. Ausgerechnet die akademische Welt, die heute klagt, durch unwürdiges Einwerben von Fördermitteln von ihrer selbstlosen Suche nach der Wahrheit abgelenkt zu werden, hatte entscheidenden Anteil an der Monetarisierung, die weite Bereiche des Lebens umformen sollte. Die Universitäten legten die geistigen Grundlagen für eine neue Vision dessen, was wirklich wichtig war, indem sie eine neue Vorstellung von der Natur entwickelten, die nun nicht mehr als statisch und vollkommen galt, sondern als dynamisch angesehen wurde und ständiger Messungen bedurfte. Die Professoren des (vom englischen Lordkanzler gegründeten) Merton College in Oxford, die zugleich Verwaltungsbeamte und Gelehrte waren, gingen als »Oxford Calculators« in die Geschichte ein, weil sie darauf versessen waren, beinahe jede menschliche Tätigkeit und Eigenschaft zu messen

DER NEUE STELLEN-
WERT DES GELDES

EINE NEUE VOR-
STELLUNG DER NATUR

und zu beziffern; sogar die Stärke des Liebreizes einer Person und die Stärke der christlichen Nächstenliebe wurden untersucht – aber auch die Kosten jedes einzelnen Examens, wobei sie ständig betonten, Geld sei das Maß aller Dinge.

Dies ging mit einer enormen Zunahme der Geldmenge einher: 1170 prägte die Königliche Münze 1,3 Millionen und 1250 15 Millionen Pennys. Die Hälfte der Einnahmen des Königs entfiel auf die Entwertung des Münzgeldes, das er einziehen und mit geringerem Silbergehalt wieder ausgeben ließ. Fürsten, die ihre Wälder bislang als eine Quelle des Ansehens und des Jagdvergnügens betrachtet hatten, gingen mehr und mehr dazu über, sie unter forstwirtschaftlichen Aspekten als Einnahmequelle zu betrachten. Die strikte Einhaltung von Verträgen hatte allmählich zur Folge, dass dem Rechnungswesen jegliche emotionale Dimension abhandenkam. Feste Preise und exakte Rückzahlungen bereiteten den theatralischen Freuden des Feilschens ein Ende.

Es war ein neues Ideal der Gleichheit, das diese Wandlung vollenden sollte. Kunden legten zunehmend Wert darauf, ihre Unabhängigkeit unter Beweis zu stellen, denn »wer sich verschuldet, begibt sich in die Hände anderer«. Sie zogen es vor, Ratenkredite bei gesichtslosen Instituten aufzunehmen, die sich nicht in ihr Privatleben einmischen würden. Statt sich um Protektion zu bemühen, hassten sie es, wie Schützlinge behandelt zu werden. Freiheit erlangte die Bedeutung, keine Verpflichtungen zu haben. Wer bar zahlte, brachte damit zum Ausdruck: »Mein Geld ist so gut wie Ihres.« Diese Veränderungen wurden begrüßt, denn die alte Welt enger Beziehungen, in der jeder jeden kannte, erwies sich häufig als erstickend, demütigend und grausam und von Eifersüchteleien und Gezänk geprägt, sodass sie den dringenden Wunsch aufkommen

> EIN NEUES IDEAL DER GLEICHHEIT

> DEM URTEIL DER NACHBARN ENTGEHEN

ließ, den prüfenden Blicken und den Urteilen der Nachbarn zu entgehen.

Haydons Zeitgenosse, der chinesische Dichter und Philosoph Gong Zizhen (1792–1841), klagte darüber, dass die Menschen egoistischer würden als die Tiere und ihnen jeder Sinn für die Großzügigkeit, die sich aus innigem Kontakt ergebe, abhanden gekommen sei. Aber es blieb England vorbehalten, einen neuen Weg aufzuzeigen, der zu einer anderen Art von Selbstmord führte. Als Lord Vestey (1859–1940) die Ernährungsgewohnheiten in zahllosen Ländern durch den Import von tiefgekühltem Fleisch aus Argentinien, Russland, China, Australien und anderswo revolutionierte, gründete er ein multinationales Offshore-Unternehmen, das praktisch von allen Steuern befreit war. Er reduzierte die Steuer auf die Gewinne seiner Metzgereien auf 0,0004 Prozent. Damit durchtrennte er die Nabelschnur zwischen Reichen und Armen sowie alle emotionalen Bindungen, die jemals zwischen ihnen bestanden haben mochten. Abgesehen von seinem Engagement für sein Unternehmen hatte er keinerlei Interessen, arbeitete sechs Tage die Woche, wohnte in bescheidenen Häusern, machte jede seiner Entscheidungen davon abhängig, wie viel Steuern er damit sparen konnte, gab nur ein Vierzigstel seines Einkommens dafür aus, vier Kinder großzuziehen, reinvestierte den Rest und war stolz darauf, dass er – obwohl ihm das reichste Privatunternehmen der Welt gehörte – »von den Gewinnen nie etwas ausgebe, sondern von dem lebe, was er vor zwanzig Jahren verdient habe«.

DIE NABELSCHNUR ZWISCHEN ARM UND REICH

Im 20. Jahrhundert wurde das britische Kolonialreich von einem weniger augenfälligen, aber noch mächtigeren Finanzimperium abgelöst, das aus einer Inselgruppe von rund sechzig Offshore-Steuerparadiesen besteht, die von der Londoner City beherrscht werden. Eine neue virtuelle Nation ohne

Grenzen war geboren, deren Macht nicht auf Waffen, sondern auf Geld beruhte und die sowohl Demokratien als auch Diktaturen die Stirn bot. Sie ist so allmächtig geworden, dass sie einfache Steuerzahler zwingen konnte, ihre Spielschulden zu begleichen. Sie bewies, dass sie in der Lage war, sich ungestraft über die Wünsche der Wählerschaft mehrerer Staaten hinwegzusetzen. Als sie Kreditforderungen an Unternehmen verscherbelte, denen das Schicksal der Schuldner völlig gleichgültig war, wurde klar, dass die Reichen sich die eigenen Pulsadern aufschlitzten und sich auf einen langsamen Suizid einließen, indem sie das emotionale Band zum Rest der Menschheit zerrissen. Die Armen mögen noch immer davon träumen, reich zu werden, aber fortan waren Arm und Reich geschiedene Leute. Es gab kein Mitgefühl mehr füreinander. Geld hörte auf, ein sozialer Kitt zu sein.

DAS UNSICHTBARE BRITISCHE FINANZIMPERIUM

DAS ZERRISSENE EMOTIONALE BAND

Aber der Hang zum Selbstmord besteht unvermindert fort. Die Mächtigen bringen sich um, wenn sie aufhören, an sich zu glauben, wenn sie spüren, dass niemand mehr an sie glaubt, und wenn sie ihre Versprechen nicht mehr halten können. Fachleute begehen Selbstmord, wenn ihre Voraussagen nicht eintreffen. Spezialisten begehen Selbstmord, wenn ihnen die Fähigkeit abhandenkommt, die Aussagen anderer Spezialisten zu verstehen. Gutherzige Menschen begehen Selbstmord, wenn sie Berufe ergreifen, in denen für Güte kein Platz ist. Die häufigste Form des Selbstmords besteht darin, die Hoffnung aufzugeben.

DER HANG ZUM SELBSTMORD

Aber der traurigste Selbstmord von allen ist der Suizid der Dankbarkeit. Neid, Gier und Arroganz sind chronische Krankheiten, die wohl niemals auszurotten sein werden, aber früher wurden sie durch die Dankbarkeit in Schach gehalten.

Sie war das Band, das die Gesellschaft früher einmal zusammengehalten oder zumindest ihre Ressentiments gedämpft hatte: Dankbarkeit gegenüber den Göttern, Ahnen, Eltern, Lehrern, Nachbarn, der Natur. Aber je mehr Gleichheit eine Gesellschaft anstrebt, je mehr sie sich auf Rechte stützt und je mehr sie sich kommerzialisiert, desto weniger Raum bleibt für die Dankbarkeit, die nun als Angriff auf die Unabhängigkeit und als Aufgabe der Selbstachtung wahrgenommen wird. »Dankbarkeit ist teuer«, sagte Gibbon. »Dankbarkeit ist eine Last«, sagte Diderot. »Dankbarkeit ist eine Hundekrankheit«, sagte Stalin.

DER SUIZID DER DANKBARKEIT

Aber das muss nicht das Ende der Fahnenstange bedeuten. In meinem letzten Kapitel werde ich auf die Frage des Selbstmords zurückkommen: Sie ist der Schlüssel zum Verständnis dessen, was es heißen kann, zu leben.

8

WIE KANN EIN UNGLÄUBIGER EINEN GLÄUBIGEN VERSTEHEN?

Welcher Religion gehört jemand an, der die Aufnahme einer Beethoven-Symphonie nur zu hören braucht, um Ihnen sagen zu können, wer sie dirigiert hat? Oder jemand, der Jazz ebenso liebt wie klassische Musik, französische Filme und viele Werke europäischer und amerikanischer Literatur, zugleich aber eine solche Leidenschaft für den Fußball hegt, dass er alternative Strategien für eine wirtschaftliche Entwicklung veranschaulicht, indem er die unterschiedlichen Strategien deutscher Fußballteams vergleicht?

WIE MAN HERAUSFINDET, WELCHER RELIGION EIN MENSCH ANGEHÖRT

Abdurrahman Wahid (1940–2009), der drei Jahre lang Präsident Indonesiens war, folgte seinem Großvater und seinem Vater als Führer der größten muslimischen Organisation der Welt, der Nahdlatul Ulama (»Renaissance der Gelehrten«), die ihren vierzig Millionen Mitgliedern den Zugang zu Bildung und medizinischer Versorgung gewährleistet. Sein Großvater mütterlicherseits war einer der Mitbegründer muslimischer Schulen für Mädchen. In Java geboren, absolvierte er seine Ausbildung im Ausland: Nach dem Gymnasium in Karachi studierte er islamische Theologie an der religiösen Kairoer Al-Azhar-Universität und arabische Literatur in Bagdad. Er konnte Passagen aus den großen religiösen und philosophischen Klassikern Arabiens und aus den Werken der ägyptischen Begründer des modernen »Islamismus«, Sayyid Qutb und Hasan al-Banna, auswendig zitieren. Aber er hatte Tränen in den Augen, als er auf einer Ausstellung in Marokko eine arabische Übersetzung der Nikomachischen Ethik von Aristoteles entdeckte, denn er wusste nur zu gut, dass nicht viel gefehlt hätte, ihn zu einem Feind des Westens werden zu lassen: »Wenn ich als junger Mann nicht Aristoteles und sein großartiges Buch gelesen hätte«, sagte er, »wäre ich möglicherweise ein muslimischer Fundamentalist geworden.« Aristoteles hatte ihm gezeigt, dass es möglich war, »die Wahrheit ohne die Hilfe der Religion zu erkennen, indem man schlicht seine Vernunft gebraucht und die menschliche Seele versteht«. Wahid studierte auch hinduistische Philosophie, und als er zum Präsidenten des größten muslimischen Landes der Welt gewählt wurde, war es eine seiner ersten Amtshandlungen, in einem hinduistischen Tempel zu beten. Er beendete die Verfolgung der chinesischen Minderheit in Indonesien, verteidigte Salman Rushdies *Satanische Verse*, besuchte Israel sechs Mal und erklärte, dass »diejenigen, die behaupten, ich sei nicht islamisch genug, ihren Koran lesen sollten. Der Islam steht für Integration, Toleranz und Gemeinschaft … Die Essenz des Islam ist in diesen Worten des Koran enthalten: Ihr habt eure Religion, und ich die meine.« Außerdem sei »Demokratie im Islam keineswegs *haram* (verboten), sondern sogar notwendiger Bestandteil des Islam«. Er besaß einen unbändigen Humor und übersetzte ein sowjetisches Witzbuch ins Indonesische, um seinen Landsleuten beizubringen, über sich selbst zu lachen, und als er entmachtet wurde, erklärte er, dass er das weit weniger bedaure als den Verlust

ÜBERRASCHENDES IN DER RELIGION

DEMOKRATIE IST EIN NOTWENDIGER BESTANDTEIL DES ISLAM

seiner Sammlung von siebenundzwanzig Schallplatten mit Beethovens neunter Symphonie.

Der Koran, sagte Wahid, bezeichne Gott als die Wahrheit, und ein jeder könne die Wahrheit auf eine andere Art und Weise begreifen. »Der Islam ehrt und schätzt diesen Unterschied und respektiert, dass jeder Mensch Gott entsprechend seinen eigenen natürlichen Fähigkeiten und Neigungen versteht, wie es schon im *Hadith qudsi* (Worte Gottes, vom Propheten überliefert) geschrieben steht: Ich bin, wie mein Diener glaubt, dass ich sei ... Diejenigen, die den Willen Gottes ganz zu verstehen glauben und anderen ihr eigenes Verständnis aufzwingen, stellen sich im Grunde genommen auf die gleiche Stufe mit Gott und erkennen nicht, dass sie eine Blasphemie begehen.« Der berühmte Spruch des Koran »Es gibt keinen Zwang im Glauben« – sagte er stolz – »nimmt die Allgemeine Erklärung der Menschenrechte vorweg«. Für ihn boten die Gesetze der Scharia zwar einen »Weg zu Gott«, waren aber nicht göttlichen Ursprungs, sondern in den Jahrhunderten nach dem Tod des Propheten von Menschen formuliert worden und bedurften ständiger Anpassung an die Entwicklung der Gesellschaft. »Die strengen Gesetze über die Gotteslästerung und den Abfall vom Glauben ... hindern Muslime, über den Tellerrand hinaus zu denken, und zwar nicht nur in religiösen Fragen, sondern in weiten Bereichen des Lebens, der Literatur, der Wissenschaft und der Kultur im Allgemeinen.« Der Suche nach der Wahrheit, schloss er, »sollte man freie Hand lassen, gleichgültig, ob sie sich des Intellekts, der Emotionen oder verschiedener Formen spiritueller Praktiken bedient«. Der Islam habe seine »intellektuelle und spirituelle Reife« im Mittelalter erreicht, indem er sich einem »humanistischen und weltoffenen Universalismus« geöffnet habe, der arabische, griechische, jüdische, christliche und persische

> DER ISLAM EHRT DEN UNTERSCHIED

> REIFE UND STILLSTAND

Einflüsse in sich vereint habe. Sein »langer Niedergang« sei die Folge scholastischer und staatlicher Zwänge gewesen, die ihn gelähmt hätten. Wahid heiratete eine bedeutende Wegbereiterin für die Rechte der Frauen. Er bat darum, auf seinen Grabstein die Worte zu setzen: *Hier liegt ein Humanist.*

Wie kommt es, dass ein so großer Kontrast zwischen Wahids Religion und der von Hasan al-Banna (1906–1949) bestand, dem Gründer der Muslimbruderschaft, von dem Wahid zunächst sehr angetan war, dessen Ideen er aber schließlich verwarf? Für Wahid war die Freiheit das höchste Gut auf Erden, und seine grenzenlose Neugier war ein Zeichen dafür. Al-Banna hingegen wollte Gewissheit, um »dem unschlüssigen Geist und der Unruhe ein Ende zu bereiten und verwirrte und schwankende Anschauungen abzuschütteln«. Das war eine andere Vorstellung von Freiheit. Al-Banna lehnte alle unterhaltsamen Zerstreuungen ab und bezog seine geistige Nahrung ausschließlich aus dem Koran, unter der Anleitung einfacher Lehrer seines Dorfes sowie seines Vaters, der zugleich Imam und Kleinbauer war, Uhren reparierte und Schallplatten mit religiösen Inhalten verkaufte.

ZWEI UNTERSCHIEDLICHE VORSTELLUNGEN VON FREIHEIT

Schon als Schüler gründete er eine »Vereinigung zur Verhinderung des Verbotenen«, die alle zurechtweisen sollte, die ihre Gebete versäumten oder zur Fastenzeit aßen, und schickte ihnen Briefe mit der Aufforderung, sich zu bessern, weil sie andernfalls vom Paradies ausgeschlossen würden. Wenige Jahre später gründete er einen anderen Verein, um Alkohol, Glücksspiele, heidnische Bräuche und christliche Missionare aus der Welt zu schaffen. Nie zögerte er, andere Menschen – so bedeutend sie auch sein mochten – zurechtzuweisen, wenn sie von der islamischen Moral abwichen, und er forderte sogar Minister der ägyptischen Regierung

FREIHEIT VON MEINUNGSVERSCHIEDENHEITEN

auf, ihre goldenen Fingerringe abzulegen, weil der Islam es Männern untersage, Goldschmuck zu tragen. Kellnerinnen, die ihn barhäuptig bedienten, schickte er fort, sich mit einem Kopftuch zu bedecken.

Als er nach Kairo ging, um sich zum Lehrer ausbilden zu lassen, war er über seine Kommilitonen, die er als »Nihilisten und Anarchisten« beschrieb, entsetzt. Ebenso angewidert war er von den Ausschweifungen der Europäer, ihrem Hang zum Alkohol und zu frivolen Vergnügungen, ihrem Gerede über die Frauenbefreiung, ihrer Geringschätzung der Tradition und ihrem Kult, den sie mit allem trieben, was westlich, amerikanisch oder britisch war. Er interessierte sich weder für die Theater, Konzerte und Kinos noch für das Lernen von Fremdsprachen. Er verabscheute die »kontroversen Debatten« innerhalb des Islam, »das terminologische Wirrwarr und die scholastischen Irrgärten« seiner Theologen und ihre »kleinkarierten Streitereien«, und beschloss, in Kaffeehäusern zu predigen. Er war überaus überzeugend, sehr charismatisch und erwies sich als ein hervorragender Organisator. Um ihn bildete sich eine Gruppe, die ihm Gefolgschaft schwor und »für den Islam zu leben und zu sterben« gelobte. Er erwartete von ihnen, »seine Ansichten zu teilen«, die »Verfechter dieser Ansichten zu lieben« und den »konfusen Mischmasch nicht-islamischer Ideen« abzulehnen.

DER WUNSCH NACH GEWISSHEIT

Dann fügte er seinem Credo den Nationalismus hinzu. Als er Grundschullehrer in Ismailia war, der wichtigsten britischen Militärbasis in Ägypten, fachte ein Gefühl der »Demütigung und Gefangenschaft« seinen leidenschaftlichen Patriotismus an. »Ich möchte die Nation unterweisen, damit sie einen ehrenwerten und würdigen Platz in der Welt einnimmt ... Jeder Muslim hat die Pflicht, führend in der Welt zu werden« und sich auf allen Gebieten hervorzutun, dabei aber Materialismus oder

NATIONALISMUS IN DER RELIGION

Dünkel zu meiden. Bald strömten ihm in den Moscheen riesige Menschenmassen zu, und er gründete Zweigstellen der Muslimbruderschaft in ganz Ägypten. Seine Anhänger gaben dieser Bruderschaft etwa die Hälfte ihrer Einkünfte ab; sie errichteten Unternehmen, die ihre Arbeit unterstützten, und gründeten eine Wohlfahrtseinrichtung, die den Bedürftigen, Kranken, Arbeitslosen und Kindern mit günstigen Medikamenten, Ausbildungsmöglichkeiten und finanziellen Beihilfen unter die Arme griff. Er selbst lebte sehr bescheiden in einem gemieteten Zimmer, war stets leutselig, grüßte alle und erkundigte sich nach ihren Kindern, deren Namen er stets kannte, nach ihren Fortschritten in Schule und Ausbildung und sogar nach der Gesundheit ihrer Tiere; sein Gedächtnis war phänomenal.

Diese beiden Varianten des muslimischen Ideals waren einander diametral entgegengesetzt und Ausdruck des Konflikts unterschiedlicher Vorstellungen. Indonesien umfasst 17 508 Inseln, 300 verschiedene ethnische Gruppen und 742 Sprachen und Dialekte. Seine ursprünglich animistische Religion musste sich nacheinander der muslimischen Bekehrung, hinduistischen Herrschern, der niederländischen Kolonisation, der japanischen Besetzung, der weltweit drittgrößten kommunistischen Partei, dem Nationalismus und dem Kapitalismus anpassen. Verschiedenartige Versionen all dieser Ideologien überlebten in unterschiedlichem Ausmaß an verschiedenen Orten. Änderungen stießen häufig auf so hartnäckigen Widerstand, dass einige Gemeinschaften sich zwei Jahrhunderte lang weigerten, Abgaben zu entrichten, und doch lernten unzählige Indonesier, trotz der offenbar gegensätzlichen Philosophien, zu denen sie sich bekannten, miteinander zu leben, über die jeweiligen Überzeugungen der anderen hinwegzusehen und praktische Vernunft und Erfahrung über das theoretische Bekenntnis zu einem Dogma zu

VERSCHIEDENEN RELIGIONEN ANGEHÖREN

stellen. Sie hatten eine Vorliebe für ihre Dorffeste, die alle Bewohner mit all ihren unterschiedlichen Auffassungen zusammenbrachten. Kinder wechselten zwischen verschiedenen Haushalten, indem sie sich eine Lieblingstante oder einen Lieblingsonkel außerhalb der eigenen Familie aussuchten, sodass nicht durch Blutsverwandtschaft verbundene Familien üblich waren, denn es galt als ungehörig, einer anderen Familie den Wunsch abzuschlagen, das eigene Kind in Pflege zu nehmen oder »auszuleihen«. »Für Hochzeiten und Begräbnisse brauchten die Menschen den Islam, für irdische Segnungen hielten sie sich an die Vorfahren, und magischen Schutz erbaten sie vom Schutzgeist des Dorfes.« Die Vorbeter der Moschee, die bei Hochzeiten und Beerdigungen die Gebete sprachen, hielten sich nicht immer an den Fastenmonat oder das Gebot, fünf Mal am Tag zu beten. Einer von ihnen sagte, wer das befolge, wolle »bloß Eindruck schinden«, und die einzige Hölle, vor der er selbst sich fürchte, sei die Polizeiwache. Leben und leben lassen war das Motto – was ein Dorfvorsteher wie folgt ausdrückte: »Islam bedeutet Wohlbefinden und Wohlstand, nach denen alle Menschen streben. Also ist jedermann ein Muslim.« Ein frommer Purist warf drei Vierteln der Einwohner vor, nur dem Namen nach Muslime zu sein und ihre Gebete oder ihre anderen religiösen Pflichten zu vernachlässigen. Aber lange Zeit blieb, wer sich um Religion nicht kümmerte, im Großen und Ganzen unbehelligt.

> LEBEN UND LEBEN LASSEN IN DER RELIGION

Doch das änderte sich plötzlich gegen Ende des 20. Jahrhunderts mit dem Aufkommen des »arabischen Islams«, wie die Einheimischen ihn nannten und der sich von der indischen Variante unterschied, die sich in Indonesien vor vielen Jahrhunderten ausgebreitet hatte und eher individuell, verinnerlicht, tolerant und von einer Art Sufismus geprägt war, der weniger Nachdruck auf öffentliche Gottesverehrung legte. Die neuen Prediger wurden zunehmend fundamentalistischer: »Die Menschen sind unwissend und es ist unsere Pflicht, sie zu lehren. Ein Muslim muss sich wie ein Muslim verhalten. Unwissende können diese Dinge nicht für sich selbst entscheiden, sondern müssen sich dem fügen, was man ihnen sagt, und wenn sie sich weigern, müssen sie bestraft werden.« Schulkinder mussten den Koran auf Arabisch auswendig lernen, obwohl ihnen diese Sprache fremd war. Eines von ihnen bedauerte: »Gott hat noch nie etwas gesagt, das ich verstehen konnte.« Frauen begannen, ein Kopftuch zu tragen. Der arabische Islam prägte das neue Gesicht der Moderne und ersetzte sowohl den Nationalismus als auch den Kommunismus als Reaktion auf Demütigung, Armut oder Enttäuschung. Ein spät erweckter Muslim bekannte: »Zum ersten Mal in meinem Leben fühle ich mich hellwach … Ich spüre, wie mein Glauben von Tag zu Tag stärker wird, fast wie eine unwiderstehliche Kraft … Haben Sie bemerkt, wie voll die Moschee am letzten Freitag war? Nach fünfhundert Jahren macht der Islam endlich Fortschritte.« Natürlich sträubten sich viele dagegen, sich vorschreiben zu lassen, was sie glauben und tun sollten. Aber andere meinten: »In der heutigen Zeit haben die Menschen zu viele Wünsche und tausend Möglichkeiten, sie zu befriedigen. Sie lassen sich von ihren Leidenschaften verleiten. Der Islam errettet dich vor dir selbst.«

AUFLEHNUNG GEGEN ZU VIELE WAHLMÖGLICHKEITEN

Es gibt keinen Kampf der Kulturen zwischen Christentum und Islam, sondern nur das Aufeinanderprallen von Vorstellungen, die in jeder dieser beiden Religionen zu finden sind. Innerhalb beider hat es schon immer Auseinandersetzungen über die Interpretation ihrer Ideale gegeben, weil jede dieser Religionen eine enorme Vielfalt von Temperamenten umfasst. In den meisten Kulturen und Religionen gab es Machtkämpfe

FESTUNG ODER OFFENER HAFEN

zwischen zwei Visionen: einer, die die Gemeinschaft als eine Festung ansieht, die sich mit ihren Wehrmauern vor Barbaren schützt und die Übel der Außenwelt abwehrt, und einer anderen, die eher einer Hafenstadt gleicht, die unablässig begehrt, was sie nicht hat, und nach einem besseren Leben strebt, indem sie Handel mit Fremden treibt und Neues und Unbekanntes importiert. Diese Visionen spiegeln die Diskrepanz zwischen denen wider, die das Leben vereinfachen wollen, und denen, die akzeptieren, dass das Leben aus einem Chaos von Widersprüchen und komplexen Abläufen besteht, zwischen denen, die wissen wollen, was von ihnen erwartet wird, und denen, die lieber ihre eigenen Lösungen finden wollen, zwischen denen, die Wert auf allgemeingültige Gesetze und Texte legen, an die man sich zu halten hat, und denen, die Fragen stellen, argumentieren und sich zur Wehr setzen. Aber weil Individuen in unterschiedlichen Situationen wechselnde Einstellungen vertreten und nur wenige in allem ihrem Tun ausschließlich *entweder* strikt »puristisch« *oder* gänzlich »weltlich« sind, stellen diese Meinungsverschiedenheiten keine Kulturkämpfe oder Glaubenskriege dar, sondern gleichen eher den Glocken eines Glockenspiels, die alle gleichzeitig angeschlagen werden, statt in einer melodiösen Reihenfolge.

> WIDERSPRÜCHE AKZEPTIEREN

Al-Banna reihte sich in eine lange Tradition ein, wie es sie in den meisten Religionen zeitweise gegeben hat und die gegen Gier und Wollust protestiert, eine strengere Moral und die Abkehr von frivolen Vergnügungen fordert und ekstatische Erfahrungen des Göttlichen durch Abstinenz, Askese oder gar Märtyrertum anstrebt. Der islamische Purismus pendelte zwischen den Versuchen hin und her, die eigenen Vorstellungen allen anderen aufzuzwingen, um die Sünde aus der Welt zu verbannen, oder dem Bösen dieser Welt durch ein selbstgenügsames,

> SPIELARTEN DES PURISMUS

von verderblichen Einflüssen abgeschottetes Leben zu entfliehen. Die Gründerväter der Südlichen Baptisten in den USA lehnten die modernen Moralvorstellungen in fast gleicher Weise ab wie al-Banna.

Wahids Universalismus verkörperte hingegen eine ebenso weit verbreitete Tradition, die während der goldenen Zeit des Islam und der Epoche der Renaissance in anderen Regionen außergewöhnlich glanzvoll erblühte. Nachdem die Muslime weite Teile der Erde erobert hatten, besaßen sie genug Selbstvertrauen, sich wissbegierig allen überlieferten Weisheiten zuzuwenden, um sie sich zu eigen zu machen, sie zusammenzufassen und weiterzuentwickeln. Nicht nur auf vielen Gebieten der Wissenschaft, sondern auch in der Kunst führten sie bedeutende Neuerungen ein. So schufen sie unter anderem eine überbordende, leidenschaftliche Liebeslyrik. Der Erfinder des World Wide Web, Tim Berners-Lee, bekennt sich zu dieser Tradition und bezeichnet sich selbst als einen universalistischen Unitarier, als einen Anhänger einer Religion, die kein verbindliches Glaubensbekenntnis kennt und jedem ihrer Anhänger die Freiheit lässt, die Wahrheit zu suchen und Elemente verschiedener Religionen zu assimilieren. Er zieht eine Parallele zwischen dieser Religion und dem Internet, das uns erlaubt, Zeugnisse der verschiedensten Kulturen kennenzulernen. Obwohl die Unitarier ursprünglich aus einer nonkonformistischen christlichen Minderheit hervorgegangen waren, stehen sie anderen Glaubensrichtungen sehr aufgeschlossen gegenüber, so wie jene östlichen Religionen, die den Standpunkt ablehnen, dass man einer Religion folgen und sich anderen Religionen verschließen müsse. Viele Berühmtheiten hatten Verbindungen zu den Unitariern: Susan B. Anthony, die Vorkämpferin des Feminismus, John Locke, der Verfechter der Toleranz, Florence Nightingale, die Begründerin der modernen Krankenpflege, Albert

RELIGION OHNE GRENZEN

Schweitzer, der wahrscheinlich erste »Arzt ohne Grenzen«, Josiah Wedgwood, der nicht nur das Töpferhandwerk industrialisierte, sondern auch als Erfinder des modernen Marketing gelten darf (einschließlich Direktwerbung, Geld-zurück-Garantie und dem »Zwei zum Preis von einem«-Prinzip); ferner Frank Lloyd Wright, Charles Dickens, Thomas Jefferson, vier weitere US-Präsidenten und eine ganze Reihe weiterer kühner Geister.

Bedeutet das, dass auch Puristen verschiedener Religionen in der Lage sind, einander zu schätzen und zu erkennen, was ihnen gemeinsam ist? Nein. Religionen, die es als einen wichtigen Teil ihres Glaubens ansehen, Andersgläubige zu bekehren, sind Rivalen im Wettlauf um Herzen und Köpfe. Obwohl der interreligiöse Dialog gleichzeitig immer beliebter wird, bleibt der Konkurrenzkampf zwischen den Religionen doch bestehen. Niemand weiß, wie viele Konvertiten jede Religion täglich hinzugewinnt oder welche Wirkung das genau hat, aber die Leidenschaft für eine die nationalen Grenzen überschreitende Missionierung war noch nie so weit verbreitet wie heute. Die brasilianische »Universalkirche des Reichs Gottes« zum Beispiel, die 1977 in einem ärmlichen Vorort von Rio de Janeiro gegründet wurde, zählt inzwischen über tausend Kirchen in achtzig Ländern und verfügt über eine internationale Organisation, »die manchen Vorstandsvorsitzenden vor Neid erblassen lässt«. Sie ist in der Lage, beispielsweise einen Pakistani in Russland zu bekehren, der dann in seinem Heimatland eine brasilianische Kirche gründet. Soka Gakkai, der internationale Zweig der Nichiren-Buddhisten in Japan, gibt an, zwölf Millionen Anhänger in zweiundachtzig Ländern zu haben. Die Türken eröffnen Islamschulen in den südlichen Teilen der ehemaligen Sowjetunion, während die Koreaner in deren asiatische Regionen und nach Afrika vordringen. Ehe-

Marginalien: RELIGIONEN ALS RIVALEN; MISSIONIERUNG ÜBER NATIONALE GRENZEN HINWEG

mals kolonisierte Länder senden inzwischen Missionare aus, um ihre ehemaligen Kolonialherren zu bekehren. Schätzungsweise eine halbe Million Berufsmissionare sind in der ganzen Welt unterwegs und unzählige Amateure gehen zusätzlich zu ihrer ständigen Verpflichtung, ihre Landsleute zu bekehren, für kurze Zeit ins Ausland, um dort zu missionieren. Das ist das geistliche Gegenstück der Globalisierung. Die Pfingstbewegung hat in weniger als einem halben Jahrhundert rund fünfhundert Millionen neue Mitglieder gewonnen, besteht aber aus einer enormen Vielfalt von Strömungen, zwischen denen man wählen kann. Durch den Einsatz aller erdenklichen Medien und Marketingstrategien ist der Wettbewerb zwischen den Religionen fast so unbarmherzig geworden wie zwischen Handelsmarken.

Aber durch ihre Unfähigkeit, sich zu einigen, was sie glauben will, ist die Menschheit nicht zwangsläufig zu ständigem Konflikt oder Misstrauen verdammt. Die Erfahrung der Vergangenheit deutet darauf hin, dass Menschen, die sich nicht bedroht, sondern geschätzt fühlen, eher eine Neugier auf die Welt außerhalb ihrer eigenen entwickeln können. Eines der größten Komplimente, die man einem anderen machen kann, besteht darin, sich für ihn zu interessieren. Eine der besten Methoden, sich selbst zu bereichern, ist zu erfahren, was andere denken. Menschen sind nicht dazu verdammt, sich stets wie eine Schnecke zu verhalten, die sich beim geringsten Anzeichen einer Gefahr in ihr Haus zurückzieht.

DIE ALTERNATIVE ZUR RIVALITÄT

Ich habe mich einmal mit einem bedeutenden iranischen Ayatollah unterhalten. Er wetterte eine ganze Stunde lang gegen die Gräuel des Westens. Als er damit fertig war, legte sich seine Wut. Er lächelte, legte mir den Arm um die Schulter und sagte: »Ich würde Sie gern wiedertreffen.«

»Warum?« fragte ich.

»Weil Sie mir zugehört haben.«

WIE KANN EIN UNGLÄUBIGER EINEN GLÄUBIGEN VERSTEHEN?

Diese Geste, diese eine Bemerkung, ließ eine menschliche Seite erkennen, die üblicherweise von doktrinären Auseinandersetzungen verdeckt wird. Mit einem Mal wurde aus Meinungsverschiedenheit Neugier. Aber ich weiß, dass Neugier allein nur ein Anfang sein kann, wie eine Tür, die sich öffnet, aber nirgendwo hinführt, solange kein Wissen hinzutritt. Zuhören reicht nicht aus; wer verstehen will, muss sich vorbereiten, indem er Informationen sammelt, liest und recherchiert, denn sonst bleibt man ein verständnisloser Fremder. Verstanden zu werden setzt die Fähigkeit voraus, Ideen zu äußern, die auf die Bedenken und Gedanken derer eingehen, die einen anderen Standpunkt vertreten. Verständnis kann Meinungsverschiedenheiten nicht beseitigen, verwandelt sie aber in eine bereichernde Erfahrung, ein Gefühl, dass man in die Geheimnisse der menschlichen Verschiedenartigkeit eindringen darf und sich nicht darauf beschränken muss, nur teilweise lebendig zu sein. Trotz aller bitteren Auseinandersetzungen zwischen und innerhalb von Religionen erinnere ich mich gern an diesen Ayatollah, der mir gegenüber betonte, dass der Respekt vor dem Urteil, das sich jemand eigenständig gebildet hat, ein wesentliches Merkmal der schiitischen Tradition sei. Ideale werden selten Wirklichkeit, aber dieser Fingerzeig sollte nicht übersehen werden.

> MEINUNGSVERSCHIEDENHEIT IN NEUGIER UMWANDELN

> DAS GEHEIMNIS MENSCHLICHER VERSCHIEDENARTIGKEIT

9

WIE KANN SICH EINE RELIGION ÄNDERN?

Je gebildeter ein Mensch ist, desto mehr Zweifel hat er. Im 20. Jahrhundert sprach ein katholischer Mönch, der in Cambridge und an der Columbia-Universität studiert hatte, dieses Gebet:

»Herr, mein Gott, ich weiß nicht, wohin ich gehe,
noch sehe ich den Weg, der vor mir liegt.
Ich kann nicht mit Gewissheit sagen, wo er enden wird.
Nicht einmal mich selbst kenne ich,
und wenn ich auch meine, Deinen Willen zu tun, heißt das noch lange nicht, dass es auch der Deine ist.
Aber ich glaube, dass der Wunsch, Dir zu gefallen, Dir gefällt.
Und ich hoffe, dass ich nie etwas jenseits dieses Verlangens tun werde.
Und ich weiß, wenn ich es dennoch tue, wirst Du mich den rechten Weg führen, selbst wenn ich davon nichts wüsste.
Deshalb will ich Dir stets vertrauen, auch wenn ich verloren und im Schatten des Todes scheine.

Ich werde mich nicht ängstigen, denn Du wirst bei mir sein und mich in all meinen Gefahren niemals alleinlassen.«

Thomas Merton (1915–1968), der dieses heute recht populäre Gebet schrieb, hatte sich viele Jahre lang gefragt, was er mit seinem Leben anfangen sollte. Auf der Suche nach Orientierung schlug er die Bibel an einer beliebigen Stelle auf, und sein Finger zeigte auf die Worte »Du wirst stumm werden«. Also zog er sich von der Welt zurück und wurde ein Trappistenmönch. Dennoch stellten ihn weder sein Glaube noch sein tatkräftiger Einsatz für Frieden und soziale Gerechtigkeit ganz zufrieden, und er nahm sich viel Zeit für Gespräche mit den Führern östlicher Religionen. Seine Autobiographie wurde ein Bestseller, weil er offen über Zweifel sprach, die von vielen geteilt wurden und vermutlich noch lange bestehen werden. Je mehr Religionen, Ideologien und Ablenkungen zur Auswahl stehen, desto rarer werden die Fluchtwege, um dem Zweifel zu entgehen.

FLUCHTWEGE AUS DEM ZWEIFEL

»Wir alle beten den gleichen Gott an.« Ist das wahr? Und was ist mit denen, die sagen, sie hätten keinen Gott? Ist eine einheitliche Religion, die alle zufrieden stellt und eint, ein denkbares Ziel? Im Alter von vierundzwanzig Jahren war Mani (213–276), ein attraktiver und charismatischer junger Babylonier, davon überzeugt. Er erfand, was über drei Jahrhunderte lang eine der populärsten Religionen der Welt sein sollte. Sie breitete sich rasch von Frankreich über Spanien und Nordafrika (wo der heilige Augustinus neun Jahre lang zu ihren Anhängern zählte, bevor er Christ wurde) bis nach Indien und China aus. Das uigurische Reich, das sich über große Teile Zentralasiens erstreckte und sich durch seine Leidenschaft für theologische Debatten auszeichnete, machte sie

EINE RELIGION, DIE ALLEN GEFÄLLT

zur Staatsreligion. Sie hatte, wenn auch mit Höhen und Tiefen, eine fast tausendjährige Blütezeit in China, wo Mani schließlich als Reinkarnation von Lao-Tse angesehen wurde und seine Religion praktisch mit dem Daoismus verschmolz. Es heißt, dass im Zuge einer Verfolgungswelle 4600 ihrer Klöster und 40 000 ihrer Tempel und Schreine zerstört wurden, was sie aber nicht auszulöschen vermochte, denn sie lebte wieder auf und verwandelte sich in einen chinesischen Geheimbund.

Andere Religionen, sagte Mani, seien mit einem bestimmten Land verbunden und beschränkten sich auf eine Sprache; er hingegen biete einen Glauben an, der alle Religionen in allen Ländern und Sprachen miteinander verbinde und sich allen örtlichen Traditionen und Überzeugungen, sosehr sie einander auch widersprächen, anpassen könne. Er verwob christliche, buddhistische, gnostische und zoroastrische Gedanken zu einer spektakulären Mythologie, die erklärt, wie die Welt in ihren jetzigen heillosen Zustand geraten ist. Im Nahen Osten stellte er sich als Apostel Christi vor. Nach einem Besuch in Indien übernahm er die Lehre von der Seelenwanderung. Im Iran integrierte er die persischen Gottheiten. Viele Jahre bereiste er die Welt und gewann Könige und Gemeinschaften aller Art für seine Sache. Keine Religion war je so flexibel. Das war beinahe so, als würden die Führungskräfte der Hong Kong and Shanghai Bank (HSBC), die sich heute als zugleich globale und lokale Bank bezeichnet, sich auf ihren Langstreckenflügen umziehen und den Nadelstreifenanzug je nach Zielort gegen die fließenden Gewänder der Basars, gegen Kimonos oder gegen Saris tauschen.

ZUGLEICH GLOBAL UND LOKAL

Mani wusste, wie man bei Pessimisten und Optimisten gleichermaßen Anklang findet. Gott sei nicht allmächtig, räumte er ein, und könne den Konflikt zwischen Gut und Böse nicht lösen, aber seine Engel könnten versuchen, ihn einzudämmen. Das Böse entstehe aus der Gier. Es zu bekämpfen sei zwecklos. Er prophezeite, dass es bis zum Ende aller Zeiten Kriege, Streit und Armut geben werde. Aber er stellte eine Zuflucht in Aussicht: die Erschaffung von Schönem, die Milde, die Gewaltlosigkeit und ein vegetarisches, bescheidenes Leben. Seine Religion wurde umso reichhaltiger, je mehr sie sich ausbreitete, trotz seines Glaubens an die Einfachheit. Die Art, wie Mani Anhänger gewann, lässt erkennen, dass er sie nicht unbedingt allein durch seine Predigten bekehrte, geschweige denn durch Rituale wie Fastenmonate und dergleichen. Er war ein Ästhet. Er widmete sich nicht nur der Verkündigung seines Evangeliums, sondern auch der Literatur und der bildenden Kunst. Die Probleme mit den religiösen Reformern, die ihm vorausgegangen waren, führte er darauf zurück, dass sie nur gesprochen, aber nie Bücher geschrieben hätten. Also schrieb er sieben. Er illustrierte sie selbst, und der siebte Band bestand sogar nur aus Bildern. Er verfasste auch eine Autobiographie, ersann eine prächtige Kalligraphie und machte aus seinen Büchern regelrechte Kunstwerke mit erstaunlichen, reich mit Blattgold verzierten Einbänden – diese Passion für Schönheit wurde in der gesamten späteren Literatur seiner Religion zur Tradition. In seinem Heimatland verehrt man ihn heute als einen großen Künstler, dessen Ruhm seinen früheren Ruf als Ketzer überstrahlt. Er war auch ein begeisterter Musiker, und man hat Zeichnungen gefunden, auf denen ein komplettes Orchester zu sehen ist, das seine Gottesdienste begleitet.

Ihm lag mehr daran, Licht in die Welt zu bringen, als mit dunklen Dämonen zu kämpfen. Die Methoden seiner Schüler sind in einem Manuskript dargestellt, das von einer Jüngerin berichtet, Julia von Antiochien, die 400 n. Chr. in Begleitung von zwei jüngeren Frauen und zwei jungen Männern, die

> PESSIMISMUS UND OPTIMISMUS VERBINDEN

> DIE ROLLE DER KUNST IN DER RELIGION

als besonders schön, demütig und sanft beschrieben werden, nach Gaza in Palästina auswanderte. Sie ging dort von Tür zu Tür, besuchte die Leute in ihren Häusern und lud sie zu sich ein; sie gewann neue Anhänger, indem sie den Armen soziale Dienste anbot. Das war den rivalisierenden Kirchen natürlich ein Dorn im Auge, und sie beschuldigten sie, Orgien zu veranstalten, bei denen üppige Mahlzeiten aufgetischt würden.

Eine Weltreligion ist eine Herausforderung für alle bestehenden Religionen. Die Bereitwilligkeit, mit der Mani sich auf lockere Verbindungen zu fast allen Glaubensrichtungen einließ, brachte ihm die Feindschaft all derer ein, für die die Religion eine Gemeinschaft mit genau definierten Grenzen und einer Vorstellung von der Wahrheit zu sein hatte, zu der Außenstehende nur beschränkten Zugang haben konnten. Seine Feinde ließen ihn verhaften, und der Legende nach starb er, bei lebendigem Leibe gehäutet, im Kerker. Noch Jahrhunderte nach seinem Tod sahen die Führer der etablierten Religionen – der zoroastrischen, muslimischen, christlichen und konfuzianischen – den Manichäismus als einen ernsthaften Rivalen an, und nur nach und nach gelang es ihnen, so gut wie alle seine Spuren vom Erdboden zu tilgen. Erst kürzlich haben spektakuläre archäologische Funde in Ägypten und Turkestan verloren geglaubte manichäische Denkmäler und Schriften zutage gebracht, sodass allmählich ans Licht kommt, was seine Verleumder totgeschwiegen hatten.

DIE HERAUSFORDERUNG
DURCH EINE WELTRELIGION

Manis Idee, dass alle Religionen zwar nicht völlig gleich, aber zumindest in der Lage seien, wie Nachbarn in einem Vorort zusammenzuleben, ohne sich gegenseitig zu stören, entspricht beinahe dem, was inzwischen in den Vereinigten Staaten viele glauben. 1920 bezeichneten 94 Prozent der amerikanischen Christen ihre Religion als die einzig wahre;

ANDERE RELIGIONEN ACHTEN

WIE KANN SICH EINE RELIGION ÄNDERN?

heute sind es nur noch 25 Prozent, und der Rest glaubt, dass es in allen Religionen Wahres zu entdecken gebe. »Unsere Regierung«, sagte Präsident Eisenhower, »ist sinnlos, solange sie nicht auf einem tiefempfundenen religiösen Glauben gründet – und mir ist egal, welcher das ist.« Doch diese Einstellung macht viele wütend. »Meine Religion bietet den einzigen wahren Weg zu Gott« – so denken (einer Umfrage zufolge) 79 Prozent der Saudi-Araber, 65 Prozent der südkoreanischen Christen, 49 Prozent der indischen Muslime, 42 Prozent der »wiedererweckten« Amerikaner, 37 Prozent der indischen Hindu, 33 Prozent der israelischen Juden, 31 Prozent der koreanischen Buddhisten, 25 Prozent der peruanischen Katholiken, 24 Prozent der orthodoxen Russen, 16 Prozent der US-amerikanischen Mainstream-Protestanten und 15 Prozent der amerikanischen Katholiken. In eher pragmatischer Hinsicht erklären rund drei Viertel aller Muslime, Hindu und Juden, gemischtreligiöse Ehen zu missbilligen. Ein Konsens ist jedenfalls nicht zum Greifen nahe.

> INTERKONFESSIONELLE EHEN

Als die (1844 gegründeten) Bahai eine Weltreligion zu schaffen versuchten, vermochte auch der Umstand, dass sie die meisten existierenden Religionen als gültig anerkannten und ein modernes Programm gegen Diskriminierung und Ungleichheit auflegten, andere Religionen nicht davon abzuhalten, sie als Konkurrenz anzusehen und abzulehnen, weil sie sich als eine eigenständige Religion darstellte, die auf der von einem Propheten verkündeten göttlichen Offenbarung beruhe, und da sie schiitische Wurzeln hatte, verkörperte sie für Muslime einen Abfall vom Islam. Man sollte besser aufhören, über Religion zu reden, als wäre sie eine einzige, einheitliche Kraft. Jede Religion hat eine eigene Stimme und in der Regel sogar viele Stimmen. Selbst die UNESCO räumte ein, nicht zu wissen, was unter »Re-

> DIE AUSSICHT AUF ENDLOSE RELIGIONSKRIEGE

ligion« zu verstehen sei, nachdem sie achtundvierzig unterschiedliche Definitionen untersucht hatte. Das Weltparlament der Religionen, das 1893 zum ersten Mal zusammentrat, bekräftigte – wie die Vereinten Nationen – die Unabhängigkeit jeder einzelnen Religion.

Das könnte darauf hindeuten, dass uns nur noch mehr religiöse Kriege und Auseinandersetzungen bevorstehen, obwohl die Religion sich zum Ziel setzt, inmitten der Angst und Verwirrung des Lebens Gewissheit zu bieten. Wenn ich mich allerdings in die Geschichte der Gewissheit und des Zweifels vertiefe, sehe ich durchaus Ansätze für andere Möglichkeiten. In ihren frühen Jahren hatten Religionen weder erwartet noch erreicht, dass ihre Anhänger sich rückhaltlos genau definierten Überzeugungen anschlossen. Nach dem Tod Jesu glaubten manche Christen an einen einzigen Gott, andere aber an zwei und einige gar an dreißig oder 365 Götter. Auch der Begriff des Glaubens war weniger starr und nicht gleichbedeutend mit Überzeugung und Gewissheit, sondern stand eher für eine emotionale Bindung als für intellektuelle Zustimmung. *Credo* – »ich glaube« – hieß ursprünglich »*cor do*«: ich gebe mein Herz, ich liebe. Die Bibel war ursprünglich eine beliebte Sammlung von Heldengeschichten mit Allegorien, die viele Deutungen zuließen und nicht notwendigerweise eine einheitliche Botschaft enthielten. Die frühen jüdischen Rabbiner begründeten eine Tradition, nach der die Schriften zu beständiger Diskussion und Weiterentwicklung anregen sollten, eine Tradition, die sich in der Redensart erhalten hat, dass es, wenn sich zwei Juden treffen, mindestens drei Meinungen gibt. Die christlichen Prediger des Mittelalters verwendeten heilige Geschichten als Sprungbrett für individuelle spirituelle Reisen. Das *Kompendium aller Sichtweisen*, das Madhava Acharya im 14. Jahrhundert verfasste, beschreibt alle bekannten theologischen und atheistischen Auffassungen mit unparteiischer Sachlichkeit und beweist, dass die Inder in einigen Epochen fähig waren, in scheinbar unvereinbaren Vorstellungen Harmonie zu entdecken, ohne eine von ihnen für die ganze Wahrheit zu halten. Der Begriff der Häresie entwickelte sich nur langsam. Häresie (αἵρεσις) bedeutete ursprünglich Auswahl und hatte keinerlei abschätzigen Beiklang. Erst nach und nach verwandelten Theologen Kontroversen in Glaubenskämpfe. Allmählich wurden unterschiedliche Auffassungen nicht mehr als Nährboden intellektueller und spirituellerer Regsamkeit angesehen, sondern als eine Bedrohung der Harmonie, und das veranlasste DER AUFSTIEG DES DOGMATISMUS die Kirchen, immer strengere Zensur auszuüben und häufig neue Doktrinen zu verkünden, nicht weil sie eine neue Wahrheit gefunden hätten, sondern um abweichende Meinungen zum Schweigen zu bringen. Manchmal nahmen sie sich absolute Monarchen, die entschlossen waren, alle rivalisierenden Kriegsherren aus dem Weg zu räumen, zum Vorbild und versuchten, unter Androhung der Exkommunikation absoluten Gehorsam gegenüber ihrer Orthodoxie zu erzwingen. Bei anderer Gelegenheit bemühten sie sich um die Präzision wissenschaftlicher Fragestellungen, indem sie eine andere Vorstellung von Gott entwarfen, in der Er nicht mehr die unfassbare und unergründliche Wesenheit war, über die sich nichts mit Gewissheit sagen ließ, sondern ein übermächtiger Herrscher, der unmissverständliche Befehle erteilte. Religion war einmal Poesie gewesen. Als sie sich bedroht fühlte, verwandelte sie sich in Prosa. Sie glaubte, in denselben Ring zu steigen wie die Wissenschaft, und wurde unkenntlich.

Natürlich stellten die heiligen Texte seit jeher das Fundament des Glaubens dar. Aber sie mussten ausgelegt werden, und die Gelehrten, die sich darum bemühten, waren sich häufig uneins. Darauf beruht das enorme Ausmaß der Ungewissheit, der sich die Religionen während des größten Teils ihrer Geschichte ausgesetzt sahen. Im mittelalterlichen Islam zum Beispiel wurden die Unterschiede zwischen den »fünf Schulen«, von denen eine jede das Gesetz nach ihrer eigenen Methodologie auslegte und ein anderes Gebiet der islamischen Welt beherrschte, eher als lehrreich denn als antagonistisch angesehen, akzeptiert und durch eine »Ethik der Meinungsverschiedenheit« *(adab al-ikhtilaf)* gepflegt. Gelehrsamkeit bedeutete Diskussion, Ideenreichtum und eigenständige Argumentation *(idjtihad)*. Einer der berühmtesten aller islamischen Theologen, Imam al-Haramain al-Dschuwaini (1028–1085), sagte: »Der Zweck des Studiums der Scharia ist nicht, das richtige Ergebnis zu finden, sondern das Studium selbst.« Nichts anderes sagen Wissenschaftler heute.

EINE »ETHIK DER MEINUNGSVERSCHIEDENHEIT«

Zu einer Zeit, als es weit weniger Orthodoxie gab als in späteren Jahrhunderten, nahm der christliche Bischof Gregor von Nyssa im türkischen Kappadokien (335–394) keinen Anstoß, wenn jemand von der orthodoxen Lehre abwich. Er lehnte es ab, seinen Anhängern Beispiele eines tugendhaften Lebens aus der Vergangenheit vorzuhalten, und riet ihnen, sich stattdessen Vorbilder zu suchen, die sie persönlich kannten. Er schrieb Bücher, die mit Absicht mehrdeutig waren, denn er war der Meinung, auch die Bibel enthalte fruchtbare Unklarheiten, damit die Leser sich ihre eigenen Gedanken machen sollten. Religiöse Doktrinen hatten sich noch nicht verfestigt. In der Biographie seiner Schwester Macrima schrieb er ihr weibliche wie auch männliche Tugenden zu und vertrat die Ansicht, dass es nach der Auferstehung »we-

FRUCHTBARE UNKLARHEITEN

der Männchen noch Weibchen geben« werde. Und Bischof Demophilus von Konstantinopel († 386) antwortete denen, die seinen Meinungen widersprachen, mit einem Vers aus dem Evangelium des Matthäus: »Wenn sie euch aber in einer Stadt verfolgen, so flieht in eine andere.« In jüngster Zeit hat die Forschung gezeigt, dass die Gottesdienste in den frühen Jahren des Christentums zumeist lokal geprägt waren, unabhängig von einer zentralen Leitung oder Reglementierung; sie wurden vielmehr von Familien oder Sippen gestaltet, die ganz unterschiedliche Schwerpunkte setzten und sich gegen die Bemühungen der Bischöfe wehrten, ihnen ein einheitliches Gepräge aufzuzwingen.

Die Grenzen zwischen den verschiedenen Religionen waren daher weniger scharf umrissen, obwohl erbitterte religiöse Streitigkeiten andauerten. Der Konfuzianismus, der Daoismus und der Buddhismus waren in China eine Zeit lang offiziell anerkannt und galten nicht als rivalisierende Religionen, sondern als die Drei Lehren, die gleichzeitig hochgehalten wurden, jede in einem anderen Bereich: Die erste diente als Richtschnur für die öffentliche Verwaltung, die zweite half über persönliche Ängste hinweg und die dritte versprach jedem Einzelnen endgültige Erlösung, brachte aber zugleich bei großen Festen alle sozialen Klassen zusammen. Dieses Zusammenwirken gefiel dem ersten Ming-Kaiser Taizu (1328–1398), der einer Bauernfamilie entstammte und als ungebildetes Waisenkind keinen Zugang zu den Philosophien der gelehrten Elite gehabt hatte, sodass er der Idee, dass alle drei Lehren zur Erhaltung des Friedens und zu seinem eigenen Ruhm beitragen könnten, aufgeschlossen gegenüberstand. Auch im mittelalterlichen Spanien lebten Christen, Muslime und Juden eine Zeit lang in einer mehr oder weniger friedlichen *»convivencia«* Seite an Seite, was eine Reihe hervorragender Errungenschaften in der Landwirtschaft, der Poesie und dem

DREI LEHREN IN CHINA

Gesang sowie gelehrte zweisprachige Schriften – auf Latein und Arabisch – hervorbrachte, obwohl diese Toleranz durch ein gewisses Ausmaß an Verfolgung getrübt wurde.

Im 18. Jahrhundert hörte die Kirche von England auf, Erkundigungen über die privaten Überzeugungen ihrer Mitglieder einzuziehen, und wurde zu einer »liberalen Kirche«, die den Standpunkt vertrat, die genauen Details der Liturgie, der Lehre und der kirchlichen Organisation seien »gleichgültige Dinge« in den Augen Gottes, der allein auf das moralische Verhalten achte. In den Vereinigten Staaten erklärte Henry Ward Beecher (1833–1887), der berühmteste Prediger seiner Zeit, die Nächstenliebe sei wichtiger als der Glaube und unorthodoxe Überzeugungen zu ächten sei unchristlich. Die Menschheit bildet sich offenbar ein, immer »toleranter« zu werden, aber in Wirklichkeit verliert sie eine alte Tradition, nämlich bei der Suche nach dem Heiligen nichts auszusparen. Viele Dogmen sind heute starrer und rigoroser denn je.

VERHALTEN WICHTIGER ALS GLAUBE

Die am weitesten verbreitete Religion, der »Volksglaube«, hat sich um metaphysische Unterscheidungen nie groß gekümmert und sich zu allen Zeiten darauf konzentriert, die Sorgen des Lebens – Krankheit, Unglück, Armut und Hunger – pragmatisch zu lindern. Seine über dreitausend Jahre unverändert gebliebenen Prioritäten spiegeln sich in China wider, wo der klassische Gott des Reichtums Tsai Shen unabhängig von ideologischen Moden weiterhin verehrt wird und seine Statue, die den Wohlstand anlocken soll, noch immer im Eingang vieler Wohnungen und Gebäude anzutreffen ist. Zur Zeit baut man zahlreiche chinesische Tempel wieder auf, aber nicht, um neue oder alte Theologien zu predigen, sondern um den Überlebenskampf zu erleichtern, Volksbräuche aus ihrem Winterschlaf zu erwecken, die bäuerlichen Ideale gegensei-

»VOLKSGLAUBE«

tiger Hilfe wieder zur Geltung zu bringen, Feste zu veranstalten und Schulen zu errichten, aber auch bestimmte kostenpflichtige Dienste wie Wahrsagerei und Exorzismus anzubieten, denn die Religion ist auch ein Geschäft. So sind allein in Shanbei, einer nördlichen Region der Provinz Shanxi mit fünf Millionen Einwohnern, kürzlich über zehntausend Tempel wiedereröffnet worden. Aus den gleichen Erwägungen hat die Hälfte der Amerikaner die Konfession gewechselt, und davon wiederum die Hälfte mindestens zweimal, nämlich nicht so sehr wegen geänderter theologischer Ansichten (nur 18 Prozent geben das als Grund an), sondern in der Regel, weil sie ein Mitglied einer anderen Kirche geheiratet haben (37 Prozent) oder in eine andere Stadt umgezogen sind und dort neue Freunde gewonnen haben (25 Prozent). Eine Kirche ist für viele im Wesentlichen eine Gemeinschaft von Leuten, die sich gegenseitig unterstützen. Wenn man junge Amerikaner fragt, was ihnen ihre Religion bedeutet, antworten die meisten, sie biete ihnen die Möglichkeit, jemanden um Hilfe zu bitten, wenn alles schiefläuft, und fügen hinzu, eine Religion sei wahr, wenn sie einen glücklich mache. Aber auch der Volksglaube kann sektiererisch werden, wenn die Erwartungen steigen, Ungleichheiten jegliche Rechtfertigung verlieren und die Frustration ihren Siedepunkt erreicht, weil selbst ein mäßiger Wohlstand und ein Minimum an Respekt unerreichbar erscheinen: Dann entartet die Religion zu einer wütenden politischen Bewegung.

<small>WIEDERERÖFFNETE TEMPEL</small>

Die Kämpfe zwischen Gläubigen und Ungläubigen sind zu einem großen Teil darauf zurückzuführen, dass die Religion in ein Instrument der Macht und Kontrolle verwandelt wurde. Viel von der Feindseligkeit gegenüber Religionen hat nichts mit einem Streit über übernatürliche Mysterien zu tun, sondern mit der Auflehnung gegen die Arroganz, Korruptheit oder Heuchelei von

<small>MANIPULATION</small>

Eiferern, die jedermann vorschreiben, wie er sich zu verhalten hat. Regierungen haben sich die Religion zunutze gemacht, um die Bevölkerung gefügiger zu machen, und Firmenchefs, um ihre Angestellten härter arbeiten zu lassen. Sogar der Patriotismus hat sich mit der Religion verbündet, um eine Nation gegen eine andere aufzuwiegeln. Aber diese Manipulationen haben auch dazu geführt, dass Menschen in der Religion eine Zuflucht suchen und sich von ihr versprechen, was weltliche Einrichtungen ihnen nicht bieten. In Indien zum Beispiel gibt es zweieinhalb Millionen Gebetsstätten, aber nur 75 000 Krankenhäuser.

Alle Religionen der Welt haben als Revolutionen begonnen. Ihre Propheten waren sämtlich Rebellen, die gegen die Moral der Massen und die Korruption der Reichen und Mächtigen aufbegehrten. Sie alle wollten die Welt verändern. Aber wenn eine Botschaft sich zu einer Institution verkapselt, kann sie Formen annehmen, über die ihre Gründer verblüfft wären. Je reicher und mächtiger eine Religion wird, desto eher neigt sie dazu, von der Begeisterung zur Selbstzufriedenheit, vom Mut zum Kompromiss und vom Idealismus zur Korruption überzugehen. Die meisten von ihnen haben sich irgendwann mit Aristokraten und Plutokraten verbündet, während sie weiterhin Gleichheit und Demut predigten. Erfolg ist nicht der ideale Partner der Spiritualität. Deshalb erblicken fast täglich neue Sekten, Abspaltungen, Neuinterpretationen das Licht, sei es im privaten Bereich oder öffentlich, und jede von ihnen ist eine Minirevolution, die daran erinnert, was noch nicht erreicht wurde.

KORRUPTION

Anhand der Überzeugungen, zu denen die Leute sich vorgeblich bekennen, lässt sich ihr Verhalten unmöglich vorhersagen. Nachdem Katholiken und Protestanten sich in Nordirland in einem der unerbittlichsten Religionskriege bekämpft hatten, stellte sich bei der ersten Umfrage, die jemals untersucht hat, was sie eigentlich über Religion wissen, am Ende heraus, dass sie nicht einmal sagen konnten, wie das erste Gebot lautet (nur 17 Prozent der jungen Menschen zwischen 16 und 24 und nur 46 Prozent der älteren Generation wussten es); lediglich 21 Prozent der Jugendlichen und 54 Prozent der Älteren über 65 wussten, dass es vier Evangelien gibt. Nur die Hälfte der Amerikaner kennt zumindest eines der Evangelien mit Namen, und rund ein Viertel nennt sich Christen, glaubt aber an Wiedergeburt und Astrologie. Nach einem halben Jahrhundert atheistischer Erziehung betrachten sich nur sehr wenige Chinesen (8 Prozent) als einer Religion zugehörig, obwohl sehr viele an religiösen Überzeugungen und Praktiken festhalten; 44 Prozent der Chinesen glauben, dass der himmlische Wille oder der Gott des Glücks über Leben und Tod bestimmt, und 56 Prozent geben an, eine »religiöse, spirituelle oder visionäre Erfahrung« gemacht zu haben, und übertreffen damit die Amerikaner (49 Prozent). Nur 4 Prozent bezeichnen sich als Buddhisten, aber 27 Prozent beten zu Buddha und drei Viertel teilen Überzeugungen, die einmal buddhistisch waren, dieses Etikett aber nicht mehr tragen.

<small>IGNORANZ</small>

Ich habe von meinen Eltern oder Lehrern nie eine religiöse Unterweisung erhalten und erst als Erwachsener angefangen, mich dafür zu interessieren, was Religion bedeutet, aber ich bin mir nicht sicher, deswegen benachteiligt zu sein gegenüber denjenigen, die den elementaren religiösen Unterricht erhalten haben, der Kindern im Allgemeinen erteilt wird und der sie üblicherweise davon abhält, anderen Propheten als nur den eigenen Beachtung zu schenken.

<small>RELIGION DER KINDER</small>

Obwohl Religionen immer versucht haben, Oasen der Stabilität zu sein und Schutz vor den Verwirrungen des täglichen Lebens zu bieten, unterliegen auch sie Trends und Moden. Etablierte Glaubenssätze werden durch neue Therapien und zum Teil obskure spirituelle Techniken ergänzt. Gegenkulturen werden von konventionellen Kirchen unbemerkt absorbiert. Selbst Glaubensgemeinschaften, deren Ziel es ist, alte Traditionen zu wahren, entwickeln neue Verhaltensweisen. Menschen, die ihr Selbstvertrauen verloren haben, suchen ihr Heil wieder in exotischen Glaubensvorstellungen, so wie die Griechen und Römer einer Vielzahl orientalischer und mystischer Sekten zuströmten, als ihre Imperien zerfielen. Die Japaner wandten sich im Mittelalter verschiedenen neuen religiösen Bewegungen zu, als sie den Eindruck hatten, ihre Welt werde – mit ihren eigenen Worten – »auf den Kopf gestellt«, und nichts anderes tun sie heute wieder. »Alle menschlichen Bemühungen sind töricht und vergebens«, sagte im 12. Jahrhundert einer ihrer Dichter und Sänger, der sich aus der Stadt zurückzog, um die Natur zu verehren, während demoralisierte Krieger das Teetrinken zu einer spirituellen Zeremonie erhoben und Händler, die mit dem Export von Waffen in alle Welt – darin war Japan einst führend – ein Vermögen machten, sich den Buddhismus zu einer vereinfachten Sofortgarantie für persönliche Erlösung zurechtzimmerten, die ganz ohne Gewissensnöte oder asketische Entbehrungen auskam. Japan ist heute ein ebenso bedeutender Produzent neuer Religionen wie von Elektronik und Autos.

DIE TRADITION NEU ERFINDEN

ERLÖSUNG AUF DIE SCHNELLE

Fast jedes Jahr werden neue Religionen erfunden, gewinnen Millionen von Anhängern und breiten sich bis in ferne Kontinente aus, weitab von ihren lokalen Wurzeln. Die Welt zählt jetzt 4200 verschiedene religiöse Konfessionen, aber in einer jeden gibt es eine Vielzahl von Abweichungen. Wenn man sich in Brasilien, Mexiko oder den Philippinen schlicht als römisch-katholisch bezeichnet, verschweigt man damit die Praktiken, die diese Länder sich aus ihrer afrikanischen, aztekisch-mayaischen oder malayo-polynesischen Vergangenheit wieder angeeignet haben. Die Nigerianer, die in der Anglikanischen Kirche die Engländer zahlenmäßig inzwischen fast übertreffen, lassen die strengeren Sitten der Pilgerväter wieder auferstehen. Viele afrikanische Christen lassen sich vom Alten Testament inspirieren, weil sie überzeugt sind, ihre Gesellschaft gleiche der der alten Hebräer. Wie viele afrikanische Muslime, die gleichfalls ein Heiliges Buch verehren und auswendig lernen, greifen sie radikale Bestrebungen nach sozialer Gerechtigkeit wieder auf. Die Methodisten der Fidschi-Inseln geben sich nicht damit zufrieden, die Lehren eines John Wesley zu bewahren: Sie bringen ihren Kindern nicht nur »die Art der Kirche«, sondern auch die »Art des Landes« bei. Die konvertierten Indianer in Peru vergessen häufig, was die Missionare sie lehrten, und behaupten, »schon immer Christen gewesen« zu sein. Die Opfer der Kolonisierung lassen erkennen, dass ihre Bekehrung einen weniger nachhaltigen Eindruck hinterlassen hat, als die Kolonisatoren glaubten. Frauen stellen fest, dass ihr Ringen um Anerkennung zunehmend durch wieder aufkeimende Frauenfeindlichkeit hintertrieben wird. Die nachlassende Befolgung religiöser Gebote in Europa wird durch ein leidenschaftliches Bewusstsein für die Umwelt kompensiert, das natürlich die älteste Religion von allen ist. Zugleich schwankt die Motivation der Anhänger in demselben Ausmaß, in dem Konfessionen dynamischen oder statischen, aggressiven oder defensiven Phasen unterliegen.

Religionen errichten Mauern um sich herum, um ihren Zusammenhalt zu sichern und Fremde fernzuhalten, aber sie haben im Laufe der Jahrhunderte bewiesen, dass sie sich ändern können; sogar in Bezug auf Themen, bei denen manche heute jeglichen Kompromiss entschieden ablehnen – wie Ehe, Abtreibung oder Homosexualität –, vertraten sie früher ganz

VERSCHMELZUNGEN UND ÜBERNAHMEN IN DER RELIGION

DIE ÄLTESTE RELIGION VON ALLEN

andere Ansichten. Sie beherzigen aber nicht die berühmte Aufforderung des Korans: »Wir haben euch aus Mann und Frau erschaffen und euch zu Völkern und Stämmen gemacht, auf dass ihr einander erkennen möget.« Sie kennen einander nämlich nur als monolithische Organisationen und nicht als eine Gruppe von Individuen mit einer Vielzahl von Meinungen und Charakteren. Je mehr sie sich für andere und nicht nur für sich selbst interessieren, desto eher kann man sich vorstellen, dass sie nur noch einen geringen Teil ihrer Energien darauf verwenden werden, sich gegenseitig zu befehden.

Je mehr sie anerkennen, wie viel sie einander verdanken, desto besser können sie einschätzen, was die Menschen in der Religion suchen. Die auf den ersten Blick bizarr anmutenden Überzeugungen der alten Ägypter erscheinen mir durchaus bedenkenswert, wenn sie zu dem Schluss kommen, die Unsterblichkeit sei nicht allein den Pharaonen vorbehalten sondern stehe allen offen: Das ist eine Aufforderung, zu überlegen, was die Unsterblichkeit über das bloße Weiterleben hinaus bedeuten kann und welches Geschenk jeder Einzelne nach seinem Tod zum Nutzen der Menschheit hinterlassen sollte. Die Erkenntnis, dass sieben der zehn Gebote altägyptischen Texten entlehnt sind, lässt mich darüber nachdenken, wie sich Überzeugungen durch scheinbar geringfügige Abwandlungen verändern lassen. Wenn ich lese, wie der jüdische Weise Hillel (fast ein Zeitgenosse Christi) seinen Glauben in dem Satz zusammenfasste: »Was dir nicht lieb ist, das tue auch deinem Nächsten nicht; das ist die ganze Tora und alles andere ist nur die Erläuterung« – Worte, die das exakte Echo der Goldenen Regel des Konfuzius sind –, kann ich mich nur fragen, warum alle Versuche, eine universell anerkannte Weltethik zu schaffen, gescheitert sind. Als die Isrealiten sich nach und nach zum Monotheismus bekannten –

BIZARR ANMUTENDE
ÜBERZEUGUNGEN
IM ALTEN ÄGYPTEN

was eines der bedeutendsten Ereignisse in der Geschichte der Menschheit darstellt –, hatte dies auch zur Folge, dass sie aufhörten, ihrem Gott in ihrer Vorstellung eine Gemahlin zur Seite zu stellen, wie es bisher üblich war, auch bei den polytheistischen alten Griechen, und auf Priesterinnen verzichteten, die vormals angesehene öffentliche Ämter bekleidet und erheblichen Einfluss ausgeübt hatten. Man kann lange darüber spekulieren, welche Wendung der Lauf der Geschichte insgesamt genommen hätte, wenn der Prophet Mohammed mit seinen Bemühungen, Juden und Christen zu bewegen, einer vereinten und reformierten Religion zuzustimmen, nicht abgewiesen worden wäre.

<small>FRAUEN IN DER RELIGION</small>

Nicht gegenseitige Tolerierung, sondern gegenseitige Kenntnis ist eine Antwort auf den angeblichen Kampf der Kulturen. Sie macht aber allenfalls die Hälfte oder ein Drittel der Antwort aus. Kenntnis stößt immer an die Grenzen des Zweifels und der Ungewissheit, und das Zweifeln ist noch weit davon entfernt, sich zu einer segensreichen Kunst entwickelt zu haben. Und wie eine Mahlzeit schmeckt auch die Kenntnis anders und sieht anders aus, je nachdem, wer sie zubereitet hat, wie sie serviert wird und welche Gerichte man vorher zu sich genommen hat. Kenntnis kommt niemals roh daher. Kenntnis zuzubereiten und zu sich zu nehmen ist vielleicht die schwierigste aller Künste.

<small>ICH WERDE SIE NICHT NACH IHRER RELIGION FRAGEN</small>

Ich werde Sie nicht nach Ihrer Religion fragen. Stattdessen bevorzuge ich die Frage: Wie setzen Sie Ihre Überzeugungen – welche auch immer – in die Praxis um?

10

WIE LASSEN SICH VORURTEILE ÜBERWINDEN?

Seit dem Beginn der Zeit sind Menschen stolz auf das, was sie von anderen unterscheidet, aber auch unsicher, wie sie am besten mit den Meinungsverschiedenheiten umgehen sollen, die ihr Leben durcheinanderbringen.

»Was ist deine Religion?«
»Die Religion jedes vernünftigen Menschen.«
»Und welche ist das?«
»Das verrät ein vernünftiger Mensch nie.«

Der Earl of Shaftesbury (1621–1683), der diese Strategie des Verschweigens empfahl, schreckte nicht davor zurück, sich gegen seinen König aufzulehnen und ihn enthaupten zu lassen, das noch unerforschte Carolina zu kolonisieren oder als Politiker Risiken einzugehen, die ihm schließlich eine Anklage wegen Hochverrats einbrachten. Aber erst auf dem Sterbebett fand er den Mut, zu bekennen, dass er Christus nicht für Gott halte. Es war nämlich gefährlich, die eigenen Ansichten zu einer Zeit zu offenbaren, in der Religionskriege Europa verwüsteten und große Teile der Bevölkerung töteten, alles

TERRORISTEN IN
ANDEREN ZEITEN

im Namen Gottes, in der die katholische Inquisition rund 150 000 »Ketzer« – die Terroristen der damaligen Zeit – verfolgte und in der unterschiedliche Arten von Christen sich wechselseitig als Boten des Teufels ansahen, was sie aber nicht davon abhielt, weiterhin das Gebot der Nächstenliebe zu predigen.

Dem Einzelnen die Freiheit zu lassen, seine Religion zu wählen und sich zu ihr zu bekennen, schien der einzige Weg zu sein, die fortgesetzte Verfolgung Andersdenkender zu vermeiden. Dem Beispiel der amerikanischen Verfassung, in der diese Idee verankert wurde, folgten andere Länder, aber das hat sich nicht als umfassende Lösung erwiesen. Die Welt wurde weiterhin durch Massaker erschüttert – natürlich nicht nur religiös motivierte. Aber Toleranz allein reichte nicht aus, Ignoranz oder gegenseitige Verachtung zu beseitigen. Auch wenn Menschen, die unterschiedliche Auffassungen vertreten, keinen tätlichen Übergriffen mehr ausgesetzt sind, können sie es nicht leiden, wenn man sie nicht versteht. Jede Epoche und jede Gruppe hat ihre Tabus, die man besser nicht anspricht oder in Frage stellt. Frei von Verfolgung zu sein ist nur ein Anfang, denn ringsum nur auf Gleichgültigkeit zu treffen kann ebenso schlimm sein wie Einzelhaft.

MASSAKER ALS TRADITION

EINZELHAFT AUSSERHALB DES GEFÄNGNISSES

Physische Auseinandersetzungen durch verbale zu ersetzen und zu reden, statt zu kämpfen, war ein wichtiger Durchbruch. Aber die von der Demokratie institutionalisierten Wortgefechte zwischen gegnerischen Parteien setzen die militärische Tradition fort, nach der ein Sieger einen Feind niederringt; sie reichen nicht an die Ideale heran, die den Erfindern des Disputs im alten Athen am Herzen lagen, dass nämlich niemand sich unterlegen fühlen solle, frühere Verletzungen vergessen und vergeben werden

NIEMAND SOLL SICH UNTERLEGEN FÜHLEN

sollten und der Sieg einiger über andere ein Zeichen der Unfähigkeit ist, Konflikte so zu lösen, dass Harmonie entsteht. Trotz der Verbreitung demokratisch beschlossener Gesetze gedeihen Gier und Arroganz nach wie vor, und noch immer werden Kriege geführt, um von internen Konflikten abzulenken. Die Demokratie hat nur geringe Fortschritte seit der traurigen Feststellung Solons (638–558 v. Chr.) gemacht, der Konflikt sei ein notwendiges Übel, das in jedes Haus eindringe, die höchsten Mauern überspringe und vor keiner Tür haltmache.

Auf einer eher persönlichen Ebene wurde die Höflichkeit kultiviert, um den Zusammenprall einander widersprechender Ansichten abzumildern. Sie fügte sozialen Beziehungen Eleganz hinzu und eröffnete neue Wege, Freundlichkeiten zu erweisen. Aber man wusste nie genau, wie man Freundlichkeit mit Aufrichtigkeit verbinden und vermeiden kann, dass sie nicht bloß ein Spiel ist, bei dem man Lügen austauscht, die nicht unbedingt auf Täuschung angelegt sind – nur Blauäugige fallen darauf herein –, sondern eher die harsche Wirklichkeit verhüllen sollen. Bismarcks Empfehlung, auch dann höflich zu bleiben, wenn man einen Krieg erklärt, zeigt die Grenzen der Höflichkeit auf; sie hat die allgemeine Aggressivität, die im öffentlichen und geschäftlichen Leben weiterhin belohnt wird, nicht vermindert.

HÖFLICHKEIT GEGEN AUFRICHTIGKEIT

Trotz all dieser Bemühungen, Meinungsverschiedenheiten im Zaum zu halten, nehmen diese in dem gleichen Ausmaß zu, in dem Bildung sich verbreitet und die Kritikfähigkeit zunimmt. Aber Meinungsverschiedenheiten sind keine Krankheit. Sie sind mehr als nur Kontroversen; sie sind zugleich die Quelle dessen, was Menschen von allen anderen Lebewesen unterscheidet. Menschen denken und argumentieren. Meinungsverschiedenheiten zwingen uns, unsere

MEINUNGS-
VERSCHIEDENHEITEN
SIND KEINE KRANKHEIT

Gedanken zu klären, sie in Worte zu fassen und neue Fragen zu entdecken. Ohne Meinungsverschiedenheiten gäbe es kein Nachdenken, keine Suche nach der Wahrheit, keine belebenden Gespräche; die Menschen würden stets nur die gleichen Plattitüden wiederkäuen, nichts würde ihren Geschmack und ihre Fähigkeit zu staunen erweitern. Könnte man nicht zumindest einige Arten von Meinungsverschiedenheiten häufiger in eine Quelle der Energie verwandeln?

Es mag sein, dass persönliche Differenzen mehr Unheil anrichten als öffentliche Auseinandersetzungen. Das öffentliche Leben bringt Feinde und Kriege und Streitereien um Macht und Privilegien hervor, aber im Privatleben entscheidet oft ein irriger erster Eindruck über Menschen und lässt viele Freundschaften gar nicht erst entstehen. Wir verbringen unsere Zeit mit kleinlichen Streitereien, die als schleichendes Gift im Herzen weiterwirken. Gekränkter Stolz lässt Wunden nicht heilen, und Eifersüchteleien und Ängste können bedrückender sein als die grausamste Gefängnishaft. Soll all das als unvermeidlich hingenommen werden?

ÄNGSTE – GRAUSAMER ALS GEFÄNGNISHAFT

Zu den ältesten Meinungsverschiedenheiten, die die Menschen entzweit haben, gehört die zwischen Ost und West, der Urform eines Paars, das unfähig war, wechselseitige Missverständnisse und Misstrauen zu vermeiden. Einen der mutigsten Versuche, diese Kluft zu überbrücken, unternahm Rabindranath Tagore (1861–1941), der erste Nichteuropäer, der den Nobelpreis für Literatur erhielt. Warum, fragte er, sollte eine »Verschmelzung verschiedener Rassen, Religionen und Wissenschaften« unmöglich sein? Alle Menschen tragen das Göttliche in sich, sagte er, und nur Egoismus und Narzissmus hindern sie daran, zu erkennen, was sie für den jeweils anderen tun können. Ihre Liebe zur Natur und zur Literatur, zur Poesie und zum Gesang könne von kleinlichen Obsessi-

TAGORES TRAUM

onen befreien. Er wollte, dass der Osten die Vorstellungskraft des Westens erweiterte und der Westen seine technologischen Fähigkeiten mit dem Osten teilt. Indien eigne sich hervorragend als Vermittler. »Indien hat sich stets bemüht, eine persönliche Beziehung von Mensch zu Mensch herzustellen.« Seine Einwohner nannten alle, die ihnen nahestanden, Vater, Bruder oder Tante, auch wenn sie nicht mit ihnen verwandt waren, und liebten es, mit entfernten Verwandten und Jugendfreunden Kontakt zu halten, gleichgültig wie wohlhabend sie waren oder welcher Kaste sie angehörten. »Diese Verbundenheit war kein Gebot heiliger Schriften, sondern ein Gebot des Herzens ... Sobald wir mit einem anderen Menschen in Kontakt treten, gehen wir eine Beziehung zu ihm ein. So laufen wir nicht Gefahr, den Menschen als eine Maschine oder ein Werkzeug im Dienst irgendwelcher Interessen anzusehen. Das mag eine gute und eine schlechte Seite haben, aber das war schon immer die Eigenart unseres Landes und sogar des Ostens insgesamt.« Der Osten brauche nur das Beste zu übernehmen, was der Westen zu bieten habe, um »aus der Synthese dieser beiden einen umfassenden Charakter entstehen« zu lassen. Warum hat die Welt nicht auf Tagore gehört?

DIE VEREINIGUNG VON
OST UND WEST

Als er in den Westen reiste, bemerkte er, dass dessen Vordenker große Vorbehalte gegenüber seinen Vorstellungen hatten. Für sie hatten Poesie, Gesang und Phantasie mit dem wirklichen Leben nichts zu tun. Sie taten seine Ideen als Mystizismus ab. Beatrice Webb schrieb: »Er hat perfekte Umgangsformen und ist ein Mensch von herausragendem Verstand, großer Urteilskraft und außerordentlichem persönlichem Charme. Er ist ein schöner Mann, der sich erlesen kleidet.« Aber als er sagte: »Der Intellekt löst keine Probleme«, und: »Alle Regierungen sind

WAS GROSSE
GEISTER NICHT
VERSTEHEN KONNTEN

böse«, wurde sie ungehalten und nahm ihm seine Kritik des Westens ebenso übel wie seinen Unmut über ihre eigene Kritik an der hinduistischen Tradition. Ihr Fazit war, dass »das Bewusstsein seiner geistigen Überlegenheit gegenüber dem Tatmenschen selbstgerecht war und einer Welt entstammt, in der nur die Verherrlichung mystischer Dinge zählt.« Nach einem Gespräch mit ihm schrieb Bertrand Russell: »Es war der totale Schwachsinn – abgedroschenes Gefasel über den Fluss, der sich mit dem Ozean vereint ... Seine mystische Nummer riss mich nicht vom Hocker, und ich wollte, er wäre konkreter geworden. Er hatte eine sanfte, eher unergründliche Art, die mich vermuten lässt, dass er einem geradlinigen Gedankenaustausch oder einer handfesten Beziehung ausweichen würde. Natürlich trug er seine mystischen Ansichten in Form von Lehrsätzen vor, und über die konnte man mit ihm nicht diskutieren ... Sein Gerede über das Unendliche ist nebulöser Unfug.« Und Tagore schrieb nach einem von Russells Vorträgen in Cambridge: »Ich hörte dem Professor zu, aber anschließend konnte ich mich an kein einziges seiner Worte mehr erinnern, sosehr ich auch die Ohren gespitzt und die Eleganz seines Vortrags bewundert hatte. Alles war für die wichtigen Fragen des Lebens völlig irrelevant und ließ jede wissenschaftliche Auseinandersetzung mit Fakten, die einem Beweis zugänglich sind, vermissen.« Die abendländischen Leser, die Tagores Poesie bewunderten, erkannten darin nur wieder, was ihnen bereits vertraut war, zum Beispiel den christlichen Humanismus. Darwins Enkelin sagte: »Ich kann mir jetzt einen mächtigen und sanften Christus vorstellen, was mir früher nie möglich war.« Trotz seiner Berühmtheit blieb Tagore für viele Menschen jemand, der »nicht einer von uns« war, und häufig kam bei

»ICH KANN MICH AN KEINES DER WORTE DES PROFESSORS ERINNERN«

BEREITS BESTEHENDE ÜBERZEUGUNGEN WIEDERHOLEN

einer Begegnung mit ihm nicht mehr heraus als eine Wiederholung bereits bestehender Überzeugungen.

In Deutschland, das in der westlichen Welt des 19. Jahrhunderts in der wissenschaftlichen Erforschung der indischen Religion führend war, sah man seine Gedichte zunächst als Illustrationen östlicher Religionen und weniger als Beitrag zur Weltliteratur an; lange Zeit erschienen die Übersetzungen seiner Werke in religiösen und nicht in literarischen Verlagen. Als er in den Vereinigten Staaten versuchte, Fördermittel von Dorothy Whitney zu erhalten, die eines der größten Vermögen in Amerika geerbt hatte, erklärte sie, ihr seien »die schwammigen Ideen des Dichters und seine extravagante Art, sich zu kleiden und zu schauspielern«, zuwider gewesen. Diese ersten Eindrücke überwand sie erst, nachdem ihr Mann begonnen hatte, mit Tagore zusammenzuarbeiten, und ihr die Augen für dessen außergewöhnliche und äußerst vielfältige Talente öffnete.

Im Westen wurde er in die Schublade »Indische Kultur« gesteckt, obwohl er sich sein ganzes Leben lang bemüht hatte, diese Kultur zu verändern. Er sagte: »Ich liebe Indien, aber mein Indien ist eine Idee und kein geographischer Begriff«, und prangerte Indiens Korruption, Habgier und »barbarische innere Zwietracht« an. Wenn er von der »Weltseele« sprach, glaubte man, er predige eine archaische Religion; dabei war er ein Verfechter wissenschaftlicher Erkenntnisse und landwirtschaftlicher Innovation, hatte seinen Sohn in Deutschland studieren lassen und sich sogar als Pionier des Umweltschutzes hervorgetan, als er 1928 das Festival des Baumpflanzens organisierte. Ausländern kam er wie ein Prophet aus biblischen Zeiten vor, während er in den Augen der Bengalen ein Mann der Zukunft war, der Apostel ihrer Renaissance, und wenn sie ihn in ihrer eigenen Sprache reden hörten, begeisterten sie sich für seinen »verbalen Elan« und

DIE SCHUBLADE DER
»INDISCHEN KULTUR«

seine leidenschaftlichen Lieder, mit denen er ihre Emotionen entfachte.

Nur wenige Männer haben ihre Gefühle, ihre Hoffnungen und ihre Gedanken so freimütig und aufrichtig öffentlich gemacht wie Tagore, und kaum einer hat sich dabei so vieler Ausdrucksformen bedient: Er schrieb Musik (über zweitausend Lieder), Theaterstücke (über dreißig), Opern, Romane, Erzählungen, Essays, Gedichte, philosophische, historische, autobiographische Texte sowie Reiseberichte und hielt Vorträge in aller Welt. Aber die Selbstdarstellung, die lange Zeit als höchster Ausdruck individueller Emanzipation gepriesen wurde, führt nicht automatisch zu größerer Aufnahmebereitschaft – der Fähigkeit, zu verinnerlichen und zu verstehen, was andre sagen und meinen –, denn sie konzentriert die Aufmerksamkeit darauf, die eigene Identität zur Geltung zu bringen.

> WELCHE KUNST WIRD AM BESTEN VERSTANDEN?

Tagore ist wohl der Einzige, der die Gräben zwischen den Menschen auf derart vielseitige Art zu überbrücken versucht hat. Er appellierte an die Vernunft, indem er philosophische Bücher für intelligente Leser schrieb, die natürlich nicht alle einer Meinung mit ihm waren. Gleichzeitig appellierte er aber auch an die Emotionen, vor allem durch Poesie und Musik. Wer ihn verstehen wolle, sagte er, solle sich nicht in seine Biographie vertiefen, sondern in seine Lieder. Er hielt die Musik für sein größtes Talent und für das beste Mittel zur »Kommunikation mit der Außenwelt«. Er ließ sich von den Volksliedern der »Baul« inspirieren – der umherziehenden Musikanten, die viele Jahrhunderte lang sufistische, vishnuistische, tantrische und buddhistische Vorstellungen miteinander verbanden, um den tiefsten Sehnsüchten sowohl der Hindu als auch der Muslime eine Stimme zu verleihen, ohne sich um religiöse oder politische Streitfragen zu küm-

> IST MUSIK DIE UNIVERSELLE SPRACHE?

mern. Sowohl Indien als auch Bangladesch machten je eines von Tagores Liedern zu ihrer Nationalhymne, und Popstars vertonen seine Verse bis heute. »Kein anderer Dichter oder Komponist war in der Lage, so unaufhörlich und mühelos Worte und Musik gleichzeitig zu erschaffen, und zwar so spontan, dass er auf Mitarbeiter angewiesen war, die sie rasch aufschrieben, bevor er sie vergaß.« In seinen Liedern hörte die Welt auf, »von engen heimischen Wänden in Bruchstücke zerteilt« zu werden. Die Zeile »Meine Knospen bergen verstohlen Deinen Duft« fasst seine Vorstellung zusammen, dass ein Hauch von Inspiration genüge, um eine Beziehung entstehen zu lassen. Er besang eine Zukunft, »wo der Geist ohne Furcht ist«, und wer auf Ablehnung stieß, den ermutigte er mit den Worten: »Wenn du rufst und keiner folgt, dann geh allein.« Allerdings gelangte er allmählich zu dem Schluss, es sei »Unsinn, dass Musik eine universelle Sprache sei«; selbst seine eigenen Landsleute, klagte er, verstünden seine Lieder nicht immer, und vom Westen sei dies noch weniger zu erwarten, denn dort sei die Kenntnis der indischen Musik nur sehr oberflächlich. Schließlich entschied er, weder seine Musik noch seine Worte könnten seine internationale Botschaft vermitteln, und die darstellende Kunst sei ein besseres Medium für interkulturelle Kommunikation.

Weder seinen Bewunderern noch seinen Kritikern war bekannt, dass er in fortgeschrittenem Alter entdeckt hatte, farbenblind zu sein; er litt an einer genetisch bedingten Rot-Grün-Fehlsichtigkeit und konnte Rot nicht richtig wahrnehmen. Ihm wurde plötzlich bewusst, dass er die Menschen nur unvollkommen sehen konnte; es waren nicht nur die anderen, die ihn nicht richtig sahen. Im Alter von sechzig wurde die Malerei zu einer seiner Hauptbeschäftigungen, und er gab sich große Mühe, »meine Farben mit denen aller anderen zu vermischen«. In seinen Gedichten hatte er die Schönheit roter Blumen oder des Herbstlaubs nie beschreiben können. Er begann, die Museen der Welt zu besuchen und jede Form von Kunst zu studieren, von ägyptischen Monumenten über japanische Holzschnitte bis hin zu englischen Aquarellen, mit einer besonderen Vorliebe für den Primitivismus, wo immer er ihn entdeckte: »Nicht um in die Tradition zurückzufallen, sondern um sie zu erweitern, und – statt in den Grenzen seiner Herkunft zu verharren – die eigene Wahrnehmungsfähigkeit zu steigern und fremde Muster so umzugestalten, dass sie zu eigenen werden, mit einem Rhythmus, der sie tanzen lässt«. Aber seine Malerei änderte keine Meinungen. Sie war ein Experiment, um zu verstehen, was er nicht sehen konnte, und ein Versuch, altbekannten Dingen neue Bedeutungen beizulegen. Er zog es vor, seine Erkrankung nicht als ein Übel zu betrachten, von dem man sich befreien muss, sondern als ein Zeichen, dass es möglich ist, »das Heilige zu berühren«. Der Kontrast zwischen dem Sichtbaren und dem Unsichtbaren faszinierte ihn. Sein Fazit war, dass es gelte, »das Unsichtbare zu verherrlichen«.

<small>ALTBEKANNTEN DINGEN NEUE BEDEUTUNGEN BEILEGEN</small>

Diese Verherrlichung des Unsichtbaren mag Tagore als einen Idealisten oder Spiritualisten erscheinen lassen, was so viel bedeutet, wie die Welt in ihrer gegenwärtigen Gestalt abzulehnen. Nichts anderes gilt aber auch für einen pragmatischen Unternehmer, der die Gegenwart durch die Zukunft ersetzen will, und auch für dieses Ziel setzte Tagore sich mit großem Eifer ein. Weil er seine Schulzeit gehasst und keinen Wert darauf gelegt hatte, zu studieren, gründete er eine Schule, die eine Alternative zur Universität verkörperte und der er den Namen »Visva-Bharati« gab, zur Erinnerung an die Göttin der Kunst und des Lernens, dem indischen Gegenstück zu den griechischen Musen. Er wollte den Schülerinnen und Schü-

<small>EINE ALTERNATIVE ZUR UNIVERSITÄT</small>

lern die verschiedenen Kulturen Indiens nahebringen, sodann die Kulturen Asiens und schließlich die des Westens, um nicht nur »umfassendes Wissen« zu vermitteln, sondern auch »ein Band der Liebe und Freundschaft ... und ein Gefühl der Verbundenheit mit der gesamten Menschheit und der Natur« entstehen zu lassen, das durch die ästhetische Wertschätzung all ihrer verschiedenen Künste belebt werden sollte.

ERZIEHUNG DURCH
PERSÖNLICHE BEGEGNUNG

Der Unterricht, der in der Tradition der Waldschulen des alten Indiens im Freien stattfand, berücksichtigte auch Elemente der meisten modernen pädagogischen Theorien des Westens. Es gab keinen allgemein verbindlichen Lehrplan; vielmehr sollte jeder Einzelne ein individuelles Studienprogramm unter der Anleitung eines persönlichen Lehrers absolvieren. An die Stelle des Auswendiglernens und der moralischen Unterweisung trat die Förderung der »Frische des Geistes«, und er setzte nicht nur auf Bücher, sondern bot auch gemeinsame praktische landwirtschaftliche und soziale Arbeit mit den Bewohnern der umliegenden Dörfer an: »Auch das bloße Bemühen, einen lebenden Menschen unmittelbar kennenzulernen, ist Ausbildung.« Viele seiner Schüler wurden berühmte Persönlichkeiten, wie Indira Gandhi, die spätere Premierministerin, der Nobelpreisträger und Wirtschaftswissenschaftler Amartya Sen und der Filmregisseur Satyajit Ray, der sagte, diese drei Jahre seien die fruchtbarsten seines Lebens gewesen, denn sie hätten ihn von seiner Fixiertheit auf die westliche Kultur befreit, indem sie ihm »zum ersten Mal die Augen für die Pracht der indischen und fernöstlichen Kunst« geöffnet und ihn zu dem »gemeinsamen Produkt des Ostens und des Westens gemacht haben, das ich nun bin«. Tagore war hingegen überzeugt, dass er, um sein Ziel zu erreichen, erst einmal alle regionalen und spirituellen Traditionen Indiens zusammenbringen und

»DER GEIST ASIENS«

sodann erreichen müsse, dass ganz Asien »sich selbst kennt«: »Der Geist Asiens ist noch unbeständig ... Bevor Asien mit der Kultur der Westens zusammenarbeiten kann, bedarf es einer Synthese sämtlicher unterschiedlichen Kulturen, aus denen es besteht.«

Zwischen Tagore und der anderen herausragenden Figur im Kampf um die indische Unabhängigkeit, Gandhi, bestanden tiefgreifende Meinungsunterschiede, was beide aber nicht davon abhielt, respektvoll und sogar freundschaftlich miteinander umzugehen. Nehru sagte, es könne keine zwei Menschen geben, die unterschiedlicher seien. Es war nicht nur der Gegensatz zwischen dem Brahmanen und dem Angehörigen der Vaishya, der Kaste der Kaufleute, zwischen dem reservierten Aristokraten, der sich erlesen kleidete, und dem Mann mit dem Lendentuch, der unübersehbare Menschenmassen mobilisieren konnte, zwischen dem Bengalen und dem Gujarati, dem Internationalisten und dem Nationalisten, der Aufgeschlossenheit für die Moderne und der Rückbesinnung auf das dörfliche Leben. Tagore lehnte Gandhis Empfehlung ab, die Inder sollten zum Spinnrad zurückkehren, und hielt ihm entgegen: »Am Spinnrad braucht niemand zu denken.« Während Gandhi, in dessen Augen die Zeit ein langsamer Vorgang war, die Meinung vertrat, dass die Menschen ein Idol brauchten und erst über den Nationalismus zum Internationalismus gelangen könnten, so wie sie erst den Krieg erfahren müssten, um Frieden herbeizusehen, sagte Tagore, er könne es »nicht ertragen, mit anzusehen, wie die Massen wie Kinder behandelt werden« und ihre Unvernunft oder Leichtgläubigkeit ausgenutzt werde, was »bei der Schaffung eines Überbaus möglicherweise zu raschen Ergebnissen führt, aber dessen Grundlagen unterminiert«. Er beklagte, dass Gandhis idealisierte Vision dessen, was Indien sein könnte, von der Realität weit

TAGORE UND GANDHI IM WIDERSTREIT

DIE MASSEN WIE KINDER BEHANDELN

entfernt sei: »Uneinigkeit regiert das Land, und unzählige kleinliche Barrieren trennen uns voneinander.« Er beschwerte sich, »ständig von politischen, religiösen, literarischen oder sozialen Gruppen angegriffen« zu werden. Er kam zu dem Schluss, man müsse erst »abwarten, bis unsere verschiedenen religiösen Gemeinschaften und Kasten eine gemeinsame Bildung erhalten haben«, um »hoffen zu können, dass die heftigen Gefühle, die derzeit vorherrschen, überwunden werden«. Aber der Bildung ist es nicht gelungen, alle klug und sanftmütig zu machen; die Streitereien hochgebildeter Menschen sind so unerbittlich und oft so sinnlos wie eh und je. Und auch seine Hoffnung, europäische und amerikanische Studenten würden in Scharen zu seiner Schule strömen, sodass der ganze Reichtum indischen Denkens in eine große universale Synthese einfließen könne, erfüllte sich nicht.

Tagore betonte: »Die Geschichte des Wachstums der Freiheit ist die Geschichte der Vervollkommnung menschlicher Beziehungen.« Aber in vertraulichen Gesprächen räumte er ein, für ihn persönlich sei dieses Ziel unerreichbar. »Es würde Ihnen schwerfallen, die immense Bürde der Einsamkeit zu erfassen, die mich bedrückt. Ich bin von Natur aus asozial – menschliche Intimität ist für mich fast unerträglich. Ich brauche eine Menge Platz um mich herum, in alle Richtungen, um meine Gedanken entfalten und meine geistigen Arme und Beine ausstrecken zu können ... Ich habe die meisten meiner Freunde verloren, denn sie wollten mich für sich haben, und als ich ihnen sagte, ich könne mich nicht frei machen und mich für andere hergeben, hielten sie mich für überheblich. Darunter habe ich immer schon gelitten, und deshalb bin ich stets nervös, wenn man mir das Geschenk der Freundschaft machen möchte.« Der Trost, den er in der »Verbundenheit mit der Natur« suchte, reichte nie aus. Er heiratete eine zehnjährige Braut, ohne sie zuvor gesehen

DIE VERVOLLKOMMNUNG MENSCHLICHER BEZIEHUNGEN

zu haben, und schrieb ihr Jahre später: »Wenn Du und ich in all unserer Arbeit und all unseren Gedanken Kameraden sein könnten, wäre das großartig, aber wir können nicht alles erreichen, was wir uns wünschen.« »Die Beziehung zu meiner Familie ist zu einem Schatten verblasst. Wenn jemand zu meiner sogenannten Familie gehört, bedeutet das nicht, dass ich ihm gewogen bin ... Im Grunde meines Herzens bin ich ein Vagabund ... Niemand wird je in der Lage sein, mir eine Kette um die Füße zu legen.« Der Ruhm vergrößerte seine Einsamkeit nur. »Mein Marktpreis ist stark gestiegen, aber mein persönlicher Wert ist in den Schatten getreten. Das schmerzhafte Verlangen, diesen Wert zur Geltung zu bringen, lässt mich nicht los. Nur die Liebe einer Frau kann das bewirken, und ich hoffe seit langem, sie zu verdienen.« Aber er hielt Distanz zu der Frau, die ihm ihre Liebe anbot, weil er fürchtete, ihr Besitz zu werden.

VERGRÖSSERT DER RUHM DIE EINSAMKEIT?

Allerdings ging er eine dauerhafte Freundschaft mit seinem britischen Privatsekretär Leonard Elmhirst (1893–1974) ein. Elmhirst war sofort von Tagore angezogen: »In seinen Augen blitzte stets ein Funken Humor auf, der beinahe schelmisch war. Dieser Mann war kein mystischer Weiser. Dieser Mann war niemand, der Jünger um sich scharte, sondern ein durch und durch menschliches Wesen ... Es gab keinen Aspekt der menschlichen Existenz, der ihn nicht irgendwie faszinierte.« Und Tagore schrieb: »Ich glaube, kein anderer hat mich zu der Zeit, als ich jung und alt zugleich war, so gut gekannt wie Sie.« Elmhirst sagte: »Ich habe mich gelegentlich dabei ertappt, Sie als den einsamsten aller Menschen zu bezeichnen. Das schien der unvermeidliche Preis wahrer Größe zu sein.« Er bekannte aber auch: »Sie haben sich so oft wie ein Vater um mich gekümmert ... und wir haben so oft wie Kinder zusammen ge-

EINE DAUERHAFTE FREUNDSCHAFT ZWISCHEN EINEM INDER UND EINEM ENGLÄNDER

lacht.« Tagore antwortete: »Sie werden mir stets in Erinnerung bleiben, nicht nur als Freund, sondern auch, weil wir die Intimität einer gemeinsamen Schöpfung geteilt haben.« Elmhirst war auf eigene Kosten und ohne Aussicht auf ein Gehalt nach Indien gereist, um für Tagore zu arbeiten, weil ihn ein Zusammentreffen dazu angeregt hatte, seine landwirtschaftliche Ausbildung in den Dienst der wirtschaftlichen Wiederbelebung eines verarmten indischen Dorfes zu stellen. Wenig später verwirklichte er in Dartington (England) ein experimentelles pädagogisches und landwirtschaftliches Projekt, in dem sich die Ideale der beiden Männer zu einem Denkmal für den Optimismus verbanden, das Tagores Einfluss bis auf den heutigen Tag sichtbar macht und ebenso bedeutsam ist wie die utopische Fabrik, die Robert Owen (1771–1858) im schottischen New Lanark errichtet hatte. Es war eine Partnerschaft, die zukunftsweisend war. Tagore schrieb: »Alt ist alt und jung ist jung, und es ist sehr selten, dass beide wirklich zusammenkommen. Aber ich bin mir sicher, dass wir zusammengekommen sind.« Sie waren ein »Paar im Geiste«, das aufzeigte, wie die praktische Zusammenarbeit zwischen ganz unterschiedlichen Persönlichkeiten Früchte tragen kann, die sich keiner von ihnen allein hätte vorstellen können. Es war auch eine Partnerschaft, die ein Licht darauf wirft, welche Rolle private Befindlichkeiten für die Gestaltung öffentlicher Vorgänge spielen.

Die Art, in der diese Empfindlichkeiten sich offenbaren, hat sich entscheidend verändert. Traditionell war die »Ehre« von allergrößter Bedeutung. Aristokraten legten Wert darauf, dass man ihre Überlegenheit öffentlich anerkannte, und verwandten den größten Teil ihrer Energie darauf, sie durch die praktische Vorführung ihrer militärischen Fähigkeiten oder durch ostentativ zur Schau gestellten Reichtum, durch

Großzügigkeit oder Gastfreundschaft zu beweisen. Weniger privilegierte Menschen kämpften darum, den Ruf der Seriosität, Unabhängigkeit und Ehrlichkeit zu erwerben. Die Sorge um das öffentliche Ansehen treibt den größten Teil der Menschheit noch immer um. Das Aufbegehren gegen den Zwang, sich den Meinungen anderer zu unterwerfen, hat jedoch dazu geführt, dass die Menschen sich zunehmend Gedanken über sich selbst machen. Je weniger sie von sich überzeugt sind, desto eher neigen sie dazu, ihre Erfahrungen falsch zu deuten.

Wenn ein Mann und eine Frau ein Kind zeugen, setzen sie ein Wesen in die Welt, das ihre Merkmale in unvorhersehbarer Weise kombiniert und mit keinem Elternteil völlig übereinstimmt. Nichts anderes gilt für Ideen, deren Herkunft gemischt und bisweilen unbekannt ist. Menschen haben noch nie etwas aus dem Nichts erschaffen. Sie können bestenfalls etwas Neues zeugen, was aber immer einen Partner, eine Inspiration oder eine Begegnung voraussetzt. Die Menschen sind lebendig, solange sie Wissen erwerben, und das ist ein Vorgang, bei dem man sich mit den eigenen Vorstellungen auseinandersetzt. Er ist eine notwendige Voraussetzung, um über den Ehrgeiz, alle zu lieben, und das Problem, mit den meisten Menschen nicht einig zu sein, hinwegkommen zu können. Kompatibilität sorgt für zwischenmenschliche Wärme, aus Inkompatibilitäten können zwei Individuen aber auch Funken schlagen.

> FRUCHTBARE INKOMPATIBILITÄTEN

Tagore sagte: »Ich glaube Humanist zu sein, wenn ich die Dichter und Künstler anderer Länder so zu schätzen weiß wie die meines eigenen Landes.« Ich selbst bin ihm dankbar, weil er es mir ermöglicht hat, mir einige seiner Erfahrungen zu eigen zu machen und einen einzigartigen Eindruck von den vielfältigen Traditionen und Denkweisen Indiens zu gewinnen. Wenn ich ihm

> TAGORE IST NICHT TOT

persönlich begegnet wäre, hätte mich vielleicht – wie Bertrand Russell – das Gefühl beschlichen, zwischen uns stehe eine Barriere, wie dies bei den meisten kurzen Begegnungen der Fall ist, aber Tagores Bücher und Briefe sind solch intime Selbstporträts der vielen verschiedenen Facetten seiner Persönlichkeiten, dass ich den Eindruck habe, eine unvergessliche Beziehung zu ihm aufgebaut zu haben. Er wird es nie erfahren, aber für mich ist er nicht tot.

Staaten pflegen ihre Bürger mit Geburtsurkunden und Pässen auszustatten, die beweisen sollen, dass sie leben, die aber nicht den geringsten Hinweis geben, was das Leben für jeden Einzelnen von ihnen bedeutet. Bertrand Russell reagierte auf einige Eigenarten Tagores beinahe allergisch, was ihn davon abhielt, seine vielen anderen Eigenschaften zu entdecken. So können unbedeutende Ereignisse schwerwiegende Folgen haben. Tagore und Elmhirst sahen über ihre unterschiedliche Herkunft hinweg und erkannten, was jeder dem anderen geben konnte. Instinktive Abneigung ist der Hauptgrund, warum so viele Menschen einander nicht zu schätzen vermögen. Aus den erstbesten Indizien, die ihnen in die Hände fallen, ziehen sie voreilige Schlüsse. Das ist eine universelle menschliche Reaktion, und viele rühmen sich, aus dem Stand präzise intuitive Urteile fällen zu können. Aber es gibt eine andere, langsamere Reaktion, die auf der Überzeugung beruht, dass man jedes Mal etwas Neues entdecken kann, wenn sich zwei Menschen in Situationen, Stimmungen, Gesprächen oder Herausforderungen begegnen. Empfänglich zu sein bedeutet, für Überraschungen offen und bereit zu sein, sich widerlegen zu lassen. Das kann gefährlich werden, und deshalb ist die Lektüre der Geschichtsbücher eine gute Vorübung: Sie erinnert mich daran, dass ich nicht alles weiß und niemals alles wissen werde, sie mahnt mich, dass

INSTINKTIVE ABNEIGUNG

DIE BEREITSCHAFT, SICH WIDERLEGEN ZU LASSEN

ich eine andere Meinung nicht als persönlichen Angriff verstehen muss, und manchmal belohnt sie mich mit einem Hauch jener Gelassenheit, die bei ungewohnten Begegnungen geboten ist.

Auf der Wippschaukel des routinemäßigen Austauschs, bei dem alles Kontroverse sorgsam gemieden wird, fühle ich mich nicht wohl. Diktatoren schützen sich vor Kontroversen, indem sie andere Meinungen auszuschalten versuchen, obwohl diese dann im Untergrund weitergären werden. Liberale respektieren Meinungsverschiedenheiten und hätscheln sie, was zwar dazu beitragen kann, neue Gedanken sprießen zu lassen, aber auch dazu führt, dass die Meinungsverschiedenheiten fortbestehen und die alten Themen endlos erörtert werden. Als Tagore das Tadsch Mahal – das der Großmogul Shah Jahan (1592–1666) zum Gedenken an seine innig geliebte und früh verstorbene Frau hatte errichten lassen – als eine »Träne im Antlitz der Ewigkeit« beschrieb, zeigte er, wie die Poesie die Perspektive verwandeln und die Phantasie befreien kann. Ein Denken, das damit einhergeht, Hypothesen zu erfinden und Beweise aufzuspüren und zu entwirren, führt die Phantasie in gleicher Weise von alten Debatten fort und lenkt sie zu unerwarteten Zielen. »Denken ist die schwerste Arbeit, die es gibt«, sagte Henry Ford, »das ist wahrscheinlich auch der Grund, warum sich so wenige damit befassen.« Aber es kann ebenso fesselnd, beglückend und entspannend sein wie das Spiel.

> DENKEN SO BEGLÜCKEND WIE SPIELEN

Was Tagore erreichte, verdankte er zu einem erheblichen Teil seiner Herkunft, denn er stammte aus einer sehr bildungsbeflissenen Familie, die sich für alles interessierte, was im weitesten Sinne zur Kultur zählt – ihre Mitglieder waren Pioniere der Frauenbildung und der religiösen Reform, gründeten das erste Theater in Kalkutta, führten erstmals das Orchester in die indische Musik ein, kombinierten hinduistische, muslimische und europäische Traditionen und beherrschten ein halbes Dutzend östlicher und westlicher Sprachen. Die Mitglieder seiner Familie wirkten anregend auf Tagore und flößten ihm Mut ein. Seine Kenntnis der Literatur der ganzen Welt ermöglichte es ihm, die unverdauliche Hülse der kolonialen Unterdrückung durch die Briten von ihrem nahrhaften Inhalt zu trennen – ihrer Kultur, ihrem Theater, ihrer Dichtung und dem, was er als ihren »großherzigen Liberalismus« bezeichnete. Die meisten Menschen, denen ein solcher Hintergrund fehlt, müssen sich Ersatzfamilien schaffen, um sich von ihnen inspirieren zu lassen, und diese ein Leben lang erweitern. Aber die Briten, die Indien beherrschten, hatten zumeist keine Vorstellung von der Breite und Tiefe der Kultur der Eliten dieses Subkontinents, die den Vorteil hatten, nicht nur aus einer Kultur schöpfen zu können, sondern sowohl aus indischem als auch aus britischem Gedankengut und aus verschiedenen historischen und regionalen Kulturen. Nur wenige Briten konnten verstehen, wie Tagore die Gedanken seiner vedischen Vorfahren mit modernen Theorien verknüpfte, sodass er zu der Erkenntnis gelangen konnte, dass »in der Religion wie in der Kunst ohne Bedeutung ist, was eine Gruppe als ihre gemeinsame Überzeugung ansieht«. Die Ergebnisse der Vereinigung verschiedener Kulturen waren noch nie vorhersehbar. Die Anleihen, die der Osten beim Westen machte, setzten sich aus ebenso vielen fruchtbaren wie unbrauchbaren Ideen zusammen, während der Westen die spirituellen Aussagen, die er bei der Plünderung des Ostens mitnahm, verzerrte oder übermäßig vereinfachte. Tagore zeichnete sich dadurch aus, dass er unter Einheit etwas verstand, das widersprüchliche Meinungen enthalten konnte und sollte: Sein Ideal war eine »ewige, auf unzähligen Instrumenten gespielte Symphonie«, in der es aber keinen Platz für den »Pomp und die Pedanterie der Hohepriester und Gelehrten« gab. Seine Spiritualität beruhte nicht auf starren Überzeugungen, sondern auf individueller Erfahrung, aber zugleich empfand er »Getrenntheit« als unerträglich, weil sie »schreckliche Einsamkeit« zur Folge hatte.

1913, als Tagore außerhalb seines Landes nahezu unbekannt war, begannen die Trendsetter der westlichen Literatur sich plötzlich für ihn zu begeistern und in ihm eine verwandte Seele zu sehen. Nur sechs Monate nach der Veröffentlichung der englischen Übersetzung seiner bengalischen Gedichte wurde ihm der Nobelpreis verliehen. Aber schon wenige Jahre später, als in der Folge des Ersten Weltkriegs neue Themen in den Vordergrund rückten, tat sein ehemals glühendster Verehrer – der irische Dichter William Butler Yeats (1865–1939) – ihn als jemanden ab, der mit »sentimentalem Müll« hausiere. Die Ebbe und Flut seines Ansehens, zwischen Ruhm und Quasivergessenheit, ist ein anschauliches Beispiel dafür, wie Erinnerungen neu erfunden werden, um sich Stimmungen anzupassen. Aber Meinungsverschiedenheiten entstehen nicht nur aus Erinnerungen, die sich wandeln, sondern auch aus solchen, die sich partout nicht vertreiben lassen: Tagore war verblüfft über die Reaktion der indischen Bauern seiner Zeit, die er vergeblich zu bewegen versuchte, an kollektiven basisdemokratischen Experimenten teilzunehmen und ihre Produktivität zu steigern. Auf seine Frage, warum sie das ablehnten und »so wenig für sich selbst tun« wollten, antworteten sie: »Warum sollten wir etwas ändern? Davon würden nur die Grundbesitzer profitieren, nicht wir.« Sie lebten in einer anderen Zeit, während er, die Ikone der bengalischen Renaissance des 19. und 20. Jahrhunderts, unter dem gleichen Ge-

> EBBE UND FLUT DES ANSEHENS

> ERINNERUNGEN, DIE SICH NICHT VERTREIBEN LASSEN

fühl der Isolation litt wie die Künstler der italienischen Renaissance. Im nächsten Kapitel werde ich untersuchen, ob ein neues Verständnis des Laufs der Zeit dazu beitragen könnte, Kontroversen in Quellen der Erkenntnis zu verwandeln.

11

WIE KANN MAN ÜBER DIE ZUKUNFT NACHDENKEN, OHNE SIE VORHERSAGEN ZU WOLLEN ODER ÄNGSTE ZU SCHÜREN?

Als die beiden Nobelpreisträger Albert Einstein (1879–1955) und Rabindranath Tagore sich zu einem von den Medien stark beachteten Gespräch trafen, kam dabei alles andere als eine »geistige Übereinstimmung« heraus. Zwar trat Einstein ebenso wie Tagore für die Idee einer Versöhnung der Kulturen und auch der Menschen ein. Gemeinsam mit dreiunddreißig der weltweit bedeutendsten Wissenschaftler verfasste er ein Manifest, das den Vorschlag enthielt, Gelehrte aller Wissenszweige sollten sich zusammentun, um eine »umfassende Vision der Welt« zu entwerfen. Er unterstützte die *Eine-Welt-Bewegung*, bezeichnete sich (während des Ersten Weltkriegs) als Europäer und forderte 1935 Araber und Juden zu »friedlicher und freundschaftlicher Zusammenarbeit« auf. Die *Collected Papers of Albert Einstein*, eine Sammlung seiner Schriften, Briefe, Reden und Interviews in fünfundzwanzig umfangreichen Bänden, deren Veröffentlichung noch nicht abgeschlossen ist, zeigen einen Menschen mit enzyklopädischer Neugier. Aber wenn es darum ging, in den Angelegen-

WAS EINSTEIN NICHT WUSSTE

heiten des täglichen Lebens Voraussagen über die Zukunft zu machen, war er nicht besser als alle anderen. Das gab er auch unumwunden zu: Als man ihm das Amt des israelischen Staatspräsidenten antrug, lehnte er mit den Worten ab, er habe »weder die natürliche Fähigkeit noch die Erfahrung, mit Menschen umzugehen«.

Er war keineswegs überzeugt, dass es in der Zukunft mehr gegenseitiges Verständnis geben werde: »Die Spezialisierung auf allen Gebieten der geistigen Arbeit schafft zwischen den geistig Schaffenden und dem Nicht-Spezialisten eine immer tiefer werdende Kluft«, und halb scherzhaft fügte er hinzu: »Seit die Mathematiker über die Relativitätstheorie hergefallen sind, verstehe ich sie selbst nicht mehr.« Und nur sehr wenige konnten sich vorstellen, dass seine Berechnungen jemals Auswirkungen auf ihre eigene Zukunft haben könnten. Die Londoner *Times* bezeichnete seine Ideen »als einen Affront gegen die Vernunft«. Der Erzbischof von Canterbury sagte, er könne in Einsteins Theorien »weder Hand noch Fuß« erkennen, und »je mehr ich darüber höre oder lese, desto weniger verstehe ich davon«.

WARUM MISSVER-
STÄNDNISSE ZUNEHMEN

Es dauerte sehr lange, bis man zu begreifen begann, dass Einstein ein völlig neues Verständnis der Zukunft entwarf, was auch an seiner Behauptung gelegen haben mag, ihn interessiere eher die Vergangenheit. »Was mich eigentlich interessiert«, sagte er, »ist die Frage, ob Gott bei der Erschaffung der Welt eine Wahl hatte.« Mit anderen Worten: Gab es im Ursprung des Universums einen Konflikt, gab es zwei oder gar mehr als zwei inkompatible Optionen? Als der Kardinal von Boston, O'Connor, die Relativitätstheorie als atheistisch attackierte, schickte Rabbi Herbert S. Goldstein aus New York ein Telegramm an Einstein: »Glauben Sie an Gott? STOP Antwort vorausbezahlt 50 Wörter.« Einstein antwortete: »Ich glaube

EINSTEIN UND GOTT

an Spinozas Gott, der sich in der gesetzlichen Harmonie des Seienden offenbart STOP Nicht an einen Gott, der sich mit Schicksalen und Handlungen der Menschen abgibt.« Sowohl für den Rabbi als auch für den Kardinal war es nicht gerade beruhigend zu erfahren, dass Einstein Ideen des 17. Jahrhunderts nahestand. Spinoza war 1656 aus seiner Synagoge ausgestoßen worden, weil er Zweifel an organisierter Religion äußerte und als unabhängiger Geist hartnäckig alle Dogmen und Ideen zurückwies, die Gott als etwas anderes als die Natur ansahen. Spinoza zog es vor, in Armut zu leben, statt sich den Zwängen einer Professur zu beugen, die ihm die Universität Heidelberg angetragen hatte. Einstein schrieb viel über Spinoza und verfasste sogar ein Gedicht über ihn. »Ich glaube«, schrieb er, Spinozas Ethik »wird eine nachhaltige Wirkung auf mich ausüben.« Einstein nannte sich »einen tiefreligiösen Atheisten« – der weder auf der einen Seite noch auf der anderen stand. Er lebte weder in der Vergangenheit noch in der Zukunft, sondern außerhalb der Zeit. Völlig in seinen wissenschaftlichen Studien aufzugehen verlieh ihm eine »innere Freiheit und Sicherheit« gegenüber den Aspekten des Alltags, die er uninteressant oder inakzeptabel fand, und vermittelte ihm einen »Gefühlszustand, der ... dem eines religiösen oder verliebten Menschen ähnlich ist«, mit einem »vereinfachten und übersichtlichen Bild der Welt«. Andere sahen in ihm »eine seltsame Mischung aus großer Herzlichkeit und großer Distanziertheit«. Er selbst sagte, er habe sich »auf der Schwelle des Lebens wie ein Paria gefühlt, den man auf Abstand hält, von niemandem gemocht und von allen im Stich gelassen«. Als er seine ersten großen Entdeckungen machte, war er ganz der junge Mann, der die Ideen der Älteren verwirft. Selbst als er bereits in den Vierzigern und weltberühmt war, schrieb ein Journalist: »Er vermittelt den Eindruck verblüffender Ju-

EIN TIEFRELIGIÖSER ATHEIST

RESPEKTLOS WITZIG

gendlichkeit, stark romantisch, und lässt mich in bestimmten Augenblicken unweigerlich an einen jungen Beethoven denken ... aber dann bricht er urplötzlich in Lachen aus und man glaubt, einen Studenten vor sich zu haben.« Einstein war respektlos witzig, und nie wich »ein gutmütiges Zwinkern aus seinen Augen ... nicht einmal auf dem Höhepunkt einer sehr ernsthaften Debatte«. Er liebte es, wenn in seinem Arbeitszimmer heillose Unordnung herrschte, und keine Putzhilfe, ja nicht einmal seine Frau durfte dort aufräumen: »Wenn ein überladener Schreibtisch ein Zeichen für einen überladenen Geist ist, was sagt uns dann ein leerer Schreibtisch?« »Zur Strafe für meine Autoritätsverachtung hat mich das Schicksal selbst zu einer Autorität gemacht.« »Es ist seltsam, wenn man so allgemein bekannt und dabei einsam ist.« »Woher kommt es, dass mich niemand versteht und jeder mag?«

Er versuchte nicht, die Erwartungen anderer zu erfüllen. »Behagen und Glück sind mir nie als Selbstzweck erschienen. Ich nenne diese ethische Basis auch Ideal der Schweineherde.« »Niemals habe ich von ganzem Herzen zu einem Land oder Staat, zu meinem Freundeskreis oder auch nur zu meiner eigenen Familie gehört.« Die Ehe definierte er als den »erfolglosen Versuch, einen Zufall zu etwas Dauerhaftem zu machen«, und sagte, er halte sich von ihr fern, weil er fürchte, ein zufriedener Bourgeois zu werden. Akademischen Wettbewerb (»das Wettrennen der Geister«) bezeichnete er als »schlimme Sklaverei, nicht weniger als die Sucht nach Geld oder Macht«. Er trank keinen Alkohol und war »im Prinzip« ein Vegetarier, der Fleisch »mit schlechtem Gewissen« aß. »Ich mag weder neue Kleidung noch neuartige Speisen.« Sein Gesicht mochte er auch nicht: »Ohne diesen Schnurrbart sähe ich aus wie eine Frau.« Mit seiner Bemerkung »Sehr wenige Frauen sind kreativ« gab er nicht nur zu erkennen, dass er 1879 geboren war, sondern auch, dass sein Gehirn zugleich eine Ausgra-

EINE SCHLIMME SKLAVEREI

bungsstätte für sehr alte Vorurteile wie auch eine Quelle genialer neuer Ideen war.

»Ich bin glücklich«, sagte er, »weil ich von niemandem etwas will. Ich bin nicht begierig auf Lob. Das Einzige, was mir abgesehen von meiner Arbeit, meiner Geige und meinem Segelboot Freude bereitet, ist die Anerkennung meiner Kollegen.« Zu diesen unterhielt er herzliche Beziehungen, was ihn aber nicht hinderte, erhebliche Zweifel an der Bedeutung zu äußern, die sie dem Zufall und der subjektiven Wahrheit in der Quantenphysik einräumten. »Ich bin von der Harmonie des Universums fest überzeugt ... Alles ist vorherbestimmt. Die menschlichen Wesen, die Pflanzen oder der kosmische Staub, wir alle tanzen nach einer geheimnisvollen Melodie, die ein unsichtbarer Spieler in den Fernen des Weltalls anstimmt.« Alternative Erklärungen waren für ihn eine »Beruhigungsphilosophie«, vergleichbar der Religion. Über Niels Bohr (1885–1962), der eher an die Komplementarität als an die Einheit glaubte und dessen Motto »Gegensätze ergänzen sich« lautete, sagte er: »Der talmudische Philosoph aber pfeift auf die ›Wirklichkeit‹ als auf einen Popanz der Naivität.« Einstein bestand darauf, der Zufall werde letztendlich auf einer tieferen Ebene des Determinismus seine Erklärung finden; es sei »unerträglich«, dass Raum und Zeit, elektrische und magnetische Kräfte, Energie und Masse sich nicht zu einem einzigen Bild zusammenfügen ließen, und seine späteren Lebensjahre widmete er dem vergeblichen Versuch, Quantenphysik und Gravitation unter einen Hut zu bringen.

EINE BERUHIGUNGS-
PHILOSOPHIE

Beiden Männern – Tagore und Einstein – war gemeinsam, dass sie sich isoliert und missverstanden fühlten und ihre ultimativen Ambitionen unerfüllt blieben, was zum Teil auf ihre Einstellung zur Zeit zurückzuführen war. Tagore, der seine Inspiration bewusst aus vielen verschiedenen Epochen schöpfte, war »nicht mehr im Takt« mit seinen Zeitgenossen, die lieber an den Gewohnheiten ihrer eigenen Zeitzonen festhielten. Die für die Bewältigung des täglichen Lebens wichtigste Idee, die Einstein hervorbrachte, war die, dass »der Unterschied zwischen Vergangenheit, Gegenwart und Zukunft eine Illusion ist, wenn auch eine sehr hartnäckige«, und mit ihr stellte er sich außerhalb der Grenzen dessen, was die meisten für gesunden Menschenverstand halten. Wenn Sie oder ich mit Tagore und Einstein sprächen, kämen wir nicht umhin, unsere eigene Einstellung zur Zeit zu erläutern, denn diese ist schließlich unser wertvollster Besitz, nämlich das Leben selbst. Ich werde das tun und hoffe, Sie damit zu veranlassen, sich über den Zeitrahmen klar zu werden, innerhalb dessen Sie Ihre eigene Existenz sehen, mit anderen Worten: über Ihre Geschichtsphilosophie. Es gibt viele vorgefertigte Geschichtsphilosophien, die zur Auswahl stehen und zum Beispiel auf Fortschritt, Ausbeutung, Glück, Unsterblichkeit, Individualität oder Sexualität beruhen. Häufig gehen sie von der Vorstellung aus, dass man bei seiner Geburt in eine stürmische See geworfen wird und Jahre damit verbringt, sich von einem leckgeschlagenen Rettungsboot zum nächsten zu hangeln, während man hilflos auf eine unbekannte Küste zutreibt, sofern überhaupt eine Küste in Sicht ist, und man nur die Gewissheit hat, am Ende zum Ertrinken verurteilt zu sein. Zu all diesen Philosophien fühle ich mich nicht hingezogen, denn ihre Erwartungen sind auf eine Zukunft gerichtet, die der Gegenwart sehr ähnlich ist: noch mehr Wohlstand, noch mehr technische Spielereien, noch mehr Ferien, noch mehr Katastrophen, noch mehr Leiden, noch mehr Therapien.

In meinen Augen betreffen die meisten Meinungsverschiedenheiten entweder die Vergangenheit oder die Zukunft, nämlich das, was geschehen ist oder nicht, und was geschehen könnte oder sollte. Die Geschichte mischt die Karten des-

BEFREIUNG VON VERGANGENHEIT, GEGENWART UND ZUKUNFT

sen, was den Menschen in Erinnerung bleibt, was sie vergessen und was sie voraussehen, und damit kann sie die Art und Weise verändern, in der sie hoffen, in der sie sich streiten oder verzweifeln. Weil das 20. Jahrhundert einen Aufstand gegen die elterliche Macht erlebte, konzentrierte es seine Aufmerksamkeit auf Kindheitserinnerungen, die es als wertvollsten Fingerzeig für die Zukunft ansah. Mein Ziel ist es, zu zeigen, wie man sich der Zukunft mit anderen Arten von Erinnerungen, nicht nur den eigenen, stellen kann. Erinnerungen kann man nicht mehr wie Erbstücke behandeln, die man hortet oder hegt. Neuere Erkenntnisse der Wissenschaft haben sie in Aladdins Schatzkammer verwandelt, die viele Fälschungen und Täuschungen bereithält. Seit den bahnbrechenden Experimenten von Frederic Bartlett (1886–1969) wissen wir, dass man sich ein Ereignis nicht als geschlossene Einheit in Erinnerung ruft, sondern es aus unzähligen verstreuten Fragmenten rekonstruiert, die fast zwangsläufig mit neuen Empfindungen und Überzeugungen vermischt sind. Wir erfinden die Vergangenheit ständig neu. Eine der wichtigsten Entdeckungen des 21. Jahrhunderts ist, dass unsere Erinnerungen sich in demselben Teil des Hirns bilden, in dem wir auch unsere Gedanken über die Zukunft entwickeln. Unsere Vorstellung von der Zukunft wird von dem bestimmt, was wir von der Vergangenheit wissen.

EINE REVOLUTION DES VERSTÄNDNISSES DER ERINNERUNG

In diesem und in meinen früheren Büchern bin ich davon ausgegangen, dass es keinen überzeugenden Grund gibt, den Fluss der Zeit stets nur im klassischen Stil und in chronologischer Reihenfolge darzustellen, und dass nicht einzusehen ist, warum die Geschichte sich nicht dieselbe Freiheit herausnehmen soll wie die darstellende Kunst. Ich stelle Menschen und Ideen, die aus verschiedenen Jahrhunderten stammen und einen unterschiedlichen Hintergrund aufweisen, einander gegen-

AUSSERHALB DER ZEIT LEBEN

über, um so neue Antworten auf die Fragen zu finden, die die gegenwärtigen Bewohner der Erde umtreiben. Einstein verwarf die Unterscheidung zwischen Vergangenheit, Gegenwart und Zukunft aus ganz anderen Gründen und hatte sich schon als Sechzehnjähriger gefragt, was er sehen würde, wenn er mit einem Lichtstrahl reisen könnte. Seine Reise durch die Zeit, und die ein wenig andere von Tagore, bieten gegensätzliche Visionen von Menschen als Zeitreisenden. Sie drängen mich, zu erklären, was mir als Alternative zur Vorhersage oder zur Angst vor der Zukunft vorschwebt.

Niemand lebt nur in der Gegenwart. In unseren Köpfen speichern wir nicht nur Erinnerungen an persönliche Erfahrungen, sondern auch Meinungen und Verhaltensweisen aus verschiedenen Epochen, lange vor unserer Geburt, und von Menschen, denen wir nie begegnet sind. Wir basteln uns unser Leben zurecht, indem wir uns verstreute Fragmente dessen ausleihen, was als antik, mittelalterlich oder modern bezeichnet wird. Kein historischer Zeitraum wird durch den nachfolgenden endgültig abgelöst. Auch diejenigen, die stets der neuesten Mode folgen, hängen der einen oder anderen fossilen Überzeugung an und haben Dinosaurierträume. Wir können nicht vorhersagen, welche erworbenen Vorlieben und verbliebenen Aversionen uns das Leben schwer machen oder aber geniale Erfindungen hervorbringen werden. Unsere Streitereien sind oft nichts anderes als Kämpfe zwischen gegensätzlichen Erinnerungen an vergangene Zeiten. Meinungsverschiedenheiten sind verbreiteter als je zuvor, weil die Menschen in zwei Welten gleichzeitig leben – der sichtbaren Welt, in der sie essen, arbeiten und Familien bilden, und der unsichtbaren Welt, in der Sehnsüchte und Ängste, Überzeugungen und Zweifel, Musik und Mythos, Spiritualität und Idealismus, Übernatürliches und Göttliches sowie Gedanken, die man nicht in Worte fassen kann, zu Hause sind. Diese

NIEMAND LEBT NUR IN DER GEGENWART

zweite Welt ist tendenziell übervölkert, weil abergläubische Vorstellungen, die partout nicht aussterben wollen, fortwährend Bastarde zeugen, zu denen sich Scharen neuartiger und widersprüchlicher Obsessionen hinzugesellen. Wenn wir Erinnerungen auf eine neue Art miteinander verbinden, bestehen gute Chancen, dass sie den Vorgeschmack auf die Zukunft verändern können.

Die Römer hatten so etwas wie eine Vorahnung der Auswirkungen, die sich daraus ergeben könnten. Janus, ihr Gott der Zeit, des Anfangs und des Endes, hatte zwei Gesichter, von denen eines zurück in die Vergangenheit und das andere nach vorn in die Zukunft blickt. Er war auch der Gott des Streits, des Reisens, des Handels und der Schifffahrt und zugleich der Erste, der Münzen prägte, was daran erinnert, dass es bei Geschäften letztlich darum geht, Zeit zu kaufen und zu verkaufen. Vor kurzem fand man heraus, dass Patienten mit gestörtem Erinnerungsvermögen Schwierigkeiten haben, über die Zukunft nachzudenken. Je mehr die Demenz sie in das Dunkel des Vergessens taucht, desto leerer wird die Zukunft; je mehr ein Mensch über die Vergangenheit phantasiert, desto eher werden auch seine Ideen über die Zukunft zu Phantasien, und je präziser seine visuelle Erinnerung ist, desto deutlicher sieht er die Zukunft vor sich. Die Erinnerung hat daher nicht nur mit der Vergangenheit zu tun; sie liefert die Bausteine, mit denen man die Zukunft konstruiert. Je enger die Grenzen der Erinnerungen sind, die man hat, desto geringer ist die Wahrscheinlichkeit, weit gefächerte und originelle Ideen über die Zukunft entwickeln zu können. Die Art, wie man seine Erinnerung nährt, wird ebenso wichtig wie die, den Körper zu ernähren. Persönliche Erfahrungen sind eine unzureichende Kost, aber wir können sie durch mittelbare Erinnerungen ergänzen, die wir von anderen beziehen, nämlich von der ganzen Menschheit,

DEMENZ UND VERGESSLICHKEIT

BAUSTEINE FÜR DIE ZUKUNFT

gleich ob lebendig oder tot. Mit dürftigen Erinnerungen können wir uns nicht vorstellen, wohin wir als Nächstes gehen, abgesehen von Orten, an denen wir schon einmal waren.

Im Gespräch mit Ihnen höre ich nicht nur, was Sie sagen, sondern auch das Echo dessen, was Menschen früherer Epochen in ähnlicher Weise gesagt haben, und auch, was sie gegen Ihre Aussagen eingewandt hätten. Das ist nichts Ungewöhnliches. Ursprünglich gab es in den meisten Zivilisationen keine Trennung zwischen Vergangenheit und Gegenwart: Eine stetige und aufmerksame Debatte mit den verstorbenen Vorfahren bildete die Grundlage, auf der sie ihre Zukunft planten und Meinungsverschiedenheiten beizulegen suchten. Für sie waren die Toten nicht minder lebendig als die Lebenden. Als die Menschen modern wurden und beschlossen, alles besser zu machen als ihre Vorfahren, kappten sie viele ihrer Bindungen an die Vergangenheit und wurden zu Waisen der Zeit. Es ist schwieriger geworden, zu wissen, was als Nächstes zu tun ist. Die Unsicherheit, die daraus folgt, wird durch Maschinen verringert, die Regelmäßigkeit erzeugen und eine Welt prägen, die darauf ausgerichtet ist, vorhersehbare Ergebnisse zu liefern, mit Uhren, die es ermöglichen, jede Stunde im Voraus zu planen und für jede Aufgabe einen festen Platz im Tagesablauf vorzusehen.

KÄMPFE GEGEN DAS VERRINNEN DER ZEIT

DER WUNSCH NACH REGELMÄSSIGKEIT STATT ÜBERRASCHUNGEN

Wenn man allerdings ängstlich darauf starrt, wie die Minuten unwiederbringlich verrinnen, läuft man Gefahr, das Leben in einen beständigen Kampf gegen die Zeit und eine endlose Diskussion darüber zu verwandeln, wie man die kostbaren Momente, die einem verbleiben, am besten nutzt und genießt. Pünktlichkeit und Effizienz sind nicht selten zu Sklaventreibern geworden, die uns jeden Tag immer mehr Tätigkeiten und Leistungen abverlangen und uns zwingen, den persönlichen Rhythmus zugunsten vorgegebener, anonymer Zeitpläne aufzugeben. Es sind nicht nur Privilegien, die die Menschheit zunehmend spalten, sondern auch gegensätzliche Temperamente: Auf der einen Seite stehen die, die Regelmäßigkeit und ein geordnetes Leben schätzen und zufrieden sind, sich dem zu fügen, was die Gesellschaft für sie arrangiert hat, sodass sie nicht mehr ständig eigene Entscheidungen treffen müssen, und auf der anderen Seite diejenigen, die selbst darüber bestimmen wollen, was sie tun und wann sie es tun, mit der ihnen eigenen Geschwindigkeit, und die einen guten Teil ihrer Freude aus Überraschungen, Vielfalt und Improvisation beziehen. Darin liegt die große Kluft zwischen den Wunschvorstellungen, die die Menschen von der Zukunft haben.

Inzwischen hat sich erwiesen, dass Zeit kostbarer ist als Geld, zwar beileibe nicht für jedermann und auch nicht in allen Phasen des Lebens, aber jedenfalls in einem solchen Maße, dass man sich fragt, ob die bekannten Methoden des Kaufens und Verkaufens von Zeit – denn darauf läuft es mittlerweile hinaus, wenn wir unseren Lebensunterhalt verdienen – die einzigen sind, die Menschen zu erfinden vermögen. Die Technologie muss sich dieses Problems noch annehmen. Bislang hat der Mensch versucht, die Zeit zu beherrschen, sich von ihren Zwängen zu befreien und alles schneller vonstattengehen zu lassen. Mit dem Internet haben wir eine gigantische Kühltruhe geschaffen, in der die Vergangenheit, die Gegenwart und die Zukunft gespeichert sind und die als Archiv für alles dienen kann, was jemals geschehen ist, zugleich aber auch als blitzschneller Bote sämtlicher Gedanken, die die Gegenwart hervorbringt, und als Bühne, auf der die Visionen der Zukunft spielen. All das ist darauf angelegt, Ihnen zu geben, was Sie wollen, oder von dem andere Menschen wollen, dass Sie es wollen, nicht aber darauf, Sie an das zu erinnern, was Sie zu vergessen vorziehen.

ZEIT KAUFEN, VERKAUFEN, EROBERN UND EINFRIEREN

Der französische Mathematiker Henri Poincaré (1854–1912), der Einsteins Entdeckung der Relativitätstheorie beinahe zuvorgekommen wäre, stellte die These auf, dass das Chaos ein integraler Bestandteil der Welt sei und es auch in der Ordnung eine verborgene Unordnung gebe.

LANGFRISTIGE VORAUSSAGEN Inseln von Turbulenzen inmitten folgsamer Regelmäßigkeit machten langfristige Prognosen unmöglich, weil winzige Schwankungen in den Ausgangsbedingungen letztlich in einem späteren Stadium zu gewaltigen Folgen führen könnten. Auf ihn geht die uns mittlerweile vertraute Vorstellung zurück, die aber erst viel später mit der Entwicklung des Computers vollständig nachvollziehbar wurde, dass der Flügelschlag eines Schmetterlings Tausende von Kilometern entfernt heftige Stürme auslösen kann.

Poincaré pries die Intuition, die für ihn nicht bloße Vermutung bedeutete, sondern die Fähigkeit, »längst bekannte Sachverhalte, von denen man aber zu Unrecht glaubte, sie seien einander fremd«, zusammenzubringen. »Der Wert einer Beobachtung besteht darin, allen bekannten Tatsachen, die sie vereint, eine neue Bedeutung zu geben.« Einstein sagte, das Ziel der Wissenschaft sei es, »die Einheit eines Komplexes von Erscheinungen zu erkennen, die der direkten Wahrnehmung als getrennte Dinge erscheinen«. Poincaré sah ihr Ziel darin, in der Unordnung einen Sinn zu erkennen, indem man sie mit Eleganz umgestaltet und sich dabei von der Suche nach der Schönheit leiten lässt. »Der Gelehrte studiert die Natur nicht, weil das etwas Nützliches

EINEN SINN IN DER UNORDNUNG ENTDECKEN ist. Er studiert sie, weil er daran Freude hat, und er hat Freude daran, weil sie so schön ist. Wenn die Natur nicht so schön wäre, so wäre es nicht der Mühe wert, sie kennenzulernen, und das Leben wäre nicht wert, gelebt zu werden.« Für Poincaré waren Schönheit und Einfachheit dasselbe. Schönheit sei daran zu erkennen, dass sie das Denken vereinfache, so wie Maschinen die Anstrengung verringerten. Er suchte nicht nach Gewissheit. »Jede Gewissheit ist eine Lüge«, sagte er. Die Fakten zu kennen sei nur die Hälfte der Reise. Wichtiger sei es, die Beziehungen zwischen ihnen zu erkennen. So interessierte er sich für fast jeden Wissenszweig, denn nichts war von vornherein irrelevant. Seine Freunde bewunderten seine »in ihrer Intensität und Reichweite nahezu poetische Vorstellungskraft ... Sein religiöses Gefühl angesichts der Natur gleicht einem schwärmerischen Staunen.« Er behauptete, die Geisteswissenschaften seien die beste Ausbildung für einen Forscher. Seine Lieblingslektüre waren Berichte von Forschungsreisen und fernen Ländern. Im Gespräch, oder wenn er eine Anekdote erzählte, »fing er kaum je am Anfang an, sein Geist funktionierte nicht geradlinig, sondern strahlte vom Zentrum zur Peripherie aus«. Er war beständig auf der Suche nach praktischen Anwendungen, mit denen man sich zunutze machen könnte, was auf den ersten Blick wie eine bloße Ungereimtheit erschien.

WAS MACHT EINE TATSACHE WICHTIG?

Ich lege Wert auf Inkompatibilitäten, Widersprüche und Unsicherheiten, die die Realität in Fragmente der Wahrheit und der Illusion zerlegen und die Tür zur Erfindung aufstoßen. Wenn Humpty Dumpty von der Mauer fällt und seine Eierschale in viele kleine Stücke zerbricht, gibt es eine Alternative zu dem Versuch, ihn wieder zusammenzuflicken. Man kann aus dem Malheur auch ein Omelett machen, zusammen mit vielen anderen Zutaten, nicht nur mit denen, die man gewohnt ist. Die Zukunft ist eine endlose Folge von Experimenten. Unterschiedliche Meinungen sind eine Herausforderung für die Phantasie. Sich von ihnen zu lösen ist der Lohn widersprüchlicher Erinnerungen. Mit zunehmender Erweiterung und

EINE GEWAGTERE IDEE DER FREIHEIT

FREIHEIT ALS EINE FERTIGKEIT

Fragmentierung des Wissens werden Risse sichtbar zwischen dem, was vorherbestimmt ist, und dem, was es nicht ist. Fakten mutieren zu Mysterien, und Fragen erzeugen mehr neue Fragen als Antworten. Eine gewagtere Idee der Freiheit entsteht. Freiheit ist nicht nur ein Recht, sondern eine Fertigkeit, die man sich erwerben muss, nämlich die Fähigkeit, die Welt durch verschiedene Brillen und nicht nur durch die eigene zu sehen, sich vorzustellen, was niemand zuvor sich ausgemalt hat, und Schönheit oder Sinn oder Inspiration zu finden. Jedes Leben ist eine Fabel über die Freiheit.

JEDES LEBEN IST EINE FABEL ÜBER DIE FREIHEIT

12

IST SPOTT DIE WIRKSAMSTE FORM GEWALTLOSEN PROTESTS?

»Wisch dir dieses Lächeln aus dem Gesicht!«
»Hör auf, den Clown zu spielen«!
Das sind die einzigen goldenen Regeln zum Umgang mit Humor, an die ich mich aus meiner Schulzeit erinnere, in der ich sogar einmal sechs Stockschläge bekam, weil mein Lehrer argwöhnte, ich würde mich über ihn lustig machen. Autoritätspersonen setzen alles daran, zu verbergen, wie verletzlich sie sind und wie sehr sie sich davor fürchten, dass sie jemand lächerlich finden könnte. Vor sehr langer Zeit glaubten die Inder, die Götter hätten die Welt als Spielplatz erschaffen, um sich wie Kinder zu amüsieren, die Sandburgen bauen und sie dann wieder zerstören. Natürlich könnte kein Professor für Humor es ertragen, wenn man ihm sagte: »Von dem Augenblick an, in dem ich Ihr Buch in die Hand nahm, habe ich mich vor Lachen geschüttelt und erst wieder aufgehört, als ich es weglegte. Ich habe mir vorgenommen, es eines Tages zu lesen.« Noch hat kein Prophet die Spaßvögel der Welt aufgefordert, sich zu vereinigen, damit der Humor Arroganz oder Heuchelei aufspießt und die Machtlosen von der Verachtung befreit. Warum wird Humor nur als eine harmlose

WARUM ES KEINE PROFESSOREN FÜR HUMOR GIBT

Zerstreuung angesehen? Könnte er nicht eine Alternative zu gewalttätigem Widerstand sein oder aufgebrachte Straßendemonstrationen ersetzen? Wenn die Menschen überall auf der Welt Regierungen gehorchen müssen, die sie als dumm oder korrupt verachten, und größenwahnsinnige Bosse ihnen das Leben zur Qual machen, könnte dann nicht der Spott eine Kunst sein, die es zu fördern gilt, damit sie mehr bewirkt, als nur vor der schieren Verzweiflung zu bewahren?

Während Sergej Eisenstein mit der neuen Kunst des Kinos experimentierte, um sein Leid in einer Welt zu lindern, die ihn hartnäckig ablehnte, erkannte sein Zeitgenosse Lao She (1899–1966), was Humor zu leisten imstande ist. Er führte diesen Begriff, *youmou*, in die chinesische Sprache ein und wurde als einer der beliebtesten modernen Schriftsteller und Dramatiker seines Landes berühmt, dessen Bücher – ein seltenes Phänomen – auch in den USA zu Bestsellern wurden.

WIE MAN EIN HUMORIST WIRD

Lao She wuchs in so großer Armut auf, dass er manchmal nicht genug zu essen hatte. Alle Mitglieder seiner Familie waren Analphabeten; seine Mutter war eine Wäscherin und Scheuerfrau. Unter enormen Schwierigkeiten schaffte er es, einen Platz in einer Volksschule zu ergattern und schließlich das Lehrerexamen abzulegen. Das hätte normalerweise Erfolg und eine Lebensstellung bedeutet, zumal er rasch befördert wurde. Aber er quittierte den Dienst. Er wollte unabhängig sein. Er lehnte es ab, gegenüber korrupten Beamten, die er als »Buhmänner und Teufel« verdammte, so tun zu müssen, als sei er mit ihnen befreundet. Lieber blieb er arm, auch wenn er mitten im Winter seinen Pelzmantel verkaufen musste, um Kleidung und Essen für seine Mutter zu beschaffen. Es sei normal, sagte er, dass er als Mittelloser schlecht über die Welt geredet und als Querkopf andere Menschen nach dem Maßstab seiner eigenen Gefühle beurteilt habe. Der Humor ermöglichte es ihm, sich loszulösen und über sein Leid zu erheben. In der Schule hatte er nie eine Träne vergossen, so hart ihn sein Lehrer auch schlug, und er bat nie um Gnade, so wie auch seine Mutter sagte, sie würde lieber sterben, als um Hilfe bitten. Seine Alternative zur Rebellion bestand darin, seine Würde und die aller armen Menschen zu behaupten, deren Gesellschaft er derjenigen der Berühmten und Erfolgreichen auch dann noch vorzog, als er einer der bekanntesten Menschen in China wurde, »Künstler des Volkes«, »Großmeister der Sprache«, Mitglied des Volkskongresses und vieles mehr. Er suchte die Armen nicht in einem Teehaus auf, nur um »ihr Verhalten heimlich zu beobachten und ihre Gespräche zu belauschen. So etwas habe ich noch nie getan. Ich möchte ganz einfach Freunde finden. Sie helfen mir und ich helfe ihnen. Sie kommen, um mir zu gratulieren, wenn ich Geburtstag habe, und ich mache es ebenso, wenn es eine Hochzeit oder eine Geburt in ihrer Familie gibt«.

Im Alter von fünfundzwanzig Jahren wanderte er nach England aus, mit der großen chinesischen Emigrationswelle, die das vergessene Gegenstück zum europäischen Aufbruch in die Neue Welt ist. Irgendwie gelang es ihm, einen Lehrauftrag für Chinesisch an der Fakultät für Orientalistik und Sinologie der Universität London zu erhalten, wo er fünf Jahre verbrachte, von 1924 bis 1929. Aber wie konnte er sich gegenüber den Londonern behaupten, die offenbar überzeugt waren, alle Chinesen seien Opiumraucher, Waffenschmuggler oder Barbaren, und wie konnte er herablassenden Geschäftsleuten, die am Handel mit China verdienten, aber die prachtvolle antike Kultur dieses Landes ignorierten, die Stirn bieten? Wie konnte er herablassenden Missionaren gegenüber, die von ihrer eigenen Überlegenheit überzeugt waren, höflich bleiben? »Die Engländer sind langweilig und voller Vorurteile«, schrieb er, »aber nicht so bösartig, wie es den Anschein hat.

DIE HUMORLOSEN VERSPOTTEN

Sie haben keinen Humor, und ich kann nur auf humorvolle Art über sie schreiben, denn andernfalls würden sie als eine Bande bemitleidenswerter Narren erscheinen.«

Er reagierte darauf, indem er sich über seine Demütigungen und die seiner Einwandererkollegen lustig machte. Statt gegen die Grausamkeit und Ungerechtigkeit zu revoltieren, zog er es vor, den Schmerz der einfachen Menschen zu lindern, indem er aus ihren kleinen, alltäglichen Triumphen über Widrigkeiten ein wenig Freude gewann und die Absurditäten bloßstellte, denen sie sich gegenübersahen. In seinen Romanen schuf er lächerliche Figuren aus durchtriebenen Politikern, aufgeblasenen Polizisten, voreingenommenen Richtern, Pädagogen, die ständig neue Methoden einführten, »vordergründig fortschrittlichen Studenten, die sich in 327 Parteien zersplitterten« und sich nicht entscheiden konnten, was sie an die Stelle der Übel setzen sollten, gegen die sie aufbegehrten, verunsicherten Bürgern auf der Suche nach Werten, die ihre Ambitionen rechtfertigen könnten, und Angestellten, die zwischen einem Büro – dem »Monster, das mit weit aufgerissenem Maul auf sie lauert« – und einem Heim hin- und herpendeln, wo die Frau – »das Teufelsweib« – nur darauf wartet, den Mann zu verschlingen. Er verspottete »Amtsgeschäfte, die Dokumente ohne Folgen produzieren«, die Bürokratie, die »Geld frisst und Papier erbricht«, und naive Importeure fremder Gewohnheiten. Vor allem aber prangerte er den »Klang und Geruch des Geldes« an, der persönliche und familiäre Beziehungen vergifte.

ABSURDITÄTEN BLOSSSTELLEN

Zugleich schuf er bezaubernde Charaktere, die man trotz ihrer Schwächen einfach gern haben muss. Der unwiderstehlichste von ihnen ist Hsiang-Tzu, ein armer Rikscha-Kuli, dessen Bemühungen, seinen Lebensunterhalt zu verdienen und genug zu sparen, um sich eine eigene Rikscha kaufen

LÄCHERLICH UND LIEBENSWERT

zu können und endlich frei und unabhängig zu sein, immer wieder von allen möglichen fiesen Gaunern und Betrügern durchkreuzt werden, bis er schließlich selbst zum Dieb wird, der seine Kollegen verrät. Er fängt an zu rauchen, zu trinken und zu zocken, weil eine kleine und flüchtige Freude alles ist, von dem er träumen kann, um das Elend seiner Existenz zu erleichtern. »Das Leben war so freudlos, schmerzhaft und hoffnungslos. Die Qual des Lebensrads mit seinen drei Wurzelgiften Gier, Hass und Verblendung ließ sich nur kurzzeitig durch die verderblichen Wirkungen von Wein und Prostituierten betäuben, ein Gift, um das Gift zu bekämpfen. Hat jemand einen besseren Plan?«

Lao She hatte keinen besseren. Humor war für ihn »eine Geisteshaltung«, die man kultivieren musste, um das Leben erträglich zu machen. Dazu gehörte, Leute zu beobachten wie ein Tourist, der alles interessant findet. Sein Ziel war es, trotz aller Gräuel, die die Menschheit begeht, Heiterkeit und Großzügigkeit zu bewahren. Satire war ihm nicht genug; ihr Sarkasmus war ihm zu frostig, und ihr Bestreben, Abneigung gegen ihre Opfer zu erzeugen, empfand er als ungerecht: »Ich hasse einen schlechten Menschen, aber er hat auch gute Seiten. Einen guten liebe ich, aber er hat auch schlechte Seiten.« Bloßer Wortwitz stellte ihn auch nicht zufrieden, weil er das Bauchgefühl zu wenig ansprach. Gegen Possenspiele, gegen das Lachen um des Lachens willen, hatte er nichts einzuwenden, aber auch da vermisste er etwas – die Sympathie, die er am meisten schätzte. Seine Antwort auf das Leiden bestand darin, ans Licht zu bringen, dass jedermann faszinierend und jedermann lächerlich sei, sogar der Schriftsteller, der das aufgezeigt habe. »Alle Menschen sind Brüder, und alle haben ihre Schwächen«, und es könne durchaus vergnüglich sein, die »kleinen Verschrobenheiten« eines jeden zu entdecken. Er liebte es, Charaktere

> SATIRE, WITZ UND FARCE

> EXZENTRIZITÄT

zu beobachten und ihre inneren Widersprüche zu porträtieren, den Konflikt zwischen Wünschen und Enttäuschungen und den Widerstand, zu dem sie fähig sind, wenn ein Scheitern unausweichlich erscheint. »Die Kunst des Humoristen besteht darin, das Lächerliche der Dinge zu zeigen, aber er begnügt sich nicht damit, darauf hinzuweisen. Er ist sich bewusst, dass dies das gemeinsame Los der Menschheit ist.« Er zitierte William Makepeace Thackeray: »Der humoristische Schriftsteller will eure Liebe, Teilnahme und Güte wecken und lenken, euren Spott für alles Unwahre, Anmaßende, Schwindelhafte – euer Mitgefühl für die Schwachen, Armen, Unterdrückten und Unglücklichen.« Von Lao She wurde gesagt, er sei ein »chinesischer Vetter von Charles Dickens und Mark Twain«, für deren Bücher er sich begeisterte, und hätten diese beiden länger gelebt, hätten sie ihn nicht nur gemocht, sondern wären auch erschüttert gewesen über die missliche Lage, die er mit seinem Humor bekämpfte.

DER CHINESISCHE VETTER

Das Problem der Humoristen ist, dass Sie in der Regel ebenso verletzlich sind wie jene, über die sie spotten. Dickens nutzte seine immense Popularität, um seine Ideale als Sozialreformer zu propagieren, aber seine Verherrlichung der Freuden des Familienlebens kaschierte das Scheitern seiner eigenen Ehe und eine unerlaubte Liebschaft, die er geheim halten musste. Er blieb ein Gefangener seines unstillbaren Bedürfnisses nach öffentlichem Beifall und der »vagen Unzufriedenheit, die ein Leben begleitet, das stets ein Ziel verfolgt und zu immer neuen Zielen drängt, in denen es sich zu verlieren droht«. Mark Twain hat seinen Ruf als Vorzeige-Amerikaner bewahrt, aber er bestand darauf, dass seine Autobiographie hundert Jahre lang unveröffentlicht bleiben sollte, weil er wusste, dass die Amerikaner nicht akzeptieren würden, was er wirklich dachte: nämlich, dass amerikanische

DIE VERLETZLICHKEIT DER HUMORISTEN

Soldaten »uniformierte Mörder« seien und Patriotismus »dummes Zeug«. Zu Lebzeiten konnte er nicht in aller Offenheit sprechen, und obwohl er alles in einen Scherz zu verwandeln wusste, musste er bekennen: »Mit der Wahrheit habe ich mich nicht besonders intensiv befasst.«

Wie Dickens, Twain und viele andere fand Lao She es schwierig, ein angemessenes Verhältnis zwischen Humor und ernster Realität herzustellen. Von Gefühlen überwältigt, die stärker waren als seine Fähigkeit, Distanz zu wahren, ließ er sich von Maos Versprechen einer Wiederbelebung Chinas hinreißen und bot seine Hilfe an, bevor er begriffen hatte, dass er seine Freiheit verlieren würde und er nur noch sagen könnte, was der »große Steuermann« forderte. Die tiefe Sehnsucht, seinem Land von Nutzen zu sein, rang mit der Skepsis des Humoristen. Er wollte sein Heimatland kritisieren und zugleich verteidigen. »Wenn ich die Schwächen der Chinesen offenlege, dann liegt das daran, dass ich meine Landsleute liebe ... Ihre Missgeschicke sind auch die meinen ... Mit ihrer Intelligenz kann nur ihre Dummheit mithalten.«

ZWISCHEN IDEALISMUS UND SKEPSIS

Seine ganze Kunst richtete sich gegen oberflächliche Verallgemeinerungen nationaler Eigenarten, und er hasste die Art, in der man »den primitiven Menschen an seiner Hautfarbe und den zivilisierten an seinem welligen Haar zu erkennen« meint. Aber der Humor konnte die Abneigung, die er gegen den »engstirnigen Patriotismus« der Engländer, der »die Quelle all ihrer Verbrechen ist«, nicht vollständig überwinden. Dieser Groll rief einen entgegengesetzten Patriotismus in ihm wach. Er kam zu dem Schluss, dass »die Bewohner eines starken Landes Menschen und die eines schwachen Landes Hunde sind«. Solange China noch keine starke Macht sei, würden seine Bürger weiterhin wie Hunde behandelt werden. Sein ganzes Leben lang war er immer wieder hin- und hergerissen

MENSCHEN UND HUNDE

zwischen lächelnder Distanz und leidenschaftlichem Engagement für Fragen, über die er nicht lachen konnte.

Seine Selbstironie wurzelte in etwas Tieferem als Bescheidenheit. Weit davon entfernt, auf seine Bücher stolz zu sein, war er ihnen gegenüber sehr kritisch und wies in großer Abgeklärtheit auf ihre Schwächen hin. »Es mag sein, dass ich Talente habe, aber die intellektuelle Reflexion gehört mit Sicherheit nicht dazu. Ich kann einen herzlichen Brief an einen Freund schreiben, bin aber absolut unfähig, einen klugen Vorschlag zu formulieren.« Über Frauen zu schreiben machte ihn ebenfalls beklommen, und was die Liebe betraf, »bin ich dazu verdammt, oberflächlich zu sein, und nicht imstande, ein Herz höher schlagen zu lassen«. Obwohl er gelegentlich einräumte, möglicherweise über eine gewisse Begabung zu verfügen, konnte er keine Spur von Genialität an sich entdecken. »Literatur ist wahrhaftig keine einfache Kunst«, beklagte er sich, »und das sage ich teils aus Abscheu vor meiner eigenen Mittelmäßigkeit, teils aber auch aus dem Wunsch heraus, mir ein wenig Mut zu machen.« Sich selbst hielt er für nicht mehr als einen Rikscha-Kuli: »Ist das nicht dasselbe, wie sich ein Leben lang für andere ins Zeug zu legen?« Er verachtete sich, weil er nicht zum Helden taugte, aber er war auch nicht bereit, einen Helden vorzutäuschen und dasselbe Spiel wie die anderen zu spielen. Schließlich begann er den alten konfuzianischen Traditionen nachzutrauern und vergaß, wie sehr er sich über die absurden Ergebnisse lustig gemacht hatte, zu denen sie so leicht führten. Er wusste nicht, welche Botschaft er der nächsten Generation hinterlassen sollte, außer ihr schlicht zu empfehlen, es besser zu machen als er.

In einem seiner Stücke, *Teehaus*, begeht einer der Protagonisten Selbstmord, weil er alles verloren hatte, was ihm wichtig war, und den Versprechungen der Regierung oder der Gesellschaft kein Vertrauen mehr entgegenbrachte. In einem anderen Stück, *Nur nicht das Gesicht verlieren*, wird eine der Figuren so gedemütigt, dass sie beschließt, Selbstmord zu begehen und in eine andere Welt überzuwechseln, in der ihre »Schande fortgespült« wird und ihr »frische, reine und glückliche Freiheit« winkt. Wenig später wurde Lao She, im Alter von neunundsechzig, von den Roten Garden der Kulturrevolution wegen falscher Auffassungen verhaftet, geschlagen und öffentlich gedemütigt. Als er aus der Haft entlassen wurde, musste er feststellen, dass man sein Haus geplündert hatte und alle seine Manuskripte, Bilder und Habseligkeiten im Innenhof verstreut lagen. Er betrat das Haus nicht mehr, ging zum nahe gelegenen Kanal und ertränkte sich. Die Liste der Humoristen, die Selbstmord begangen haben, ist erschreckend lang. Aber bevor man daraus den Schluss zieht, dass Humor letztlich nur eine Form von Verzweiflung ist, muss ich hinzufügen, dass es nicht sicher ist, ob er wirklich Selbstmord beging. Denkbar ist auch, dass ihn die Roten Garden umgebracht haben. Gewissheit werden wir wohl nie erlangen.

WENN HUMORISTEN SELBSTMORD BEGEHEN

Humor ist häufig genug eine Art Opium fürs Volk, ein Schmerzmittel gegen Leiden und Zynismus, eine harmlose Gegenwehr gegen Enttäuschungen oder eine Fluchtmöglichkeit. Wenn er tatsächlich nicht mehr wäre als das, dürfte man sich nicht wundern, dass Humor gegen die Dummheiten, die er anprangert, oder gegen die Leiden, über die er hinwegtröstet, so wenig ausrichten konnte. Die Ägypter zum Beispiel waren für ihre Heiterkeit spätestens seit 2200 v. Chr. berühmt, als das *Märchen vom Schiffbrüchigen* erklärte: »Die Starken und die Schwachen sind in den Augen der Götter nur ein Scherz.« Die Römer erließen Dekrete gegen ägyptische Rechtsgelehrte, die

LACHEN IN ÄGYPTEN

dafür berüchtigt waren, zu viele Witze auf ihre Kosten zu machen, im 14. Jahrhundert befand Ibn Chaldun, die Ägypter seien »außerordentlich fröhlich und respektlos«, und erst kürzlich äußerte der Star des klassischen ägyptischen Kinos, Kamal El-Shennawi (1922–2011), der Witz sei »die verheerende Waffe, mit der die Ägypter sich gegen Eroberer und Besatzer verteidigt« hätten. Aber sosehr die Ägypter sich auch über ihre Herrscher lustig machten, und obwohl Witze für sie noch heute unverzichtbar sind, um ein Gespräch zu beginnen, haben sie durch Humor allein noch nie einen Tyrannen abschütteln können. Zwar hatten sie Präsident Mubarak verspottet, indem sie ihm den Spitznamen *La Vache qui rit* gaben, um ihn als grinsenden Bauerntölpel hinzustellen, und sie haben auch über die Geschichte gelacht, Präsident Nassers einziges Kriterium bei der Suche nach einem Vizepräsidenten sei gewesen, dass dieser dümmer sein müsse als er selbst, und er deshalb Sadat ernannt habe, der seinerseits auf einem Vizepräsidenten bestanden habe, der dümmer sei als er, und sich deshalb für Mubarak entschieden habe, während Mubarak, als er Präsident geworden sei, keinen Vizepräsidenten ernannt habe, weil er in ganz Ägypten keinen Dümmeren habe finden können. Doch Mubarak blieb dreißig Jahre an der Macht, unangefochten von all diesen Witzen wie viele andere lächerliche Despoten auch, die hinter ihrem Brustpanzer aus Medaillen, die sie sich selbst verliehen haben, unverwundbar scheinen. Umgeben von Bewunderern, Karrieristen, Bürokraten und Militärs können Machthaber alles ignorieren, was sie nicht hören wollen, aber das ist nicht der einzige Grund, warum der Spott sie nicht trifft.

Man kann dem Humor vorwerfen, den Konformismus zu stärken, indem er ihm als Sicherheitsventil dient. Der Karneval hat im Laufe der Geschichte stets die Obrigkeit verspottet und die Hierarchie auf den Kopf gestellt, aber nur für ein paar Tage. Auch wenn hohe Geistliche Masken aufsetzten, Frauenkleider trugen oder ihre Messgewänder verkehrt herum anlegten und unzüchtige Lieder anstimmten, Scheintrauungen mit Tieren vollzogen und ihre Gemeinden mit Flüchen bedachten, verfolgten sie damit doch nur das Ziel, ihre Autorität letztendlich zu festigen, wie einige Geistliche im Jahr 1444 erläuterten: »Wir tun diese Dinge nicht im Ernst, sondern zum Scherz – wie es seit langem Brauch ist –, damit die uns angeborene Torheit einmal im Jahr hervorbrechen kann und verdampft.« Ein zeitgenössisches Urteil über Niccolò Machiavelli, der sich einen »komischen und tragischen Historiker« nannte, lautete: »Er lacht über menschliche Fehler, weil er sie nicht korrigieren kann.« So wie Revolutionäre die Geselligkeit und den Nervenkitzel der Verschwörung genießen, kommen diejenigen, die lachen, vor lauter Gelächter meist nicht dazu, sich zu fragen, ob Humor nicht anderen Zwecken dienen könnte als nur der Entspannung und Unterhaltung.

<small>DAS GELEGENTLICHE LÄCHELN</small>

Humor war immer wieder den Angriffen furchtbarer Feinde ausgesetzt. Die Mächtigen haben diejenigen, die sich über sie lustig machten, unerbittlich bestraft. Die christliche Kirche hat das Lachen lange Zeit als Werk des Teufels bezeichnet, vermochte es aber ebenso wenig auszurotten wie alle anderen Sünden, die sie verdammte. Jean-Baptiste de La Salle (1651–1719), der einer der einflussreichsten Pädagogen seiner Zeit war und als Erster katholische Schulen gründete, in denen statt Priestern weltliche Lehrer unterrichteten, warnte seine Schüler in seinen *Regeln der christlichen Wohlanständigkeit und Höflichkeit* (1703) davor, zu lächeln: »Es gibt Menschen, die ihre Oberlippe derart nach oben ziehen und die Unterlippe senken, dass ihre Zähne manchmal vollständig sichtbar werden: Das steht in völligem Gegensatz zur Schicklichkeit, die es verbietet, die Zähne zu entblößen, weil die Natur uns Lippen geschenkt hat, um sie zu verbergen.« Sogar die Französi-

<small>DER KRIEG GEGEN DAS LACHEN</small>

sche Revolution missbilligte das Lachen, denn ihre Verhaltensordnung für parlamentarische Debatten bestimmte, dass »keinerlei Zeichen des Beifalls oder der Zustimmung erlaubt und Beleidigungen und Kundgebungen persönlicher Art ebenso verboten sind wie lautes Auflachen«. In der Hoffnung, dass sich die »Vernunft« in ihren Entschließungen durchsetzen werde, gestatteten sich die Väter der Erklärung der Menschen- und Bürgerrechte während der achtundzwanzig Monate ihrer Debatten lediglich 408 Fälle von Gelächter, im Durchschnitt jeden zweiten Tag einen, und widerlegten so die kühne Behauptung der vermeintlich unvernünftigen Massen, die von sich sagten, die Franzosen seien die fröhlichsten Menschen der Welt und pflegten »jedwede Tätigkeit mit Gesang und Possen zu beginnen und zu beenden«. Selbst die Vereinigten Staaten, das Land der unbegrenzten Möglichkeiten, haben Charlie Chaplin ausgewiesen.

DAS LACHVERBOT DER FRANZÖSISCHEN REVOLUTION

Eine stille Verschwörung auf Seriosität bedachter Menschen hat den Mythos verbreitet, eine ernste Miene aufzusetzen sei die beste Methode, seine Weisheit und Seriosität unter Beweis zu stellen, wohingegen schallendes Gelächter ein Zeichen bäuerlicher Vulgarität sei, auf die jeder »Wohlerzogene« mit Verachtung hinabzuschauen habe. Es mag sein, dass heutzutage in der Welt nicht mehr so laut und hemmungslos gelacht oder so belämmert gegrinst wird wie früher einmal. Bei Theateraufführungen gibt es keine Pausen mehr, die Zuschauern, die unter Lachkrämpfen litten, eine Chance geben sollten, sich wieder einzukriegen, wie das bei den Farcen von Georges Feydeau üblich war. Im 19. Jahrhundert war eher ein verhaltenes Lachen gebräuchlich, vielleicht weil das Bürgertum sich neue Verhaltensweisen zulegte und das Lachen durch ein »schlichtes Glucksen« ersetzte. Nur Kinder durften ungehemmt lachen, sei es aus Angst oder Verblüffung oder purer

NUR KINDER DÜRFEN UNGEHEMMT LACHEN

Schalkhaftigkeit, aber man schärfte ihnen auch ein, dass ihr Überleben davon abhänge, die Welt ernster zu nehmen, als sie es zu verdienen schien. Politiker reagierten mit dem Versuch, allen zu gefallen und zu demonstrieren, dass sie bei aller Ernsthaftigkeit auch einen Witz der rechten Art zu schätzen wussten: Theodore Roosevelt (1858–1919), der sechsundzwanzigste Präsident der USA, war vermutlich der erste Politiker, der sich erlaubte, statt einer strengen Miene ein breites Lächeln zur Schau zu stellen.

Es gibt mithin viele Gründe, warum die außerordentlich hohe Zahl jämmerlicher Figuren, die zu hohen Ämtern aufstiegen, sich gegen Spott als immun erwiesen hat. Ihre Aufgabe ist es nicht, die Wahrheit zu sagen, jedenfalls gewiss nicht die ganze Wahrheit, und täten sie es doch, müssten sie voller Scham zurücktreten. Im Übrigen geben ihre Lügen den Leuten häufig ein besseres Gefühl, Mut oder Hoffnung, und auf ihre eigene Art sind auch sie insoweit Humoristen, als sie Lügenmärchen zum Besten geben, wenn sie von ihren Heldentaten erzählen. In diesem Spiel mit Tennisbällen, die dem Gegner vor der Nase zerplatzen, kann es keine Gewinner geben. Lao She versuchte, es weniger schmerzhaft zu machen, deswegen zählt er zu den verehrungswürdigen Wohltätern der Menschheit. Aber Spott allein hat nur begrenzte Wirkung; er ersetzt lediglich körperliche Gewalt durch verbale Grausamkeit. Daher werde ich im nächsten Kapitel erkunden, was Humor sonst noch bewirken kann, und zwar nicht im öffentlichen, sondern im privaten Leben.

AMTSTRÄGER GEGEN SPOTT IMMUN

Ich weiß, dass man mit Humor sehr vorsichtig und behutsam umgehen muss. Der Humor mag es nicht, erklärt zu werden, und quittiert alle Theorien, die über ihn aufgestellt werden, mit vernichtenden Lachsalven. Außerdem würde er jeden Charme verlieren, wenn er aufhörte, eine rätselhafte und kaum dingfest zu machende Kunst zu sein, die aus Ideen verwirrende Bilder formt und mit Worten jongliert. Aber man kann nach weiteren Möglichkeiten des Humors suchen, statt ihn nur als eine Ablenkung und eine Waffe zu benutzen, damit Spott, Mitgefühl und Phantasie in einer großen, überwältigenden Symphonie zusammen spielen können und die Menschen in ihrem Alltag ermutigen, ihre Heucheleien beiseitezulegen und die Wahrheit über den jeweils anderen zu entdecken.

HUMOR DECKT DIE WAHRHEIT AUF

13

WIE KANN MAN SINN FÜR HUMOR ERWERBEN?

Sir Thomas More (Thomas Morus, 1478–1535) war einer der witzigsten Männer seiner Zeit, obwohl er uns vor allem als Schöpfer des Romans *Utopia* oder als katholischer Heiliger in Erinnerung geblieben ist. Sein seriöser Ruf als englischer Lordkanzler, Sprecher des Unterhauses, erfolgreicher Rechtsanwalt und Gelehrter der Renaissance steht im Gegensatz zu seiner außergewöhnlich jovialen Art. »Von Kindheit an hatte er stets solches Vergnügen an einem Witz, dass man glauben konnte, es habe in seinem Leben nichts Wichtigeres gegeben, als zu scherzen … Schon als Jugendlicher schrieb er Farcen und führte sie auf. An spöttischen Bemerkungen hatte er sogar dann seinen Spaß, wenn er selbst die Zielscheibe war, so sehr schätzte er alle Bonmots, die einen Hauch von Feinsinn oder Genialität verrieten.« Er überredete seinen Freund Erasmus, den »Fürsten des Humanismus der Renaissance«, *»Lob der Torheit«* zu schreiben, was »fast dasselbe ist, wie ein Kamel zum Tanzen zu bringen«. Er ermutigte jeden in seinem Haus, einschließlich der Bediensteten, irgendein Musikinstrument zu spielen und an Spielen und Sketchen teilzunehmen, bei denen man sich Szenen und Charaktere ausdenken und in der Ich-Form

LOB DER TORHEIT

Verse rezitieren sollte wie in einem Theaterstück. »Für ein heiteres Gespräch bin ich immer zu haben.« Er beschäftigte sogar einen Narren, der so zuvorkommend behandelt wurde, dass Holbein der Jüngere ihn in seinem Porträt der Familie Morus mit abbildete, einem inzwischen berühmten Gemälde, das hervorhebt, welchen Wert Morus auf die Vergnügungen des Privatlebens, die Erziehung seiner Kinder, die schlagfertigen Wortwechsel mit seiner Frau und vor allem auf die fast täglichen, sehr persönlichen »Zwiegespräche« mit seiner geliebten Tochter Margaret legte, deren Talente eines Tages, davon war er überzeugt, seinen eigenen gleichstehen würden.

Sein geistvoller Einfallsreichtum tritt in seinem Buch *Utopia* zutage, in dem er schildert, mit welcher Fassungslosigkeit junge Menschen, die zu eigenen Gedanken fähig sind, auf die bizarren Erwartungen reagieren, die die Welt an sie stellt. Als junger Erwachsener war Thomas Morus über die Eitelkeit und Gier der Mächtigen – die von ihren eigenen Ansichten so angetan sind, dass sie »den Geruch ihrer Fürze für süß halten« – derart entsetzt, dass er sich zwei Jahre lang in ein Kloster zurückzog, um ihnen zu entgehen. Er lernte Griechisch, um sich von einer entschwundenen Welt inspirieren zu lassen, nutzte diese Kenntnis dann aber dazu, einen der geistreichsten Komödianten und bissigsten Kritiker der hellenischen Kultur zu übersetzen, den Syrer Lukian von Samosata (125–ca. 180 n. Chr.). *Utopia* ist das Buch eines jungen Mannes, der die Gesellschaft seiner Zeit verabscheut, ihre grundlegendsten Institutionen und Praktiken als absurd verwirft und die Regierungen als »eine Art Verschwörung der Reichen« verurteilt, »die unter Missbrauch des Namens und Rechtstitels eines Staates nur auf ihre persönlichen Interessen bedacht sind ... und sich die angestrengte Arbeit aller Armen

UTOPIA, DER PROTEST EINES JUNGEN MANNES GEGEN DIE ABSURDITÄT

EINWÄNDE GEGEN DIE EIGENEN VORSCHLÄGE

so billig wie möglich ... erkaufen«. Er forderte die Abschaffung des Eigentums und auch des Geldes, das eine »schwere Last von Verdrießlichkeiten« und eine »reiche Saat von Verbrechen« produziere, und trat dafür ein, dass »jeder Mensch seine Religion nach Gutdünken wählen dürfe«. Aber all dies waren reine Gedankenspiele. Er glaubte nicht daran, dass solche Träume jemals wahr würden, und schrieb seinen Roman in Form eines Dialogs, in dem er selbst eine der Personen verkörpert, die Einwände gegen seine radikalen Vorschläge erheben.

Dieser innere Widerspruch quälte ihn ein Leben lang: Er wollte der Welt entsagen, sie aber auch verbessern. Er nahm eine Stelle am Hof des Königs an, »sehr gegen meinen Willen«, zumal er hatte zusehen müssen, wie ein Reformer, den er bewunderte, scheiterte und ins Exil floh. Er glaubte, eine Lösung gefunden zu haben: Nicht zu viel zu erwarten und so pragmatisch zu sein wie möglich. »Kannst du etwas nicht gut machen, so trachte zumindest, es so wenig schlecht wie möglich zu machen.« Er verband dies mit der festen Überzeugung, dass man den Herrschern gegenüber ehrlich sein und ihnen die Wahrheit sagen müsse, selbst wenn man dafür bestraft würde. Er versuchte einen Weg zu finden, wie er dem üblichen Los der Staatsdiener entkommen konnte – »guter, aufrichtiger und unschuldiger Männer«, die sich von der »Schlange des Ehrgeizes« verführen lassen. Die Erfahrung der Vergangenheit schien zu lehren, dass Ehrlichkeit sich nicht auszahlt, aber er beharrte darauf, dass man Herrschern die Wahrheit sagen müsse, und weigerte sich, seinen Glauben zu verleugnen, als der König seine religiösen Überzeugungen änderte. So zog er es vor, enthauptet zu werden, was er leicht hätte vermeiden können. Letztlich war das nichts anderes als ein Selbstmord, wie ihn so viele Humoristen nach ihm begingen. Obwohl seine Vorstellung vom Jenseits sich von der Lao

DAS ÜBLICHE LOS DER STAATSDIENER

Shes ein wenig unterschied, sagte er zu seiner Familie: »Wir werden einander fröhlich im Himmel wiedersehen.« Seine Abscheu vor der Welt um ihn herum war so groß, dass er bereit war, sie zu verlassen, trotz all der Freude, die ihm seine Familie bereitete. Sein Privatleben hielt er streng von seinem öffentlichen Leben getrennt. Als Richter hatte er für diejenigen, die er für schuldig befand, nie ein Lächeln übrig und behandelte sie mit bemerkenswerter Grausamkeit. Sein Sinn für Humor diente ihm nur zur vorübergehenden Flucht vor der Realität und nicht als Werkzeug, sie zu verstehen und umzugestalten.

Trotz allem, was seitdem unternommen wurde, um das Leben angenehmer zu machen, sind zu den Ängsten der damaligen Zeit viele neue Ängste hinzugekommen, die es noch schwieriger machen, die Welt leidenschaftslos zu sehen.

NEUE WITZE BRAUCHT DAS LAND

Ständige Veränderung nährt die Angst vor einer ungewissen Zukunft. Große Städte sind Orte der Einsamkeit. Die Medizin heilt nicht nur, sondern fördert auch immer neue Bedrohungen zutage, die Hypochonder heranzüchtet. Unsichtbare Viren und Keime treten an die Stelle der Dämonen und Schreckgespenster der Vergangenheit. Ein geschärfter Verstand und zunehmender Wohlstand schützen nicht vor Sorgen; der Zusammenbruch traditioneller Hierarchien bedroht das Selbstwertgefühl; der Wettbewerb erhöht den Stress; beruflicher Druck beeinträchtigt kollegiale Beziehungen; die Furcht zu versagen, nährt ein Gefühl der Unzulänglichkeit, und weder mehr Freizeit noch mehr Alkohol können dies hinreichend ausgleichen. Deshalb wird man erneut darüber nachdenken müssen, wie man diesen Herausforderungen begegnet.

Hofnarren wird im Allgemeinen kein entscheidender Einfluss auf den Lauf der Welt nachgesagt. Dabei standen sie schon seit undenklichen Zeiten im Dienst von Königen, Pharaonen, Kaisern, Sultanen und sogar Päpsten, um auszusprechen, was deren servile Untertanen nicht zu sagen wagten. Nur selten hat ein Herrscher – wie Karl Ludwig, Kurfürst von der Pfalz (1617–1680) – gesagt, er sehe keine Notwendigkeit, einen Hofnarren zu halten, denn wenn er lachen wolle, lasse er »ein paar Professoren aufs Schloss kommen und wacker miteinander disputieren«. Dann lehne er sich zurück und ergötze sich an der Narretei des Schauspiels. Narren wurden zweifellos als Alleinunterhalter oder Gegenmittel zur Melancholie geschätzt, aber ihre eigentliche Bedeutung verdankten sie der Freiheit, »mit Verlaub« alles sagen zu dürfen, ohne wegen Verleumdung belangt werden zu können – ein Privileg, das niemand anderem zustand. Der Komödiant und Hofschalk Richard Tarlton durfte Königin Elisabeth I. ins Gesicht sagen, was er zu kritisieren hatte, und ihre Günstlinge als »Spitzbuben« anprangern. Die Isolation und Einsamkeit der Könige inmitten einer Schar von Schmeichlern und Intriganten ließ bescheidene Narren, die nie ein hohes Amt erhoffen konnten, unentbehrlich werden, um die Verbindung der Herrscher zur Realität aufrechtzuerhalten und Trug und Heuchelei zu demaskieren. Wenn sie in ihren Clownsgewändern auf dem Kopf standen, schienen sie die Welt richtig herum zu sehen. »Sie sind die Einzigen, die offen sprechen und die Wahrheit sagen«, schrieb Erasmus, und der französische Hofnarr Marais sagte zu Ludwig XIII. (1601–1643): »Sire, mit zwei Dingen, die zu Ihrem Amt gehören, könnte ich mich nicht abfinden: Allein zu essen und in Gesellschaft zu scheißen.« Abu Nawas (757–815), der Hofnarr des Kalifen Harun ar-Raschid, pflegte den verkleideten Herrscher nachts durch die Straßen von Bagdad zu führen, um ihm zu zeigen, wie das Leben in der Stadt wirklich war. Die Beziehung zwischen König und Narr konnte sehr

HOFNARREN ALS PIONIERE

FREIHEIT VON SCHMEICHELEI UND INTRIGEN

persönlich sein, und der Großmogul Akbar (1542–1605) weinte, als sein Narr Birbal starb. Der Hofnarr war »ein anerkannter Mann der Wahrhaftigkeit« (und gelegentlich eine Frau – Aufzeichnungen belegen, dass Maria Stuart ihre Hofnärrin mit »zwölf Paar neuen Schuhen« belohnte).

Hofnarren wurden als »weise Narren« bezeichnet, und ihre Funktion lässt sich an den Namen chinesischer Narren ablesen: Stütze der Rechtschaffenheit, frisch polierter Spiegel, Mehrer der Klarheit. Der berühmteste unter ihnen, Tung-fang Shuo (160–93 v. Chr.), blieb für viele Jahrhunderte nach seinem Tod eine Legende, denn er war nicht nur witzig, sondern auch ein scharfsinniger Kritiker des Kaisers Wu, dessen Verschwendungssucht und Gleichgültigkeit gegenüber den Armen er tadelte. Seine Antworten waren immer wieder überraschend und zeugten von einer feinen Beobachtungsgabe.

<small>DER BERÜHMTESTE CHINESISCHE NARR</small>

Ein ganzer Narr, sagt ein jüdisches Sprichwort, ist ein halber Prophet. Und weil es nicht leichtfällt, die Wahrheit am Stück oder roh zu schlucken, waren Narren üblicherweise zugleich Dichter, Zauberer, Musiker oder Sänger, die es verstanden, unangenehme Einsichten in einen Sinnspruch, in eine witzige Geschichte oder in ein Lied zu hüllen. Ihr wichtigstes Anliegen war es nicht, amüsant zu sein; sie waren vor allem Künstler auf der Suche nach der Wahrheit. Ihr Beispiel verweist auf einen der vernachlässigten Nebenschauplätze der Geschichte: die Enttarnung von Heuchelei.

<small>EIN GANZER NARR IST EIN HALBER PROPHET</small>

Könige waren nicht die Einzigen, die Narren brauchten. Im Mittelalter nahmen auch Adlige sie in Dienst, wenn sie es sich denn leisten konnten. Heute hingegen erwarten Industriemagnaten von ihren »Beratern« etwas ganz anderes und sehen es gar nicht gern, von ihren Angestellten auf den Arm genommen zu werden. Die verschiedenen Künste, in denen die Narren sich auskannten, haben sich auf ernsthafte, spezialisierte Berufe verteilt. Musiker, Zauberer und Dichter sind ihre eigenen Wege gegangen, und die Wahrheit wird inzwischen eher mit Wissen als mit Weisheit gleichgesetzt. Der Geist des Hofnarren, der darauf bedacht ist, die Wahrheit zu sagen, lebt noch im Theater fort, das den Leuten den Spiegel vorhält, in dem sie sich anders sehen können, als sie zu sein glauben, und wo Schauspieler in die Haut eines fremden Menschen schlüpfen und entdecken, wie es ist, ein anderer zu sein. Auch Journalisten sind inoffizielle Erben der Hofnarren, wenn sie Lügen und Verschleierungstaktiken von Persönlichkeiten des öffentlichen Lebens aufdecken, aber anders als die Narren genießen sie keine Immunität. In manchen Ländern riskieren sie, verfolgt oder sogar umgebracht zu werden, und in anderen droht ihre Stimme im Geschwätz der PR-Experten unterzugehen, die inzwischen viermal so zahlreich sind wie sie.

THEATER UND JOURNALISMUS IM WETTSTREIT MIT PUBLIC RELATIONS

Die Wahrheit, die man sich früher als einen unerschütterlichen Fels vorstellte, der eine solide Grundlage für klare Entscheidungen bot, ist heute ein Diamant, der sein Licht in viele Richtungen ausstrahlt und aus verschiedenen Blickwinkeln betrachtet zu werden verlangt. So wie Diamantschleifer zu Beginn des 17. Jahrhunderts nur siebzehn Facetten und hundert Jahre später dreiunddreißig Facetten anfertigen konnten, während heute bis zu 144 möglich sind, so ist auch die Wahrheit immer funkelnder geworden und kann mitunter beinahe blenden, weil Hunderte verschiedener Wissenszweige jeweils ein anderes Licht auf sie werfen. Noch nie war es so schwer, die Tragweite selbst eines kleinen Erkenntnisfragments zu verstehen oder die Wolken von Fehlinformationen, hinter denen es sich verbirgt, zu durchdringen. Ein Narr allein reicht dazu nicht aus. Sich von einer einzigen Muse inspirieren zu lassen ist nicht mehr genug.

DIE WAHRHEIT IST EIN DIAMANT

Die verspielte Heiterkeit eines Thomas Morus erscheint heute zu wenig ambitioniert. Humor kann eine andere Rolle spielen, die über Unterhaltung, Selbstschutz oder Protest hinausgeht. Er kann uns auch eine neue Einstellung zur Wahrheit lehren, wie seine Entwicklung in England zeigt, wo er sich offenbar bewusst zu einem Hilfsmittel zum besseren Verständnis von Ausländern entfaltet hat. Während die Komödie herkömmlicherweise »das Verhalten der Menschen korrigieren« sollte, indem sie Abweichungen von der Norm lächerlich machte, bemerkte der irische Dramatiker George Farquhar (1677–1707), der nach London ausgewandert war: »Von allen Völkern dieser Erde haben wir das seltsamste Gemenge von Menschen unter uns, weil sich hier so viele Nationen vermischen.« Natürlich gab es auch in anderen großen Städten ein ebenso buntes Durcheinander, aber er sah darin eine nahezu unlösbare Aufgabe und fragte: »Wie soll man es so vielen Geschmäckern recht machen?« Mit anderen Worten: Wie kann man auf Unterschiede eingehen, statt sie schlicht ausmerzen zu wollen? »Eine große Charaktervielfalt« sei die unausbleibliche Folge in einem Land, das sich »mit einer Vielzahl von Branchen und Berufen« mehr und mehr dem Handel zuwende, sagte Adam Smiths Schüler John Millar (1735–1801), der die Verfasser der amerikanischen Verfassung beeinflusste: »Rasche Fortschritte in der Kunst und im Gewerbe ... haben ein Ausmaß von Reichtum und Wohlstand mit sich gebracht, das in der großen Masse des Volkes ein Gefühl von Unabhängigkeit und einen starken Freiheitsgeist verbreitet hat.« Der Dramatiker William Congreve (1670–1729) bemerkte recht früh, dass »jeder, der Humor hat, ihm ohne Hemmungen oder Furcht freien Lauf lassen« kann. »Jeder Mensch folgt seinem eigenen Humor und empfindet Vergnügen, wenn nicht gar Stolz, ihn zu zeigen«, schrieb der Diplomat Sir William Temple (1628–1699) und fügte hinzu: »Der erste Bestandteil eines Ge-

ENGLISCHER HUMOR BREITET SICH AUS

sprächs ist die Wahrheit, der nächste ein gesunder Menschenverstand, der dritte gute Laune und der vierte Witz.« Eine humorvolle Person war nicht mehr nur jemand, der andere amüsierte, sondern jemand, der selbst amüsiert war. Allmählich entwickelte sich der Humor zu mehr als einer Methode, Konflikte und Meinungsverschiedenheiten zu beschwichtigen: Er beflügelte nun das Interesse an den Eigenarten, die den Unterschied zwischen den Menschen ausmachen. Die mitfühlende Wahrnehmung der Verschiedenheit wurde so zu einem geschätzten Talent. Eine Kultur der Sensibilität förderte ein tiefer gehendes Interesse an der Einmaligkeit jedes einzelnen Menschen. Das Lachen war nicht mehr gegen die Menschen gerichtet, die anders waren. Statt Abneigung drückte es nun Mitgefühl aus und gab Gelegenheit zu harmlosen Frotzeleien.

WAS HUMOR AUSLÖST

Der Begriff »Sinn für Humor« tauchte in der englischen Sprache erstmals 1840 auf. Um 1870 begann man es als erstrebenswerte Eigenschaft anzusehen, einen Sinn für Humor zu besitzen. Seitdem wird er zunehmend nicht nur als gesellschaftliches Talent geschätzt, sondern auch als eine intellektuelle und moralische Notwendigkeit und hat sich inzwischen zu einer Kraft entwickelt, deren volles Potenzial erst noch erkannt werden muss. Wäre Alfred Nobel für den Geist seiner Zeit empfänglicher gewesen, hätte er vielleicht einen Preis für Humor gestiftet. Aber die Schwedische Reichsbank, die einen Nobel-Gedächtnis-Preis für die nicht besonders witzigen Wirtschaftswissenschaften stiftete und es für richtig befand, das im Jahr 1968 zu tun, als die Jugend sich über jegliche Art von Autorität lustig machte, hat damit bewiesen, dass die Reichen und Mächtigen – auch wenn sie oft zu scherzen wissen wie andere auch – im Scherz beharrlich nichts anderes sehen wollen als eine pikante Sauce, mit der man ein fades Essen genießbar macht.

Die Bedeutung des Humors wurde auch durch die Behauptung heruntergespielt, dass jede Nation einen anderen Sinn für Humor habe – ein Mythos, der im Zuge der Entstehung der Nationalstaaten in Europa erfunden wurde. Aber fremder Humor war noch nie eine Geheimsprache, die nur Eingeweihten zugänglich ist. Überall auf der Welt nimmt der Humor dieselben Dinge aufs Korn. Seine älteste Form ist der Humor, der einfachen Leuten im Blut liegt, respektlos, unflätig und urwüchsig, wie er in volkstümlichen Erzählungen überliefert ist. Er hat die Jahrhunderte überdauert, ist durch Wiederholung nicht fade geworden und erfordert keine Gelehrtheit. Menschen, die sich kultiviert geben möchten, verachten ihn, haben aber ihre heimliche Freude daran. Beispiele für universellen Humor gibt es im Überfluss. Die Witze von Nasreddin Hodscha, dem türkischen Sufi aus dem 14. Jahrhundert, sind um die halbe Welt gegangen, von Budapest bis Peking, wurden von Afghanen, Iranern und Usbeken als eigenes Volksgut angesehen, inspirierten sogar Komponisten wie Dmitri Schostakowitsch und bringen uns noch immer zum Lachen. Es gibt nichts Rätselhaftes an der Geschichte des Tatarenkaisers Tamerlan, der Nasreddin im Badehaus trifft und ihn fragt: »Wenn ich ein Sklave und verkäuflich wäre, wie viel würdest du für mich bieten?« »Fünfzig Piaster«, antwortet Nasreddin. »Aber«, erwidert der Kaiser, »allein dieses Handtuch, das ich um meine Lenden trage, ist so viel wert.« »Ja, eben darum, das ist mein Gesamtgebot.« Cervantes *Don Quixote* fand ebenso spontan universellen Anklang und wurde in mehr als siebzig Sprachen übersetzt, darunter fünfzehn indische. Die gleichen Witze tauchen an den unwahrscheinlichsten Orten wieder auf – die über den Geiz der Schotten in Aberdeen sind dieselben, die man sich in Bulgarien über die Leute aus Gabrowo erzählt: Dass sie nämlich nachts ihre Uhren und Wecker anhalten, damit die Zahnräder nicht verschleißen. Und wie wissen sie dann im

Dunkeln, wie spät es ist? Sie blasen Trompete, bis einer der Nachbarn losschreit: »Welcher Idiot macht morgens um zwanzig nach zwei solch einen Lärm?« Aernout van Overbeke (1632–1674), Richter am Obersten Gerichtshof von Niederländisch-Ostindien, nahm englische, französische, deutsche, italienische und spanische Witze in seine Sammlung von 2440 amüsanten *Anekdoten* auf, die jedermann verstehen konnte. Fakir Senapati Mohan (1843–1918) schrieb seine humorvollen Romane auf Oriya (einer Sprache, die von fünfundvierzig Millionen Indern gesprochen wird), um den Bewohnern des Bundesstaates Odisha Respekt zu erweisen, aber seine Inspiration bezog er aus den elf Sprachen, die er gelernt hatte, und aus seinen täglichen Gebeten »inmitten der frommen Zitate aus den Schriften aller Weltreligionen an meinen vier Wänden«.

Obwohl viele Engländer ihren Sinn für Humor heute als wesentlichen Bestandteil ihres Nationalcharakters ansehen und ihn auf Chaucer zurückführen, war seit dessen Tod ein ganzes Jahrhundert vergangen, bevor seine Leser begannen, ihn lustig zu finden. Noch im frühen 18. Jahrhundert sagte der dritte Earl of Shaftesbury in seinem *Versuch über die Freiheit von Witz und Laune* (1709), die Italiener seien die größten Humoristen: »Dies ist das einzige Mittel, wie die armen eingeschränkten Unglücklichen einen freien Gedanken vom Herzen weg sagen können. Wir müssen sie in dieser Art des Witzes für unsere Meister erkennen. Der Geist der Verfolgung hat den Geist der Spötterei hervorgerufen.« Vor der Epoche nationalistischer Konflikte war die Universalität des Humors leichter zu erkennen. Laurence Sternes *Tristram Shandy*, der stark von Rabelais und Cervantes beeinflusst war, wurde anfangs in Frankreich mehr bewundert als in England.

Obwohl über Ausländer zu lachen eine universelle Belustigung darstellt, halten nationale Klischees einer genaueren Untersuchung des Humors nicht stand. Die Chinesen haben Konfuzius nicht nur verehrt, sondern sich auch über ihn lustig gemacht, bis hin zu der verstiegenen Behauptung, er sei möglicherweise eine Frau gewesen. Außerdem beten sie einen Gott der Freude an, Hsi-Shen, und beteiligten sich an dem taoistischen Kampf gegen Dogmatismus, indem sie zum Schutz ihres Strebens nach individueller Freiheit auf »lustige Geschichten« *(hsiao-hua)* und »Seitenhiebe« *(ku-chi)* zurückgriffen. Der Verleger der deutschen Übersetzung meines Buches *Ich liebe das Leben, und das Leben liebt mich – Was es heißt, ein Franzose zu sein* ließ das Kapitel über den Humor streichen (was er aber nach zahlreichen Protesten wieder rückgängig machte), und eine internationale Meinungsumfrage im Jahr 2011 stufte Deutschland in der Tat als das Land mit dem geringsten Sinn für Humor ein. Allerdings erfanden die Deutschen den respektlosen und auf der ganzen Welt für seine Witze bekannten Schalk Till Eulenspiegel (den »Arschwisch«, denn nichts anderes bedeutete das plattdeutsche Wort Uhlenspägel), und im neunzehnten Jahrhundert galt Berlin als die »Metropole des Witzes«. Das Satiremagazin *Kladderadatsch* stand damals dem britischen *Punch* nicht nach. Die Berliner Witzbolde lebten Seite an Seite mit verknöcherten Bürokraten, die die Heiterkeit in der Hoffnung tolerierten, sie werde von politischer Agitation ablenken. Auch der jüdische Humor ist universell, weil er eine Antwort auf universelle Probleme darstellt, Verletzlichkeit durch Selbstironie überwindet und Unvereinbares genüsslich unter einen Hut bringt. Unstimmigkeiten werden Anlass zu geistreichen Einfällen, die Logik wird ins Absurde getrieben, und man ist stolz, wenn man nicht weniger als siebzig unterschiedliche Auslegungen der Tora präsentieren kann. So konnte ein Rabbiner einen Streit zwischen zwei Kollegen folgendermaßen schlichten: Als der eine seine Auffassung vortrug, stimmte der Rabbi ihm zu, und als der andere daraufhin eine diametral entgegengesetzte Meinung vertrat, pflichtete der Rabbi auch ihm bei. Als seine Frau ihm jedoch entgegenhielt: »Die können aber doch nicht beide recht haben«, antwortete der Rabbi ihr nach längerer Überlegung: »Da hast du ebenfalls recht.«

Es gab allerdings unterschiedliche Ansichten darüber, wann Lachen als schicklich zu gelten hatte. Die Japaner, die es als unziemlich ansahen, in der Öffentlichkeit die Zähne zu entblößen, unterteilten das Parkett ihrer Theater durch halbhohe Wände, hinter denen man ungeniert lachen und vor lauter Heiterkeit den ganzen Abend lang vergessen durfte, den Mund zu schließen. In China forderten manche, sich bei Banketten ganz auf das ernsthafte Geschäft des Essens zu konzentrieren und von Gesprächen Abstand zu nehmen, die zum Lachen anregen könnten, weil das nur ablenke. Auch bei den alten Griechen durften Unterhaltungskünstler erst auftreten, wenn das Festessen beendet war. Für die Engländer ist bezeichnend, dass sie erst, als ihre kleine Insel ein gewaltiges Empire beherrschte, genug Selbstvertrauen erlangten, den Humor in fast jeden Lebensbereich eindringen zu lassen – das war der Beweis, dass sie sich vor nichts fürchteten. Aber die Vorstellung, ihr Humor unterscheide sich radikal von dem ihrer Nachbarn, war bloße Angeberei. Auf der anderen Seite des Kanals bezeichneten sich die Franzosen, als sie auf dem Höhepunkt ihrer Macht waren, als die fröhlichste Nation der Welt. Es ist ein großes Manko der Tourismusbranche, die Qualität des Humors jedes einzelnen Landes nicht ebenso herauszustellen wie die seiner Küche.

EINE ZEIT FÜR WITZE UND EINE ZEIT FÜR PRAHLEREI

Humor und Angst sind keine Gegensätze, sondern eng miteinander verflochten. Trotz aller beeindruckenden Erkenntnisse über ihre genetischen und neurologischen Einflüsse auf das psychische Wohlbefinden hat man bislang noch keine verlässliche Methode entdeckt, Angst durch Gelassenheit zu ersetzen. Alles, was man weiß, läuft nur darauf hinaus, dass die Beziehung zwischen Patient und Therapeut, gleichgültig welcher Theorie man folgt oder welche Heilmethode man anwendet, der »Dreh- und Angelpunkt jeder wirksamen psychiatrischen Behandlung« ist. Humor führt nicht automatisch zu einer engen Verbundenheit zwischen den Menschen, weil er so häufig oberflächlich bleibt, und er ist noch nicht ausgereift, solange er – wie im Fall von Thomas Morus – ohne Einfluss auf die raue Wirklichkeit offizieller Angelegenheiten bleibt. Humor kann als private Verschwörung zweier Menschen betrachtet werden, die sich zusammentun, um die Kluft zwischen sich zu überbrücken und taktvoll ihre jeweiligen Ängste und Abwehrmechanismen auszuloten. Er kann sich aber so weit entfalten, dass beide sich wechselseitig ermutigen, normalerweise unanfechtbare Hypothesen in Frage zu stellen. Er mag zu einer bloß oberflächlichen Skepsis führen oder auch zu einem fast wissenschaftlichen Denkansatz, der allem misstraut, was den Schein des Offensichtlichen trägt. Die empathische Komponente des Humors lehrt uns, die Welt aus der Sicht eines anderen zu betrachten, und seine phantasievolle Seite regt uns an, Alternativen zu entwerfen, während der Sarkasmus uns die Grenzen unserer Sympathie aufzeigt. Aber nur, wenn alle diese Komponenten zusammenkommen und uns die Augen für unsere eigene Absurdität öffnen, lässt der Humor uns nachempfinden, dass wir derselben Spezies angehören. Dies verleiht dem Humor eine zentrale Rolle in den menschlichen Beziehungen. Wenn das Kino die achte Muse ist, ist der Humor die neunte.

Aber natürlich machen ihn die unendlich vielen Abstufungen von Empfindlichkeiten kompliziert. Ich muss gestehen, dass ich wie ein kleiner Junge über die kindischsten Witze lachen kann, so wie mir auch bei den abgeschmacktesten rührseligen Szenen die Tränen in die Augen schießen. Es steht mir daher nicht an, in Sachen Humor irgendwelche Kritik zu üben oder Empfehlungen zu geben.

14

WAS HINDERT DIE MENSCHEN, SICH IM EIGENEN LAND RICHTIG WOHL ZU FÜHLEN?

> Jung war ich einst,
> da ging ich einsam
> verlassne Wege wandern.
> Doch fühlt ich mich reich,
> wenn ich andere fand:
> Der Mensch ist des Menschen Lust.

Wie viel mehr Möglichkeiten haben wir heute, einem anderen Menschen zu begegnen, seit diesen tausend Jahre alten *Sprüchen der Hohen* aus der isländischen *Edda*? Diese Zeilen sind voll von ängstlichen Warnungen vor der Schwierigkeit, mit anderen Menschen umzugehen und zwischen Freund und Feind zu unterscheiden. Hat die Kompliziertheit der Zivilisation es einfacher oder schwieriger gemacht, Freude in anderen Menschen zu finden? Die Sprüche geben diesen Rat:

> Weißt du den Freund, dem du wohl vertraust,
> und erhoffst du Holdes von ihm,
> so tausche Gesinnung und Geschenke mit ihm,
> Und suche manchmal sein Haus heim.

Seit diese Worte ausgesprochen wurden, hat die Aufteilung der Erdbewohner in Nationalstaaten dazu geführt, dass es einen großen Unterschied ausmacht, mit wem man spricht und wem man vertraut. Nationen sind oft taub für das, was ihre Konkurrenten sagen, aber sie haben auch immer ganz unterschiedliche Menschen zusammengebracht und besitzen die magische Macht, selbst denen, die stets zu den Verlierern gehörten, das Gefühl zu geben, Gewinner zu sein. Die meisten ihrer Mitglieder sind einander noch nie begegnet und haben oft keine Ahnung von den Meinungen ihrer Landsleute, sodass sich ein großer Teil der Botschaften, die sie untereinander austauschen, auf Allgemeinplätze beschränkt, die mal zutreffen und mal lediglich Ausdruck ihrer Ressentiments sind. Nationen erfinden Mythen, die suggerieren sollen, dass ihre Mitglieder schon seit ferner Vergangenheit dazu bestimmt gewesen seien, zusammenzustehen und in Harmonie zu leben, auch wenn ihre Vereinigung noch relativ jung und ihre Grenzen unsicher sind: So gleichen sie am Ende unveränderlichen Teilen der Landschaft wie Bergen oder Flüssen. Aber mit wem sprechen die Menschen wirklich gern?

VERLIERERN DAS GEFÜHL GEBEN, GEWINNER ZU SEIN

Ich habe beschlossen, den Nachfahren jener Wikinger, die einst Odin verehrten, einen Besuch abzustatten, weil die Nationen, die sie gegründet haben, zu denen gezählt werden, die ihren Mitgliedern ein Höchstmaß an Gleichheit, Demokratie, Wohlstand und Glück bieten. Sie haben einen Höhepunkt erreicht und zeigen daher vermutlich auf, welche Entwicklung Nationen in Zukunft nehmen könnten. Ich habe ein halbes Dutzend ihrer Nationalhelden und -heldinnen aus Dänemark ausgewählt, dem Land, das 2012 im »World Happiness Report« der Vereinten Nationen den ersten Platz einnahm, aber nicht, weil diese Heldinnen und Helden stellvertre-

DIE GLÜCKLICHSTEN NATIONEN

tend für Millionen von Skandinaviern stehen, sondern um herauszufinden, mit wem sie gesprochen haben, was sie inspirierte und warum sie das Bedürfnis hatten, fremde Luft zu atmen.

Hans Christian Andersen (1805–1875) ist einer der bekanntesten Dänen überhaupt. Seine Werke wurden in 152 Sprachen übersetzt. Er ist auch der Verfasser des beliebtesten dänischen Lieds »In Dänemark bin ich geboren«, in dem er die Liebe zu seinem Heimatland beschreibt: In diesem Land war er zu Hause, dort wurde die Sprache seiner Mutter gesprochen, und all dies mündet in den Refrain »Dich liebe ich – Dänemark, mein Vaterland«. Andersens Geschichten erzählen aber auch von seinen Leiden. Dänemark sei, sagte er, »der Ort, an dem ich mich eher unglücklich als glücklich fühlte«. Er klagte, »anders als alle anderen« zu sein und dass er »von seinen Wurzeln wegkommen« müsse.

Als er in seinen frühen Jahren um Anerkennung als Schauspieler, Dramatiker und Dichter kämpfte, war er überzeugt, dass Dänemark zu arm und zu klein für ihn sei, im Gegensatz etwa zu Italien, das »von Nahrung und Blumen überquillt«. So machte er sich davon und war bald der weitest gereiste Däne seiner Generation. Als eine Frau ihn einmal fragte: »Sagen Sie mir, Herr Andersen, haben Sie auf Ihren vielen und weiten Reisen im Ausland jemals etwas so Schönes wie unser kleines Dänemark gesehen?«, gab er ihr zur Antwort: »Aber gewiss, ich habe vieles gesehen, das schöner ist.« »Sie sollten sich schämen«, erwiderte sie, »Sie sind kein Patriot.« Aber europäische Kultur war für Andersen ein Elixier, ohne das er nicht leben konnte, und das Wohlwollen und die Bewunderung, die ihm die großen Künstler und Schriftsteller vieler Länder entgegenbrachten, waren für ihn unverzichtbar. Er musste hart kämpfen und bittere Armut ertragen, bevor seine Landsleute ihn schließlich anerkannten. Die li-

AUSSENSEITER
UND
AUSLÄNDER

terarische Elite verübelte ihm, dass er die herkömmliche literarische Prosa ablehnte und die Umgangssprache bevorzugte, an der jedermann seine Freude haben konnte. Andere warfen ihm vor, er sei zu konventionell oder zu sehr darauf aus, die Achtung der oberen Klassen zu gewinnen, und kritisierten seine »unterwürfige Kriecherei« vor der Aristokratie. Er konnte sich nie so recht damit abfinden, der Sohn eines Schuhmachers zu sein, obwohl man ihn in den Salons der Reichen und Mächtigen umschwärmte. Freudig berichtete er, wie »der Großherzog von Weimar mich an seine Brust drückte und wir einander küssten. ›Wir sind Freunde fürs Leben‹, sagte der Herzog. Uns beiden standen Tränen in den Augen.«

Trotz all seiner Sympathie für die zu kurz Gekommenen war Andersen kein Revolutionär. Seine Philosophie lautete, dass aus dem hässlichen Entlein ein schöner Schwan werden könne, aber wenn das ausblieb, pflegte er zu sagen: »Gott leitet alle Dinge zum Besten.« Seine eigene Verwandlung gelang ihm durch die Flucht aus dem Erwachsenendasein in die Phantasiewelt der Kindheit. In seinen Augen waren Kinder von der Welt der Erwachsenen ebenso ausgeschlossen, wie er sich in gewisser Weise davon ausgeschlossen fühlte. Er schrieb über die Kindheit, moralisierte dabei aber nicht, sondern kostete deren Spielfreude und Humor aus und konnte so in seinen Märchen Gedanken zum Ausdruck bringen, die er ansonsten verbergen musste. Er lehnte sich gegen die Vorstellung auf, Literatur sei dazu da, Harmonie zu erschaffen, und schrieb: »Ich suche alle Misshelligkeiten der Welt … Ich glaube, ich selbst bin die Misshelligkeit in dieser Welt.« Er litt in der Tat unter ständiger Angst: Wenn er eine Postkutsche nahm, bildete er sich ein, seine Mitreisenden hätten sich verschworen, ihn umzubringen. Er fürchtete sich so sehr zu sterben, dass er stets ein Seil bei sich trug, falls er einem

FLUCHT AUS DEM ERWACHSENENDASEIN

brennenden Haus entfliehen müsse. Und aus Angst, lebendig begraben zu werden, legte er stets einen Zettel auf seinen Nachttisch, auf dem stand: »Ich bin nur scheintot.«

Fast alle Welt ist sich darin einig, dass Dänemark für Andersens Sorgen beeindruckende Lösungen gefunden hat. Dieses Land hat gewaltige Barrikaden gegen Angstzustände errichtet, indem es das umfassendste und effektivste Versicherungssystem der Welt geschaffen hat, um seine Bewohner vor den Sorgen der Arbeitslosigkeit, des Unwissens und der Armut zu bewahren. Es gibt aber auch Befürchtungen, gegen die die nationalen Institutionen nichts ausrichten können, denn stets kommen neue Ängste und Begehrlichkeiten auf, sobald die anderen vergessen sind. Obwohl Dänemark, was Reichtum und Glück betrifft, einen Spitzenplatz einnimmt, kommen seine Schüler (laut UNICEF-Vergleichstest mit anderen Ländern) beim Lesen, in der Mathematik und in den Naturwissenschaften nur auf Rang 19. Nur 22 Prozent der Kinder »gehen sehr gern zur Schule« (allerdings kommt kein Land dabei auf mehr als 40 Prozent). Nur 70 Prozent aller dänischen Fünfzehnjährigen nehmen sich die Zeit, »mehrmals in der Woche einfach nur mit den Eltern zu reden«, weniger als die Ungarn (90 Prozent) und Italiener (87 Prozent), aber mehr als die Schweden und die Australier (50 Prozent) oder die Deutschen (42 Prozent) und die Israelis (die mit 37 Prozent an letzter Stelle stehen). Dänemark belegt Rang 18 bei »familiärer Konversation und Interaktion« und Rang 19 bei der Zahl der Kinder, die in Patchwork-Familien aufwachsen (es wird allerdings nichts dazu gesagt, was für einen Unterschied das ausmachen soll). Auch was den Anteil der Kinder unter 15 betrifft, die noch nie betrunken waren, schneidet Dänemark schlecht ab und belegt gerade mal den drittletzten Platz vor Finnland und Großbritannien.

GARANTIEN FÜR EIN SORGENFREIES LEBEN

BEFÜRCHTUNGEN, GEGEN DIE NATIONEN NICHTS AUSRICHTEN KÖNNEN

Trotzdem steht es deutlich besser da als Großbritannien und die USA, die in vielen Kategorien unter den letzten Tabellenplätzen zu finden sind. Käme Andersen heute zurück, würden die gefeierten sozialen Institutionen seines Landes ihn von seinen Ängsten befreien können?

Karen Blixen (1885–1962), auch bekannt unter dem Namen Tania Blixen, war ebenfalls eine Dänin, die sich damit schwertat, nur Dänin zu sein und sonst nichts. Sie widersetzte sich Andersens Philosophie und dem nationalen Streben nach Sicherheit. Sie wollte mehr vom Leben, als Dänemark ihr bieten konnte. Als sie sich nach Afrika abgesetzt hatte, schrieb sie: »Hier braucht man sich endlich keinen Deut mehr um Konventionen zu scheren und genießt eine neue Art von Freiheit, von der man bislang nur hatte träumen können.« Ihr Vater hatte Dänemark verlassen, um in die französische Armee einzutreten, schloss sich den revolutionären französischen Kommunarden an, lebte dann bei den Chippewa-Indianern von Wisconsin und beging schließlich Selbstmord, als er erfuhr, dass er Syphilis hatte. Karen Blixen bewunderte Menschen wie ihn, die sich der Obrigkeit widersetzten, die Gefahr liebten und gegen das Schicksal aufbegehrten, was sie als den Weg ansah, Heldentum und Unsterblichkeit zu erlangen. Diesen Mut konnte nur aufbringen, wer nichts zu verlieren hatte, und das waren in ihren Augen Aristokraten wie sie selbst und das Proletariat. Das Bürgertum, das Gefahren scheute und sich nach Sicherheit sehnte, war für sie »der Teufel«. »Mit der Mittelschicht kann ich nicht zusammenleben.« Sie verachtete die Opfer, die diese Leute für einen Sozialstaat zu erbringen bereit waren, den sie als »erdrückend« empfand. Sie konnte sich nicht damit abfinden, dass ihre Mutter, die sie beständig vor unzähligen Gefahren zu bewahren versuchte, sie »zu sehr behütet« hatte, und war der Meinung, dass der

FLUCHT VOR DER SICHERHEIT

DER MUT DERER, DIE NICHTS ZU VERLIEREN HABEN

Einzige, der sie »um ihrer selbst willen geliebt« habe, ihr Vater gewesen sei. Deshalb hatte sie nichts dafür übrig, das Verhätscheln von Kindern zum Vorbild eines nationalen Anliegens zu machen und Erwachsene ebenso zu verhätscheln.

IN AFRIKA SICH SELBST ENTDECKEN

Im Gegensatz dazu liebten »meine schwarzen Brüder hier in Afrika« das Abenteuer. »Meine Somalier sind glücklich mit allem, was passiert, solange nur irgendwas passiert … ein ereignisloses Leben ist für sie unerträglich.« Selbst der englische Großwildjäger, mit dem sie eine leidenschaftliche Affäre hatte, »macht mich unendlich glücklich, ist im Vergleich dazu aber belanglos«. Afrika »befreite« sie und bot ihr die Möglichkeit, »sich selbst zu entdecken«.

Mehr als alles andere wollte sie »selbst etwas zustande bringen« und unaufhörlich »weitere Möglichkeiten der Schönheit« erkunden. »Alles Leid lässt sich ertragen, wenn man eine Geschichte darüber schreibt«, sagte sie, denn das sei »das einzig vollkommene Glück, das ein Mensch im Leben finden kann«, und so verarbeitete sie die Ereignisse ihres eigenen Lebens in Erzählungen. Aber diese Notwendigkeit war auch ein »Fluch«. Im wirklichen Leben gelang es ihr nämlich nicht, dem Kummer zu entgehen: Nachdem sie von ihrem Mann geschieden war, der ebenfalls Syphilis hatte, und ihre eigene Gesundheit durch die falsche Diagnose einer Syphilis ruiniert war, zog sie den Schluss: »Dass man wirklich lebendig ist, weiß man, wenn man unter Löwen lebt.«

Aber obwohl ihre sensible Darstellung Afrikas viele Leser außerhalb dieses Kontinents tief bewegte, blieb sie eine romantische Vision. Als ihr Kikuyu-Diener, der seit vielen Jahren für sie arbeitete, plötzlich wegen seiner Mitgliedschaft in der Mau-Mau-Unabhängigkeitsbewegung verhaftet wurde, war sie äußerst überrascht. Sie hatte geglaubt, ihn gut zu kennen, aber vieles hatte er ihr verschwiegen. Trotz aller Güte, die sie ihnen erwies, konnten die Afrikaner, die auf ihrer 2500 Hektar großen Farm arbeiteten, nicht vergessen, dass es afrikanisches Land war, das man ihnen genommen hatte. Auf die Frage, was eine Nation von ihren Beziehungen zu Ausländern erwarten kann, steht eine abschließende Antwort noch aus.

Nichts anderes gilt für die Frage, was Frauen von Männern erwarten können. Als sie erst zwanzig war, veröffentlichte Mathilde Fibiger (1830–1872), die erste dänische Verfechterin der Frauenemanzipation, die autobiographische Briefnovelle *Clara Raphael*, mit der sie dagegen protestierte, dass Frauen »von allen geistigen Unternehmungen« ausgeschlossen waren. Sie betonte die Unterschiede zwischen den Geschlechtern. Sie verlangte weder, dass Frauen wie Männer sein sollten, noch dass man ihnen »Rechte« einräumen müsse, sondern forderte geistige und intellektuelle Freiheit für sie, die Freiheit der Imagination. Ihr Buch löste zahlreiche Debatten und eine Flut von Rezensionen aus, aber nach zwei weiteren Romanen fand sie sich damit ab, als Schriftstellerin keine finanzielle Unabhängigkeit erreichen zu können, und wurde Telegraphistin, und zwar als erste Frau in Dänemark mit einer Stellung im öffentlichen Dienst. Das war nur ein Teilerfolg, denn sie hoffte, dass die Arbeit sich als eine Waffe erweisen würde, die wirksamer war als Argumente. Obwohl es ihr gelang, auf eine leitende Stelle befördert zu werden, war ihr der Widerstand ihrer männlichen Kollegen ein ständiges Ärgernis. Als John Stuart Mill zwanzig Jahre nach dem Erscheinen ihres Buchs *Die Hörigkeit der Frau* veröffentlichte, begrüßte sie das, war mit seinen Ansichten aber nicht einverstanden. Auch ihre Mutter war mit ihrem Vater nicht einverstanden gewesen und hatte ihn verlassen. Niemand kann die Zahl der Frauen angeben, die nicht

WAS FRAUEN VON MÄNNERN ERWARTEN KÖNNEN

FREIHEIT DER IMAGINATION

einverstanden waren, aber entweder nichts gesagt oder nichts getan haben. Die Geschichte zeichnet das Schweigen, hinter dem sich diese Meinungsverschiedenheiten verbergen, nicht auf.

Jetzt, da die Frauen in Dänemark und den anderen skandinavischen Ländern fast alle Formen der Gleichberechtigung erreicht haben, die man durch Gesetze garantieren kann, stellt sich die Frage, was ihnen noch fehlt. Sie haben die Freiheit von ihren Ehemännern errungen, die Freiheit von den Zwängen der Kindererziehung und der häuslichen Pflichten, die Freiheit von Diskriminierung bei jeder Art von Berufstätigkeit. Doch niemand hatte vorhergesehen, dass die staatlichen Einrichtungen, die einen großen Teil der Erziehung von Kindern übernahmen, eine Leere hinterlassen würden, ein Gefühl, nicht vollständig gelebt und nicht genug an der Erziehung der eigenen Nachkommen mitgewirkt zu haben, die Erkenntnis, dass »man selbst zu sein« auch bedeutet, eine besondere Beziehung zwischen Eltern und Kindern aufzubauen, die ein ebenso fundamentaler Teil des Lebens und ebenso schwer zu erfassen ist wie der Aufbau einer Beziehung zwischen Mann und Frau. Eine Umfrage unter jungen skandinavischen Frauen deutet darauf hin, dass sie nach ihren Bemühungen um die Verbesserung der Beziehungen zwischen den Geschlechtern als nächstes Ziel anstreben könnten, sich stärker um die Beziehungen zwischen den Generationen zu kümmern. Gesetze können ein so persönliches, für jedes Duo besonderes Abenteuer nicht vorprogrammieren.

WAS NACH GEWONNENEN FREIHEITEN NOCH BLEIBT

Dänemarks einflussreichster Philosoph, Søren Kierkegaard (1813–1855), verfasste eine bissige und sarkastische Kritik zu Mathilde Fibigers erstem Roman und empfahl, ihn nicht ernster zu nehmen als irgendeine neue Kleidermode. »Wenn Mädchen auf die gleiche Weise wie Jungen erzogen würden, dann Gute Nacht für die Menschheit.« Die Emanzipation der

Frauen war in seinen Augen »eine Erfindung des Teufels«. »Die Frau ist der personifizierte Egoismus«, sagte er. Und er wies die Frau zurück, die er liebte, weil »es ein Aberglaube ist, dass etwas, das außerhalb seiner selbst liegt, einen Menschen glücklich machen kann«. Kierkegaard war ein Aussteiger, obwohl er Kopenhagen so gut wie nie verließ. Er baute eine ganze Philosophie auf seiner Vorstellung von der Singularität der Individuen auf, deren Aufgabe es sei, sich aus der Menge und von den Klischees zu lösen, die ihre »Einzelheit« bedrohen; um ganz sie selbst zu sein, hätten sie weniger und nicht mehr Kenntnisse nötig; sie sollten die landläufigen Ansichten verwerfen, sich eine eigene Meinung bilden und auf den Glauben statt auf die Vernunft bauen, um Gott zu finden, einen strengen und mürrischen Gott, der von Sünde und Schuld spricht. Im Gegensatz zu Andersen, der seiner Angst zu entkommen suchte, bestand Kierkegaard darauf, dass »Furcht und Zittern« unerlässlich seien, um zum Glauben zu finden, und das sei das wichtigste Ziel des Lebens: »Wer gelernt hat, sich recht zu ängstigen, der hat das Höchste gelernt … Die Angst ermöglicht die Freiheit.«

SARKASMUS GEGEN FEMINISMUS

WIE MAN SEINE »EINZELHEIT« VERWIRKLICHT

Sich mit den Mitteln der Ironie und der Parodie über seine Landsleute lustig zu machen gehörte zu Kierkegaards Art, seine Einzigartigkeit unter Beweis zu stellen. Manche nannten ihn den amüsantesten Philosophen der Welt, aber man wird sich fragen dürfen, wie viele Mitbewerber um diesen Ehrentitel es gab. »Er ist skurril und ausgelassen und weidet sich an … der Komödie der Widersprüchlichkeit der menschlichen Existenz.« Aber für ihn war Ironie auch im Leid zu finden, selbst in der Religion, und er behauptete, dass »aller Humor sich aus dem Christentum selbst entwickelt« habe. Für ihn hatte der Scherz seinen Ursprung stets

DER AMÜSANTESTE ALLER PHILOSOPHEN

im Leiden. Seine Landsleute haben sich den Ruf erworben, mit den Waffen des Sarkasmus und der Ironie zu verhindern, dass ihre geordnete Gesellschaft erdrückend wird. Der Komödiant Victor Borge (1909–2000), dem die Amerikaner den Beinamen »der unmelancholische Däne« gaben, prägte den Satz: »Das Lachen ist die kürzeste Verbindung zwischen zwei Menschen.« Wollte er damit andeuten, dass der Abstand zwischen ihnen normalerweise riesig ist?

Auf der ganzen Welt hat es immer pragmatische Unternehmer und Selbstständige gegeben, die Säulen der Konformität waren und dennoch nicht verhindern konnten, Kinder in die Welt zu setzen, die sich gegen ihre Gelassenheit auflehnten. Peter Bang (1900–1957), der Gründer der Firma Bang & Olufsen, die sich zu Europas größtem Hersteller von Hi-Fi-Geräten entwickelte, war der Sohn des Geschäftsführers von Kopenhagens größtem Kaufhaus. Er setzte sich nach Amerika ab, sobald er erwachsen war. Rundfunkempfänger waren seine Leidenschaft; sie waren für ihn der Inbegriff der Technik, die die Welt verändern würde. Er fand einen Job bei General Electric, und einige Jahre später schrieb er: »Ich habe für so viele verschiedene Leute gearbeitet, dass ich es satt bin, für andere zu schuften. Ab jetzt arbeite ich für mich selbst.« Er kehrte heim, nachdem er entschieden hatte, dass ihm Unabhängigkeit wichtiger war als Geld. Svend Olufsen lebte als Aristokrat in einem Herrenhaus, war in seinem Herzen aber Geschäftsmann. Die beiden taten sich zusammen und bauten in Jütland, dreihundertfünfzig Kilometer von Kopenhagen entfernt, mitten auf dem platten Land eine Fabrik auf. Bang mied die Hauptstadt. Er hatte sich in der dortigen feinen Gesellschaft nie wohl gefühlt. Er bevorzugte London, Berlin und die Vereinigten Staaten. Mit seinem Unternehmen wollte er gegen das Mittelmaß antreten. Sein Ziel war es, technologische Forschung mit schönen

BANGS UND
OLUFSENS FLUCHT

Produkten zu verbinden, avantgardistisches Design als eine Sprache einzusetzen, die neue Ideen zum Ausdruck bringt, und niemals ein Gerät auf den Markt zu bringen, das keine neue Idee verkörperte.

Zur Besonderheit des dänischen Wohlfahrtsstaats gehört es, dass er von vornherein als Bestandteil einer allgemeinen »Volksaufklärung« gedacht war. »Kultur für das Volk« war das Motto und Ästhetik ein wichtiger Programmpunkt. Gebrauchsgegenstände, seien es Möbel oder Häuser, sollten sich durch schöne Gestaltung auszeichnen. Die Leute sollten lernen, zwischen gut und schlecht, zwischen nützlich und nutzlos zu unterscheiden. Bang und Olufsen verstanden sich als Rebellen gegen die Oberflächlichkeit bloßen Konsums und seichter Unterhaltung. Sie legten großen Wert darauf, erst über Ästhetisches und über Qualität zu diskutieren, bevor man über den Preis redete. Als Designer beauftragten sie Jacob Jensen und begriffen sich als Nachfolger der künstlerischen Bewegung, die dänische Möbel und Keramik unverwechselbar gemacht hatte, indem sie »Schönheit demokratisierte«, sowohl »bürgerlichen Pomp« als auch Massenproduktion ablehnte und an die japanische Ästhetik der Einfachheit anknüpfte.

> REBELLEN GEGEN SEICHTE UNTERHALTUNG

> »DIE SCHÖNHEIT DEMOKRATISIEREN«

Nach dem Tod der Gründer bestanden die neuen Manager jedoch darauf, die Herstellungskosten der Geräte zu senken, weil deren Innenleben sich zum größten Teil nicht von dem anderer Geräte unterschied, die halb so viel kosteten. Jensen konnte ihnen eine Zeit lang die Stirn bieten, indem er so heftig protestierte, dass sie sich nicht mehr in seine Arbeit einzumischen wagten. Aber professionelle Manager und amerikanische Geschäftsideen setzten sich immer mehr durch, bis Designer und Techniker schließlich den Marketingspezialisten das Feld überlassen mussten. Der Werbeguru Jesper

Kunde argumentierte, was zähle, sei nicht das Produkt, sondern die »Marke«, und deshalb solle das Unternehmen expandieren und sein Geld in anderen Marktbereichen verdienen: Zu seinem Buch *Corporate Religion: Bindung schaffen durch starke Marken* hatten ihn die Erfolgsgeschichten von Microsoft, Coca-Cola und Disney angeregt. Weit entfernt vom unbeirrbaren Idealismus der Firmengründer, verglichen sich einige der neuen Manager nun mit »Hirten, die ihre Schafe hüteten«, während die angeheuerten Unternehmensberater sich in aufgeblasenen Metaphern darüber ausließen, dass sie das Unternehmen zu einem »Katalysator des Wandels«, zu einer »Wildblume« oder zu einem »Massai, der dem Löwen ins Auge sieht« umziehen würden. Anfangs lachten die Techniker über diese verquasten Ideologien, mussten aber bald feststellen, dass sie den Folgen der »Rationalisierung« nicht entkommen konnten. Mehr und mehr Aktivitäten wurden ausgelagert, sodass sie kaum noch etwas mit eigenen Händen herstellten und die meiste Zeit damit verbrachten, sich mit Subunternehmern herumzuschlagen. Das Unternehmen war jetzt »flexibel«, aber auch den Zwängen und Eifersüchteleien der Bürokratie ausgeliefert. Wenn ein Unternehmen zu einem der erfolgreichsten der Welt wird, hat nicht jeder etwas davon.

Für den Schriftsteller Aksel Sandemose (1899–1965), der seine Jugend als Holzfäller, Lehrer und Journalist in Neufundland verbrachte, war Dänemark eine »Hölle auf Erden«. Der Aufruhr um seinen Bestseller *Ein Flüchtling kreuzt seine Spur* (1933) zeigte, wie tief die Gräben waren, die seine berühmte Anprangerung der »Zehn Gebote des Gesetzes von Jante« aufriss, des Verhaltenskodex, der in seinem Heimatdorf galt und dessen erstes Gebot »Du sollst nicht glauben, dass du etwas Besonderes bist« lautete und dessen letztes

»Du sollst nicht glauben, dass du uns etwas beibringen kannst«. Er begehrte gegen die weit verbreitete Ansicht auf, dass alle Errungenschaften als kollektive Leistungen anzusehen seien und jeder, der es wagte, aus der Menge herauszuragen, bestraft werden müsse. In einem solchen Umfeld, schrieb er, »war Wissen etwas Verabscheuungswürdiges. Kunst wurde verhöhnt. Wissenschaft war etwas, mit dem sich Faulpelze beschäftigen. Hetz dich nicht ab: so lautete der Refrain vom Morgen bis zum Abend.« Ihn machte wütend, dass drei von vier Dänen bekannten (und auch heute noch bekennen), dass sie dies mitnichten störe, sondern dass es für sie nichts Erstrebenswerteres gebe als ein behagliches Leben – *hygge* (Gemütlichkeit), wie die Dänen sagen. Sandemose träumte hingegen von »selbstbewussten, sinnlichen und intelligenten Frauen«, die seine Probleme auf wunderbare Weise lösen würden. Konkret blieb ihm aber nur, das Land zu verlassen. Er war damit einer von über einer Million Dänen, die in den letzten beiden Jahrhunderten aus einem Land auswanderten, das 1800 noch keine Million Einwohner zählte und in dem auch heute nur fünfeinhalb Millionen leben.

<small>GEGEN DAS »BEHAGLICHE LEBEN«</small>

Warum fühlte sich jeder dieser sechs berühmten Dänen im eigenen Land so unwohl? Sie alle hatten einen internationalen Ruf. Ohne die Inspiration aus dem Ausland wären sie nicht geworden, was sie waren. Auch Dänemark selbst gedeiht nur, weil es international ist, denn sein Wohlstand hängt davon ab, dass es seine Talente und Produkte auf dem Weltmarkt verkauft. Karen Blixen schrieb ihre Bücher sogar auf Englisch und übersetzte sie erst später ins Dänische. In der Vergangenheit entstanden Nationen aus Gemeinschaften, die eine gemeinsame Sprache hatten oder sich gezwungen sahen, die Sprache des dominierenden Bevölkerungsteils zu lernen, aber eine gemeinsame Sprache zu sprechen bedeutet

<small>VOM AUSLAND INSPIRIERTE NATIONALE HELDEN</small>

nicht, dieselben Ansichten oder denselben Geschmack zu teilen. Heute können Nationen nur überleben, wenn sie mit denen reden können, die eine andere Sprache sprechen.

Andersens Credo, dass »Kinder die Wahrheit sagen«, erinnert uns daran, dass die Welt der Erwachsenen sich schon immer gescheut hat, offen zu sagen, was sie denkt. Karen Blixens Fazit, die Wahrheit lasse sich nur in Erzählungen sagen, weil ihr direkt ins Auge zu sehen zu gefährlich sei, Peter Bangs Anliegen, Gegenstände für sich selbst sprechen zu lassen, Mathilde Fibigers gescheitertes Bemühen, ihre Ideen »an den Mann zu bringen«, Søren Kierkegaards Versessenheit auf Widersprüche und Aksel Sandemoses Protest gegen die Hemmnisse, die verhindern, dass die Wahrheit gesagt wird – all das weist darauf hin, dass die Gespräche innerhalb der Nationen und zwischen ihnen gerade erst begonnen haben. Die Angst vor Ausländern war einer der wesentlichen Gründe, warum Menschen, die sich unterschiedlichen Regionen zugehörig fühlten, sich zu Nationen zusammengeschlossen haben. Aber Ausländer haben auch das Gegenteil bewirkt, indem sie neue Ambitionen auslösten und neue Perspektiven eröffneten. Sie sind durchaus nicht dazu verdammt, für immer und ewig als Fremde oder bloße Touristen angesehen zu werden. Der Ausländer und der Einheimische sind ein Duo, das in ebenso überraschender Weise interagieren kann wie ein Liebespaar: Einer ist des anderen Muse. Nationen neigen ebenso wie Individuen dazu, sich in Selbstbetrachtungen zu versenken, aber das ist nur eine erste Etappe. Diese sechs genannten bedeutenden Vertreter ihres Landes, die von dem, was sie außerhalb ihres Geburtsorts gesehen haben, ebenso geprägt wurden wie durch ihre Herkunft, liefern den Beweis, dass der Drang, Unbekanntes zu erforschen, und das Verlangen nach einem sicheren Hafen miteinander wetteifern. Um das eigene Land wirklich zu lieben, muss man wissen, wie andere Länder sind. Da mehr und mehr Menschen anfangen, sich dieses Wissen anzueignen, erlangt das Gefühl der Zugehörigkeit eine andere Bedeutung.

Die Maxime der Wikinger, dass »des Menschen Freude ein anderer Mensch ist«, wurde lange in dem Sinne verstanden, dass es auf die Begegnung mit einem Menschen ankomme, der wie man selbst ist, und nach mehr Größe und Macht strebende Nationen legten Wert darauf, dass ihre Staatsangehörigen möglichst viel gemein hatten. Nationen wurden angeblich geschaffen, um Menschen zusammenzubringen, die die gleichen Werte, Erinnerungen und Hoffnungen teilen. In Wirklichkeit vertuschen sie Divergenzen. Ohne Beziehungen zum Rest der Welt würden die meisten Nationen untergehen.

Die Skandinavier gliederten sich trotz aller Gemeinsamkeiten in mehrere Staaten auf, von denen keiner mehr Einwohner hat als eine mittelgroße moderne Stadt wie London oder Paris. Ihre öffentlichen Aktivitäten sind zumeist dezentralisiert und verteilen sich auf deutlich kleinere lokale Einheiten (was von den großen Nationen, die Skandinavien als Vorbild hinstellen, gern übersehen wird). Sollte das der Schlüssel sein? Ist das der Weg, wie Menschen an anderen Menschen, denen sie täglich begegnen, Freude finden können? Schön wär's. Dörfliche Querelen können genau so unerfreulich sein und den Bewohnern das Leben zur Hölle machen wie die internen und externen Feindseligkeiten ganzer Länder.

DISTANZ ZWISCHEN NACHBARN

Ich frage Sie nicht, was die meisten Leute einander fragen: Wo kommen Sie her? Ich stelle lieber die Frage: Wo gehen Sie hin? Mich interessiert nämlich, wie man sich eine eigene Sammlung von Bekanntschaften aufbauen kann, unabhängig von der Nation, der jemand angehört, um den Kreis der Menschen zu erweitern, in den man hineingeboren wurde. »Wo gehen Sie hin?«

WO KOMMEN SIE HER?

ist eine Frage nach den fremden Einflüssen und Anregungen, die man suchen oder für die man sich entscheiden kann oder die einem zufällig begegnen. Das ist nicht anders, als sich zu verlieben. Im nächsten Kapitel werde ich versuchen, mehr über den Reiz solcher Begegnungen herauszufinden.

15

WIE VIELE NATIONEN KANN MAN GLEICHZEITIG LIEBEN?

Warum darf man nicht Bürger von mehr als einem oder zwei Staaten sein, wo es doch über zweihundert gibt? Wie kann man sich großen, komplexen Nationen verbunden fühlen, oder sehr kleinen, die nicht minder komplex sind? Wenn die Leute zum Beispiel an Dänemark denken, sagen sie nur selten, dass sie es um jeden Preis besuchen oder gar seine Sprache lernen müssten. Aber jede Nation oder Provinz oder Stadt öffnet einem die Augen auf eine andere Weise.

Der »Vater« des modernen Dänemark, die »Titanenfigur« Frederik Grundtvig (1783–1872), mag auf den ersten Blick von geringem Interesse für die sein, die außerhalb seines Landes leben. Er war Pfarrer, entstammte einer langen Reihe protestantischer Geistlicher und verkündete, Gott habe die Dänen auserwählt, das Christentum wieder erblühen zu lassen – etwa zur gleichen Zeit, als Herman Melville (1819–1891) sagte, die Amerikaner seien das auserwählte Volk – »das Israel unserer Gegenwart«. Grundtvig war ein charismatischer Prediger, ein populärer Poet des »einfachen, fröhlichen und aktiven Lebens«, unbändig in seiner Hoffnung und seinem Stolz, und vor allem ein emsiger Verfasser von

DÄNEN UND AMERIKANER ALS AUSERWÄHLTE VÖLKER

Kirchenliedern – zumeist über die Freude und weniger über die Sünde –, die im Gesangbuch der dänischen Kirche rasch einen dominierenden Platz einnahmen, sodass diese sehr emotionalen Melodien und Texte ihm einen Einfluss verschafften, der weit über die Grenzen dessen hinausging, was Predigten bewirken konnten. Er idealisierte das gemeine Volk und verlieh ihm Würde durch romantische nordische Mythen über seine heroischen mittelalterlichen Ursprünge und sein Wikingererbe. Grundtvig verdankt seine Popularität dem Selbstvertrauen, das er den Dänen gab. Er erkannte, dass es, wenn man sich auf neue Abenteuer einlässt, immer hilfreich ist, das Gefühl zu haben, ein altes Abenteuer fortzusetzen, und propfte deshalb einer alten Religion einen neuen Nationalismus auf. In seiner *Übersicht der Welt-Chronik* verkündete er, nach Gottes Plan solle das dänische Volk sich nicht länger auf Priester verlassen, sondern ein authentisches Christentum in der Sprache der gewöhnlichen Menschen entstehen lassen, sodass selbst die Geringsten unter ihnen bei diesem großen Unterfangen eine wichtige Rolle spielen könnten.

ALTEM NEUES AUFPROPFEN

In ihm nur einen weiteren Lokalpatrioten zu sehen hieße aber unbeachtet zu lassen, was er allen Menschen und nicht nur den Dänen zu sagen hatte. Seine erste Botschaft lautete, dass es auf der Welt keine Individuen gebe, sondern nur Personen. Personen seien Wesen, die in Beziehungen zueinander stünden. Kein menschliches Wesen könne sich entwickeln, ohne in Verbindung mit dem zu treten, was die Person anderer ausmache. Eine Person sei frei, wenn diese Beziehung auf Gegenseitigkeit beruhe und durch ein Gefühl der Gemeinschaft mit Zeitgenossen und Vorgängern bereichert werde. Obwohl er Pfarrer war, betonte er, sein erstes Anliegen sei es nicht, die Massen zu seinem Glauben zu bekehren. Sein Schlagwort lautete: »Zuerst

DER UNTERSCHIED ZWISCHEN INDIVIDUUM UND PERSON

ein Mensch und dann ein Christ«, und damit meinte er, ein Individuum müsse erst einmal beginnen, eine Person zu werden, die fähig sei, fruchtbare Beziehungen einzugehen, und das erreiche man nicht, indem man einfach einer Kirche beitrete. Für ihn gründete sich das Christentum nicht auf die Bibel, die »aus einer fremden Sprache übersetzt« war, oder auf die Exegesen von Theologen, sondern auf das Verhalten seiner Anhänger. Was eine Kirche ausmache, seien weder Predigten noch Liturgien, sondern die Interaktion zwischen ihren Mitgliedern. Eine Gemeinschaft entstehe überall da, wo Menschen zusammenkämen und sich mit »Friede sei mit dir« begrüßten. Eine Nation zu bilden bedeutete für ihn mehr, als nur Menschen zu vereinigen, die dieselbe Sprache sprechen.

<small>SCHULEN DES LEBENS UND TOTE SCHULEN</small>

Sie mussten auch lernen, wie sie sich zu verhalten hatten. Er schlug vor, »Schulen des Lebens« zu gründen, das Gegenteil der »toten Schulen«, wie er die Einrichtungen nannte, in denen nach wie vor alle jungen Menschen ausgebildet wurden. Er nannte seine Schulen »Heimvolkshochschulen«, weil die Leute sich dort gegenseitig unterrichten sollten. Sie waren vom Staat unabhängige Teilzeitinternate ohne Prüfungen oder feste Lehrpläne und sollten der arbeitenden Bevölkerung Gelegenheit bieten, aufgeklärt, eigenständig und frei zu werden. Sie trichterten keine Dogmen ein, sondern setzten auf gemeinsame Gespräche, um die Teilnehmer anzuregen, Projekte auf der Grundlage ihrer eigenen Erfahrungen zu entwickeln, und pflegten eine besondere Art der Höflichkeit, bei der individuelle Arroganz verpönt war und man nur auf gemeinsame Errungenschaften stolz sein durfte. Diese Schulen verstärkten die dänische Genossenschaftsbewegung, die es armen und isolierten Bauern ermöglichte, in erstaunlich kurzer Zeit eine hochprofitable landwirtschaftliche Exportindustrie aufzubauen. All dies mag typisch dänisch anmuten, aber dahinter steckt mehr. Es gibt bei Grundtvig Ideen, die uns alle in gewisser Weise zu Dänen machen.

Ein wenig vom Temperament der Wikinger, von dem Grundtvig sprach, ist überall auf der Welt zu finden. Die Wikinger rebellierten gegen die Langeweile, und das war schon seit Anbeginn der Zeit die Quelle der Innovation. Unzufriedenheit mit der Routine hat wiederholt scheinbar friedfertige Seelen zu rastlosen Abenteurern, Entdeckern des Unbekannten oder Importeuren und Exporteuren von Ideen und Menschen werden lassen. Als die Wikinger auf der Suche nach dem, was sie zu Hause nicht finden konnten, Beutezüge bis nach Konstantinopel, Russland, Portugal und Amerika unternahmen, plünderten, vergewaltigten und töteten sie und würden heutzutage zweifellos Terroristen genannt werden, aber sie waren auch geschickte Händler und Seefahrer. Sie rühmten sich vor allem, »gute Gefährten« *(drengr)* zu sein, legten Wert auf ihre individuelle Unabhängigkeit und (bis zu einem gewissen Grad) auf die Selbständigkeit der Frauen, wählten sich Ziehväter und Ziehbrüder, um ihre Beziehungen zu festigen, heirateten Frauen, deren Sprache sie nicht beherrschten, und hinterließen Nachkommen weit über Skandinavien hinaus. Somit waren sie nicht nur die Vorfahren der Dänen, sondern erinnern uns auch daran, dass die Menschheit für weitaus längere Zeit aus Nomaden bestanden hat als aus sesshaften Ackerbauern. Die jüngste große Migrationswelle vom Land in die Städte und aus armen in reiche Länder ist die vorerst letzte Episode dessen, was schon immer eine typische Antwort der Menschheit auf die Vielfalt der Natur war. Nationen mühen sich vergeblich, Schranken gegen diese Wanderungsbewegungen zu errichten, aber Technik, Kommunikation und Bildung tragen dazu bei, neue Generationen wieder zu Nomaden werden zu lassen.

WIKINGER – REBELLEN GEGEN DIE LANGEWEILE

MENSCHEN ALS NOMADEN

Grundtvig bringt mich auf den Gedanken, dass Däne oder Chinese zu sein vielleicht gar keinen so großen Unterschied ausmacht. Asien hatte seine eigene Version der Wikinger, nämlich die Mongolen, die ebenfalls riesige Gebiete mit plündernden Horden überzogen, deren Zusammenhalt auf Bindungen zwischen Menschen beruhte, die sich persönlich kannten. Es fiel ihnen nicht schwer, die Unterstützung von Nachbarn im heutigen nördlichen China zu bekommen, die nur entfernte Beziehungen zu den Machthabern im Süden unterhielten. Kriegs- oder Beutealliancen zwischen Völkern unterschiedlicher Herkunft und Kultur waren schnell geschlossen und schnell wieder beendet, und sich einen anderen Verbündeten zu suchen war ebenso wenig eine Schande, wie heute den Arbeitgeber zu wechseln. Was Grundtvig fördern wollte, war eine zusätzliche Loyalität gegenüber einer Nation, eine Loyalität gegenüber Menschen, die man nicht persönlich kennt. Im 11. Jahrhundert hatten chinesische Historiker die gleichen Ambitionen. Sie schufen eine neue Sichtweise der Vergangenheit, um das chinesische Volk zu überzeugen, dass sie eine eigenständige Spezies bildeten, deren Kultur mit der von »Barbaren« unvereinbar war, dass »chinesische Kleidung, Nahrung und Getränke nicht dieselben« wie die der Mongolen seien, und dass es, ehe man solch fremde Sitten teilte, »besser wäre zu sterben«. Immer mehr Biographien verherrlichten eine neue Art von Helden, die persönliche Allianzen mit ausländischen Kriegsherren ablehnten und dem chinesischen Reich standhaft die Treue hielten. Loyalität hatte vorrangig nicht einem Einzelnen, sondern dem Staat zu gelten. Aus Treubruch wurde Verrat. Sogar der Kaiser war den im *Tao* (oder *Dao*) – den Grundsätzen des guten Lebens – verkörperten unpersönlichen Interessen des Staates gegenüber zur Loyalität verpflichtet.

WAS DÄNEN UND CHINESEN GEMEINSAM HABEN

HISTORIKER ERSCHAFFEN NATIONEN

Seit jener Zeit haben Staaten riesige Menschenmengen zusammengebracht, die eine Vielzahl von Geschmacksvorlieben und Meinungen hatten und ohne persönliche Bindung zu Regionen ihres Landes waren, die sie möglicherweise nie besucht haben. Sie haben ein Gefühl der Zusammengehörigkeit gefördert, das Menschen, die sich noch nie begegnet waren, leidenschaftlich empfinden ließ, die gleichen Werte und Interessen zu teilen, angetrieben von dem inständigen Wunsch, sich zum Schutz ihrer geliebten Heimat vor Ausländern zu vereinen, was aber nicht verhinderte, dass sie sich wegen unzähliger und häufig unlösbarer Zerwürfnisse entzweiten, sobald die Bedrohung aus dem Ausland nachließ. Grundtvigs nationalistische Überzeugungen unterschieden sich von denen der Chinesen darin, dass er das Volk – den Willen der Massen – zum Schiedsrichter über das Gute machen wollte, während die Chinesen den Lehren ihrer Philosophen den Vorrang einräumten.

BEVÖLKERUNGS-EXPLOSIONEN SPRENGEN NATIONEN AUSEINANDER

Aber in beiden Fällen stärkten steigende Bevölkerungszahlen diese unpersönliche nationale Loyalität. Chinas Bevölkerung hatte sich in der Zeit von 1000 bis 1200 n. Chr., in der seine Schriftsteller diese neue Loyalität erfanden, nahezu vervierfacht. Nationalismus wurde ein universelles Phänomen, als die Weltbevölkerung im 18. und 19. Jahrhundert geradezu dramatisch anwuchs. Immense Bevölkerungsmassen haben aber auch dazu geführt, dass viele sich in der Menge verloren fühlten. Das ließ das Verlangen nach intimeren Beziehungen wieder aufkeimen und förderte den Aufbau neuer Arten von Freundschaften. Die Welt ist nicht mehr, was sie einst war, als sich erstmals Nationen herausbildeten, und diese zeichnen sich inzwischen durch ein Gefühl der Zusammengehörigkeit aus, das nicht mehr zwangsläufig auf unmittelbarer Nachbarschaft beruht.

Grundtvig betonte, Gemeinsamkeiten entstünden nicht

einfach von selbst, sondern man müsse sie fördern und pflegen. Seine Schulen des Lebens oder Heimvolkshochschulen waren ein großer Erfolg, obwohl Grundtvigs Bestreben, sein Land zum Wegbereiter eines neuen volkstümlichen Christentums zu machen, gescheitert ist und Dänemark jetzt zu den am wenigsten religiösen Ländern der Erde zählt. Vielleicht hätte er andere Taktiken gewählt, wenn er sich in Erinnerung gerufen hätte, dass die Chinesen viele Jahrhunderte vor ihm ebenfalls versucht hatten, die Welt durch »Schulen des Lebens« zu verbessern, die seinen eigenen nicht unähnlich waren. Mencius (Mengzi, 372–289 v. Chr.) war der Erste, der für sie eintrat, und die von Zhu Xi (Chu Hsi, 1130–1200) begründete Akademie zur Weißen-Hirsch-Grotte machte sie zu einem Modell, das in den nachfolgenden Jahrhunderten oft kopiert wurde. Diese chinesischen Schulen sahen zu bestimmten Jahreszeiten einen Teilzeitunterricht für gewöhnliche Bauern vor, die keine Ambitionen hatten, zur Elite aufzusteigen. Für diese Schulen bestand die wahre Elite nicht aus denen, die Reichtum oder Macht zur Schau stellten, sondern aus Praktikern der Moral und Kultur. Sie kümmerten sich weder um geschäftliche Erfolge noch um Gewinne, sondern förderten gegenseitigen Respekt, »würdige Taten« und die Verschmelzung öffentlicher und privater Interessen. Kommunale Kornspeicher, Selbstverteidigungsgruppen, zeremonielle Weinverkostungen und »Landbündnisse« verfolgten ähnliche Ziele. Vom bürokratischen und autoritären staatlichen System enttäuscht, gingen einige Konfuzianer dazu über, ihr Hauptaugenmerk nicht mehr auf den Gehorsam gegenüber dem Gesetz zu legen, sondern auf die Entwicklung von Beziehungen, die auf moralischem Verhalten und, wie Zhu Xi betonte, auf »inniger Zuneigung« beruhten. Aber im Lauf der Zeit verloren diese Dorfschulen ihre ursprüngliche Bestimmung aus den Augen und verkamen zu Einrichtungen,

EINE AKADEMIE, DIE INNIGE ZUNEIGUNG NÄHRT

in denen gebüffelt wurde, um sich für ein öffentliches Amt zu qualifizieren. Chinas berühmte erste weibliche Gelehrte, Ban Zhao (45–116), die in ihrem Buch *Gebote für Frauen* forderte, dass »Ehemänner und Ehefrauen einander ebenbürtig sein« und Töchter deshalb dieselbe Erziehung wie Söhne erhalten müssten, hatte früher als andere erkannt, dass zwischen den Lehren der Moralisten und dem tatsächlichen Verhalten der Menschen schon immer ein himmelweiter Unterschied bestand. Aber die Sehnsucht nach Bindungen, die nicht auf reinem Eigeninteresse beruhen, bleibt unauslöschlich.

Grundtvigs Aussage, Merkmal einer Gemeinschaft sei, dass ihre Mitglieder einander mit »Friede sei mit dir« begrüßen, gilt über alle Arten von Mauern und Grenzen hinweg. Der muslimische Gruß *Salam aleikum* bedeutet dasselbe, ebenso wie das hebräische *Schalom aleichem*. Das dreiteilige chinesische Zeichen für »Frieden beginnt mit *ping*, was so viel bedeutet wie Gleichheit: Frieden herrscht nur dann, wenn alle gleich sind und niemand einen anderen zu beherrschen oder anzugreifen versucht. Der zweite Teil lautet *pa* und stellt eine Frau unter einem Dach dar, was bedeutet, dass Frieden ein friedliches Zuhause voraussetzt und die Zuneigung einer Mutter darin das Wichtigste ist. Das dritte Zeichen, *ho*, stilisiert einen Mund und Getreide und besagt, dass es Frieden nur geben kann, wenn jeder genug zu essen hat. Dem fügt der hinduistische Gruß *namaste* hinzu: »Ich verbeuge mich vor dir«, was mit anderen Worten heißt, dass ich nicht besser bin als mein Gegenüber und wir alle Menschen sind, die den Geist des Lebens oder einen Funken des Göttlichen in uns tragen. All dies stellt die Theorie in Frage, dass die Menschheit letztlich dazu bestimmt sei, sich in Nationen aufzuteilen, die auf ihre Einzigartigkeit stolz sind. Zivilisationen sind unterge-

FRIEDEN ZWISCHEN PERSONEN

ZIVILISATIONEN UND IMPERIEN GEHEN UNTER

gangen, ohne mehr als nur Staub zu hinterlassen, und mächtige Reiche, die einst über eine Vielzahl verschiedener Stämme und Sprachen herrschten, existieren nicht mehr. Auch Nationen sind nicht unsterblich.

Die Welt sah anders aus und kannte andere Zwänge und Freiheiten, ehe sich vor nur wenigen Jahrhunderten die ersten Nationalstaaten bildeten. Und die Menschen verschiedener Regionen schlossen sich gewiss nicht zusammen, weil sie plötzlich entdeckt hätten, dass sie alle einander ähnlich wären. Grundtvig war weit davon entfernt, irgendwelche angeblich allen Dänen gemeinsamen Merkmale zu verkörpern. Er war ein Rebell, der sich gegen so ziemlich jeden Aspekt der etablierten Ordnung auflehnte, die herrschende Klasse verachtete, Kirchenführer so heftig kritisierte, dass er einige Jahre lang keine Predigten mehr halten durfte, und das Schulsystem als »stumpf, inhaltsleer und langweilig« sowie dessen Absolventen als »kalt, rechthaberisch und phantasielos« geißelte – ein Polemiker, der eine Unmenge von Büchern und Artikeln zu zahlreichen Themen verfasste und nicht müde wurde, diejenigen anzugreifen, die seine Ansichten nicht teilten. Er war ein Gelehrter, der deutsche Philosophen, Shakespeare, den *Beowulf* und angelsächsische Literatur zitierte. Er erinnerte sich gern an die Sommer, die er in Oxford und Cambridge verbracht hatte, und auch an seine Besuche bei Robert Owen und bei den Pionieren der englischen Genossenschaftsbewegung. Seine Schwärmereien waren eine bunte Mischung aus Hellsichtigkeit und Wunschdenken, denn trotz all seiner Bewunderung für England schrieb er: »Ich habe den starken Verdacht, dass diese übertriebene englische Geschäftigkeit auf ein gut Teil Verzweiflung zurückzuführen ist. Jedermann ist so übermäßig hektisch, treibt sich so rastlos in der Welt herum, wie andere arbeiten, und verschwendet sein Geld so hektisch, wie andere es verdienen«,

»ÜBERTRIEBENE ENGLISCHE GESCHÄFTIGKEIT«

im Gegensatz zu den Deutschen, für die der »Arbeitseifer eine Tugend an sich ist«. Demgegenüber »lassen die Dänen es ruhig angehen«. Aber als Preußen 1864 einen beträchtlichen Teil Dänemarks annektierte, stürzte ihn das zunächst in schwere Selbstzweifel und entfachte dann seinen erbitterten Widerstand gegen die Bedrohung von außen. In Dänemark konkurrierten schon immer sehr verschiedene Formen von Patriotismus miteinander.

Welche Beziehung besteht also zwischen Patriotismus und Weltoffenheit? Derzeit betrachten sich die meisten Menschen ausschließlich als Bürger des eigenen Landes. Aber für 51 Prozent der Franzosen gehört das Weltbürgertum zu ihrem Selbstverständnis, und das gilt auch für 50 Prozent der Chinesen und eine beträchtliche Zahl von Italienern (48 Prozent), Indern (46 Prozent), Mexikanern (44 Prozent), Briten (38 Prozent), Thai (38 Prozent), Deutschen (37 Prozent), Argentiniern (34 Prozent), Indonesiern (29 Prozent), Amerikanern (27 Prozent), Palästinensern (27 Prozent), Ägyptern (26 Prozent), Türken (19 Prozent) und Russen (17 Prozent). Je gebildeter ein Mensch ist, je jünger er ist und je mehr er reist, desto größer sind die Chancen, dass er zum Weltbürger wird, und 47 Prozent derer, die Menschen aus mindestens fünf anderen Gegenden der Welt kennen, sehen sich so.

TEILZEIT-WELTBÜRGER

Diese mehrfache Verbundenheit zeigt, dass eine Regierung nicht das Kernstück einer Nation ist und dass einfache Bürger bemüht sind, eigene Affinitäten zu entwickeln, die sich beliebig erweitern und wieder einschränken lassen. Die islamische Umma mit ihrer Vision einer über Stämme und Nationen hinausgreifenden weltweiten Gemeinschaft hielt Regierungen für zu vergänglich und unbestimmt, um dauerhafte Bindungen zu schaffen. Der Ausruf »*allahu akbar*« (Gott ist groß) bedeutete, dass kein Mensch einem anderen absoluten

BELIEBIG ERWEITERBARE AFFINITÄTEN

Gehorsam schuldete und ein Imam kein Oberhaupt war, sondern nur ein »Karawanenführer«, was natürlich nicht verhindern konnte, dass Machtkämpfe die Einheit durch unversöhnliche Spaltungen zunichtemachten. Die berühmte Arzt Abu Bakr ar-Razi (841–926) behauptete sogar, jede organisierte Religion sei überflüssig, weil alle Menschen die Fähigkeit besäßen, zwischen Gut und Böse zu unterscheiden, und in der Lage seien, ihre Vernunft und ihre Inspiration *(ilhan)* einzusetzen. Die Bedeutung des Begriffs *ilhan* ist übrigens nicht weit von dem entfernt, was die Griechen ihre Muse nannten. Die Dänen nehmen ihrerseits für sich in Anspruch, zu der Kunst beigetragen zu haben, trotz Meinungsverschiedenheiten Frieden zu bewahren, indem man sich bei Streitigkeiten und Differenzen im Ton mäßigt.

MÄSSIGUNG BEI STREITIGKEITEN

Bislang hat aber nichts, nicht einmal der technische Fortschritt, das tektonische Beben auslösen können, das die »Gemeinschaft der Menschheit« Wirklichkeit werden lassen könnte. Die Schwierigkeiten lagen schon im antiken Griechenland zutage, als Diogenes (412–323 v. Chr.), angeblich der eigensinnige Sohn eines Bankiers aus Sinope an der Schwarzmeerküste und womöglich der Erste, der sich als Weltbürger bezeichnete, das Streben nach Sicherheit und Wohlstand verspottete, indem er sich als Bettler ausgab und in einer Tonne schlief, um zu zeigen, dass er gut ohne jeden Luxus auskommen konnte. Er ging am helllichten Tag mit einer Laterne umher und erklärte, er sei auf der Suche nach einem ehrlichen Menschen. Er masturbierte öffentlich und behauptete, den Hunger vertreiben zu wollen, indem er sich den Bauch rieb, und nannte seine Philosophie Zynismus (wörtlich: »Hündigkeit«), denn Hunde seien die wahren Philosophen, weil sie ohne Angst leben, problemlos zwischen Freund und Feind unterscheiden können und sich ohne

EIN ORT, AUF DEN MAN STOLZ IST, UND EINER, DEN MAN HASST

Scham öffentlich paaren. Aber sein Publikum war beileibe nicht amüsiert, sondern beleidigt und entsetzt über den Gedanken, Ausländer, Barbaren oder sogar Tiere könnten ebenso achtenswert sein wie die kultivierten Bürger Athens. Menschen wollten schon immer einen Ort haben, auf den sie stolz sind, und andere Orte, die sie verachten können.

Weltoffenheit konnte und kann man nicht erzwingen. Seit der Sumererkönig Sargon von Akkad im 23. Jahrhundert v. Chr. die umliegenden Stadtstaaten zerstört hatte und sich nach der Eroberung dessen, was er für die gesamte bekannte Welt hielt, zum »Herrscher der vier Weltgegenden« ausrief, dem »die gesamte Menschheit Gehorsam bezeugte«, hat eine endlose Folge von Militärmachthabern vergeblich versucht, die Menschheit mit Waffengewalt zu vereinen. Alexander der Große, der mehr erreichen wollte als bloßen Gehorsam, machte seine *»cosmopolis«* zu einer Union, die nicht nur die griechische und die persische Zivilisation umfasste, sondern auch Individuen, die sich, wie er erklärte, allesamt als Teil einer Familie betrachten, untereinander heiraten und einer des anderen Götter akzeptieren sollten, und er selbst ging mit gutem Beispiel voran, indem er eine persische Prinzessin zur Frau nahm und persische Kleidung trug. Aber ein Mann allein konnte uralte Traditionen nicht ändern.

VERMEINTLICHE IMPERIEN

Die Philosophen der Aufklärung glaubten, die Antwort auf dieses Problem gefunden zu haben. Sie riefen die Massen auf, den Traum von einer Welt zu teilen, in der die Freiheit grenzenlos war, und definierten den Patriotismus neu, nämlich als ein Gefühl der Gemeinschaft mit allen, die an die Freiheit glaubten, wo immer sie auch lebten. Die alte Vorstellung des Weltbürgers als eines heiteren Weisen, der in der Vielfalt der Sprachen und Stämme Harmonie findet, ersetzten sie durch den aktivistischen Kämpfer für die Befreiung von der Tyrannei, ein

WEISER ODER AKTIVIST

Ziel, zu dem selbst die Bescheidensten beitragen konnten. Allerdings hat das nationale Eigeninteresse in den letzten zweihundert Jahren die weitaus größere Zahl von Anhängern gewonnen. Selbst der sowjetische Kommunismus, der alle Arbeiter der Welt aufrief, sich zu vereinigen, nutzte das Nationalgefühl zur Ausweitung seines Herrschaftsbereichs. Obwohl die Organisation der Vereinten Nationen transnationale Hilfsorganisationen unterstützt, die sich weltumfassenden Problemen widmen, ist sie zugleich auch eine Hüterin eifersüchtig verteidigter nationaler Souveränitäten.

Es ist heute nicht mehr möglich, sich so zu verhalten wie der freizügige Weltenwanderer Fougeret de Montbron, der Verfasser von *Le Cosmopolite* (1750), der nicht nur alle mit Hohn und Spott überschüttete, die noch nie die Grenzen des eigenen Landes überschritten hatten, sondern auch diejenigen, deren Bewunderung nur einem einzigen fremden Land galt, wie etwa die französischen »Anglomanen«. Als er einen Pass für eine Reise nach England beantragte und man ihm vorhielt: »Haben Sie vergessen, dass Frankreich mit England im Krieg ist?«, antwortete er: »Nein, aber ich bin ein Bewohner der Welt und wahre strikte Neutralität zwischen den kriegführenden Mächten.« Es ist auch nicht mehr möglich, dem Beispiel von Humphry Davy (1778–1829) zu folgen, der 1813, während Napoleon mit ganz Europa Krieg führte, nach Frankreich reiste, um vom Kaiser eine Ehrenmedaille für seine wissenschaftlichen Entdeckungen entgegenzunehmen, und betonte, zwischen den beiden Regierungen möge zwar Krieg herrschen, nicht aber zwischen den Wissenschaftlern. Kosmopolitismus bleibt eine Fata Morgana, und das liegt teils an dem Misstrauen gegenüber allen Beteuerungen, er stelle keine Bedrohung für nationale oder sonstige regionale Loyalitäten dar, und teils daran, dass weniger als fünf Prozent der Weltbevölkerung fließend eine andere Sprache als die eigene

ZWISCHEN LOYALITÄTEN WÄHLEN

sprechen. Und sollte es jemals eine Weltregierung geben, heißt das nicht zwangsläufig, dass sie menschenfreundlicher sein wird als die Regierungen, über die sich die Bürger derzeit beklagen. Selbst im 21. Jahrhundert hat die Mehrheit der Wähler in den USA keine Skrupel gezeigt, einen Mann zu ihrem Präsidenten zu machen, der von anderen Ländern als seinem eigenen nur äußerst vage Vorstellungen hatte. Der Austausch von Beleidigungen oder gar Schlimmerem zwischen den Nationen ist nach wie vor ein beliebtes Sicherheitsventil, wenn es im eigenen Volk gärt. Rousseaus Skepsis wird auch heute noch von vielen geteilt: »Nehmt euch vor diesen Kosmopoliten in Acht, die in ihren Schriften aus weiter Ferne Pflichten herholen, deren Erfüllung sie in Bezug auf ihre eigene Umgebung verächtlich zurückweisen ... Ein solcher Philosoph liebt die Tataren, um dessen überhoben zu sein, seine Nachbarn zu lieben.«

Die Antwort darauf lautet, dass es eine Alternative zum kosmopolitischen Ideal gibt. Ich kann keinen Menschen lieben, den ich noch nie getroffen oder von dem ich nicht zumindest gehört oder gelesen habe. Mit Nationen verhält es sich ebenso: Nicht nur das Erscheinungsbild des Landes muss mich berühren, sondern mehr noch seine Träume und seine Erinnerungen, seine Ziele und Pläne, und ich muss mir deutlich bewusst werden, dass seine Bewohner nicht austauschbar sind wie Kiesel am Strand. Als der Zufall mich veranlasste, meine Doktorarbeit über Frankreich zu schreiben, und ich anschließend viele Jahre lang versuchte, Franzosen jeglicher Art zu verstehen, sowohl die Lebenden als auch die Verstorbenen, entdeckte ich Frankreich in dreierlei Gestalt: Die erste war ein imaginäres Frankreich, das aus den Mythen über die Franzosen bestand, an die sie selbst gern glauben; ein zweites Frankreich setzte sich aus fünfundsechzig Millionen Individuen zusammen, die alle ihre ganz persönlichen

EINE ALTERNATIVE ZUM KOSMO-POLITANISMUS

Eigenarten hatten und deren unterschiedliche Ansichten offenbarten, dass es in diesem Land ebenso viele Minderheiten gibt, wie es Einwohner zählt; ein drittes Frankreich hingegen vereinte Menschen aller Nationalitäten dieser Welt, die sich etwas von der französischen Kultur zu eigen gemacht hatten und die um ein Mehrfaches zahlreicher waren als die französischen Bürger. Jeder, dessen Geschmack von französischen Gedanken, von französischer Küche oder Literatur oder Kunst oder von sonstigen Erfahrungen mit diesem Land beeinflusst worden ist, trägt ein Stück Frankreich in sich, neben anderen Komponenten, die aus anderen Ländern stammen.

ICH ENTDECKE EIN DREIFACHES FRANKREICH

Jenseits des Kosmopolitismus, den Rousseau karikierte und der darin besteht, jedermann zu lieben, wer auch immer er sei, kann man sich eine andere Chemie von Ideen vorstellen, die auf Elementen aufbaut, die jeder Einzelne aus verschiedenen Teilen der Welt entlehnt, um aus der Wertschätzung für bestimmte Menschen und Orte seine ganz persönliche Rezeptur von Neigungen zusammenzustellen. Im Gegensatz zu dem Kosmopolitismus, der sich überall sofort zu Hause fühlt, baut dieser persönlichere Ansatz auf schrittweise erworbenen Kenntnissen auf und bezieht seine Kraft aus dem gemeinsamen Bewusstsein sowohl des Fremden als auch des Einheimischen, sich auf neue Wege des Sehens und Denkens eingelassen zu haben. Wie Künstler, die eine Landschaft malen und darin Besonderheiten sehen, die den Einheimischen nicht auffallen oder gleichgültig sind, werden sie zu Katalysatoren für die Vorstellungskraft des jeweils anderen.

KATALYSATOREN DER VORSTELLUNGSKRAFT

Die *exception française* – das Beharren der Franzosen, Dinge auf ihre eigene Art zu tun – geht vielen zwar gegen den Strich, ist aber ebenso vernünftig wie der Protest gegen die Wiederaufforstung der Erde mit ein und derselben Sorte von Tannen, die Vereinheitlichung der Architektur durch Wolkenkratzer mit identischen Glasfassaden oder die weltweite Standardisierung des Kleidungsstils. Ihre Auswüchse werden durch eine Tradition ausgeglichen, die Frankreich von seinen Denkern des 18. Jahrhunderts geerbt hat, das Prinzip, aus vereinzelten oder regionalen Ereignissen universelle Schlussfolgerungen zu ziehen, was das wirksamste Mittel gegen zu enge Sichtweisen ist. Das Frankreich, das für mich eine Muse war, war mithin keine eifersüchtige Muse, sondern eine, die mich angetrieben hat, Inspiration in anderen Ländern zu suchen, und mir diese Suche erleichtert hat. Und jedes Land regt zu neuen Gedanken an, so wie ein Wörterbuch eine Vielzahl von Bedeutungsnuancen jedes einzelnen Wortes offenbart. So wie man das Alter einer Person nicht einfach durch die Zahl der Jahre seit ihrer Geburt bestimmen kann, sondern durch die Intensität, mit der diese Jahre gelebt wurden, und durch die Vielfalt der in dieser Zeit erworbenen Erfahrungen, abzüglich all der vergeudeten Zeit, in der sie nur halb gelebt hat, kann sich das Heimatland eines jeden Menschen aus zahlreichen Fragmenten und Abstufungen von Dankbarkeit, Loyalität und Inspiration zusammensetzen.

> DIE FÄHIGKEIT,
> UNIVERSELLE FOLGERUNGEN
> ZU ZIEHEN

16

WARUM FÜHLEN SICH SO VIELE VERKANNT, UNGELIEBT UND NICHT WIRKLICH LEBENDIG?

Warum war es so schwierig, die Ideale der Freiheit, Gleichheit und Brüderlichkeit zu verwirklichen? Warum haben sie nicht alles gehalten, was sie versprachen? Wenn Ideale ihren zarten und berauschenden Duft unweigerlich verlieren, sobald sie in Gesetzen festgeschrieben werden, welche Zukunft bleibt ihnen dann noch?

Bislang kannte man zwei Wege, Ideale trotz wiederholter Enttäuschungen lebendig zu erhalten. Man kann erstens darauf beharren, dass es gut sei, hehre Ideale zu haben, selbst wenn man sie nicht in die Praxis umsetzen kann. Vor allem in Japan haben viele die Erkenntnis gewonnen, dass es – da sich Fehlschläge nun einmal so viel häufiger einstellen als Erfolge – mehr darauf ankommt, auf welche Weise man scheitert, als auf das Scheitern selbst. Obwohl das Streben nach Erfolg im herkömmlichen Sinn in Japan auf eine ebenso starke Tradition zurückgeht wie in den USA, pflegen die Japaner daneben eine Tradition, die nobles Scheitern glorifiziert und diejenigen bewundert, die sich im Namen eines edlen moralischen Ziels mutig der etablierten Autorität entgegenstellen,

DIE ART DES SCHEITERNS

ohne sich dabei über die Möglichkeit oder Wahrscheinlichkeit eines Misserfolgs zu kümmern. Es gab Zeiten in Japan, in denen es fast alle zehn Jahre zu Aufständen oder »Krawallen« kam, die zwar häufig vergeblich waren, sich aber trotzdem wiederholten. Einige der populärsten Helden des Landes zählen nicht zu den Reichen und Mächtigen, sondern zu den ehrenwert Gescheiterten. Einer von ihnen ist Oshio Heihachiro (1793–1837), ein bescheidener Polizeiinspektor aus Osaka, der sich zum Ziel gesetzt hatte, die Korruption zu bekämpfen. Als sich herausstellte, dass auch der höchste Richter der Stadt korrupt war, legte Oshio sein Amt nieder und widmete sich der Aufgabe, die Öffentlichkeit eine bessere Moral zu lehren, deren Botschaft lautete, es sei falsch und feige, sich mit der Ungerechtigkeit abzufinden. Auch wenn die Macht der Obrigkeit unüberwindlich scheint, solle man »das Rechte um des Rechten willen tun«. Man solle nicht nur wissen, was recht ist, sondern dies auch in seinem Handeln zeigen. Er gab dem geflügelten Wort des chinesischen Philosophen Wang Yangming, »Wissen und nicht danach handeln ist das Gleiche, wie nichts zu wissen«, eine neue, revolutionäre Bedeutung. Ob eine Aktion wirkungslos blieb, war ohne Bedeutung; ein Weiser sollte sich nicht scheuen, »wie ein Verrückter« zu handeln, und damit deutete Oshio an, was Yukio Mishima ein Jahrhundert später formulieren sollte: »Auf die Reise kommt es an, nicht auf die Ankunft.« Als in den dreißiger Jahren des 19. Jahrhunderts eine vier Jahre andauernde Hungersnot verheerende Auswirkungen hatte und über hunderttausend Menschen dahinraffte, prangerte Oshio Heihachiro die Bürokraten an, die mit den reichen Kaufleuten gemeinsame Sache machten und die Lebensmittelpreise künstlich hochhielten, sodass sie für die Armen unerschwinglich waren. Er verkaufte seinen wertvollsten Besitz, seine Bibliothek, und gab alles Geld den Armen. Dann zettelte er einen Aufstand an, aber nicht, um politische Macht zu erringen, sondern um zum Ausdruck zu bringen, wovon die meisten Leute »aufrichtig« überzeugt waren, nämlich dass man die Bösen bestrafen müsse und Gerechtigkeit auf der Erde herrschen sollte. Wichtig war vor allem, »aufrichtig« zu handeln, statt mit einer Lüge zu leben. Er setzte sein eigenes Haus in Brand, um die umliegenden Häuser der Kaufleute zu zerstören, und schließlich brannten 3300 Häuser nieder, und viele Geschäfte wurden geplündert. Aber sein Aufstand war stümperhaft organisiert und wurde umgehend im Keim erstickt. Oshio beging Selbstmord, aber er lebt als Held in den Gedanken all derer weiter, die überzeugt sind, das Leben solle und müsse nicht die »Hölle« sein, als die er, Oshio, das Schicksal vieler bezeichnete. Ehrfurcht vor dem Scheitern, sowohl vor dem heroischen Scheitern als auch dem Scheitern des »kleinen Mannes«, wurde Jahrhunderte später zu einem Topos der amerikanischen Literatur: In Arthur Millers *Der Tod eines Handlungsreisenden* klingt die japanische Klage nach, dass der Körper zwar länger leben mag, der Geist aber oft einen frühen Tod stirbt.

Die zweite und üblichere Antwort auf den Niedergang der Ideale besteht in der ständig wiederholten Beteuerung, dass man sein Leben an Idealen ausrichte, auch wenn man sie ständig verrät und gar nicht so hochhält, wie man behauptet. Ideale beschwichtigen das Gewissen. **IDEALE VERRATEN** In der Praxis haben die Menschen die Ideale der Freiheit, Gleichheit und Brüderlichkeit nicht so verinnerlicht, wie sie gern glauben. Immer wieder geben die Menschen diese Ideale kampflos auf. Sogar die Engländer, die zu Recht stolz darauf sind, Pioniere der Redefreiheit und der Abschaffung willkürlicher Verhaftungen zu sein, haben gezeigt, wie leicht Menschen ihre Freiheiten aufgeben, wenn sie verängstigt sind. Es braucht keinen grausamen Tyrannen, um Freiheitsrechte zu beschneiden. Alles, was dafür nötig ist, ist Panik.

Um die Wende vom 20. zum 21. Jahrhundert wurden innerhalb einer einzigen Dekade unzählige neue Straftatbestände eingeführt, angeblich zum Schutz der Sicherheit, tatsächlich aber auf Kosten der Freiheit. Die Menschen in England werden heute täglich von rund fünf Millionen Kameras beobachtet und so engmaschig überwacht wie keine andere Nation auf der Welt, sodass der Durchschnittsbürger statistisch gesehen dreihundert Mal am Tag erfasst und die Bewegung eines jeden Autos aufgezeichnet wird. Die Meinungsfreiheit und das Demonstrationsrecht wurden eingeschränkt. Personen wurden ohne Anklage in Haft genommen oder unter Hausarrest gestellt, ohne jemals verurteilt worden zu sein, allein aufgrund von Beweisen, die vor Gericht keinen Bestand haben würden. Regierungen haben sich die Befugnis angemaßt, Geschehnisse zu verheimlichen, die sie Stimmen kosten könnten. Die Medien haben weit weniger Mittel als früher, die Wahrheit ans Licht zu bringen. Die Institution der Schöffen- und Geschworenengerichte ist bedroht, und gegen Verleumdung kann sich nur noch zur Wehr setzen, wer sehr reich ist. Einer Umfrage zufolge glaubt die Mehrheit der britischen Bevölkerung nicht mehr daran, dass die Menschenrechte zu mehr Gerechtigkeit führen. In den USA waren die Menschenrechte, die manche auch als »die letzte Utopie« bezeichneten, für kurze Zeit populär, als andere Ideologien ihre Anziehungskraft verloren hatten, aber sie geraten schon wieder aus der Mode. Amnesty International zählt nur drei Millionen Mitglieder, während das Rote Kreuz 97 Millionen Freiwillige hat. Überleben hat einen höheren Stellenwert als die Freiheit.

Die Botschaft, die uns die USA trotz ihrer Freiheitsliebe vermitteln, lässt erkennen, dass ihre Bürger nicht aus freien Stücken wurden, was sie sind. Sie haben Benjamin Franklins Mahnung in *Der Weg zum Reichtum* (1756) nicht freiwillig in den Wind geschlagen: »Kaufe nur, was du brauchst. Borgen macht Sorgen.« Sie ließen sich von ihrer technologischen

Überlegenheit hinreißen, die sie in die Lage versetzte, weit mehr zu produzieren, als sie konsumieren konnten, sodass sie neue Märkte erschließen und jedermann dazu bringen mussten, unablässig so viel wie möglich zu kaufen, indem sie ihn beschwatzten, die alten Grundsätze der Einfachheit und Sparsamkeit über Bord zu werfen. Sie hatten nicht die Absicht, weltweit die Nation mit der höchsten öffentlichen und privaten Verschuldung zu werden. Es war auch nicht ihr freier Entschluss, sich von gigantischen Konzernen beherrschen zu lassen. Im Gegenteil: Als eine Nation von unabhängigen Pionieren und Familienunternehmen kämpften sie erbittert, um genau dies durch Kartellgesetze zu vermeiden – und scheiterten. Es war nicht ihre wohlüberlegte Entscheidung, materiellem Besitz so große Bedeutung beizumessen, und mehr als drei Viertel von ihnen beklagen nach wie vor, ihr Land sei zu materialistisch, egoistisch, raffgierig und gefühllos. Aber es fällt ihnen schwer, die Moral zu befolgen, an die sie glauben: Auf die Frage, was ihre wichtigsten Ambitionen sind, antwortet ein gleich hoher Prozentsatz, gern ein schönes Zuhause, ein neues Auto, schicke Kleider und einen gutbezahlten Job haben zu wollen. Freiheit, Gleichheit und Brüderlichkeit haben im Denken der Menschen einen hohen Stellenwert, aber Begier, Besitz und Zerstreuung nicht minder. John Adams, der zweite Präsident der Vereinigten Staaten (1735–1826), sagte zu seiner Frau, er gebe sich nur mit Politik und Krieg ab, damit ihre Söhne später »die Freiheit haben, Mathematik und Philosophie, Geographie, Naturgeschichte, Schiffbau, Navigation, Handel und Landwirtschaft zu studieren, um ihren Kindern das Recht zu geben, Malerei, Poesie, Musik und Architektur zu studieren«. Von seiner Vision für die Generation der Enkel sind wir noch weit entfernt. Viele sind der Ansicht, Amerikas wichtigste Priorität seien die Ge-

WAS DIE AMERIKANER NICHT FREIWILLIG WÄHLTEN

schäfte, aber das war nicht die ursprüngliche Bestimmung dieses Landes.

Diese Enttäuschungen haben die Amerikaner nicht davon abgehalten, auf dem Friedhof ihrer moralischen Niederlagen weiterhin für den Erfolg zu beten. Was sie getan haben, hat fast alle Menschen auf der Erde beeinflusst, aber was hätten sie anders machen können? Ihre Idee der Freiheit und Gleichheit bringt niemand besser zum Ausdruck als jener Selfmademan, der »I did it my way« sang. Amerikas Evangelium lautet, dass jeder, der hart arbeitet, aus eigener Kraft zu Erfolg gelangen kann, mit dem beruhigenden Umkehrschluss, dass alle Privilegien der Erfolgreichen wohlverdient sind und es folglich keinen Streit über die Ungleichheit des Reichtums geben kann. Doch der amerikanische Traum ist natürlich nur ein Traum. In Wirklichkeit bleibt sehr vielen der Erfolg versagt, und diejenigen, die es bis an die Spitze schaffen, arbeiten nicht unbedingt härter als diejenigen, die auf der untersten Sprosse der Leiter bleiben – jedenfalls nicht fünfhundert Mal härter, wie ihre Gehälter vermuten lassen könnten.

DER AMERIKANISCHE TRAUM

Bob Dylan sagte: »Wenn du versuchst, ein anderer zu sein als du selbst, wirst du scheitern«, und: »Ein Mensch ist erfolgreich, wenn er am Morgen aufsteht und am Abend zu Bett geht und dazwischen das tut, was er tun will.« Es ist aber nicht so einfach, man selbst zu sein und zu wissen, was man will und welcher Karikatur von sich selbst man im Lauf der Jahre immer ähnlicher wird. Man braucht andere, die einem offen sagen, welchen Eindruck man auf sie macht, oder bedarf zumindest der Ermutigung, die sich zwei Menschen geben, wenn sie einander bewundernswert finden, selbst wenn die ganze Welt anderer Meinung ist. Was auch immer richtig daran sein mag, dass man sich nur auf sich selbst verlassen soll – ohne die richtigen Freunde sind nur wenige erfolgreich. Die meisten Menschen

HUNDESÖHNE

haben nur ihre Familie und ein paar Freunde, die ihnen helfen können, und die sind oft auch nicht erfolgreicher. Wo also können sie weitere Freunde finden? »In dieser Welt zu versagen macht mir nichts aus«, sang Malvina Reynolds (1900–1978), »denn die Erfolgreichen sind Hundesöhne.« Gibt es einen anderen Weg, als alles daranzusetzen, sich in die Meute der Hundesöhne einreihen zu können?

Wenn Ideale allzu offensichtlich zur Farce verkommen, könnte eine dritte Reaktionsweise darin bestehen, dass man sich fragt, ob ihnen nicht etwas Wesentliches fehlt. Das wurde nämlich deutlich, als das Wahlrecht und die politische Einflussnahme zum weltweiten Hauptziel und zur wesentlichen Voraussetzung des Glücks erhoben wurden und sich damit das Augenmerk von persönlichen Beziehungen zu gesetzlichen Rechten verschob. Freiheit, Gleichheit und Brüderlichkeit können für sich genommen keine ausreichende emotionale Befriedigung gewähren, denn sie lassen zu viele Menschen mit dem Gefühl zurück, nicht anerkannt und nicht geliebt zu werden und nur halb zu leben. Es ist zwar lobenswert, dass das Gesetz uns die Freiheit gibt, zu sagen und zu tun, was wir wollen, solange wir keinem anderen schaden, aber was geschieht, wenn uns niemand zuhört und keiner Achtung vor dem empfindet, was wir tun? Dann wird der Wunsch, geschätzt und verstanden zu werden, zunehmend wichtiger als der theoretische Besitz verfassungsrechtlich garantierter Rechte. Natürlich ist es gut, wenn alle das gleiche Wahlrecht haben und Diskriminierungen abgeschafft sind, aber was ist, wenn Gier, Bosheit, Neid und Stolz den Menschen die Freude an der Gleichheit nehmen? Die Gleichheit nimmt sich dann immer mehr wie ein Trugbild aus. Zu wissen, dass einem die Brüderlichkeit in schwierigen Momenten oder im Alter zu Hilfe kommen wird, ist gewiss

GESETZLICHE RECHTE UND PERSÖNLICHE BEZIEHUNGEN

GIER UND GLEICHHEIT

ein großer Trost, aber was geschieht, wenn diese Hilfe ganz unpersönlich und nur spärlich und widerwillig für das geleistet wird, was man selbst in besseren Zeiten den anderen gegeben hat? Dann fällt es zunehmend schwer, sich mit dem bloßen Überleben zufriedenzugeben, und man sehnt sich nach dem Gefühl, wirklich zu leben und eine Energiequelle zu sein, die anderen etwas Wertvolles zu geben hat.

Freiheit, Gleichheit und Brüderlichkeit sind ein Rezept, bei dem eine wichtige Zutat vergessen wurde. Trotz aller Heldentaten und Opfer, die dem Ziel gewidmet wurden, diese drei Werte zur wirklichen Grundlage der Gesellschaft zu machen, ist keiner von ihnen es auch nur annähernd geworden. Die Franzosen brauchten ein Jahrhundert Bedenkzeit, bis sie sich schließlich für diese Devise entschieden, nachdem sie zuvor Freundschaft, Nächstenliebe und Aufrichtigkeit in Erwägung gezogen hatten. Die drei magischen Wörter, die den Giebel fast jeden öffentlichen Gebäudes in Frankreich zieren, haben nur überlebt, weil sie durch Mythen und wilde Interpretationen am Leben gehalten werden. Das legt den Schluss nahe, dass ohne Mythen nichts von Dauer ist. Aber gerade weil diese magischen Worte in einen Kokon von Mythen gehüllt wurden, haben sie das Leben der Menschen nicht in dem Maße verändert, wie sie es eigentlich hätten tun sollen. Heute brauchen die Menschen Wertschätzung, Zuneigung und Lebensfülle als ergänzende Zutaten zu den politischen, wirtschaftlichen und sozialen Anliegen der Vergangenheit.

> ZUTATEN, DIE DER FREIHEIT, GLEICHHEIT UND BRÜDERLICHKEIT FEHLEN

> WERTSCHÄTZUNG, ZUNEIGUNG UND LEBENSFÜLLE

Aber was ist mit dem großen Teil der Menschheit, der sich um Ideale nicht kümmert und sich mit einem Leben unter der Fuchtel von Diktatoren abfindet, ja, diese sogar noch zu bewundern scheint? Selbst ansonsten recht vernünftige Leute vergessen zuweilen, dass die Macht ein bittersüßes Gift ist, das seltsame Formen der Blindheit und Taubheit zur Folge haben kann, und lassen sich verleiten, sie irgendeinem charismatischen Möchtegern-Messias anzuvertrauen, der ihnen verspricht, alle Probleme zu lösen. Aber auf die Schwärmerei für überzeugungsstarke Helden folgten oft genug Enttäuschung und Entsetzen, fast ebenso unweigerlich, wie Stürme und Orkane den Sonnenschein vertreiben.

<small>DER GLAUBE AN DIE MACHT</small>

> »Wenn das Land ohne König ist, sind die Reichen schutzlos
> und Hirten und Bauern schlafen hinter verriegelten Türen.
> Wenn das Land ohne König ist, ehrt der Sohn nicht den Vater
> noch die Frau ihren Mann.«

Das schrieb Kamban im 12. Jahrhundert in seinem *Ramayanam*, dem Nationalepos der Tamilen über den Gott Rama, der auf die Erde kam, um »die Menschen zu züchtigen, zu bessern und zu leiten«. Dieser Glaube an allmächtige Herrscher hat überlebt, obwohl Könige – und ihre Nachahmer, seien es alltägliche Haustyrannen oder Herrscher über Großkonzerne – meist weniger Sicherheit und Ordnung schufen, als sie versprochen hatten. Der Krieg, lange Zeit der Sport der Könige, ist auch der Sport von Politikern geworden, die um jeden Preis populär sein wollen, während der Wettbewerb, der ohne physische Gewalt auskommt, zu einem Sport geworden ist, der unzählige Aspekte des Lebens, der Arbeit und des Spiels bestimmt. »Sobald ein König den Thron bestiegen hat, versteht sich von selbst, dass er seine Nachbarn angreifen sollte«, heißt es in einem indischen Traktat über die »Wissenschaft der Politik« (dem *Arthasastra*), das vermutlich aus dem 2. Jahrhundert v. Chr. stammt. In jeder Zivilisation hat es – ansonsten intelligente – Menschen gegeben, die Königen den dringenden Rat gaben, die Vergrößerung ihrer Macht über die Moral zu stellen. Sogar der Altmeister der arabischen Prosa, Ibn al-Muqaffa (720–756) gab diesen Rat, obwohl sein Vater auf Befehl des Herrschers gefoltert und zum Krüppel gemacht worden war. »Der König, der schwächer ist als ein anderer, sollte den Frieden wahren, der Stärkere aber Krieg führen.« Weltweit wurde der Machiavellismus schließlich als die unumgängliche Methode anerkannt, an der Macht zu bleiben, sosehr man sich sonst auch zur Tugend bekennen mochte. Es war nicht etwa Machiavellis Wunsch, dass Fürsten skrupellos sein sollten; er stellte lediglich fest, dass sie skrupellos sein mussten, um Fürsten zu bleiben.

WIE FÜRSTEN FÜRSTEN BLEIBEN

Obwohl Regierungen die Freiheit, Gleichheit und Brüderlichkeit vereitelten, indem sie weiterhin den absoluten Gehorsam gegenüber dem Göttlichen verlangten, hatten sie in der Praxis oft weit weniger Kontrolle über ihre Untertanen, als sie behaupteten: Ihre Pläne wurden durch bürokratischen Widerstand sabotiert, und viele derer, die ihre Gesetze hätten befolgen müssen, hatten in langer Praxis die Kunst erlernt, sie zu umgehen. Als wichtiger hatte es sich erwiesen, die Ehrgeizigen zu ermutigen, nach Wohlstand zu streben, als Ausgleich dafür, dass sie nicht an der Regierung teilhaben konnten, und die Wohlhabenden gelangten schließlich zu der Erkenntnis, dass es vorteilhafter sei, kleine persönliche Gefälligkeiten von denen zu erhalten, die die Macht monopolisierten, als sich auf den Kampf um die Macht einzulassen, aus dem zumeist mehr Verlierer als Gewinner hervorgingen.

MEHR VERLIERER ALS GEWINNER

Die Freiheit als einziges Ziel hat viele Niederlagen erlitten, weil sie Individuen dazu anhält, ihren eigenen Weg zu gehen, was zu dem unbeabsichtigten Nebeneffekt führt, dass die Unterschiede zwischen ihnen zunehmen. Differenzen und Rivalitäten vervielfältigen sich. Minderheiten werden ausgegrenzt und verlangen lautstark nach Anerkennung, die die Freiheit als solche ihnen nicht gewährt. Wenige Menschen fühlen sich ausreichend gewürdigt und verstanden, und viele finden sich kleinlaut damit ab, die Etiketten zu tragen, die andere ihnen angeheftet haben. Es gibt so viele Hindernisse, die Wahrheit über einen anderen zu erkennen, so viele Verkleidungen, die Seriosität vorspiegeln sollen, eine solche Inflation von Lügen und Halbwahrheiten, die von Regierungen und Unternehmen verbreitet werden, und so viel als Werbung getarnte Augenwischerei, dass der isolierte und ignorierte Einzelne es als weit schmerzhafter empfindet, nicht verstanden zu werden, als machtlos zu sein. Nur innige private Beziehungen können die Gewissheit bieten, dass man nicht die Karikatur ist, für die man gehalten wird. Aber das Privatleben ist als Ausflucht vor sozialem Engagement verunglimpft worden, sodass kaum darüber nachgedacht worden ist, wie privates und öffentliches Leben zusammenwirken könnten, statt gegeneinander in Konkurrenz zu treten.

EINE KARIKATUR SEINER SELBST

Statt von der Politik zu erwarten, dass sie den Menschen ein Leben in Würde ermöglicht, könnte man der Frage nachgehen, was man selbst erreichen kann, und zwar konkret dort, wo Kollegen, Kunden, Fremde, Arme und Reiche zusammenkommen – am Arbeitsplatz. Bislang haben die meisten Leute noch nicht ihren eigenen Weg gefunden, ihren Lebensunterhalt zu verdienen. Es war nicht ihr freier Entschluss, für einen Arbeitgeber zu arbeiten – es war nur die einzige Möglichkeit, um nicht zu verhungern. Kaum jemand erinnert sich daran, dass kommerzielle Unternehmen früher einmal mit solchem Misstrauen betrachtet wurden, dass es nach einer jener Finanzkrisen, denen sie in periodischen Abständen zum Opfer fallen, in England ein ganzes Jahrhundert

»DEN LEBENSUNTERHALT VERDIENEN« NEU ÜBERDENKEN

lang (von 1720 bis 1825) eine Straftat war, eine Handelsgesellschaft zu gründen – und trotzdem war dies eine Epoche beträchtlichen Wohlstands. Die Menschen irren, wenn sie sich einbilden, dass die Landwirtschaft, die Industrie und die Dienstleistungsgesellschaft Bestandteil der natürlichen Ordnung seien, statt in ihnen Erfindungen zu Zwecken zu sehen, die sie möglicherweise nicht mehr teilen. Man bringt ihnen in der Schule nicht bei, dass die führenden Konzerne unserer Zeit ihre Existenz einem Unfall der Geschichte verdanken, denn in dem Land der Freiheit, das Amerika damals schaffen wollte, gab es ursprünglich zwei Arten von Kapitalgesellschaften: zum einen diejenigen, die man zur Durchführung bestimmter Aufgaben gründete, die nach demokratischer Entscheidung als im öffentlichen Interesse liegend angesehen wurden, wie zum Beispiel der Bau von Kanälen – Ohio war der Staat, der am strengsten darauf achtete, dass Unternehmen ihre Privilegien nicht zur Erzielung privater Gewinne missbrauchten. Und zum anderen diejenigen, deren Satzung ihnen zu tun erlaubte, was immer sie wollten – solche Satzungen wurden vor allem in New Jersey genehmigt. Allmählich setzte sich das System von New Jersey durch, und die Öffentlichkeit verlor die Kontrolle über das, was die Unternehmen machten. Aber Kapitalgesellschaften sind eine Rechtsform, die erst ein Jahrhundert alt ist, und sie ist nicht zwangsläufig die einzige, die Wohlstand oder Zufriedenheit mehren kann. Auch die Landwirtschaft wurde nicht erfunden, um es allen gleichermaßen recht zu machen, und den Bauern, die für sie arbeiteten, gelang es regelmäßig nicht, so viel zu verdienen wie die Städter, die sie ernährten. Die Arbeitslosen strömten nicht aus freien Stücken in die düsteren Fabriken. Es wurde nicht in freier Wahl entschieden, dass die Spekulanten die Minderheit sein sollten, die von der harten Arbeit der Weltbevölkerung am meisten profitiert.

VERALTETE ARBEITSGEWOHNHEITEN

Erstaunlich wenige Menschen haben heute wirklich die freie Wahl, wie sie ihren Lebensunterhalt verdienen wollen, und selbst für diese wenigen wird die Freiheit durch die Art ihrer Arbeit eingeschränkt. Es sind nicht nur Regierungen, die in Panik geraten oder ihre Bürger in Panik versetzen. Arbeitgeber geraten bei dem Gedanken in Panik, dass ihre Gewinne sinken könnten, wenn ihre Arbeitnehmer sich erlauben sollten, auch an etwas anderes zu denken als an die ihnen zugewiesenen Aufgaben. Sie haben daher technische Systeme entwickelt, die jede kleine Bewegung ihrer Mitarbeiter überwachen, und üben damit mehr Kontrolle aus als noch der herrschsüchtigste Tyrann in grauer Vorzeit. Die Vorstellung, dass freie Märkte den Freiheitssinn fördern, ist durch viele Länder widerlegt worden, die wirtschaftlichen Wettbewerb mit autoritärer Herrschaft verbinden. Investoren werden panisch, sobald sie nicht mehr manisch sind, und vernichten Ersparnisse und Arbeitsplätze. Perikles sagte, dass das Glück von der Freiheit abhängt und die Freiheit vom Mut. Aber der Bauplan der Gesellschaft sieht es nicht vor, den Menschen Mut zu machen.

> MENSCHEN MUT ZU MACHEN, SIEHT DER BAUPLAN DER GESELLSCHAFT NICHT VOR

Zu viele Formen der Arbeit scheinen erfunden worden zu sein, um aus unserem Hirn Brei zu machen und den Körper vorzeitig zu verschleißen. Zu wenige haben das Ziel, Menschen zu beleben, sie interessanter und geistig rege zu machen. Eine der besten Möglichkeiten, sich lebendig zu fühlen, besteht darin, Anerkennung für eine Tätigkeit zu bekommen, die sinnvoll ist, weil sie einen Beitrag zur Gesellschaft darstellt, und die uns befriedigt, weil sie Geschick und Talent erfordert. Aber diese Erkenntnis ist zu Organisationen und Betrieben nur so weit vorgedrungen, dass sie sie als Beruhigungsmittel gegen den Stress einsetzen, den sie erzeugen. Im antiken Athen war abhängige Arbeit etwas für

> IM ANTIKEN ATHEN WAR ARBEIT ETWAS FÜR SKLAVEN

Sklaven. Für einen freien Bürger war es unehrenhaft, vor einem anderen einen Kotau zu machen, indem man für einen Lohn arbeitet. Heute gilt es hingegen als beschämend, arbeitslos zu sein, und als Errungenschaft, sich als Halbtagssklave zu verkaufen, indem man es widerspruchslos als ganz natürlich akzeptiert, dass man während der Hälfte seiner wachen Stunden nicht frei ist – und dies trotz der Tatsache, dass mit zunehmendem Wohlstand eines Landes dessen Einwohner immer häufiger davon träumen, in ihrer Arbeit frei zu sein und selbst entscheiden zu können, wie sie ihre Begabungen und ihre Zeit einsetzen, ohne katzbuckeln oder schmeicheln zu müssen. Ein riesiges, noch unerforschtes Gebiet hat sich aufgetan, auf dem es nach Wegen zu suchen gilt, wie man das Hoheitsrecht über die eigene Arbeit erlangen und mit seinem individuellen Beitrag zur Gesellschaft Anerkennung gewinnen kann. Viele Formen der Arbeit lassen das nicht zu. Ziemlich viele Menschen kommen nicht einmal auf den Gedanken, das zu verlangen, weil sie davon ausgehen, dass Arbeit so sein müsse, wie sie ist, und weil sie sich mit der Geringschätzung ihrer Arbeit abgefunden oder aber gelernt haben, ihre Befriedigung außerhalb der Arbeitswelt zu finden. Nur wenigen ist bewusst, dass man sie zwingt, sich in Strukturen einzufügen, die erst vor wenigen Jahrhunderten geschaffen wurden, und dass sie sich selbst auf dem Altar der Effizienz opfern.

Man kann die Arbeit aber durchaus auch neu, nämlich als Mittel zu einem erfüllten Leben, konzipieren. Die Revolution von 1848 proklamierte das Recht auf Arbeit, aber nichts hindert uns, über den Gedanken hinauszugehen, dass irgendeine Beschäftigung besser sei als gar keine. Es wird bald eine weitere Milliarde junger anspruchsvoller Menschen geben, die nicht nur ihr Recht auf Arbeit geltend machen, sondern auch das Recht, einen Beruf auszuüben, der sie weder krank macht

NEUE ARTEN DER
ARBEIT ERFINDEN

noch langweilt. Wer kann eine Milliarde neuer Arten von faszinierenden, geistig anregenden und sinnvollen Jobs erfinden? Jede Tätigkeit und jeder Beruf wartet darauf, neu durchdacht zu werden, um diesen Erwartungen gerecht werden zu können. Ohne eine Reform der Arbeit werden die großartigen Ziele Freiheit, Gleichheit und Brüderlichkeit nicht mehr sein können als halbherzige Schlagworte. Arbeit ist nur eine der Aktivitäten, mit denen sich Anerkennung und auch eine gewisse Lebensfreude gewinnen lässt. Zuneigung zu gewinnen ist schwieriger. Ich werde mich daher zunächst dem Thema widmen, wie Frauen und Männer sich mit diesem Mysterium auseinandergesetzt haben, bevor ich dann zu erkunden versuche, was neue Formen der Arbeit dazu beitragen können.

Unser japanischer Polizeiinspektor mag zwar nicht die endgültige Antwort auf die Frage gefunden haben, wie man würdige Ziele erreicht, aber er hat jedenfalls die entscheidende Frage gestellt: Für welche Ideale lohnt es sich zu sterben oder zu arbeiten oder zu leben? Politik ist die Kunst, Ideale in die Praxis umzusetzen. Aber sobald sie Wirklichkeit geworden sind, hören Ideale leider auf, die wunderschönen Schmetterlinge zu sein, die mit ihren bunten Flügeln zwischen den Blumen herumflattern, und werden zu Würmern, die sich von den Leichen der Hoffnung ernähren. Es ist an der Zeit, Ideale aus ihrem Grab zu befreien, wo sie wahrlich nicht in Frieden ruhen.

> FÜR WELCHE IDEALE LOHNT ES SICH ZU STERBEN?

17

WIE KÖNNTEN FRAUEN UND MÄNNER ANDERS MITEINANDER UMGEHEN?

IRRTÜMER IM KRIEG DER GESCHLECHTER

Welcher Krieg war von allen der grausamste, dauerte am längsten und hat die meisten Opfer gefordert? Der Kampf der Geschlechter hat, in wechselndem Ausmaß, die Hälfte der Weltbevölkerung zu Krüppeln gemacht und das Empfinden und die Phantasie der anderen Hälfte beeinträchtigt. Dieser Krieg treibt mich am meisten um, weil Freundschaften mit Frauen in meinem eigenen Leben so entscheidend waren. Frauen haben sich organisiert und für ihre Rechte gekämpft; Gesetze wurden geändert, das Frauenwahlrecht eingeführt; Frauen sind in Männerberufe vorgedrungen und können inzwischen in allen gesellschaftlichen Bereichen in Spitzenpositionen gelangen – all das sollte die Einstellung von Männern gegenüber Frauen grundlegend verändert haben. Aber für diesen Kampf haben die Frauen im Großen und Ganzen zu denselben Waffen gegriffen, die zuvor die Männer benutzt haben, und dabei vergessen, dass auch die Männer damit noch nie auch nur annähernd das Ausmaß an Freiheit, Gleichheit und Brüderlichkeit erreicht haben, das sie sich erträumten. In islamischen Ländern haben Frauen auch zu traditionellen Mitteln gegriffen wie etwa zur Neuinterpretation heiliger

Texte, aber mit noch immer sehr begrenztem Erfolg. Als die Sowjets beschlossen, die Ungleichheit zwischen den Geschlechtern auf politischem Weg abzuschaffen, merkten sie, dass man tief verwurzelte Gewohnheiten durch Gesetze allein nicht verdrängen kann.

Seit in den Vereinigten Staaten die Frauenrechtlerin Margaret Fuller (1810–1850) verkündete, rein maskuline Männer gebe es ebenso wenig wie rein feminine Frauen, hat es selten Fortschritte ohne anschließende Rückschläge, Gegenbewegungen oder eine Flucht vor der Realität gegeben, wie Fuller selbst sagt: »Inzwischen kenne ich in Amerika alle Leute, die es wert sind, dass man sie kennt, aber bei keinem finde ich einen Verstand, der sich mit meinem messen kann.« Der Status von Frauen hat im Laufe der Jahrhunderte manches Auf und Ab erfahren, und es gibt keine Gewissheit, dass er sich in Zukunft stetig verbessern werde. Die Behauptung, in einer von Frauen regierten Welt würden Sanftheit und Liebenswürdigkeit vorherrschen, übersieht, wie unausweichlich Macht korrumpiert. Sollte ich nach so viel Entmutigendem zu der Schlussfolgerung gelangen, die Vorstellung, der Kampf der Geschlechter könne je beendet werden, sei ebenso abwegig wie die, in der Natur könne der Krieg der Raubtiere enden?

Der Kampf um Macht und Privilegien hat bislang die Aufmerksamkeit von etwas abgelenkt, das weit schwerer fassbar ist. Der Kampf der Geschlechter glich einem Grabenkrieg mit erbitterten Nahkämpfen, bei dem man ein paar Meter Gelände gewann oder verlor, während die Lufthoheit unangetastet blieb. Mit der Luft meine ich die Atmosphäre, die die Beziehungen von Männern und Frauen umgibt, die Traumwolken, in denen sie leben, und die Mentalitäten, die sich gegen Veränderungen sträuben. Welche anderen Schlachten gilt es also noch zu schlagen? Dies ist kein Krieg, der mit Schlachten zu gewinnen ist. Mich interessieren eher

MENTALITÄTEN, DIE SICH GEGEN VERÄNDERUNGEN STRÄUBEN

die Schadstoffe, die einzuatmen sich nur schwer vermeiden lässt und die sich tiefgreifend auf die Energien der Menschheit auswirken.

Dazu gehört erstens die Vorstellung, die »conditio humana« sei unabänderlich. Mein Buch *Eine Intime Geschichte der Menschheit* zu schreiben hat mich von dieser Illusion befreit. Aber Denkweisen, die seit Anbeginn der Zeit existieren, verschwinden nie ganz, und es ist gefährlich, zu vergessen, was sie am Leben erhält.

So wie ich tragen auch Sie, ob sie nun männlich oder weiblich sind, denselben Namen, den uns Carl von Linné (1707–1778) gegeben hat – Homo sapiens. Trotz des scheinbaren Kompliments, wir seien klüger als andere Geschöpfe, hielt Linné von Männern nicht viel und von Frauen noch weniger. Nach einem langen, dem sorgfältigen Studium Tausender von Pflanzen und Tieren gewidmeten Leben definierte er die menschliche Rasse so: »Unsere tägliche Aufgabe besteht darin, aus unserer Nahrung ekligen Kot und übelriechenden Urin zu machen. Am Ende bleibt uns nur, zu stinkenden Leichen zu werden. Warum hat Gott uns erbärmlicher erschaffen als jedes andere Lebewesen? ... Zu seinem eigenen Vergnügen, nicht zu dem der Menschheit.«

IST HOMO SAPIENS DER BESTE NAME FÜR DEN MENSCHEN?

Linné ist berühmt, weil er das System erfand, mit dem jede Pflanze und jedes Tier als zu einer Gattung und einer Art gehörig klassifiziert wird. Er hatte einen Weg gefunden, das Bedürfnis der meisten Menschen zu befriedigen – nämlich als zu irgendeiner Gruppe gehörig identifiziert zu werden und alles um sie herum in eindeutig bezeichnete Kategorien einzuteilen – in der noch immer weit verbreiteten Annahme, das mache das Leben einfacher. Das Kriterium, das Linné wählte, um Pflanzen voneinander zu unterscheiden, war die Art ihrer Fort-

WARUM VEREINFACHEN?

pflanzung. Anfangs warfen prüde Zeitgenossen ihm vor, ein »botanischer Pornograph« zu sein, der »abstoßender Unzucht« das Wort redete, aber seine Klassifizierung setzte sich allgemein durch, weil sie eine leicht verständliche Ordnung in die verwirrende Vielfalt der Natur brachte. Wenn jede Pflanze einen Namen hatte, der allseits verwendet und akzeptiert wurde, gab das dem Mann auf der Straße das Gefühl, die Natur zu verstehen. Linné wurde als Befreier gefeiert: Ebenso, wie das metrische System die Leute vom Chaos unzähliger örtlicher Gewichte und Maße befreite, schuf sein System einen Konsens über die Beziehungen zwischen verschiedenen Lebensformen. Aber seine Vorliebe für Vereinfachungen stellte keine Befreiung dar, die dazu angetan war, unabhängiges Denken zu fördern. Er war nur zufrieden, wenn er jedes Lebewesen anhand eines einfach festzustellenden Merkmals etikettieren konnte. Dies ist die Geisteshaltung, die nach wie vor starken Einfluss darauf hat, wie Männer und Frauen miteinander umgehen. Sie begrenzt ihre Erwartungen an das, was sie jeweils füreinander tun können.

Linné wuchs in einer Familie auf, der fünf Generationen protestantischer Pfarrer entstammten, und in seinen Augen diente sein Studium der Botanik dem gleichen Zweck – zu lehren, dass es eine göttliche Ordnung gab und alles so sein musste, wie es war, nämlich **EIN UNIVERSELLES HOBBY** wie Gott es geschaffen hatte. Seine Mission war es, das in Ewigkeit festgeschriebene Gesetz der Natur zu enthüllen. Seine wissenschaftlichen Bücher waren wie Predigten geschrieben, und tatsächlich bezeichnete er sich als einen neuen Luther. Nach nur achttägigem Aufenthalt an einer obskuren holländischen Universität erwarb er den Titel eines Doktors der Medizin, wurde Arzt und spezialisierte sich auf die Syphilis. Er glaubte, Epilepsie werde durch Haarewaschen hervorgerufen, und wusste es nicht zu verhindern, dass seine eigene gesundheitliche Konstitution durch

Gicht, Migräne, verfaulte Zähne und mehrere kleinere Schlaganfälle massiv angegriffen wurde. Er war jedoch sowohl ein brillanter Vertreter der Taxonomie (der Wissenschaft der Klassifizierung) als auch ein beeindruckender Prediger, der nicht zuletzt durch die vergnüglichen botanischen Exkursionen, die er organisierte, populär wurde. Pflanzen zu sammeln und zu benennen wurde ein weit verbreitetes Hobby. Er demokratisierte die Wissenschaft, so wie Luther die Theologie demokratisiert hatte.

Aber wenn die Wissenschaft eine bestimmte Sicht der Dinge populär macht, lenkt sie zugleich die Aufmerksamkeit von anderen Denkansätzen ab. Linné macht deutlich, wie sehr die Leute es schätzen, wenn der Neugier Grenzen gesetzt sind. Für neue Ideen sind sie zumeist nicht aufgeschlossen. Neue Ideen stören nur. Wenn sie dennoch akzeptiert werden, geschieht dies meistens, indem man sie so verändert, dass sie alte Ideen zu sein scheinen. Unser Gehirn ist darauf ausgelegt, ungewohnte Ideen vertrauten Kategorien anzupassen. Denkweisen, insbesondere solche, die etwas so tief Verwurzeltes betreffen wie das Verhältnis zwischen Männern und Frauen, lassen sich nicht durch Gesetze oder schlichte Überzeugungskraft verändern, sondern nur durch einen langwierigen Prozess, der aus Vorbildern, Versuchen und Erfahrungen erwächst.

WIE NEUE IDEEN AKZEPTIERT WERDEN

Linné wollte beileibe keine Denkweisen verändern. Ihm ging es darum, seine eigenen Grundannahmen zu untermauern. Er wollte seine Pflanzenkenntnis für praktische Zwecke einsetzen, um seinem Leben und seinem Land zu Stabilität zu verhelfen. Er regte an, Schweden solle wirtschaftlich autark werden, Reis, Tee und Gewürze anbauen und sich, statt die Westindischen Inseln nach exotischen Erzeugnissen zu durchforsten, mit dem zufriedengeben, was in Lappland zu finden sei. Er

DIE MACHT DER GEWOHNHEIT

drängte seine Landsleute, die einfache Ernährung der Lappen zu übernehmen, und versprach, dann würden sie doppelt so lange leben. Darauf bedacht, alles weniger kompliziert zu machen, stellte er den »Edlen Wilden« als Vorbild hin, die höfische Kultur der europäischen Elite hingegen als eine Seuche, und unternahm keine Auslandsreisen mehr. Nur seine Muttersprache Schwedisch und das Latein der Gelehrten zu sprechen genügte ihm. Das Leben betrachtete er als eine einzige lange Tragödie. Er war nicht nur ein leidenschaftlicher Sammler von Pflanzen, sondern auch von Schauergeschichten über Schurkereien und Widerwärtigkeiten aller Art sowie über »Huren«, die mit Feuer oder kochendem Wasser gezüchtigt wurden. Für ihn war klar, dass zwischen Männern und Frauen stets Welten liegen würden, so wie zwischen Gut und Böse, und diese Vorstellung wurde durch alle seine anderen Überzeugungen zementiert. Seine Einstellung und seine Wesensart leben fort. Für einen großen Teil der Menschheit hat es noch immer höchste Priorität, Sicherheit, Gewissheit und eine klar definierte Ordnung vorzufinden, zweifellos deswegen, weil Sicherheit so schwer erreichbar bleibt wie eh und je. Ein anders geartetes Verhältnis zwischen den Geschlechtern ist ohne eine ganz andere Sicht des Weltganzen nicht denkbar.

Könnte ein Schuss Weltläufigkeit und Aufklärung das zustande bringen? Dies ist ein zweiter Punkt, den viele für entscheidend halten bei der Frage, was erforderlich sei, um eine Gesellschaft wirklich zivilisiert zu machen.

Linnés Erzkritiker, der französische Wissenschaftler Buffon (1707–1788), dessen Vorstellungen weniger düster waren, hatte vielseitige Interessen und künstlerische Vorlieben. Er verspottete Linné, weil der nur ein einziges Merkmal heranzog, um Tiere und Pflanzen in feste Kategorien einzuteilen. Er beharrte darauf, dass oberflächliche Ähnlichkeiten weniger bedeutsam

MEHR ALS NUR ZIVILISIERT UND HÖFLICH

seien als die »tiefere Wirklichkeit«, die sich dahinter verberge und alles umfasse, was ein Lebewesen in die Lage versetze, zu leben, sich zu vermehren, zu entarten und vielfältige Beziehungen einzugehen. Wir können keinen Gegenstand isoliert begreifen; er muss stets in Beziehung zu anderen betrachtet werden. So beschrieb Buffon äußerst detailliert nicht nur die physische Struktur einer jeden Spezies, sondern auch alle ihre Eigenarten und Gewohnheiten und auch, wie Menschen sich diese zunutze machen und mit ihnen in Verbindung treten könnten. Er erweiterte das Studium der Welt in einer Weise, die dazu anregte, die eigene Einstellung zur Natur zu hinterfragen und über die Leiden nachzudenken, die ein jedes Geschöpf erfahren hat, vom »Schicksal des Esels« und der »Knechtschaft des Pferdes« bis hin zum »Elend des schwarzen Sklaven«. Er akzeptierte die Widersprüche der Existenz: »Alles funktioniert, weil alles irgendwann mit allem zusammentrifft.« Die sechsunddreißig Bände seiner *Allgemeinen und Speziellen Naturgeschichte* wurden in ganz Europa zu Bestsellern und stellten Voltaire und Rousseau in den Schatten, auch wenn sein Erfolg den Fachkundigen missfiel, die ihn verachteten, weil er bei »Frauen und Kindern« so populär war. Er war ein Meister des literarischen Stils, ein Maler in Worten, der sich an den Nuancen und an der unendlichen Vielfalt der Natur ergötzte, die vor allem bezaubernd war. Die Natur war dazu da, uns in Erstaunen zu versetzen.

Buffon stieß die Türen der Neugier und Vorstellungskraft weiter auf als Linné, aber letztlich nicht weit genug. Er war ein »Mann von Welt«, und für ihn spielten Frauen ihre Rolle noch immer hinter den Kulissen. Obwohl er sich

EIN MANN VON WELT ganz der Suche nach dem Glück widmete, beklagte er, dass »wir unglücklich sind, sobald wir nach mehr Glück streben«. Im Alter von fünfundvierzig heiratete er eine Zwanzigjährige und äußerte, Liebe sei eine animalische Leidenschaft, die dem Körper Vergnügen bereite, aber die Seele nicht glücklich mache. Sein Biograph fasste es so zusammen: »Er liebte Geld und wurde reich. Er liebte die Macht und ging mit den Mächtigen ein und aus … Er liebte Frauen, und nicht nur um ihrer schönen Seelen willen.« Ihm gebührt ein unvergänglicher Platz in der Geschichte, weil er aus dem *Jardin des Plantes* in Paris ein großes Forschungszentrum machte, aber obwohl er die Tiere in seinem Zoo höchst aufmerksam beobachtete, hörte er den Frauen selten zu und lernte nichts von ihnen. Menschliche Beziehungen standen nicht im Mittelpunkt seiner Interessen. Er setzte sein umfassendes Wissen nicht dazu ein, sein Privatleben zu gestalten. Diese Unfähigkeit, Öffentliches und Privates miteinander zu verbinden, war stets eines der größten Hindernisse für gegenseitiges Verständnis. So lief trotz aller Gelehrsamkeit dieses großen Aufklärers und trotz seines Charismas der karge Schluss seiner Studien nur darauf hinaus, die Erde werde letztlich eines Tages einfrieren und sterben. Der Kampf der Geschlechter konnte lediglich durch einen Nebelschwaden der Höflichkeit verborgen und allenfalls unterbrochen werden.

VON FRAUEN NICHTS GELERNT

Ein dritter Punkt, der es Menschen schwer gemacht hat, einander anzuerkennen, ist der Glaube, das Privatleben sei etwas völlig anderes als das öffentliche Leben und habe im Grund keinen Einfluss darauf. Hier ist an Narcyza Żmichkowska (1819–1876) zu erinnern, denn sie war es, die begann, diesen Irrglauben zu erschüttern. Sie war die Tochter eines Angestellten in einem Salzbergwerk in Polen und für kurze Zeit Hauslehrerin eines polnischen Prinzen in Paris, bis sie gefeuert wurde, weil sie zu viel Eigenständigkeit an den Tag legte, denn sie suchte die Nationalbibliothek auf, um Kant, Leibniz, Schlegel und Fichte zu lesen. Ihr erster Roman, *Poganka* (was so viel wie »Heidin« oder »Gottlose« hieß, eine

NARCYZA ŻMICHKOWSKA, DIE AUSSENSEITERIN

Rebellin, als die sie sich selbst sah), besteht aus den nur leicht verschlüsselten Porträts einiger Freundinnen, die sich in einer Gruppe namens *Die Enthusiastinnen* zusammenfanden. Żmichkowska analysierte die Notlagen und Gefühle von Männern ebenso wie die von Frauen mit außergewöhnlichem Scharfsinn, beharrte aber darauf, dass »beide einander unmöglich verstehen können. Sie haben unterschiedliche Erfahrungen der Liebe.« Und von fast allem anderen auch. Entschlossen, Frauen – und auch Männer – von allen Vorurteilen zu befreien, achtete sie darauf, alte Klischees nicht durch neue männliche oder weibliche »Identitäten« zu ersetzen, die nach ihrer Überzeugung nur dazu führen würden, sie in getrennten »Gettos« zu isolieren. Männern tat es nicht gut, idealisiert zu werden, befand sie, obwohl sie aus deren Freundschaft große Bestätigung gewann. Männliches Engagement für politische Lösungen hatte zu oft in einem Fiasko geendet; zu viele landeten im Gefängnis oder im Exil. So mussten Frauen einen anderen Weg finden, gemeinsam mit Männern, aber in dem Bewusstsein, dass mit ihnen kein Konsens bestehen könne, und auch nicht zwischen Frauen untereinander. Frauen konnten nun »gewagtere Fragen« stellen und »unmögliche Experimente« wagen, indem sie die Abstraktionen männlicher Philosophien verwarfen. Ihrer Gruppe war »jedwede dogmatische Denkweise fremd ... Keiner von ihnen kam es je in den Sinn, sich an das gemeinsame Dogma irgendeiner Glaubenslehre zu ketten. Ihre Gemeinsamkeit beruhte auf aufrichtiger Freundschaft ... und recht unterschiedlichen Überzeugungen, auf entgegengesetzten Prinzipien.« Freundschaft war das, worauf sie den größten Wert legte; Freundschaft war ihre Lösung. Als Waise wusste sie, was Einsamkeit bedeutet, und sie pries das Eingehen gemischter Verbindungen als Ersatz oder Ergänzung dessen, was Familien nicht bieten konnten.

MUTIG GEWAGTERE FRAGEN STELLEN

Sie machte geltend, Freundschaft müsse außerhalb ihrer üblichen Grenzen gesucht werden, jenseits der Sicherheit der literarischen Clique, in der Schriftsteller lebten, und Künstlern und Leuten aller Art müsse man die Hand reichen, aber ohne sie zu vereinnahmen. »Muss ich ihnen sagen, was ihnen fehlt? Nein, sag es ihnen nicht! Die Früchte fremder Lehren faulen rasch. Nur die Wahrheit, die man durch eigenes Suchen findet, vermag zu heilen, Beistand zu leisten, zu bereichern und zu erleuchten.« In ihren Augen war jeder Einzelne ein potenzieller Künstler. Man wurde Künstler, indem man sein Verlangen und seine Neugier darauf verwandte, nach Gelegenheiten zu suchen, anderen einen Dienst zu erweisen. War nicht auch ihre Freundin Jadwiga »eine richtige Dichterin«?, fragte sie. »O ja! Das war sie, sage ich Ihnen, obwohl das nicht jeder vermutete, denn sie redete wenig … und hat noch nie einen einzigen Vers geschrieben. Sie war von kräftiger Gestalt, und nur manchmal, nur gelegentlich flackerte ihre Seele unverstellt aus den Augen, in ihrem feurigen Blick … Sie nimmt mir recht übel, was ich von ihr halte, aber glauben Sie mir, in ihr vereint sich so vieles von dem, was eine wirkliche Dichterin ausmacht, dass sie es mit der ganzen Horde Warschauer Literaten aufnehmen konnte.« Zu Żmichkowskas Vorliebe, in anderen den Künstler zu entdecken, gehörte es auch, die üblichen Gesprächsthemen zu vermeiden, mit denen Familien sich für gewöhnlich die Langeweile vertrieben, nämlich »die Ernte, Wodka, Geflügel und die frisch gebohnerten Fußböden«.

Ihre Romane haben keinen Höhepunkt, keine Auflösung; jeder von ihnen hat seine ganz eigene Form. Aber alle zielen sie darauf ab, unterschiedliche Perspektiven zu entdecken, aus denen man die Gedanken anderer ergründet. Natürlich hat sie ihr Ideal nie erreicht. »In der Hierarchie menschlicher

Errungenschaften steht das Buch auf der niedersten Stufe. Ganze Bände können einen einzigen Funken, der ein lebendiges Herz erwärmt, nicht aufwiegen, und die klügsten Gedankengebäude sind weniger wert als eine einzige edle Tat.« Sie konnte sich von ihrer eigenen Frustriertheit und dem Gefühl des Versagens nie freimachen. Das ist die Herausforderung, die sie uns hinterlassen hat. Żmichkowska saß eine Zeit lang im Gefängnis, weil sie verdächtigt wurde, eine Verschwörung anzuzetteln, obwohl sie politischen Aktivismus ablehnte, und die Haft schädigte ihre Gesundheit dauerhaft. Man hat sie als Polens »begnadetste Schriftstellerin« bezeichnet, die aber »ihr Potenzial nie ausgeschöpft« habe. Sie zeigt eine weitere große Hürde auf dem Weg zu einem besseren Auskommen zwischen Männern und Frauen auf, nämlich dass sie trotz aller Errungenschaften der Bildung und Technologie enorme Schwierigkeiten haben, sich miteinander zu verständigen.

DIE GROSSE HÜRDE

Heute hat es den Anschein, als lenke die Wissenschaft das Augenmerk wieder auf das, was traditionell wichtiger war als alles andere: Wer unsere Eltern und Vorfahren waren, und die Namen in unserem Stammbaum. Die Erkenntnisse der Genetik haben die Überzeugung bestärkt, dass der sinnvollste Ansatz, über die Vielfalt von Tieren und Pflanzen nachzudenken, in dem Verständnis ihrer Abstammung und ihres gemeinsamen Ursprungs besteht. Aber die Wissenschaft beschäftigt sich auch mit etwas weit Originellerem: Sie richtet ihr Augenmerk auf winzige Details, von denen niemand ahnte, dass es sie überhaupt gibt. Sowohl Linné als auch Buffon beschränkten sich auf Spezies und ließen das Individuum außer Acht. Inzwischen sind es aber nicht nur Individuen, sondern auch deren geringste erkennbare Bestandteile, die benannt werden, bislang unvorhergesehene Ideen hervorbringen und Rätsel aufgeben. Das Grübeln der Menschheit, was in der Be-

MIKROSKOPISCH KLEINE VERÄNDERUNGEN

ziehung der Geschlechter das Wichtigste sei, hat da noch viel nachzuholen. Auch wenn die Beschaffenheit von Beziehungen durch äußere Kräfte beeinflusst wird, nimmt jede Person sie mit individuellen Nuancen wahr, die für die mikroskopisch kleinsten Veränderungen anfällig sind. Auf dieser Nano-Ebene lässt sich ein anders gearteter Ansatz vorstellen. Den Kampf der Geschlechter kann man nicht durch einen allgemeingültigen Waffenstillstand beenden, denn in diesem Kampf gibt es keinen Oberbefehlshaber. Das Beispiel der Protagonistinnen der Frauenbewegung ist höchst anregend, wenn man daneben auch die vertraute Geschichte endloser Versuche und Irrtümer heranzieht, die jeder Einzelne in seinem Privatleben unternimmt und begeht. Jede Erinnerung an solche Bemühungen ist wie eine weitere Kerze, die angezündet wird, um die tatsächlich gelebte Wahrheit auszuleuchten.

Oscar Wilde glaubte, die Weisheit von Jahrtausenden zusammenzufassen, als er schrieb: »Zwischen Männern und Frauen ist keine Freundschaft möglich. Da gibt es nur Leidenschaften: Feindschaft, Anbetung, Liebe – aber keine Freundschaft.« Das ist, historisch gesehen, falsch. Es hat Zeiten und Orte gegeben, an denen solche Hemmnisse überwunden wurden, wenn auch nicht gerade oft. Freundschaft ist eine Kunst, von der es heißt, ein jeder müsse sie für sich selbst entdecken, und daher verwundert es nicht, dass unter den Ansichten, wie man das anstellen soll, heilloses Chaos herrscht. Solange Frauen als Besitz angesehen wurden, kam Freundschaft mit Männern nicht in Frage, und es war eine der radikalsten Neuerungen der Menschheit, dass Eheleute einander als ihre besten Freunde betrachten. Obwohl einige Theologen die Religion dahin auslegten, dass Männer und Frauen einander nicht in die Augen sehen dürften, weil daraus Verlockung entstehe,

FREUNDSCHAFT ALS UNGELEHRTE KUNST

DER RAUSCH ROMANTISCHER LIEBE

sagte der Prophet Mohammed über seine Frau Zainab: »Sie, die das Herz flattern macht, stärkt das meine.« Der Rausch romantischer Liebe war nie eine Gewähr, dass daraus Freundschaft entstehen werde, ebenso wenig wie aus sexuellem Verkehr. Viele alte Lesarten der Freundschaft haben bis heute überlebt, darunter künstliche Allianzen, die auf Zweckmäßigkeit, Opportunismus oder gar Furcht beruhen, während es bei modernen Netzwerken häufiger um Wettbewerbsvorteile als um eine moralische Erneuerung geht.

Als ich 1970 im Ruskin College in Oxford an der Eröffnungssitzung der National Women's Liberation Movement Conference teilnahm, beflügelt von den Freundschaften und Gesprächen mit Frauen, die einen großen Teil meines Lebens geprägt haben, stand Freundschaft nicht auf der Tagesordnung, weil andere Ziele als dringender galten. Die Frauenbewegung konzentrierte sich mehr auf die Macht von Männern als auf deren Verletzlichkeiten, sodass nach wie vor zu erkunden bleibt, was Männer und Frauen gemeinsam erreichen können, indem sie untereinander Freundschaft pflegen. Als ich gebeten wurde, für die Reihe *Oxford History of Modern Europe* einen Band über Frankreich beizusteuern, und zur Bestürzung der Herausgeber schließlich *A History of French Passions* (Eine Geschichte französischer Leidenschaften) mit langen Kapiteln über Freundschaft und Liebe und Frauen vorlegte, war es noch niemandem je in den Sinn gekommen, solche vermeintlich privaten Themen in den Lehrstoff einer Universität aufzunehmen. Seitdem haben Meinungsumfragen aber wiederholt gezeigt, dass Freundschaft einen sehr hohen Stellenwert einnimmt, fast gleichauf mit der Liebe. Das Internet ist eine Parade von Freunden, denen man nie begegnet ist, und inzwischen kann man sogar »Freunde« für einen Tag mieten, aber diese nachgeahmten Freundschaften haben das

WAS UNIVERSITÄTEN
NICHT LEHREN

EINE DURCH
IHR SCHWEIGEN
ERSTARRTE WELT

Verlangen nach wirklichen Freundschaften nicht verringert. Viele Frauen beklagen, dass Männer nicht zuhören. Freundschaft gründet auf Zuhören. Für mich ist der Kampf der Geschlechter ein Kampf des Schweigens. Die Welt bleibt starr durch ihr Schweigen.

In einer Freundschaft bedeuten abweichende Ansichten keine Feindseligkeit, und man kann sich zu ihnen bekennen, ohne das Gesicht zu verlieren oder auf Ablehnung zu stoßen. Die historische Bedeutung der Freundschaft zwischen Männern und Frauen besteht darin, dass sie eine Alternative zu der uralten Vorstellung bietet, Krieg und andere Formen des Konkurrenzkampfs seien der überzeugendste Beweis für Männlichkeit. Es erweist sich, dass Konsens nicht der einzige Leim ist, der die Zivilisation zusammenhält, und dass die anregendsten Auseinandersetzungen die sind, bei denen es keinen Sieger gibt.

> KONSENS IST NICHT DER EINZIGE LEIM

Nur eines der beiden Geschlechter zu befreien ist sinnlos. Der Krieg zwischen Männern und Frauen kann weder durch kleine Zugeständnisse noch durch einen Waffenstillstand beendet werden, und auch nicht dadurch, dass man stückweise über kleinere Veränderungen beruflicher oder sozialer Gepflogenheiten verhandelt, die entweder Männer oder Frauen nicht mehr zufriedenstellen. Auch Männer warten auf viele Formen der Befreiung.

18

WIE KANN MAN DEM MANGEL AN SEELENGEFÄHRTEN ABHELFEN?

Fällt es den Leuten immer schwerer, einander zu mögen? Gibt es zu viele von denen, die sich etwas darauf einbilden, ein unabhängiger Kopf zu sein, oder die sich für sehr kompliziert, unkonventionell, einen Spötter oder einen Außenseiter halten? Ist die Suche nach einer verwandten Seele, die ein idealer Gefährte ist und bleibt, zu mühsam geworden?

Anders zu sein bedeutete früher, einer Minderheit anzugehören, aber die Geschichte von Samuel Augustus Maverick (1803–1870) legt eine andere Definition nahe. Seine Vorfahren waren 1624 nach Neuengland eingewandert und hatten es dort zu Wohlstand gebracht, aber er war entschlossen, noch reicher zu werden, nahm fünfundvierzig Sklaven und zwanzig Pferde mit und siedelte sich in Texas an. Dort wurde er zu einer Legende, denn er weigerte sich, sein Vieh mit Brandzeichen zu versehen, wie es alle anderen taten. Warum tanzte er aus der Reihe? Manche mutmaßten, er habe das Brandmarken für grausam gehalten, während andere das für eine List hielten, um geltend machen zu können, alles nicht gebrandmarkte Vieh gehöre ihm. Vielleicht war es auch sein Status als Bürgermeister von San Antonio und als Senator (sowie – einem

EIN UNABHÄNGIGER KOPF

verbreiteten Gerücht zufolge – als weltweit größter Landbesitzer nach dem russischen Zaren), der ihm das nötige Selbstvertrauen verlieh, alte Gepflogenheiten zu ignorieren. Er war so berühmt, dass der Name »Maverick« als Bezeichnung für ein nicht gebrandmarktes Fohlen in den amerikanischen Sprachgebrauch einging und bald darauf auch für unabhängige Politiker verwendet wurde, die es ablehnten, das Emblem einer bestimmten Partei zu tragen. 1886 definierte eine Zeitung aus San Francisco, der *California Maverick*, »eine Person mit *Maverick*-Ansichten als jemanden, der frei von jeder Parteilichkeit ist«. 1905 kandidierte ein Politiker für ein Amt in Massachusetts als »*Maverick*« mit dem Slogan »Ich trage keines Menschen Marke«. Erst kürzlich betonte ein amerikanischer Schriftsteller: »Der *Maverick* wird inzwischen als Verkörperung des amerikanischen Ideals bejubelt, als jemand, der seinen eigenen Weg geht. Ein *loner* (dieses Wort für einen Einzelgänger tauchte in der englischen Sprache erst 1907 auf) kann ein Spinner sein, aber ein *Maverick* ist ein unabhängiger Denker.«

MAVERICKS

Im wirklichen Leben war Sam Maverick ein reservierter und umsichtiger Anwalt, der sich unauffällig kleidete und benahm, sodass es verwundern mag, dass er zum Symbol der »Eigenwilligkeit« wurde. Er verstand sich darauf, Land zu kaufen und zu verkaufen, und brachte schließlich einen Grundbesitz von mehr als 120 000 Hektar zusammen. Auch seine Frau, die fünfzehn Jahre jünger war als er, war keine Revolutionärin. Sie schrieb: »Ich verstehe nicht, warum Wissen und Wissenschaft für Frauen verboten sind – aber ich bin froh, dem altbewährten Brauch entsprechend zu lieben, zu ehren und zu gehorchen.« Dennoch bezeichneten sich beide als »Abenteurer«. Er selbst betrachtete sich als Grenzgänger, der sein »abenteuerliches Wanderleben«, seine »ungezügelte Leidenschaft für Ländereien«, sein Feilschen mit Einwande-

EIN ABENTEUERLICHES WANDERLEBEN

rern und die Herausforderung des Unbekannten genoss. Seine Frau war ebenso stolz darauf, dass »wir eine Familie von Abenteurern sind, die bis an die äußersten Grenzen gehen, zu denen Amerikaner vorstoßen können«, auch wenn das Abenteuer für sie bedeutete, einen ersten Schritt aus ihrer häuslichen Rolle heraus zu wagen, sich der Religion zuzuwenden und die Welt als ein »großes Haus« zu betrachten, das auf das moralische und geistliche Engagement der Frauen angewiesen war. Der intime Briefwechsel der Eheleute zeugt von dem Gefühl der Zusammenarbeit »in der Richtung, in die wir beide gehen wollen«, obwohl sie das nie präzisierten. »Ich fürchte nichts«, sagte er. Seine Verachtung der Angst – oder zumindest bestimmter Arten von Angst – gestattete ihm, teilweise unangepasst zu sein. Er war Biedermann und Abenteurer zugleich. Maverick zeigte, wie eine winzige Mutation oder ein Funken Mut in einem einzigen Lebensbereich einen in vielerlei Hinsicht anscheinend »normalen« Menschen zum Sinnbild der Unabhängigkeit machen kann. Und umgekehrt haben sich viele, die sich selbst als Nonkonformisten betrachteten, in zahlreichen Aspekten ihres Lebens angepasst.

Seit Mavericks Zeit ist der Begriff des Andersseins von Wissenschaftlern in Frage gestellt worden, die erkannt hatten, dass lebende Organismen sich dadurch von leblosen Objekten unterscheiden, dass jeder von ihnen anders ist. »Jedes Körnchen Salz ist mit jedem anderen identisch, aber jeder Organismus ist etwas Neuartiges.« Sie und ich sind zu 99,9 Prozent identisch.

DREI MILLIONEN
UNTERSCHIEDE
ZWISCHEN UNS

»Wir unterscheiden uns nur durch ein Tausendstel der Buchstaben in unseren Genomen, aber bei einem Genom mit drei Milliarden Buchstaben bedeutet dieses Tausendstel, dass es drei Millionen Unterschiede zwischen uns gibt.« Selbst Personen mit demselben genetischen Erbgut unterscheiden sich voneinander, weil sie dieses Erbgut auf ihre ganz eigene Weise kombinieren. Jedes Immunsystem weist Eindringlinge, so ähnlich sie auch sein mögen (von sehr wenigen Ausnahmen abgesehen), als Fremdkörper zurück. Menschen sind so unterschiedlich, dass manche, nur um am Leben zu bleiben, doppelt so viel Energie brauchen wie andere. Jedes menschliche Gehirn ist ein wenig anders, und jede Erfahrung vergrößert die Unterschiede noch. Es gibt keine »normale« Genomsequenz: »Wir alle sind Mutanten.« Die Mutationen, die mit Krebs einhergehen, zeigen sich bei verschiedenen Krebspatienten nicht in gleicher Weise. Die Medizin, die die Individuen traditionell in Kategorien von Leidensgenossen mit gleichartigen Erkrankungen einzuteilen pflegte, sieht inzwischen die individuelle Vielfalt als das große Geheimnis an. Von keinem Heilmittel wird erwartet, jedem zu helfen. Die Individualität von Fingerabdrücken ist seit babylonischer Zeit bekannt, und mit Hilfe von Computern konnte jetzt nachgewiesen werden, dass die über hundert verschiedenen Partien des menschlichen Gesichts jeweils unter hundert identifizierbaren Aspekten voneinander abweichen können. Man hat herausgefunden, dass selbst eineiige Zwillinge epigenetische Veränderungen entwickeln, sodass sie physisch nicht mehr absolut identisch sind. Normalität erlangt eine neue Bedeutung: Jeder Einzelne ist anders, und es ist nicht normal, jemand anderem allzu ähnlich zu sein.

PERSONALISIERTE MEDIZIN

Heute ist jeder gezwungen, so etwas wie ein Nonkonformist zu sein, zumindest in irgendeinem Bereich seines Lebens, denn es ist schwieriger geworden, zu wissen, an was genau man sich eigentlich anpassen soll. Soziale Klassen und viele andere Kategorien sind nicht mehr so klar definiert. Sogar die Institutionen, die ursprünglich geschaffen wurden, um einen Konsens zu entwickeln, spornen zu geistiger Unabhängigkeit

JEDER EINE ART NONKONFORMIST

an und untergraben das Ansehen des Konformismus. Familien, deren wichtigstes Anliegen es früher war, Vermögen und Prestige anzuhäufen, legen inzwischen mehr Wert auf Autonomie und Sensibilität. Lehrer bemühen sich, den kritischen Geist als Ausdruck individueller Befähigung und Eigenständigkeit zu fördern, und predigen nicht mehr das heilige Gebot der Disziplin. Auch bei der Arbeit ist immer mehr individuelle Initiative gefordert. Die meisten Arbeitnehmer in wohlhabenden Ländern träumen davon, selbstständig zu sein und nicht mehr vor ihren Chefs katzbuckeln zu müssen, auch wenn sie im wirklichen Leben dem Anreiz des regelmäßigen Gehaltsschecks nicht widerstehen können. Individuelle Spiritualität wird zunehmend höher geachtet als die bloße Befolgung von Ritualen. Unabhängige Denker werden nicht mehr auf dem Scheiterhaufen verbrannt und einflussreiche Geschäftsleute geben jetzt hohe Summen für Schulungen aus, in denen man lernen soll, über den Tellerrand hinauszuschauen.

Man könnte meinen, dass dies nur auf den Westen zutrifft, im Gegensatz zu der Unterordnung des Individuums unter die Familie und die Gemeinschaft, die als typisch für den Osten gilt. Aber in der Antike interessierten sich die Chinesen für die Individualität nicht weniger als die alten Griechen.

INDIVIDUALITÄT IM
ANTIKEN GRIECHENLAND

Vermutlich hat die Wertschätzung des individuellen Charakters mit dem Buch begonnen, das Theophrastos (371–287 v. Chr.), der Aristoteles als Leiter von Platons Akademie nachfolgte, zu diesem Thema schrieb. Er fragte: »Wie kommt es, dass bei dem nämlichen Himmel, der sich über Griechenland wölbt, und bei der gemeinschaftlichen Erziehung der Hellenen, sich eine so große Verschiedenheit der Charaktere unter ihnen findet?« Aber die Antwort, die er gab, war oberflächlich und bestand aus wenig mehr als einer Reihe amüsanter Skizzen von Langweilern, Schmeichlern, Plauderern und

Idioten. Die Athener haben einige bewundernswert unabhängige Köpfe hervorgebracht, aber sie wollten auch, dass die Bürger tugendhaft und vernünftig waren, gaben sich sehr viel Mühe, zu definieren, was darunter zu verstehen sei, verurteilten Sokrates wegen seiner zu invidualistischen Ideen und versagten den meisten Einwohnern der Stadt das Bürgerrecht mit der Begründung, sie verfügten nicht über die erforderlichen Eigenschaften.

In China konstatierte bereits im 6. Jahrhundert v. Chr. ein königlicher Text, dass »die Herzen der Menschen einander nicht mehr gleichen als ihre Gesichter«, und im 4. Jahrhundert forderte ein Protestbrief: »Wir sollten unseren Neigungen folgen«, denn sonst wäre es, »wie im Gefängnis in Ketten zu liegen«. Zwischen dem 1. und 4. Jahrhundert n. Chr., nach einer langen Periode konfuzianischer Strenggläubigkeit, lehnte sich eine Schar junger Leute, von Enttäuschten aller Altersgruppen unterstützt, gegen die herkömmlichen gesellschaftlichen Normen auf, die sie als »unnatürlich« verwarfen, was dazu führte, dass manche Leute tatsächlich nach einem individuelleren Leben trachteten und von sich sagten, sie würden »miteinander darum wetteifern, eigenartig und herausragend zu sein, indem ein jeder versucht, die anderen durch sein unverwechselbares Verhalten zu übertreffen«. Das *Neue Buch der Erzählungen der Welt* (Shishuo Xinyu, 430 n. Chr.) zeichnet die Porträts von über sechshundert historischen Personen anhand ihrer Eigenheiten und ihrer beiläufigen Bemerkungen. Konfuzius hatte solche Plaudereien als unnützes Geschwätz verurteilt, aber nun galten sie als Schlüssel zum Verständnis dessen, was einen Menschen zu etwas Besonderem macht: welche Worte er wählt und was darin an Unverschämtheit, Extravaganz, Verärgerung, Leidenschaft, Gemeinheit und einer Viel-

INDIVIDUALITÄT IM ANTIKEN CHINA

DIE GESAMTPERSÖNLICHKEIT AUS VIELEN BLICKWINKELN BETRACHTEN

zahl anderer Charaktereigenschaften zum Ausdruck kommt – das alles wurde jetzt sorgfältig untersucht. Während frühere Generationen nur moralisches Verhalten oder in Krisenzeiten praktisches Organisationsgeschick und Mut bewundert hatten, interessierte man sich nun mehr für ästhetische und psychologische Aspekte. Diese Veränderung war umso neuartiger, als das entscheidende Kriterium nun in der Fähigkeit gesehen wurde, Auffassungen und Empfindungen ungeschminkt zum Ausdruck zu bringen, Fremden offen gegenüberzutreten, als wären sie alte Freunde, und so spontan zu sein »wie die Natur selbst«. Statt persönliche Eigenschaften als unveränderlich anzusehen und sich auf abstrakte Tugenden oder Schwächen zu konzentrieren, stellte dieses Buch, das viele Jahrhunderte lang populär blieb und oft imitiert wurde, die Individuen im ständigen Gespräch und in unablässiger Auseinandersetzung mit anderen dar und beschäftigte sich nicht nur mit ihren »inneren Qualitäten«, sondern auch mit ihrer aus vielen Blickwinkeln betrachteten Gesamtpersönlichkeit. Zuvor hatte man den individuellen Charakter vor allem im Hinblick auf die Eignung beurteilt, ein mit staatlicher Macht ausgestattetes Amt wahrzunehmen, aber nun begann die Oberschicht, sich für die Vielfalt der Charaktere zu interessieren, und sah deren Verständnis als wesentlichen Bestandteil der Lebenskunst an.

Junge Menschen, aber auch ältere, die von der Sinnlosigkeit politischen Engagements enttäuscht waren, sich über die Unterdrückung Andersdenkender empörten und mehr Freiheit für ihre Vorstellungen und Gedanken anstrebten, gingen dazu über, »Reine Gespräche« zu organisieren, wie sie es nannten. Diese Gesprächszirkel (bei denen Frauen nicht ausgeschlossen waren) sind frühe Vorläufer der Salons im Europa des 18. Jahrhunderts und in gewisser Weise auch der Gegenkultur des 20. Jahrhunderts. Die Teilnehmer legten es be-

POLITISCHE ENTTÄUSCHUNG

wusst darauf an, die etablierte Ordnung zu erschüttern, und benahmen sich manchmal absichtlich seltsam, wozu auch ausgiebiger Weingenuss beitrug. Ihr Ziel war eher die Suche nach der Wahrheit als die Verfolgung von Eigeninteressen. Sie wollten zur Offenheit und Unabhängigkeit ermuntern, über Poesie und Sex diskutieren und das erreichen, was sie das »Tiefgründige« nannten: die Möglichkeit eines sinnvolleren Wandels. Diese Bewegung erlosch nach einer gewissen Zeit und die grauen Wolken des Gehorsams kehrten zurück, um die Gesellschaft vor dem gefährlichen Licht unabhängigen Denkens zu schützen. Aber seitdem sind solche Funken der Unabhängigkeit immer wieder sporadisch aufgeglommen. »REINE GESPRÄCHE« IN CHINA

Der Glaube, allein der Westen hätte sich für das Individuum interessiert, wird durch die Geschichte vieler Religionen widerlegt, die ihre Anhänger dazu anregten, jenseits der kollektiven Gefolgschaft eine persönliche Spiritualität zu entwickeln, bei der sich ein jeder auf seine eigene Suche nach der Wahrheit begab und über seine Entscheidungen und sein Verhalten Rechenschaft abzulegen hatte. Die frühen muslimischen Sufis scheuten sich nicht, ihre Zeitgenossen »durch skandalöses Verhalten und paradoxe Aussagen zu schockieren, um die moralischen Schwachstellen herkömmlicher Institutionen bloßzulegen«. Mitunter vernachlässigten sie ihre äußere Entscheidung und legten es darauf an, von anderen verachtet zu werden, indem sie geschlechtsspezifische und gesellschaftliche Unterschiede missachteten und erklärten, dass »die Freiheit die Freiheit des Herzens ist und nichts sonst«. Ein Sufi folgte seinem eigenen »Weg«, der im Lauf der Geschichte zwischen Quasi-Atheismus und Solipsismus schwanken konnte, zwischen Askese und politischen Ambitionen, der Teilnahme an Regierungsgeschäften, militärischen Operationen und weltlichen Aktivitäten, zwischen SUFIS, DIE KONVENTIONEN IN FRAGE STELLEN

Entsagung und Musik, Tanz, Drogen und Getränken als Hilfsmitteln, um ein »Freund Gottes« zu werden, ein »Spiegel, in dem andere ihre eigenen Fehler sehen können«. Außerdem teilten die Sufis sich auf eine Vielzahl von Bruderschaften auf, die die unterschiedlichsten Temperamente ansprachen. Der ägyptische Sufi-Heilige Dhu n-Nun al-Misri (ca. 796–859) verspottete das Establishment und seinen Anspruch auf das Monopol des Wissens mit den Worten: »Den wahren Islam habe ich von einer alten Frau gelernt, und wahres ritterliches Verhalten von einem Wasserträger.« Die sechzigtausend Zeilen Lyrik und Gesänge, die Dschalal ad-Din Muhammad ar-Rumi (1207–1273) schrieb, verschmähten Nachahmerei und Konformismus: »Wenn du Gewissheit willst, spring ins Feuer«, sang er und kam zu dem Schluss: »Fenster aufzustoßen, das ist die Aufgabe der Religion.« Der Sufismus ist die verborgene Seite des Islam, das Gegenstück zu seiner äußerlichen Konformität. Je genauer man eine Kultur untersucht, desto mehr Abweichungen treten zutage. In seinem Essayband *The Argumentative Indian* hat Amartya Sen gezeigt, wie der Diskurs in Indien so verfeinert wurde, dass er nun zu den Annehmlichkeiten der Geselligkeit zählt, und es gibt viele andere Länder, in denen es geschätzt wird, eine eigene Meinung zu haben.

FENSTER AUFZU-
STOSSEN IST DIE
AUFGABE DER RELIGION

Im 16. Jahrhundert gingen europäische Maler und Bildhauer zunehmend dazu über, Porträts von Individuen anzufertigen, die als einzigartig dargestellt wurden und nicht als bloße Personifizierung eines Typus. Heute dient die Fotografie als eindeutiger Beleg dafür, dass niemand genau so aussieht wie alle anderen. Die Literatur gefiel sich darin, nicht mehr Archetypen, sondern unverwechselbare Charaktere zu beschreiben. Niemand würde es wagen, zu wiederholen, was einst der Dichter Pope schrieb:

KUNST UND LITERATUR
AUF DER SUCHE
NACH INDIVIDUELLEM
CHARAKTER

»Charakter haben Frauen meistens keinen«, oder was Karl Marx über die französischen Bauern sagte, nämlich dass sie wie »ein Sack von Kartoffeln« seien, die »keine Mannigfaltigkeit der Entwicklung, keine Verschiedenheit der Talente, keinen Reichtum der gesellschaftlichen Verhältnisse« kennen. Es gilt nicht mehr als ausgemacht, dass Menschen sich auf ewig mit den ihnen angeborenen Fähigkeiten und Eigenheiten abfinden müssen oder die Masken, die sie in Gegenwart anderer tragen, nicht ablegen können.

Wahr ist allerdings, dass die Welt trotz allen Geredes über den Triumph der Freiheit schon immer organisiert worden ist und zunehmend organisiert wird, um zu verhindern, dass zu viel Unabhängigkeit entsteht oder zumindest öffentlich sichtbar wird. Als der Generalstabschef der britischen Armee bezweifelte, dass die Regierung gut beraten sei, weiterhin auf der Stationierung von Truppen im Irak zu bestehen, beeilte er sich hinzuzufügen, dass er kein »Maverick« sei und lediglich das sehr konservative Ziel verfolge, die Armee zu schützen. Auch als einer der weltweit erfolgreichsten Investmentbanker als Maverick bezeichnet wurde, sprang ihm sofort seine PR-Abteilung zur Seite, weil sie panische Angst hatte, das könne seinem Ruf schaden. Nur im privaten Kreis darf er einräumen, dass die Büroroutine und die Geschäftsführerbesprechungen ihn anöden. Nur im Urlaub oder in freien Momenten kann er seinem Interesse an Kunst, Philosophie oder Theologie nachgehen oder an seine jugendliche Begeisterung fürs Tanzen anknüpfen, aber das alles muss privat bleiben, denn es ist gefährlich, sich in der Öffentlichkeit als Maverick zu erkennen zu geben. Wenn ein Chef seinen Mitarbeitern Vorträge über die Notwendigkeit hält, kreativ zu sein, privat aber kundtut, dass man dieser Kreativität Grenzen setzen müsse, weil er nicht daran denke, seine eigene Position in Frage stellen zu lassen – warum nageln sie ihn dann nicht

EIN MAVERICK ZU SEIN BIRGT GEFAHREN

darauf fest? Warum ist ein Wirtschaftsboss nur im privaten Bereich mitfühlend, im Geschäftsleben aber unerbittlich?

Der Grund ist, dass Institutionen erfunden wurden, um menschlichen Eigensinn berechenbarer zu machen, und die meisten von ihnen sich noch immer auf die Annahme stützen, dass Menschen weder einzigartig noch unerforschlich seien, sondern in Kategorien eingeteilt werden könnten und müssten, und wenn schon nicht länger nach den alten Merkmalen wie gesellschaftlichem Stand, Geschlecht oder Rasse, dann jedenfalls anhand psychologischer Tests und anderer »Verhaltensindikatoren«. Deshalb werden Stellenbeschreibungen inzwischen auf ein berufliches Idealprofil zugeschnitten, dem die Bewerber möglichst nahe zu kommen haben, indem sie ihre Vorlieben und ihr individuelles Talent hintanstellen und in Kauf nehmen, dass man ihnen ihre Unabhängigkeit austreibt. Die Unsitte, Menschen zu klassifizieren (in der Schule, bei der Arbeit und bei jedem gesellschaftlichen Kontakt) und sie entsprechend der Kategorie zu entlohnen, die ihnen zugewiesen wird, um sie anschließend darüber hinwegzutrösten, dass sie falsch eingestuft wurden, verschlingt noch immer einen erheblichen Teil jedes nationalen Budgets. Zwar mag die Bewunderung für Originalität zunehmen, aber sie wird durch neue Anreize aufgewogen, die dazu verleiten, so zu tun, als sei man wie alle anderen oder zumindest wie die Menschen, die man bewundert, und eine ganze Industrie hat es darauf abgesehen, dass man sich überreden lässt und konsumiert wie andere auch. Sozialer Aufstieg ist zum obersten Ziel erhoben worden, und das bedeutet, sich die fixen Ideen der Höherstehenden zu eigen zu machen.

Obwohl der Wunsch, irgendeiner Art von Gruppe »anzugehören«, tief in uns verwurzelt ist, werden traditionelle Bindungen brüchig oder lösen sich auf. In Großbritannien haben bislang zwar alle Regierungen darauf bestanden, dass jedes

Kind sich die »britische Wesensart« zu eigen mache und sie hochzuhalten habe, indem es die Namen und Daten aller englischen Monarchen, die je regiert haben, auswendig lernt. Aber nur 13 Prozent aller Briten geben an, sich der Gemeinschaft zugehörig zu fühlen, in die sie hineingeboren wurden. Weniger als die Hälfte (44 Prozent) sind der Ansicht, dass die Bezeichnung »britisch« sie am besten kennzeichne. Jeder Dritte sagt, sein Gefühl der Zugehörigkeit habe sich im Laufe seines Lebens deutlich verändert. Nur 22 Prozent halten es für wichtig, ihren Beruf zu erwähnen, wenn sie sich vorstellen. Das Engagement für freiwillige Aktivitäten ist oft kurzlebig und unbeständig. Nur 15 Prozent der Männer und nur 5 Prozent der Frauen sehen die politische Partei, die sie wählen, als einen wichtigen Bestandteil ihres Lebens an. Nur 15 Prozent sind stolz darauf, einer Gewerkschaft anzugehören. Fan einer Fußballmannschaft zu sein ist häufig ein stärkeres Treuebekenntnis als die religiöse Überzeugung. Aber was die Gesellschaft wirklich zusammenhält, ist für 65 Prozent die Freundschaft, und Freunde zu finden und Freundschaften zu erhalten ist ihnen ein ständiges Bedürfnis, während 88 Prozent sagen, ihre stärkste Bindung sei die an die Familie. Allerdings nimmt die Familie immer mehr die Züge der Freundschaft an und muss beständig gepflegt, repariert oder neu erfunden werden, je nachdem, ob die Zuneigung erkaltet oder inniger wird.

BRITISCHE WESENSART

Dem Krieg zwischen Konformisten und Nonkonformisten, der die gesamte Geschichte geprägt und so viel Unheil angerichtet hat, geht allmählich die Munition aus. Es stehen sich nicht mehr zwei gegnerische Armeen gegenüber, sondern sieben Milliarden Guerillakämpfer – oder Opfer dieses Kampfes – mit wechselndem Groll und ungewissen Zielen, und sie sind nie ganz berechenbar. Ein gewöhnlicher Mensch zu sein wie alle anderen auch hat jetzt eine neue Be-

EIN GEWÖHNLICHER MENSCH ZU SEIN HAT EINE NEUE BEDEUTUNG

deutung – nämlich sich von allen anderen zu unterscheiden. Die gesamte Geschichte war nichts anderes als ein gigantisches Bemühen, die Folgen dieser Zersplitterung zu leugnen, hinauszuschieben oder zu vermeiden, aber jetzt ist der Weg frei, darüber nachzudenken, wie sich aus den Bruchstücken etwas Interessanteres konstruieren lässt.

Die erste Folgerung lautet, dass die Erfüllung des elementarsten, faszinierendsten und verwirrendsten aller menschlichen Bedürfnisse, nämlich des Wunsches, einen festen Partner zu finden, nicht einfacher geworden ist. Obwohl laut UNICEF weltweit noch 55 Prozent aller Ehen dieser Welt von den Eltern arrangiert werden, mit einer Scheidungsrate von nur 6 Prozent, beginnt diese Mehrheit zu schwinden, weil immer mehr Menschen in den verschiedensten Ländern sich einen Partner suchen, ohne sich auf den Rat der Eltern zu verlassen. Das ist eine ebenso bedeutsame Veränderung wie der Umstand, dass 50 Prozent aller Menschen in die Städte ziehen. Sie bedeutet nichts anderes, als dass die Menschheit aus großer Höhe mit dem Fallschirm über unbekanntem Gebiet abspringt, ohne eine Ahnung zu haben, wo sie landen wird, denn noch nie gab es so viel Uneinigkeit darüber, was ein perfekter Partner oder ein Seelengefährte ist. Früher war ein Seelengefährte die vom Himmel oder vom Schicksal auserwählte andere Hälfte, mit der zusammen man erst ein Ganzes war. Aber sich in einem anderen Wesen zu verlieren ist heute kein allgemein gültiges Bestreben mehr. Der schützende Rückzug in einen Kokon wechselseitiger Bewunderung kann trotz all seiner Freuden am Ende zur Klaustrophobie führen, wenn Paare erkennen, dass sie sich nichts Neues mehr zu sagen haben und das aufregend Neue durch die Routine abgelöst wird. Längst nicht jeder begehrt aufregende neue Erfahrungen, dennoch: Je mehr die Bildung den kritischen Geist und die Neugier anregt und je mehr die Kul-

NEUE SCHWIERIGKEITEN, EINEN LEBENSPARTNER ZU FINDEN

tur sich der Erforschung des Unbekannten zuwendet, statt nur der Beschwichtigung durch vertraute Rituale zu dienen, desto mehr streben die Menschen danach, andere Menschen zu entdecken, von ihnen Fähigkeiten und Empfindungen zu erlernen, die sie selbst nie hatten, und ihrerseits als interessante Personen anerkannt zu werden, statt nur die Hälfte eines anderen zu sein.

Wenn man den Soziologen glaubt, trennen sich diejenigen Paare, die überzeugt sind, ihre jeweiligen Seelengefährten gefunden zu haben, häufiger als andere Paare, denn sobald sie mit einer Unvollkommenheit des erwählten Partners konfrontiert werden, schließen sie daraus, dass sie einen Irrtum begangen haben müssen. Sie versuchen es immer wieder und müssen jedes Mal erneut feststellen, dass sie ihr hehres Ideal nicht finden können. Psychologen weisen darauf hin, dass Frauen den Geruch von Männern anziehend finden, die anders sind als sie selbst, aber dann, wenn sie die Pille nehmen, Männer bevorzugen, die ihnen ähnlich sind, als ob sie, um ein Kind zu zeugen, einen anderen Partner brauchten als den, mit dem sie harmonisch zusammenleben können. All diese Ungewissheiten haben nur das populäre Vorurteil bestärkt, dem zufolge sich unsterblich zu verlieben und von mindestens einer Person als der wundervollste und schönste Mensch auf der ganzen Welt vergöttert zu werden die Grundlage für ein glückliches Leben ist.

SEELENGEFÄHRTEN IN DER KRISE

Sich hauptsächlich damit zu beschäftigen, wie man Liebe findet, sie aufrechterhält und wie man mit Begierden, Besitzdenken und Kompromissen umgeht, hat dazu geführt, dass weit weniger darüber bekannt ist, wie die Erfahrung der Liebe dazu beitragen kann, das Verständnis für die große Zahl derer zu vertiefen, die man zwar nicht liebt, aber trotzdem kennenlernen möchte. Die Liebe kann ein erster Schritt sein,

DIE GROSSE ZAHL DERER, DIE MAN NICHT LIEBT

die Welt mit den Augen eines anderen zu sehen, und zugleich ein Vorgeschmack darauf, was mit einem geschieht, wenn man die Gefühle anderer erfährt. Zwischenmenschliche Beziehungen bieten Raum für weit mehr Experimente als nur für den Versuch, die Beziehungen zu reparieren, die scheitern. Die Liebe zwischen zwei Menschen ist der erste Schritt, das Mitgefühl über die eigenen Anliegen zu stellen und sodann über die Selbstlosigkeit hinaus zu erweitern, die Kinder in uns hervorrufen, bis es schließlich zur Quelle eines Mutes wird – von dem man nie genug haben kann –, der es ermöglicht, sich den Ängsten zu stellen, die überall auf uns lauern: der Angst vor Zurückweisung, vor Verlust, vor der eigenen Unzulänglichkeit und all den anderen Ängsten, die hinter glücklichen Fassaden lauern.

Das Ideal der Renaissance, die stolze Eigenständigkeit des Individuums, reicht dafür nicht mehr aus, denn sie ist häufig zu anfällig gegenüber der unstillbaren Sehnsucht nach Zustimmung und Beifall. Das romantische Ideal, eine faszinierende Befreiung von den Zwängen rigider Logik oder Berechnung, kann uns am Ende oft zu Sklaven der Hirngespinste unserer Einbildung machen. Das Gegenmittel, das das 20. Jahrhundert für seine kräftezehrenden Ungewissheiten und den fortwährenden Zwang, sich selbst zu definieren, bereithält, ist das Ideal des Selbstbewusstseins, das aber auch nur zu einer unablässigen Nabelschau führt. Einen Seelengefährten der herkömmlichen Art nicht finden zu können ist daher kein Grund, sich zu beklagen. Wenn man seine Eigenheiten bewahren will, indem man sich nur mit denen umgibt, die einem zustimmen und einem ähnlich sind, wirft das zwangsläufig die Frage auf: Was hält die Leute davon ab, sich für jede Form des Lebens zu interessieren, wenn das Leben doch das Kostbarste ist, das sie haben? Die Antwort lautet, dass Menschen oft so unbegreiflich und unberechenbar sind, dass sie

GEFAHREN DES ROMANTISCHEN IDEALS

instinktive Abwehrreaktion auslösen – so wie wir zur Fliegenklatsche greifen, um uns eines lästigen Insekts zu entledigen. Die Suche nach Konsens und Harmonie hat dazu geführt, dass man viel mehr Wert darauf legt, Gehorsam einzuflößen und Nachahmung zu belohnen, als sich zu bemühen, Unterschiede zu würdigen.

Wenn es einen Bereich gibt, in dem Vielfalt und Unergründlichkeit sich ein solches Ansehen erworben haben, dass zu Recht ein Kult daraus gemacht wird, dann ist es die Gastronomie, trotz aller Gewohnheiten, die sich auch dort noch hartnäckig halten. Nur wenige bringen den Mut auf, dem Beispiel des Bostoner Anwalts Jeffrey Steingarten (geb. 1942) zu folgen, der seinen Beruf aufgab, um Restaurantkritiker zu werden, und sogleich erkannte, dass er damit keinen Erfolg haben konnte, ohne sich von seinen »ausgeprägten kulinarischen Vorurteilen, seien es Abneigungen oder Gelüste«, zu verabschieden. Er zwang sich, konsequent Gerichte zu essen, die ihm zuwider waren, und lernte sie einzuschätzen, auch wenn es ihm nicht schmeckte. Die meisten Menschen machen noch immer einen Bogen um das, was sie nicht mögen, so wie die alten Griechen reichlich Parfum benutzten, um attraktiver zu erscheinen. Männer wie Frauen salbten jeden Teil ihres Körpers mit einem anderen Duft: jeder »tunkt seine Füße in edle ägyptische Salben, reibt das Kinn und die Brust mit dickflüssigem Palmöl und die Arme mit Extrakten aus süßer Minze ein, die Augenbrauen und das Haar mit Majoran und die Knie und den Nacken mit einer Essenz aus gemahlenem Thymian«. Beim Abendessen wurden die Gäste nicht nur mit Speisen verwöhnt, sondern auch mit Parfums besprüht, ebenso wie die Zuschauer im Theater und sogar Hunde und Pferde. Der Duft eines Kusses galt als unvergesslich, und die griechischen Götter nährten sich von Wohlgerüchen. König Darius III. von Persien (380–330 v. Chr.)

GASTRONOMIE UND ZUNEIGUNG

standen vierzehn Parfümeure zu Diensten. Erst als die Gleichheit zur höchsten Tugend wurde, begann der Siegeszug der Deodorants, die verhinderten, dass jemand diskriminiert wurde, weil er unangenehm oder anders roch. Und erst als die Männlichkeit sich bedroht zu fühlen begann, gab sie die Parole aus, Parfum sei nur etwas für Frauen.

Die Hoffnung, einen Seelengefährten zu finden, entspringt der Wunschvorstellung, auf dieser Welt müsse es zumindest einen Menschen geben, der einen versteht. Dem stehen aber vielfältige Hindernisse entgegen, darunter nicht zuletzt, dass Menschen ermutigt oder eingeschüchtert werden, sich als etwas anderes auszugeben, als sie sind. Das Privatleben sollte die beste Zuflucht vor diesem Zwang sein, aber keine Statistik verrät, wie häufig das zutrifft.

WO MAN SICH NICHT ZU VERSTELLEN BRAUCHT

19

IST EINE ANDERE ART SEXUELLER REVOLUTION MÖGLICH?

1780 heirateten in Suzhou, nicht weit von Shanghai, Shen Fu und Chin Yun. Sie waren beide siebzehn Jahre alt. »Wir lebten«, schrieb er, »dreiundzwanzig Jahre mit dem größten gegenseitigen Respekt zusammen, und je mehr die Zeit verrann, desto näher standen wir uns … Wir waren unzertrennlich.« Sie sagte: »Ich frage mich, ob es auf der Welt noch ein weiteres Paar gibt, das sich so liebt wie wir.« Auf dem Sterbebett sagte sie ihm: »Ich war glücklich, deine Frau zu sein … Du hast mich geliebt, hast mir bei allem zur Seite gestanden und mich nie wegen meiner Fehler zurückgewiesen. Und weil ich einen so engen Freund wie dich zum Mann hatte, bereue ich nichts.«

Gleich als er ihr, mit dreizehn Jahren, zum ersten Mal begegnet war, hatte er beschlossen, sie zu heiraten, aber nicht, weil er von ihrer Schönheit überwältigt gewesen wäre – alles, was er je in dieser Hinsicht erwähnte, waren ihre schönen Augen, die ihre vorstehenden Zähne wettmachten –, sondern weil er ihre Gedichte bewunderte. Sie hatte sich das Lesen selbst beigebracht und verdankte die Liebe zur Poesie den Büchern ihres Bruders, konnte sich aber nicht

EINE HEIRAT, DIE AUF DER LIEBE ZU IHREN GEDICHTEN BERUHTE

über die Grenzen hinwegsetzen, die ihr wegen ihres Geschlechts gesetzt waren, und musste die meiste Zeit mit Stickarbeiten verbringen, um zum Lebensunterhalt ihrer Familie beizutragen. Das chinesische Schriftzeichen für »Frau« stellt eine Person dar, die einen Besen hält, als ob Frauen für immer zur Hausarbeit verdammt wären. Erst später entdeckte Fu ihre Großzügigkeit, ihre Sanftmut und auch, wie gefühlvoll sie sein konnte, »zu sensibel, um vollends glücklich zu sein«.

Fu fiel durch seine Examen, schloss sein Studium nie ab, war lange Zeit ohne Arbeit und gab die verschiedenen Posten, die er ergatterte, wieder auf, weil er seine Arbeitgeber oder Kollegen nicht mochte. Das kleine Ladengeschäft, das er eröffnete, hatte ebenso wenig Erfolg wie der Versuch, seinen Lebensunterhalt als Maler zu verdienen. Er zerstritt sich mit seinen Eltern und schämte sich, »seinem Vater selten Anlass zur Freude gegeben« zu haben. Die Armut plagte ihn so sehr, dass er einmal außer seiner Unterwäsche nichts mehr zu verpfänden hatte. Aber er empfand »die Sorgen des Unglücks« nicht als besonders bedrückend. »Ich möchte meine eigene Meinung haben und nicht auf die Zustimmung oder Ablehnung anderer achten müssen. Wenn es um Dichtung oder Malerei geht, neige ich immer dazu, zu ignorieren, was andere schätzen, und mich für alles zu interessieren, dem sie keine Beachtung schenken. Ebenso ist es mit der Schönheit berühmter Landschaften … Es gibt berühmte malerische Orte, denen ich nichts abgewinnen kann, und andere, bei denen meine Mitmenschen nichts empfinden, gefallen mir ganz wunderbar. Die Ehre eines Mannes besteht darin, auf eigenen Füßen zu stehen … Mein ganzes Leben lang bin ich ehrlich gewesen.« An seine vielen Missgeschicke erinnerte er sich weniger lebhaft als an die langen Tage, an denen er mit Yun über die großen Werke der

NICHT GANZ DER IDEALE EHEMANN

CHINAS POPULÄRSTE LIEBESGESCHICHTE

Literatur diskutierte oder die Landschaft mit ihr durchstreifte und die Blumen bewunderte, die »miteinander wetteiferten, welche die schönste sei«, oder an die Abende, an denen er im Mondlicht ihre Hand hielt und sie Wein tranken und herzhaft lachten. »Sie verstand, was meine Augen sagten, und die Sprache meiner Brauen. Bei allem, was sie tat, richtete sie sich nach meinem Gesichtsausdruck, und so war alles, wie ich es mir gewünscht hatte.« So war auch er aufgrund der Vorstellung, seine Frau habe nach seinen Wünschen zu handeln, nicht in der Lage, aus der traditionellen männlichen Rolle auszubrechen, obwohl er zugleich bei dem versagte, was von einem Mann erwartet wurde, nämlich für den Unterhalt der Familie zu sorgen. Dennoch brachte er schließlich etwas Außergewöhnliches zuwege: Er verwandelte sein Scheitern in schöpferische Inspiration, indem er seine »wahren Gefühle« über ihr Zusammenleben aufschrieb: »*Von den Freuden der Ehe*« und »*Vom Vergnügen des Reisens*«. Sein Manuskript, das erst sechzig Jahre nach seinem Tod veröffentlicht wurde, war bald die populärste Liebesgeschichte Chinas und ist es heute noch, weil es zeigt, dass die Liebe zweier Menschen genügt, alle Widrigkeiten in den Hintergrund treten zu lassen.

Aber es hat noch eine tiefere Bedeutung. Das Ehepaar beurteilte sich selbst anhand seiner Beziehungen zu anderen Menschen. Yun glaubte, in ihrem Leben versagt zu haben, weil es allein ihre Schuld gewesen sei, dass ihr Mann die Zuneigung seiner Eltern verloren habe. »Obwohl ich mich nach Kräften bemüht habe, eine gute Schwiegertochter zu sein« – was für eine chinesische Frau ebenso wichtig war, wie die Wünsche ihres Mannes zu befriedigen –, »habe ich versagt.« Fus Vater hatte sechsundzwanzig Töchter adoptiert und seine Mutter neun Töchter: Eine Vielzahl von Nachkommen zu hinterlassen, um die Erinnerung an die Eltern aufrechtzuerhalten, galt als der beste Weg, der Unsterblichkeit möglichst

DIE NÄCHSTE
SEXUELLE REVOLUTION

nahe zu kommen. Yun selbst kümmerte sich um ihre beiden Kinder und tat alles, um ihrem Mann zu Gefallen zu sein, nähte sogar seine Kleider selbst und entwickelte die sparsame Haushaltsführung zu einer erlesenen Kunst. Aber das war ihr nicht genug. Sie wollte tun können, was den Männern erlaubt war, sie wollte Fu auf seinen Reisen begleiten und mehr von der Welt sehen. Vor allem wollte sie die Bandbreite ihrer gemeinsamen Neigungen erweitern, und die galten Menschen ebenso wie Orten. Als Frau hatte Yun nicht die Freiheiten, über die Männer verfügten, aber wäre sie zufrieden gewesen, wenn sie sie hätte erreichen können? Sie machte sich nicht klar, dass auch die Männer nicht frei waren. Fu zeigte die Grenzen dessen auf, was Männer tun konnten, als er sagte: »Mir war es nie vergönnt, ganz allein abgelegene Orte zu suchen und zu erkunden.« Das ist ein Fingerzeig, in welche Richtung neue sexuelle Revolutionen gehen könnten. Zu viel bleibt auf der Strecke, wenn man im Sex lediglich einen Impuls der Natur, ein Zeichen der Liebe, ein moralisches Kriterium, einen Machtkampf oder eine Bühne sieht, auf der Gene und Hormone die Hauptdarsteller sind. Sex hat auch damit zu tun, was ein Einzelner nicht zufriedenstellend allein tun kann.

Eines Tages verkündete Yun ihrem Mann, sie wolle für ihn eine Konkubine finden, die mit ihnen leben solle. Aber wie, fragte er, würden sie sich einen solchen Luxus leisten können? Die Praxis, sich eine Konkubine zu nehmen, nicht aus Verlangen, sondern um Nachkommen zu zeugen, idealerweise mit Zustimmung einer treuen und nicht im Geringsten eifersüchtigen Ehefrau, war zu einer Tradition geworden, die besonders bei den wohlhabenderen Klassen weit verbreitet war und vom Kaiser gefördert wurde, der sogar seine hohen Beamten mit Konkubinen versorgte. »Wir sind so glücklich verheiratet«, wandte Fu ein, »warum sollten wir uns nach je-

DIE EHEFRAU LIEBT
DIE KONKUBINE

mand anderem umschauen?« Yun ließ sich aber nicht beirren und fand eine junge Frau, die »ebenso schön wie charmant war ... ihre Augen waren so hübsch wie die Oberfläche eines Herbstteichs und ihre literarischen Kenntnisse bemerkenswert«. »Ich liebe sie auch«, erklärte Yun. Sie und die Konkubine schworen einen Eid, von nun an Schwestern zu werden. Fu fragte Yun, ob sie der Heldin des berühmten Theaterstücks von Li Yu (1610–1680) nacheifern wolle, in dem die Ehefrau sich in eine andere Frau verliebt und sie als Konkubine für ihren Mann nach Hause bringt. »Ja«, erwiderte Yun. Der Schriftsteller und Bühnenautor Li Yu war ebenfalls durch mehrere Examen gefallen und hatte sich als wagemutiger Analytiker der Erotik (aber auch der Gastronomie) und als glühender Verfechter der Originalität und des Einfallsreichtums hervorgetan. Seine Botschaft lautete: »Auch wenn dein Geschmack in die Irre geht, sind deine Fehler, wenn du sie kultivierst, keine Fehler mehr.« Am Ende wurde aber nichts aus dem Vorhaben, eine Konkubine aufzunehmen, und Yun starb im Alter von vierzig Jahren, zu arm, um einen Arzt kommen zu lassen.

Sie hatte unbeabsichtigt eine Pioniertat vollbracht, indem sie mit Fu zusammenlebte, aber nicht bei dessen Eltern, wie es damals üblich war und in vielen Teilen der Welt noch heute die Regel ist, also in einer Großfamilie mit mehreren Generationen unter einem Dach, manchmal auch zusammen mit Angestellten und Dienstboten. Allerdings sind unzählige Paare, die diese Lebensweise zugunsten der Ideale der Unabhängigkeit und Privatsphäre aufgegeben haben, von einer nicht vorhergesehenen Epidemie befallen worden: der Langeweile, weil sie sich irgendwann nichts mehr zu sagen haben. Die Unterhaltungsindustrie hat sich bemüht, für diese alltägliche Trübsal Abhilfe zu schaffen, aber sie ist kein Heilmittel, denn auch die Massenunterhaltung kann langweilig werden. Die Lösung, die Yun vor-

_{EIFERSUCHT}

schwebte, nämlich eine dritte Person ins Haus zu holen, um die gemeinsame Lebenserfahrung zu erweitern, ist weitgehend auf Ablehnung gestoßen, weil Paare sich gerade dadurch zu definieren pflegen, dass Dritte ausgeschlossen bleiben. Laut Umfragen hält die Mehrheit der amerikanischen Frauen es für ratsam, engere Freundschaften mit Männern aufzugeben, sobald sie verheiratet sind, um zu vermeiden, dass ihre eifersüchtigen Ehemänner sich bedroht fühlen. Wie man als Paar ohne Eifersucht leben kann, ist schon seit dem Beginn der Menschheitsgeschichte ein Problem: Das älteste uns überlieferte Gespräch zwischen zwei Liebenden, in Mesopotamien um 1750 v. Chr., handelt von dem Verdacht einer Frau, ihr Geliebter habe ein Auge auf eine andere geworfen: »Nein, sie liebt dich nicht«, sagt die Frau. »Ich werde über meine Rivalin siegen ... und meinen Geliebten zurückgewinnen. ... Nach deiner Liebe dürstet mich.« Aber die Eifersucht ist nur eines der Hindernisse, die es schwer machen, die Beziehungen von Paaren zu verschönern.

Sexuelle Revolutionen sind keine Erfindung der Moderne. Im 3. Jahrhundert n. Chr. beklagten chinesische Moralisten, dass das Himmlische Reich in eine Epoche der Ausschweifung abgleite und die Leute nichts anderes mehr im Kopf hätten, als ihre Sinneslust zu befriedigen und ihren »lüsternen Anwandlungen« nachzugeben, sodass selbst gebildete Frauen »trinken und singen und dabei auch noch anzügliche Scherze machen«. Wohlhabende Männer in der Provinz, die von der Macht ausgeschlossen waren und sich über die Unfähigkeit und Bestechlichkeit des Kaisers und seiner Günstlinge empörten, machten sexuelle Eroberungen zum Ersatz für Politik. Für sie war das eine andere Art, ihre Unabhängigkeit von staatlich verordneter Moral unter Beweis zu stellen und zu zeigen, dass sie tun konnten, was sie wollten, zumindest mit Frauen, um sich auf diese Weise ihren

EINE EPOCHE DER AUSSCHWEIFUNG – DAS 3. JAHRHUNDERT N. CHR.

eigenen kleinen Herrschaftsbereich zu schaffen und ein verlockendes Ziel vor Augen zu haben. Aber das hatte nichts Spektakuläreres zur Folge als ein florierendes Gewerbe von immer raffinierteren Kurtisanen, die frustrierten Edelleuten und neureichen Kaufleuten die Zeit vertrieben. Selbst als die Taoisten den Sex zu einer kosmologischen Erfahrung hochstilisierten, deren ausgeklügelte sinnliche Zeremonien, Massagen und vielfältigen Varianten des Liebesakts ein langes Leben versprechen sollten, hinderte sie die Tatsache, dass sie den Frauen dabei manchmal eine aktive Rolle zugedachten, nicht daran, sie häufig auch zu erniedrigen.

SEXUELLE EROBERUNG – EINE ALTERNATIVE FORM DER POLITIK

»Ausschweifungen« haben jede Menge Fragen darüber aufgeworfen, was Männer und Frauen voneinander erwarten, aber nur wenige praktische Antworten geliefert. Ruan Chi (210–263) fragte sich, ob die traditionelle Sexualmoral überholt war: »Wurden die Rituale für Menschen unserer Zeit geschaffen?« Die Frau von Hsieh An (320–385) sagte: »Hätte eine Frau und nicht ein Mann die Regeln über sexuelles Verhalten niedergeschrieben, würden sie anders lauten.« Liu Ling (221–300), der dafür bekannt war, dass er zu Hause keine Kleidung trug, verfasste eines der ersten Manifeste über das Recht auf Privatsphäre: »Die Zimmer meines Hauses sind meine Hose. Meine Herren, was haben Sie in meiner Hose zu suchen?« Eine Ehefrau wagte es, auf den Vorwurf ihres Mannes, ihn nicht mit den üblichen geschraubten Höflichkeitsfloskeln angesprochen zu haben, mit den Worten zu erwidern: »Ich bin mit dir intim und nehme mir daher das Recht heraus, dich zu duzen.« Im Lauf der folgenden Jahrhunderte haben die Menschen immer dann, wenn sie den Respekt oder die Furcht vor ihrer Regierung verloren oder den Eindruck hatten, sich

WAS MÄNNER UND FRAUEN WOLLTEN

VON SEXUELLER FREIHEIT ZU SEXUELLER UNTERDRÜCKUNG

über die kaiserliche Kontrolle ihres Verhaltens hinwegsetzen zu können, eine sexuelle Revolution anzuzetteln versucht. Und jedes Mal, wenn es Herrschern gelang, ihre Macht wieder zu festigen, bereiteten sie diesen Episoden sexueller Freiheit ein Ende.

FREIHEIT IST EIN ZU BESCHRÄNKTES ZIEL

Dieses Auf und Ab zwischen sexueller Freiheit und sexueller Unterdrückung wiederholte sich ein ums andere Mal. Im 20. Jahrhundert, unter Mao, wurde das Thema Sex totgeschwiegen; alle Energien hatten dem wirtschaftlichen Fortschritt zu dienen. Aber gleich nach seinem Sturz tauchte das Thema wieder auf, mit einer breiten Palette von Veröffentlichungen über die »Kunst der Schlafkammer« und von sozialen Erhebungen, die genauestens beschrieben, welche sexuellen Techniken man verwenden konnte.

LUST ALS EKSTATISCHSTE FREUDE IM LEBEN

Das Ziel dieser sexuellen Revolutionen war es, das Privatleben vom öffentlichen Leben zu trennen und es der öffentlichen Kritik zu entziehen. Aber Freiheit hat sich als ein zu beschränktes Ziel erwiesen. »Sexuelle Befreiung« hat immer wieder puritanische Gegenreaktionen hervorgerufen und nicht unbedingt dazu geführt, dass Männer und Frauen einander besser verstanden, dass ihre wechselseitige Zuneigung zunahm oder ihre Vorstellung von dem, was das Leben zu bieten hat, sich erweiterte.

DIE NACHWIRKUNGEN DER FREIHEIT

Zu Lebzeiten von Fu und Yun gab es auch in Teilen Europas eine ähnliche Ebbe und Flut. Im Jahr 1763 schrieb John Wilkes, der eine Zeit lang Mitglied des Unterhauses und Bürgermeister von London war und sich als Verfechter der Freiheit in England und in den amerikanischen Kolonien hervortat:

Was ist das Leben außer Verdruss?
Ein paarmal vögeln,
Dann ist Schluss.

Das war eine extreme Zuspitzung der Doktrin, dass die Glückssuche auf Erden Ziel des Lebens sei. Die Lust, die bislang als verderblich verdammt worden war, wurde nun von manchen als die »erlesenste und ekstatischste Freude im Leben« gepriesen. Männliche Gelüste streiften alle Fesseln ab: »Eine Frau, mit der schon ein Dutzend Männer geschlafen haben … ist deshalb für einen dreizehnten nicht weniger begehrenswert.« Englands Hellfire Club, der sich 1719 gründete, hatte das Motto »Tu was du willst« und zählte ehrwürdige Kirchenmänner, führende Politiker, Offiziere, Adlige, Kaufleute und Wissenschaftler zu seinen Mitgliedern, die sich trafen, um nackte Frauen zu begaffen, Pornographie zu lesen, ihre Penisse zu vergleichen und in »ausgeklügelten Riten phallischer Feiern« zu masturbieren. Aber diese Phase verging, ebenso wie in China, und um 1800 waren Frömmigkeit und Bescheidenheit wieder in Mode. Obwohl die zwanziger und die sechziger Jahre des 20. Jahrhunderts der sexuellen Freiheit zu neuem Aufschwung verhalfen, riefen sie auch einen Rückschlag hervor. 2012 kam Alain de Botton zu dem Schluss, dass es »für die Mehrzahl der Kalamitäten, die der Sex für uns bereithält, keine Lösung gibt« und dass die Menschen lernen müssten, mit ihren Enttäuschungen zu leben. Heutzutage werden Individuen anhand ihrer sexuellen Orientierung rigoroser eingestuft, als das früher der Fall war. Niemand, der im Rampenlicht der Öffentlichkeit steht, würde sich heute noch trauen, vor aller Augen eine Beziehung zu unterhalten wie zu Beginn des 17. Jahrhunderts König James I. und der Herzog von Buckingham, die einander unversiegelte Briefe schrieben, in denen der König den jungen Herzog als »mein süßes Kind und Eheweib« anredete und als »Dein lieber Vater und Ehemann« unterzeichnete und der Herzog zurückschrieb: »Alle meine Gedanken richten sich darauf, die Beine meines lieben Vaters und Meisters bald wieder zu umarmen«, und mit den Worten schloss: »Seiner Majestät untertänigster Sklave und Hündchen.«

Im Gegensatz zu China war man sich in Indien sicher, dass das Streben nach sexuellem Genuss, das als eines der Ziele des Lebens galt, das Wohlwollen der Götter fand. Es war daher nicht nötig, für die Freiheit zu kämpfen, aber die Regeln der Religion verlangten auch, die sozialen Strukturen zu beachten. Das *Kamasutra* (vermutlich vor rund achtzehn Jahrhunderten geschrieben) verschaffte dem Subkontinent den Ruf, dort sei man der Vereinbarkeit von Geschlechtsverkehr und Moral näher gekommen als irgendwo sonst, indem man bewiesen habe, dass die vierundsechzig Spielarten der körperlichen Liebe in den Rang einer Kunst und Religion erhoben werden konnten. Jede Geste, jede Umarmung, jede Position hatte eine eigene Bedeutung, der Orgasmus galt als mystische Vereinigung von Mann und Frau, ein ausgefeiltes Szenario während des Beischlafs ließ das Gekabbel zum Theaterstück werden und der Austausch von Körperflüssigkeiten wurde zu einem Ritual der Sühne für Sünden. Eine Fülle erotischer Kunstwerke in den Tempeln verband den Sex mit der Suche nach dem Göttlichen. Europäische Besucher waren verblüfft über die Raffinesse und Vielfalt sexueller Unterweisungen und wähnten, ein ideales Mittel gegen Ehebruch entdeckt zu haben, denn in ihren eigenen sexuellen Praktiken führte »Monotonie zum Überdruss«, während es in dieser Zivilisation möglich zu sein schien, »mit einer Ehefrau wie mit zweiunddreißig verschiedenen Frauen zu leben, die immer andere Freuden bieten und kein Gefühl der Sättigung aufkommen lassen«. Sie waren erstaunt, zu hören, dass indische Frauen

LIEBE ALS KUNST UND RELIGION

»in weniger als zwanzig Minuten nicht zu befriedigen« seien. Aber außerhalb des Schlafzimmers blieben die sozialen Hierarchien unangetastet. Traditionelle und häufig undurchschaubare Zwänge, die das individuelle Verhalten bestimmten, wurden manchmal sogar verstärkt. Das große Sanskrit-Epos aus dem 9. Jahrhundert v. Chr., das *Mahabharata*, zeigt, dass es auch anders hätte sein können:

> »Die Frau ist die Hälfte des Mannes, sein bester
>   Freund ...
> Mit einer Frau findet ein Mann Mut ...
> Von ihr hängen die Freuden der Liebe, des Glücks
>   und der Tugend ab.«

Aber zehn Jahrhunderte später ließ das Rechtslehrbuch *Arthasastra* keinen Zweifel aufkommen, dass das Wichtigste, was von einer Frau erwartet werde, der Gehorsam sei: »Sie sollte nichts eigenständig tun, auch nicht in ihrem eigenen Haus. In der Kindheit ihrem Vater unterworfen, in der Jugend ihrem Mann und nach seinem Tod ihren Söhnen, sollte sie nie Unabhängigkeit genießen ... Die tugendhafte Frau sollte ihren Herrn stets wie einen Gott verehren.«

Sexuelle Intimität hat die Schranken zwischen Männern und Frauen nicht abgebaut. Das »Liebesgedicht für eine Frau« von A. K. Ramanujan (1929–1993) endet mit den Worten: »Was uns trennt, ist die Kindheit, die wir nicht geteilt haben« – Jungen und Mädchen wurden zu unterschiedlich erzogen. Nach Umfragen der *Hindustan Times* sprechen sich drei Viertel der unter Fünfundzwanzigjährigen im heutigen Indien für arrangierte Ehen aus. In Bollywood-Filmen gilt allgemein nicht die Regel, dass die Liebe über die Familie triumphiert. Die Belästigung von Frauen in der Öffentlichkeit ist in Indien ein immer größer werdendes Problem. Sexuelle Freiheit reicht nicht aus, um die Beziehungen zwischen Männern und Frauen zu verändern.

Ebenso verhält es sich mit Wohlstand und Luxus oder dem Aufstieg und Zerfall von Kulturen. Jeder Versuch, die Sinnlichkeit zu kultivieren, stand vor dem Problem, was danach kommen sollte – es sei denn noch mehr Sinnlichkeit. In den ersten beiden nachchristlichen Jahrhunderten, als das römische Imperium auf dem Höhepunkt seiner Macht stand, lehnten sich Leute, die anscheinend alles hatten, was sie sich wünschen konnten, gegen das Ideal sinnlicher Freuden auf, und das Christentum schloss sich dieser Rebellion an, indem es der stoizistischen Philosophie seine religiöse Autorität zur Seite stellte. Das Fleisch stirbt, aber der Geist lebt, sagten die Prediger. Spirituelle Freuden waren wichtiger. Bei der weltweiten Klosterbewegung, die das Zölibat pries, ging es nicht nur um den Sex. Sie war auch Ausdruck einer anderen Vorstellung davon, was der Mensch sein sollte. Mönche, Nonnen und Einsiedler ließen sich auf ein heroisches Experiment ein: Sie wollten voll und ganz auf Gott vertrauen, sodass sie keine Kinder brauchten, die sich im Alter um sie kümmerten. Viele von ihnen waren ohnehin überzeugt, dass das Ende der Welt nahe sei. Sie wollten sich von den Tieren durch die Kraft ihres Willens unterscheiden, allen natürlichen Versuchungen zu widerstehen, und in der Lage sein, alle zu lieben und nicht nur einen Partner. Ihr Ehrgeiz, sich von der Herrschaft des Geschlechtlichen loszusagen, war so kühn wie das Ansinnen der Kommunisten, die später versuchten, sich von der Herrschaft des Geldes zu befreien, was sich freilich als ebenso schwierig erwies. Pachomius (292–346), der ägyptische Heilige und Gründungsvater des abendländischen Mönchtums, bekannte, dass er im Alter zwischen fünfzig und siebzig Jahren keine einzige Nacht und keinen einzigen

Tag verbracht habe, ohne eine Frau zu begehren, selbst wenn er sich bemühte, sich auf das Gebet zu konzentrieren. Der hl. Johannes Cassianus (360–435), der das Mönchtum aus Ägypten nach Europa brachte, verbürgte sich dafür, dass man innerhalb von sechs Monaten zu völliger Keuschheit gelangen könne: Um sich von Lust, Begehren und Völlerei zu befreien, genüge es, sich von nichts anderem als zwei Brotlaiben am Tag zu ernähren. Dann erst verstehe man, was es bedeute, am Leben zu sein. Die Idee, Leiden zu erdulden, um sich zu beweisen, dass man über sie triumphieren kann, und sexuelle Lust zugunsten spiritueller Belohnungen zu überwinden, wurde viele Jahrhunderte lang bewundert, ebenso wie die Ablehnung jeglichen Kontakts mit einem anderen menschlichen Körper, weil das Fleisch an die Sterblichkeit erinnere und das sexuelle Verlangen ein Zeichen menschlicher Schwäche sei. Frauen gelobten Askese, indem sie Bräute Christi wurden. Aber als katholische Priester den Versuch unternahmen, sich in das Sexualleben von Laien einzumischen, indem sie ehelichen Verkehr nur noch an 184 oder 185 Tagen im Jahr zulassen wollten und die Beichte benutzten, um unorthodoxe sexuelle Variationen zu bestrafen, stießen sie an die Grenzen ihrer Macht. Im Gegensatz dazu ist das heutige Wirtschaftssystem teilweise auf der Ablehnung der Selbstbeherrschung aufgebaut worden.

<small>SEXUELLE LUST IN VERRUF</small>

Das Verständnis dessen zu verändern, um was es im Leben geht, ist einer der möglichen Wege zu einer sexuellen Revolution. Ein anderer besteht darin, zu verändern, was man unter Sex versteht. 1905 bezeichnete »sexy« im englischsprachigen Raum noch einen Sexbesessenen. Erst 1923 erlangte der Begriff die Bedeutung, attraktiv zu sein. Könnte »sexy« heute für eine Person stehen, die zu schätzen weiß, welche Komplexitäten die Existenz von zwei Geschlechtern mit sich

<small>VERÄNDERN, WAS MAN UNTER SEX VERSTEHT</small>

bringt? Die Chinesen legen eine solche Ansicht nahe, denn ihr Wort für Sex, *xing*, hatte vor dem 20. Jahrhundert eine umfassendere Bedeutung, die die ganze Persönlichkeit eines Individuums charakterisierte, statt sich lediglich aufs Geschlechtliche zu beziehen. Aber die Persönlichkeit als Ganzes ist noch weit davon entfernt, den ersten Ausschlag dafür zu geben, dass zwei Menschen sich zueinander hingezogen fühlen. Den Forschern zufolge, die selbst solche Phänomene gern in Zahlen ausdrücken, lassen sich die meisten Menschen zuallererst vom Aussehen verlocken (55 Prozent), dann von der Art des Sprechens (38 Prozent) und weit seltener davon, was jemand tatsächlich sagt (7 Prozent). Ist das ein weiterer Anhaltspunkt, womit eine neue sexuelle Revolution sich befassen könnte? Ursprünglich bedeutete das Wort »Konversation« Umgang, Verkehr. Im 18. Jahrhundert war im englischsprachigen Raum »*criminal conversation*« der Fachausdruck für Ehebruch. Im 21. Jahrhundert erinnert der Ausdruck »intime Konversation« daran, dass der Magnetismus, der Menschen anziehend macht, nicht unbedingt von dem Begehren ausgehen muss, in Körperöffnungen einzudringen, sondern dass es auch Vergnügen bereiten kann, die Gedanken, Vorlieben und Erfahrungen eines anderen zu erkunden. Sexlehrbücher, die detaillierte Anweisungen geben, wie man einen Partner erregt und zum Höhepunkt bringt, werden möglicherweise irgendwann nur noch ein kurioses Relikt des Glaubens an mechanische Effizienz sein, sobald sich die Erkenntnis durchgesetzt hat, dass jemand, der lediglich sagt und tut, was andere ihm vorschreiben, nur noch der Schatten einer Persönlichkeit ist.

In China konnte Yun nicht wissen, dass fast zur gleichen Zeit, als sie mit Fu diskutierte, ein Mitglied der Verfassunggebenden Versammlung der Französischen Revolution den Antrag stellte, im Anschluss an die Erklärung der Menschenrechte, die »die Menschen im öffentlichen Leben frei und glücklich mache, nunmehr ihre Freiheit und ihr Glück im Privatleben zu gewährleisten«, aber das Ergebnis dieser Forderung war nur ein Gesetz, das die Scheidung erlaubte, und ein zweites, mit dem das Recht der Väter abgeschafft wurde, über ihre volljährigen Kinder zu bestimmen. Den Politikern war nicht aufgefallen, dass französische Romane, die bislang vom Streit rebellischer Kinder mit ihren autoritären Vätern zu handeln pflegten, sich zunehmend mit Vätern befassten, die sich um die Zuneigung ihrer Kinder bemühten. Zuneigung zu fördern war noch nie Gegenstand eines Wahlprogramms, und auch das Motto »*Make love not war*« geht nicht auf sorgfältige Recherchen zurück, die herausfinden sollten, ob »Liebe machen« Zuneigung hervorruft. Das Wort »Liebe« taucht in der Allgemeinen Erklärung der Menschenrechte nicht auf, und auch die Devise von Freiheit, Gleichheit und Brüderlichkeit kümmert sich nicht darum. Man könnte meinen, dass die Vertreter öffentlicher Institutionen es noch immer mit Konfuzius halten, der sagte, er habe »noch niemand kennengelernt, der die Tugend so sehr liebt wie den Sex«, und dass sie erkannt haben, wie machtlos sie sind, wenn es darum geht, die Liebe zu fördern, die von allen Segnungen am meisten begehrt wird, auch von ihnen selbst. Diejenigen, die über Macht oder Geld verfügen, haben ihre eigene Vorstellung davon, wie man alle glücklich machen kann: indem man nämlich allen noch mehr Macht und Geld verschafft. Aber nichts hindert diejenigen, die weder Macht noch Geld haben, etwas anderes zu wagen und sich diesen mysteriösen Magnetismus der Anziehung und Abstoßung, die Menschen füreinander empfinden, auf einfallsreichere Weise zunutze zu machen.

WIE POLITIKER ÜBER LIEBE DENKEN

Die Hindernisse sind enorm. Jedes Geschlecht klammert sich an seine traditionellen Vorrechte, selbst wenn es dagegen protestiert. Sex wird noch immer mit Eroberung und Herrschaft in Zusammenhang gebracht, und es gibt wenig Anzeichen für eine Entmilitarisierung. Drei Viertel aller Menschen dieser Welt, so besagt eine »Umfrage in fünfunddreißig Kulturen«, finden ein »Abenteuer für eine Nacht« äußerst verlockend. Auch in Ehen, die auf Liebe und nicht auf Pflichterfüllung beruhen, sind es noch immer die Frauen, die die Männer umsorgen, wobei die Liebe als Alibi für den Fortbestand ihrer traditionellen häuslichen Pflichten herhalten muss: »Ich würde seine Socken nicht waschen, wenn ich ihn nicht liebte.« Einen Mann zu haben, der eine Lohntüte nach Hause brachte, machte noch vor einem Jahrhundert alle Beleidigungen, Gewalttätigkeiten und Seitensprünge wett, und der regelmäßige Ehekrach am Samstagabend war keine Schande. Aber auch in der heutigen Zeit, in der die Frauen finanzielle Unabhängigkeit errungen haben, sind sie noch immer nicht vor subtileren Formen der Verachtung gefeit. Gibt es wirklich kein Mittel, diese Missstände aus der Welt zu schaffen?

ONE-NIGHT-STANDS

Die Bemühungen der staatlichen Organe sind alles andere als erfolgreich gewesen. Könnten gewöhnliche Paare in privaten und persönlichen Experimenten besser abschneiden? Nur sie können sich darüber klar werden, was sie vom Sex und von der Liebe erwarten, und nur sie können beglückendere Formen der Kommunikation entwickeln. Es lässt sich nicht leugnen, dass Yun mit dem Versuch, ihre hermetisch abgeschottete Ehe zu öffnen, gescheitert war und es auch Fu nicht gelang, so heroisch und unabhängig zu handeln, wie Männer es nach seiner Ansicht hätten tun sollen. Zwei Jahrhunderte später hätten sie aber möglicherweise einen Ausweg aus ihrem Dilemma gefunden. In den USA hat eine kürzlich durchgeführte Befragung jedenfalls ergeben, dass Männer und Frauen vor allem eines verabscheuen, nämlich belogen zu werden.

DAS HERMETISCH
ABGESCHOTTETE PAAR

DEN PARTNER BETRÜGEN

Noch vor vierzig Jahren wurde es weithin akzeptiert, wenn man sexuelle Untreue vertuschte. Inzwischen sind 91 Prozent der Ansicht, dass seinen Partner zu betrügen weit verwerflicher ist als alles, was in der Vergangenheit tabu war – wie Scheidung, vorehelicher Sex und nichteheliche Kinder – und mit privater Demütigung und öffentlicher Missbilligung geahndet wurde.

Offenheit zwischen Liebenden war eines der ersten Heilmittel gegen langweilige Ehen, das intelligente Frauen im frühen 19. Jahrhundert in Betracht zogen, aber dafür waren ihre Männer noch nicht reif. Also verlegten sie sich darauf, die gleichen Rechte zu erlangen wie Männer. Aber wenn Frauen den Männern ähnlicher werden, hat das mit Fortschritt nichts zu tun. Es gibt immer noch unzählige Männer, die nicht bereit oder in der Lage sind, ihre Gefühle zu zeigen oder zu begreifen, wie komplex Intimität sein kann. Die Zahl der Paare, die kaum miteinander reden, ist unüberschaubar groß. Eine der seltenen Untersuchungen, die sich damit befassen, was Paare einander sagen, fand heraus, dass die Hälfte von ihnen bei der Liebe schweigt und die andere Hälfte »Koseworte flüstert«. Experten geben Liebenden den Rat, »romantische Dinge« zu sagen, und einige von ihnen empfehlen gar eine Liste passender Sätze von bemerkenswerter Banalität, als ob der Liebesakt einer religiösen Liturgie vergleichbar wäre, bei der ein jeder unablässig so etwas wie sein Lieblingsgebet aufsagt. Nach wie vor stehen die Fachleute den oft bizarren sexuellen Phantasien, die häufig mit dem Geschlechtsverkehr einhergehen, ratlos gegenüber, und die wenigen wissenschaftlichen Studien zu diesem Thema beschränken sich darauf, sie mit pathologischen Kategorien wie »Angst« in Verbindung zu bringen, statt ihnen als aufschlussreichen Manifestationen der Imagination nachzugehen, die dazu einladen, über die

Vorstellungen zu sprechen, die der einzelne Partner häufig selbst nicht einordnen kann oder von denen er nicht einmal weiß, dass sie in ihm schlummern. Man hat sich so sehr auf die physischen und emotionalen Wonnen des Geschlechtsverkehrs und auf den drogenähnlichen Rausch konzentriert, den er auslöst, dass im Hinblick darauf, wie er Wertschätzung, Zuneigung und Lebensfreude stimulieren kann, noch unendlich viel zu entdecken bleibt.

BIZARRE PHANTASIEN

Wir haben es nicht mehr nötig, das sexuelle Verlangen mit dem Hunger nach Nahrung zu vergleichen. Ein Grund, warum es in der Küche mehr Fortschritte gibt als im Schlafzimmer, liegt darin, dass die Kochkunst sich nicht damit begnügt, den Appetit Einzelner zu befriedigen, sondern auch zur Geselligkeit beiträgt und das Essen in ein Festmahl verwandelt, das dazu bestimmt ist, eine größere Anzahl von Gästen zu unterhalten, zu entzücken und zu überraschen und die Kenntnis der vielfältigen Gerichte und Geschmacksvorlieben in aller Welt zu erweitern. Im Gegensatz dazu ist der Sex eine private und geheime Angelegenheit geworden. Vor sehr langer Zeit stand er einmal im Mittelpunkt allgemeiner Geselligkeit, bei der ganze Gemeinschaften mit gemeinsamen Feiern die Fruchtbarkeit alles Lebendigen verehrten und den Liebesakt ebenso öffentlich zelebrierten, wie sie die Aussaat feierten. Das Heranreifen der Feldfrüchte und die Geburt der Kinder waren für sie ein und dasselbe. Aber heute ist es nicht mehr das vorrangige Ziel geschlechtlichen Umgangs, möglichst viele Kinder zu haben, und an die Stelle des Strebens, »fruchtbar zu sein und sich zu mehren«, sind die Suche nach Vergnügen und Liebe und der Wunsch nach Chancengleichheit für diejenige Hälfte der Menschheit getreten, deren Rolle sich lange Zeit darauf beschränkt hatte, Kinder zu gebären und aufzuziehen. Damit dürfte klar sein, dass die alten My-

MEHR FORTSCHRITT
IN DER KÜCHE ALS
IM SCHLAFZIMMER

then über Männlichkeit und Weiblichkeit gründlich entmottet werden müssen. Das ist kein leichtes Unterfangen, denn sexuelle Stereotypen sind so tief verwurzelt und die Verführung ist ein so faszinierendes Spiel, dass Beziehungen möglicherweise noch lange Theateraufführungen gleichen werden, die man gnadenlos von Saison zu Saison wiederholt.

> VERFÜHRUNG ALS THEATERAUFFÜHRUNG

Die Chinesin aus dem 4. Jahrhundert, die gehofft hatte, dass die Regeln über den Sex ganz anders ausfallen würden, wenn Frauen und nicht Männer sie aufstellten, müsste heute feststellen, dass es dazu nicht gekommen ist und überdies unklar bleibt, wie das Ergebnis andernfalls aussähe.

Neu ist nämlich, dass das Privatleben im Verhältnis zum öffentlichen Leben nicht mehr zwangsläufig als minderwertig, als trivialer und selbstsüchtiger gelten muss. Es kann mehr sein als eine Zuflucht vor dem öffentlichen Leben und ein verschwiegener Hüter von Wahrheiten in einer heuchlerischen Welt. Es ist im Gegenteil der Ort, an dem die Beziehungen geschmiedet werden, von denen das öffentliche Leben abhängt, und an dem

> DAS QUÄLENDE BEWUSSTSEIN DER EIGENEN UNZULÄNGLICHKEIT

unendlich viele Abstufungen wechselseitiger Bindungen entstehen. So kommt dem Privatleben eine entscheidende Rolle bei der Förderung der Gleichheit zu, die trotz aller Bemühungen der Politik und der Wirtschaft eine Fata Morgana geblieben ist. Nur private Zuneigung kann unauslöschliche individuelle Unterschiede im Aussehen, Charakter oder Talent in geschätzte Vorteile verwandeln. Kein Gesetz, kein Reichtum, keine Wunderpille kann die Ängste beseitigen, die jeden von uns plagen und letztlich darüber bestimmen, wie viel man vom Leben hat. Die Chancengleichheit bleibt ein leeres Versprechen, solange der Erfolg vom Sieg über so viele Ängste und über das quälende Bewusstsein der eigenen Unzulänglichkeit abhängt. Die ungleiche Verteilung der Angst wird durch die ungleiche Verteilung der Zuneigung, die das Privatleben erzeugt, noch verstärkt. Menschen hungern so sehr nach Zuneigung – und nicht nur danach, sie zu erhalten, sondern auch nach Gelegenheiten, sie anderen zu erweisen –, dass sie sie Berühmtheiten entgegenbringen, denen sie nie begegnet sind, und sich nicht darüber beklagen, dass sie unerwidert bleibt. Als Hort der Zuneigung ist das Privatleben ein unverzichtbarer Katalysator für die Gleichheit.

Im privaten Bereich ist es auch möglich, die Bedeutung der Brüderlichkeit über das hinaus zu erweitern, was Regierungen und Philanthropen leisten, die sich bemühen, die Not benachteiligter Minderheiten zu lindern. Ein jeder ist auf Brüderlichkeit angewiesen, darauf, sie zu gewähren und zu empfangen, über die vom Eigeninteresse gesetzten Grenzen hinaus zu vermitteln, was man besitzt, Fähigkeiten zu erwerben, die einem fehlen, Empfindungen zu teilen, die man selbst noch nicht erlebt hat, sich in die Gedanken anderer hineinzuversetzen und sich der Möglichkeiten gewahr zu werden, die man sich vorzustellen bisher nicht wagte. Vor allem durch private Gespräche erwirbt man die Selbstsicherheit und den Mut, Dinge in Angriff zu nehmen, die man zuvor nie für machbar gehalten hatte, findet man Partner, die einen in die Lage versetzen, etwas zu tun, was man allein nicht zuwege gebracht hätte, und wird von dem Gefühl beflügelt, dass man intensiver lebt, indem man andere entdeckt, von ihnen entdeckt wird und sich wechselseitig aneignet, was der andere zu geben hat. Wertschätzung, Zuneigung und Lebensfreude – damit kann das Privatleben das öffentliche Leben bereichern. Politische Revolutionen haben diese Werte vernachlässigt. Den sexuellen Revolutionen bleibt es überlassen, die Idee des Zusammenlebens zu erweitern und die Probleme zu erkennen, denen Liebende sich im Rahmen der umfassenderen Thematik von Zweierbeziehungen, die jeden Bereich der Existenz tangiert, gegenübersehen.

Die Geschichte von Fu und Yun ist noch nicht zu Ende. Welchen Gewinn es bringen kann, ein Paar zu sein, bleibt noch zu entdecken.

20

GIBT ES FÜR KÜNSTLER NOCH ANDERE ZIELE ALS DIE SELBSTDARSTELLUNG?

KUNST KANN FREMDE
EINANDER NÄHERBRINGEN

Im mittelalterlichen Japan, einer der am stärksten hierarchisch strukturierten Gesellschaften, die es je gegeben hat, machten die Angehörigen der herrschenden Klasse der Samurai die Erfahrung, dass eine unerwartete Sanftmut sie überkam, wenn sie Gedichte schrieben, und ihre Einstellung gegenüber Fremden sich wandelte. »Auch wenn wir uns zum ersten Mal treffen, spüren wir eine gegenseitige Vertrautheit und sind uns so nahe wie Vettern.« Dieses Zitat stammt von dem Dichter Sogi (1421–1502), dem Meister des *Renga*, eines Kettengedichts aus kurzen, von zwei oder mehr Verfassern abwechselnd aneinandergereihten Strophen. Er erwarb sich einen Platz im kollektiven Gedächtnis der Menschheit, weil er es wie kein anderer verstand, bei der gemeinsamen Suche nach Schönheit feinfühlige Beziehungen zwischen höchst ungleichen Fremden aufzubauen. Zwar hatte es Poesie, die sich als vertrautes Zwiegespräch versteht, schon vor dem 9. Jahrhundert gegeben, als Yamanoue no Okura (660–733) seinen *Dialog zweier armer Männer schrieb*, aber Sogi ging einen Schritt weiter. Er bereiste das Land, mit nicht mehr als seinen Schreibutensilien im Gepäck, wohnte in einer strohgedeckten Hütte und veranstaltete Poesiefeste, mit denen er zeigte, wie die Kunst in einem Land, das von heftigen politischen Auseinandersetzungen heimgesucht wurde, völlig Fremde einander nahebringen konnte. Die gemeinsame Arbeit bereitete den Laiendichtern, die zu seinen Gefährten wurden, so viel Freude, dass er sagte: »Wir haben auch daran gedacht, in der nächsten Welt vielleicht wieder zusammen sein zu können.« Sie »hatten keine Scheu, Kontakte zu Jüngeren zu pflegen, und auch die von edler Geburt gingen niemandem aus dem Wege, der gesellschaftlich unter ihnen stand«. Jedermann konnte in völliger Anonymität, die für Gleichheit sorgte, an diesen Zusammenkünften teilnehmen. Sie verbargen ihre Identität unter locker sitzenden Kleidern und breitkrempigen Strohhüten, die ihre Gesichter verdunkelten. Oft saßen sie im Schatten eines Kirschbaums, »zwischen Blumen«, sodass die Verbundenheit mit der Natur ihrem Gefühl, eine Gemeinschaft zu bilden, eine weitere Dimension hinzufügte: Sogis Lieblingsblume, die blassgelbe Heckenrose, bestärkte ihn in der Ansicht, dass »das Wesen des Kettenverses darin besteht, den Dingen, die kein Bewusstsein haben, Geist einzuhauchen, und denen, die nicht sprechen können, Sprache zu verleihen«.

Seine Poesie war in gewisser Weise der Vorläufer des Sports, weil sie verschiedene soziale Klassen zusammenbrachte, die einander in der Tracht ihres Clubs zeitweise ebenbürtig waren, aber auf einer tieferen Ebene, weil es darum ging, eigene ästhetische Empfindungen mit Bedacht zum Ausdruck zu bringen und auf die der Partner elegant einzugehen. Die japanische »Lehre vom Kunstweg«, *geidô-ron*, war die Kunst, mit Fremden zu verkehren. Allerdings hatte diese Form der Poesie festen Regeln zu folgen, sodass sie zunächst unpersönlich blieb und ihr Schwerpunkt eher darin bestand, aus unterschiedlichen Fragmenten ein zusammenhängendes Ganzes zu er-

DIE JAPANISCHE LEHRE VOM KUNSTWEG

schaffen, als die Originalität jedes Einzelnen zu erkennen oder zu fördern. Sie war nur ein erster Schritt auf der Suche nach Inspiration durch Fremde, indem man diese an einer Tätigkeit teilnehmen ließ, die die trennenden Eigenarten der Menschen ausblendete.

Der zweite Schritt bestand darin, das Fremdsein zu einer Tugend zu machen, die jedermann üben und verfeinern konnte. Wiederum diente die Kunst als Katalysator, indem sie verschiedene Berufe und Klassen dazu brachte, die zwischen ihnen bestehenden Schranken vorübergehend zu öffnen und Statusunterschiede zu ignorieren. Indem sie eine Kunst ausübten, konnten die Menschen lernen, zwei getrennte Leben zu führen: ein offizielles, das durch ihre Geburt, ihren Beruf und ihren Reichtum bestimmt war, und ein persönliches, das von künstlerischer Tätigkeit geprägt wurde. Offiziell hatte jedermann genau festgelegte lebenslange Pflichten zu erfüllen, und unter guten Manieren verstand man, höhergestellten Personen Respekt zu erweisen, aber wenn man sich privat künstlerischen Zirkeln anschloss, erlangte man eine gewisse Freiheit in den sozialen Beziehungen. Künstler entwarfen die »fließende Welt« *(ukiyo-e)* als eine alternative Realität, in der moralische Regeln gebrochen werden duften, sinnliche Genüsse ebenso unbeschwert ausgelebt wie raffiniert kultiviert werden konnten und die Freude, etwas miteinander zu teilen, häufig überaus intensiv war.

[ZWEI GETRENNTE LEBEN FÜHREN]

Kunst entwickelte sich auch zu einem Ersatz für politischen Protest. Im Japan des 17. Jahrhunderts wurden junge Männer aus dem Umkreis der Aristokratie – Samurai von niederem Rang oder ohne Dienstherrn, die zu Friedenszeiten nicht auf Waffenruhm hoffen konnten – zu »Skinheads«. Sie rasierten sich den Stirnansatz und die Schläfen, ließen das Haar lang

[KUNST ALS ERSATZ FÜR POLITISCHEN PROTEST]

in den Nacken fallen, statt es zu einem Knoten zu binden, und rauchten Tabak, während sie auf öffentlichen Plätzen herumlungerten oder auf den Straßen tanzten und sangen. Sie waren stolz auf ihre modische Kleidung: Samtkragen, kurze Kimonos und breite Gürtel. Einige stellten ihre Homosexualität offen zur Schau und setzten sich über traditionelle Loyalitäten hinweg. Sie wurden als *kabuki* bezeichnet – »schräge« oder exzentrische Leute.

Aber es waren unabhängige Frauen, die dafür sorgten, dass der Protest noch radikaler werde. Ihre Anführerin war Izumo no Okuni, deren Bedeutung als erster weiblicher Star des japanischen Theaters im Jahr 2003 gewürdigt wurde, als man in Kyoto eine Statue von ihr errichtete. Um ihre Biographie ranken sich zahlreiche Legenden, so wie um ihren Zeitgenossen Shakespeare, aber alte Quellen sprechen von ihr wie von einem beinahe göttlichen Wesen. Sie hatte »ein Gesicht, das auf der Welt einzigartig war, beredte Hände, ein Herz, das ihren Gefühlen erlaubte, sich im Gesang zu offenbaren, und ihre Sanftheit kannte unzählige Nuancen. Sie brauchte nicht mehr als eine Blüte in der Hand, um das Flüstern eines Liebhabers im Mondlicht anzudeuten ... Sie war eine echte Poetin.« Ein anderer schrieb: »Sie verdient, die erste Frau des Universums genannt zu werden. Aber es ist mir nicht vergönnt, der erste Mann des Universums zu werden: Dieser Frau nicht ebenbürtig zu sein beschämt mich, und ich fühle mich wie am Boden zerstört.« Sie hatte ursprünglich als Gehilfin in einem buddhistischen Schrein gearbeitet, dann aber viele Reisen unternommen, um mit ihren künstlerischen Darbietungen Geld für dessen Reparatur zu sammeln – mit dem Segen von Priestern, die der Ansicht waren, dass der einfachere Zugang zu den Lehren Buddhas »nicht über langweilige und geschraubte Predigten führt, sondern indem man sich mit Gesang und Tanz der Ekstase überlässt«. Okuni er-

DER ERSTE WEIBLICHE THEATERSTAR

langte auf Anhieb nationalen Ruhm und Erfolg und erfand so das Kabuki-Theater.

Kabuki war ursprünglich eine anzügliche und satirische Gesangs- und Tanzdarbietung voller erotischer Andeutungen, durchsetzt mit burlesken Einlagen. Die nur aus Frauen bestehende Theatertruppe, die elegante Männerkleider trug, parodierte und verulkte die »verschrobenen« Männer. Die Regierung befand ihr Theater als unmoralisch und ließ es schließen, aber schöne Jünglinge übernahmen ihre Stelle. So wurden Schauspieler mit ihren Kleidern und Frisuren, die Männer und Frauen gleichermaßen faszinierten, zu Trendsettern der Mode. Eine regelrechte Modeindustrie blühte auf. Das persönliche Erscheinungsbild wurde zu einer Obsession, und wer sich Seide nicht leisten konnte, stolzierte in der neuesten Kleidermode aus gestreifter Baumwolle umher. Stilbewusstsein wurde zum Ausweg aus der Vulgarität. Die Kunst erhöhte die Sensibilität und verfeinerte die Erotik. Gewöhnliche Menschen konnten sich mit ihrem untergeordneten Platz in der »realen« und nüchternen Welt abfinden, indem sie ihren stillen Protest in die »fließende Welt« verlagerten und in ästhetische Rebellion umwandelten. Sie brachten ihre privaten Gefühle in »Frauenschrift« (japanischen Schriftzeichen) zu Papier, um sich von den traditionellen Kasten zu unterscheiden, die in offiziellen Urkunden das Chinesische verwandten, so wie die Europäer Latein. Dies war eine frühe Auflehnung gegen die Doktrin, dass Männer und Frauen einander unwiderruflich fremd bleiben müssen.

Aber obwohl Künstler wichtige Vermittler nicht nur zwischen Individuen, sondern auch zwischen Kulturen waren, die einander als Fremde betrachten, und obwohl ihr Einfluss subtiler und dauerhafter war als der von Diplomaten, hatte diese Rolle bislang stets ihre Grenzen. Sich am Abend oder außerhalb der Arbeit in der fließenden Welt als empfindsam und großzügig zu erweisen ließ Kunstmäzene im täglichen Kampf um Macht und Profit nicht unbedingt weniger skrupellos sein. Im Gegenteil, dies hatte verheerende Auswirkungen auf das Arbeitsleben, denn es zementierte nur die Ansicht, dass die reizvollen Vergnügen der freien Zeit vorbehalten bleiben sollten und die Arbeit ausschließlich ernsthaften und praktischen Zwecken zu dienen habe. Als die Menschen in der Vergangenheit noch sich selbst überlassen waren, dachten sie anders. Die ersten Europäer, die sich in Amerika niederließen, waren erstaunt, dass die einheimische Bevölkerung offenbar die meiste Zeit mit Nichtstun verbrachte, und einige glaubten, hier »wie die Indianer mit weniger Arbeit und mehr Vergnügen und Überfluss leben« zu können als in ihrer Heimat. Sogar in England war die Arbeit vor der industriellen Revolution trotz aller Armut, saisonbedingter Arbeitslosigkeit und dem Fehlen all jener Annehmlichkeiten, die uns heute unentbehrlich erscheinen, informeller und geselliger als zu späteren Zeiten, mit vielen Pausen zum Ausruhen, Reden und Trinken und mit mehr freien Tagen, die einen Ausgleich für die längeren Arbeitsstunden boten. Die Arbeit war in den Rest desLebens einbezogen und nicht von ihm abgesondert. Die Japaner haben sich vielleicht als geschickter erwiesen, dank ihrer Kunst zwischen einer Vielzahl von Identitäten zu wechseln und im ästhetischen Bereich Mehrdeutigkeit und Unbeständigkeit zu akzeptieren, während sie im Geschäftsleben auf Hierarchien und Gehorsam bestanden. Das mag ihnen geholfen haben, einige fremdartige Innovationen der westlichen Welt zu übernehmen und zugleich ihre Traditionen zu bewahren. Aber die Kunst allein war nicht genug.

Obwohl Japan in vielen Bereichen überaus erfolgreich ist, geben gegenwärtig 80 Prozent der Bevölkerung an, sie rechne-

KÜNSTLER ALS VERMITTLER

DIE TRENNUNG ZWISCHEN KUNST UND ARBEIT

ten damit, an Arbeitsüberlastung zu sterben – was darauf hindeutet, dass sie sich ihrer Arbeit entfremdet haben, genau so, wie ihnen die Vorstellung fremd geworden ist, für ihr Land, wenn es sein müsste, freudig zu sterben. Wenn in Karikaturen die Toilette als der einzige Ort dargestellt wird, an dem vormals verehrte Väter in Ruhe ihre Zeitung lesen können, wenn Frauenzeitschriften verkünden, dass die Frauen ihre Männer nicht mehr beneiden, zwei Drittel aller Frauen sich lieber eine Tochter wünschen als einen Sohn, und wenn trotz der gewaltigen Zunahme jeglicher Art von Unterhaltung, die die fließende Welt aufregender machen soll, bei Umfragen immer mehr Japaner bekennen, dass ihr Leben inhaltsleer ist und »sie selbst stumpfsinniger werden als ihre Computer«, dann heißt das mit anderen Worten, dass sie Fremde im eigenen Land und auch einander fremd geworden sind. Die Kunst hat sie nicht schützen können, ebenso wenig wie der Glauben an ihren sozialen Zusammenhalt und an unauslöschliche Traditionen, an ihre weltweite technologische Führungsrolle oder an ihre Unternehmen, die für sie beinahe Ersatzfamilien geworden sind.

DIE SINNLOSIGKEIT DES LEBENS

Die Reichen in aller Welt schmücken die Wände ihrer Villen mit avantgardistischen Gemälden, genau so, wie Sünder früher Kirchen oder Tempel erbauen ließen, um ihre Verbrechen zu sühnen, aber das heißt nicht zwangsläufig, dass sie als Mäzene der Kunst und Religion etwas an den Methoden geändert haben, durch die sie zu Macht und Reichtum gelangt sind. So konnte die »Kultur« in schmalen Nischen gedeihen, manchmal sogar prächtig, während brutale Gewalt und stumpfsinnige Arbeit weiterhin die restliche Existenz beherrschten. Die Trennung zwischen Kunst und Arbeit ist eine der Tragödien der Geschichte.

DIE TRAGÖDIE DER GESCHICHTE

Was scheinbar nüchterne Jobs attraktiv macht, ist der Vorteil, dass sie einen mit Menschen in Kontakt bringen, die

Fenster zu einer unbekannten Welt aufstoßen. Arbeit ist in der Vergangenheit zwei Mal komplett umgestaltet worden, durch die landwirtschaftliche und durch die industrielle Revolution. Sie ein drittes Mal umzugestalten, um sie heutigen Erwartungen gerecht werden zu lassen, würde voraussetzen, die Trennung zwischen Kommerz und Spiritualität zu überwinden, zwischen Macht und Freundschaft, zwischen der fließenden und der nüchternen Welt. Die nüchterne Welt verkörpert die wirkliche Welt ebenso wenig wie die fließende Welt die der Phantasie. Beide existieren, sind aber Fremde. Müssen Supermärkte, Büros und Fabriken, in denen Kunst nicht mehr ist als eine Dekoration, die bei der nächsten Kosteneinsparung wieder unter den Tisch fällt, für immer so bleiben, wie sie sind? Könnten die verschiedenen Tätigkeiten und Berufe, die so viel menschliche Energie in Anspruch nehmen und ständiges Verhandeln mit Fremden erfordern, nicht auch Beziehungen entstehen lassen, die, statt sich auf das Geschäftliche zu beschränken, auch das Verständnis erweitern? Ist es möglich, einen Ehrgeiz zu entwickeln, der über das Streben nach einer »Work-Life-Balance« hinausgeht, die ein besseres Leben nur dergestalt in Aussicht stellt, dass man sich für Aktivitäten außerhalb der Arbeit begeistert und sich so eine Ablenkung von den geisttötenden Auswirkungen verschafft, mit denen viele Tätigkeiten noch immer für uns einhergehen? In späteren Kapiteln werde ich meine eigenen Bemühungen schildern, durch praktische Versuche herauszufinden, wie man Arbeit so organisieren kann, dass sie sich für Menschen eignet, die neugieriger, abenteuerlustiger, intelligenter, feinfühliger oder künstlerischer sein möchten, ohne dass man auf die gängigen Freizeitbeschäftigungen angewiesen ist, um die verbreitete Sinnlosigkeit und Langeweile am Arbeitsplatz zu kompensieren.

> DIE FLIESSENDE UND DIE NÜCHTERNE WELT

> GEISTTÖTENDE JOBS

Diejenigen, die in dieser Welt die großen Entscheidungen treffen, waren vielleicht zu kurzsichtig, als sie den Entschluss fassten, sich mit der Wissenschaft der Betriebsführung zu verheiraten und der Kunst nur die Rolle einer Mätresse zuzugestehen, die einem die freie Zeit verschönert. Eine solche Ehe kann – um das neue Lieblingswort dieser Leute zu verwenden – nicht »nachhaltig« sein. In der Wissenschaft der Betriebsführung dreht sich alles um fortwährende Veränderung, aber je mehr Innovationen es gibt, desto größere Unsicherheit über die Zukunft stellt sich ein, und je weniger die jungen Leute sich auf Fertigkeiten verlassen wollen, die morgen womöglich nicht mehr gefragt sind,

DIE KUNST ALS MÄTRESSE desto eher werden sie es satt haben, Arbeiten zu verrichten, die immer hektischer und fordernder werden. Damit soll nicht gesagt sein, dass Arbeit früher allgemein beliebt war, aber die Menschen fanden sich häufiger klaglos damit ab, die Arbeiten zu verrichten, die der Zufall von Geburt und Herkommen für sie vorgesehen hatte. Je mehr die Spezialisierung der Aufgabenbereiche und der Unternehmen zunimmt, desto mehr werden die, die an einer gemeinsamen Aufgabe arbeiten, zu Fremden, die nicht mehr in der Lage sind, einander zu verstehen. Je mehr Freizeit die Technologie uns verschafft, desto mehr Zeit haben wir, uns nicht nur Gedanken darüber zu machen, welche Arbeit wir machen wollen, sondern auch darüber, was für eine Welt wir uns wünschen.

Wenn man die Leute fragt, ob sie mit ihrer Arbeit zufrieden sind oder nicht, hängt die Antwort davon ab, wie viele Minuten Bedenkzeit man ihnen gibt und

»ICH HASSE MEINEN CHEF« wie intensiv sie über Wünsche nachdenken, die sie normalerweise als zwecklos und unerfüllbar abtun. So erzählte mir ein Manager von Marks & Spencer, wie stolz er sei, für ein so erfolgreiches Unternehmen zu arbeiten, und wie geehrt er sich gefühlt habe, als der »Big Boss« ihn einmal nach seiner Meinung gefragt habe. Aber nachdem er mir fast zwei Stunden lang von seinem Arbeitgeber vorgeschwärmt hatte, platzte er plötzlich heraus: »Ich hasse meinen Chef«, und vertraute mir an, dass er vorhabe, aus seiner Begeisterung für das Theater eine Vollzeitbeschäftigung zu machen, denn das sei seine wahre Leidenschaft. Es sind die Zweifel der Privilegierten in den »fortschrittlichsten« Ländern, die die deutlichsten Warnsignale aussenden.

Besonders aufschlussreich ist die Zwiespältigkeit der Franzosen, denn sie waren es, die 1789 eine Revolution in Gang setzten, als sie die mächtigste und erfolgreichste Nation Europas bildeten, was sie aber nicht hinderte, noch etwas anderes als Wohlstand und Macht zu wollen. Es sind nicht nur Elend und Unterdrückung, die Revolutionen auslösen, ebenso oft ist es auch die Enttäuschung derer, die erfolgreich sind und dann beginnen, Zweifel zu hegen und sich zu fragen, welche anderen Ziele außerdem erstrebenswert sind. Heute zählen die Franzosen nach wie vor zu den reichsten Völkern der Erde und arbeiten weniger Stunden als die meisten anderen, aber sie geben sich noch immer nicht zufrieden. Natürlich lieben viele ihren Job und sind stolz auf ihre hohen Standards, und es gibt viele Arten anregender Tätigkeiten, die auszuüben ein Privileg ist. Aber wenn man sie fragt, was für sie das Wichtigste im Leben ist, setzen sie die Familie mit Abstand an die erste Stelle (63 Prozent), während Freizeit (18 Prozent) und Arbeit (12 Prozent) erst lange danach kommen. Es gibt nach wie vor Arbeitsplätze, die die Seele zugrunde richten, und unzählige Menschen sind noch immer gezwungen, zugunsten der Arbeit sämtliche Ambitionen zu opfern, oder bedauern es, zu viele Jahre ihres Lebens mit zu harter Arbeit verbracht zu haben statt mit Beschäftigungen, die sie zu spät entdeckt haben,

AUCH ERFOLGREICHE MACHEN REVOLUTIONEN

um sich ihnen noch widmen zu können. Reicht es aus, dass Arbeit einen Status, eine Motivation, soziale Annehmlichkeiten und die Beherrschung einer Fähigkeit bieten kann? Warum verkommt sie so oft zu einem bloßen Mittel, Leib und Seele zusammenzuhalten und genug Geld zu verdienen, um Steuern zu zahlen, Kredite abzutragen oder Dinge zu kaufen, die man vielleicht gar nicht braucht oder nur, um die Nachbarn zu beeindrucken?

Könnte die Kunst eine andere Rolle spielen und mehr als nur eine Ablenkung sein? Könnte sie über ihre traditionelle kultische Ausrichtung und ihre aktuelle Fokussierung auf Selbstentfaltung hinauswachsen? Könnte sie ein Saatbeet werden, auf dem eine andere Art von Mut gedeiht, der das gewöhnliche Arbeitsleben von den Qualen befreit, mit denen es allzu oft verbunden ist? Könnte sie verhindern, dass berufliche Rivalitäten und Eifersüchteleien aus Kollegen Fremde machen? Müssen die Freuden der Arbeit dadurch vergällt werden, dass man sich selbst fremd zu werden droht, weil man auf die eigenen Unzulänglichkeiten hingewiesen wird? Möglicherweise ist die Kunst überfordert, eine Antwort auf all diese Fragen zu geben. Aber sie hat zu den Errungenschaften der Menschheit weit mehr beigetragen, als gemeinhin anerkannt wird. Die Kunst hat sich nie darauf beschränkt, bloße Dekoration zu sein oder nur Ablenkung zu bieten. Wahrscheinlich hätte sich ohne sie keine Religion und keine Ideologie verbreiten können. Die Kunst hat gewaltigen Einfluss ausgeübt, indem sie Vorurteile beseitigt, eigenständige Kreativität gefördert und dazu beigetragen hat, allem, was »menschlicher Geist, Phantasie oder Launen hervorbringen können«, zu Ansehen zu verhelfen. Sie hat nichts von ihrem Prestige verloren, selbst wenn die Selbstentfaltung zuweilen zur Selbstvergötterung entartet

DER BEITRAG DER KUNST ZUR ZIVILISATION

NEUE ROLLEN FÜR KÜNSTLER

oder einen schweren Dämpfer bekommt, weil man frustriert erkennen muss, dass andere die eigene Überzeugung, ein Genie zu sein, nicht teilen. Aber die Künstler haben noch nicht alle Rollen ausgeschöpft, die sie spielen könnten.

Die Biographien von Künstlern sind in vielen Fällen Geschichten vom Kampf und vom Leiden, von Tragik und Scheitern, denn ihr Bemühen galt schon immer der Suche nach anderen Formen der Existenz als denen der großen Mehrheit. Diese Suche ist heute wichtiger denn je. Je mehr Bildung die Menschen erfahren, desto größer wird ihr Interesse an einem künstlerischen Leben, das sie aber häufig zu spät erkunden, nämlich erst im Ruhestand. Heute kann man jedoch weit mehr anstreben, als nur zu versuchen, eine idealisierte Welt von Künstlern wiederaufleben zu lassen. Die neue Herausforderung lautet, das eigene Leben zu einem Kunstwerk zu machen.

<small>SEIN LEBEN ZU EINEM KUNSTWERK MACHEN</small>

Der Weg, den die Kunst uns weist, besteht darin, dass sie mehr anstrebt als ein vorhersehbares Ziel und mehr als handwerkliches Können. Die Kunst ist Ausdruck einer individuellen Vision, die erst in dem Maße Gestalt annimmt, in dem man sie zu verwirklichen sucht. Richtung und Ziel ändern sich pausenlos, weil man stets neue Entdeckungen macht. Sie ist ein Abenteuer ins Unbekannte. Kein Leitfaden oder Lehrbuch kann mehr als nur die grundlegenden Fertigkeiten vermitteln. Jedes Kunstwerk ist einzigartig, aber zugleich auch ein verwegener Akt der Kommunikation, der bei anderen Vorstellungen und Gefühle auslöst, ohne diese steuern zu können. Es ist daher ein Mittel, Mut einzuüben, und ein erster Schritt, Angst zu bezähmen.

<small>EIN ABENTEUER INS UNBEKANNTE</small>

<small>ANGST BEZÄHMEN</small>

Kinder durch Zeichnen und Malen zur »Kreativität« zu erziehen bringt nur begrenzte Erfolge hervor. Es kann ihnen Selbstvertrauen geben, aber sobald sie die Schule verlassen, haben sie keine andere Wahl, als für Unternehmen oder Organisationen zu arbeiten, die von ihnen verlangen, bestimmte Aufgaben zu erledigen, und nicht, ihrer Phantasie freien Lauf zu lassen. Kreativität ist jedenfalls kein angemessenes Ziel, denn sie kann auch nutzlose oder sogar schädliche Ergebnisse hervorbringen. Ein interessanteres Vorhaben ist die »Zeugung«, denn sie bedeutet, zwei Vorstellungen zusammenzubringen, um etwas in die Welt zu setzen, das für beide neu ist, und dann weiter zu experimentieren, bis sich ein wünschenswertes Ergebnis einstellt.

Die strikte Scheidung von Arbeit und Kunst wurde durch Frederick Winslow Taylor (1856–1915) besiegelt, dessen Konzept der »Wissenschaftlichen Betriebsführung« in der ersten Hälfte des 20. Jahrhunderts weltweit die Phantasie von Ökonomen und Unternehmern in seinen Bann zog und wohl noch größeren Einfluss hatte als Henry Fords Fließband.

F. W. TAYLORS »GEISTIGE UMWÄLZUNG«

Was Taylor vorschlug, war eine »geistige Umwälzung«, die sich auf alle Arbeitsbereiche erstrecken sollte, auch auf den Unterricht und sogar auf die Gärtnerei, und nicht nur auf Fabriken wie bei Ford. Taylor war überzeugt, dass die Wissenschaft das Problem lösen könne, wie die Menschen arbeiten sollten. Er analysierte zunächst detailliert, wie man die Effizienz von Maschinen steigern konnte, und in vielen Fällen gelang es ihm, ihre Produktivität zu verdreifachen. Anschließend untersuchte er jede einzelne Bewegung, die Menschen bei den verschiedenen Arbeitsgängen machten, und zeigte, dass auch sie ihre Produktivität enorm steigern konnten, wenn sie seine Anweisungen genau befolgten und nur taten, was er mit Stoppuhr und Rechenschieber als optimalen Einsatz ihrer Energie errechnet und als ideales Ergebnis eines Arbeitstages definiert hatte, sofern man mit voller Hingabe bei der Sache war. Zur Belohnung verdoppelte oder verdreifachte er die Löhne, und die Resultate waren beeindruckend: Die Produktion einer Papierfabrik erhöhte er von 20 auf 36 Tonnen täglich, während er die Sachkosten von 75 auf 35 Dollar pro Tonne und die Lohnkosten von 30 auf 8 Dollar pro Tonne senkte. Das hätte alle glücklicher und reicher machen müssen, und Taylor stellte sogar die These auf, dass die Auseinandersetzungen zwischen Arbeitgebern und Arbeitnehmern bald der Vergangenheit angehören würden, weil der Überfluss an Reichtum so enorm zunehmen werde, dass man sich über seine Verteilung nicht mehr zu streiten brauche.

Aber sein System setzte voraus, dass die Arbeiter jegliche Initiative spezialisierten Managern überließen. Die Arbeiter protestierten, weil sie sich gedemütigt, versklavt und zu bloßen Automaten degradiert fühlten. Es wurden zwar mehr Waren hergestellt, aber »was den Menschen betrifft, ist es zerstörerisch«, wie ein Gewerkschaftsführer sagte: Was für Taylor eine vergeudete Bewegung, eine überflüssige Geste oder eine unnötige Pause war, sei »nicht selten der Augenblick, in dem sich dem Arbeiter der göttliche Funken eines neuen Gedanken offenbart«. Der Gewerkschaftsführer machte den Einwand, dass man sich lieber an

DER PREIS WISSENSCHAFT-
LICHER BETRIEBSFÜHRUNG

James Watt erinnern solle, der nämlich exakt solch einer müßigen Sekunde, in der er einem kochenden Kessel zusah, seine revolutionäre Idee der Dampfmaschine verdankte. Taylor beharrte darauf, Arbeiter durch noch höhere Löhne und Prämien zu Höchstleistungen anzuspornen, aber sie hielten ihm entgegen, sie seien nach der Arbeit so erschöpft, dass sie zu nichts mehr zu gebrauchen wären und ihre Frauen drohten, sie zu verlassen. Diejenigen aber, die bereit waren, für Geld alles zu tun, bereiteten Taylor ebenfalls Sorgen, denn sie wurden »verschwenderisch und zügellos«. »Unser Experiment«, schrieb er, »hat gezeigt, dass es für die meisten in ihrem eigenen Interesse nicht gut ist, zu schnell reich zu werden.« Zugleich erinnerte er alle Mitarbeiter daran, dass es der Sinn ihrer Arbeit sei, dass die Eigentümer ihre Dividenden ausgezahlt bekamen: »Diesen Umstand sollten die Arbeiter nie aus den Augen verlieren.« Qualifizierte Monteure wurden durch »menschliche Drohnen« ersetzt, die sich nur noch um Maschinen zu kümmern hatten. Viele wurden entlassen und erhielten den Rat, Lehrer oder Betreuer zu werden. Eine neue Klasse von Schreibtischmanagern wurde erschaffen, die mit den Arbeitern nichts mehr gemein hatten. Die Arbeit des Vorarbeiters büßte ihre Vielfalt ein; die verschiedenen Aufgaben wurden auf eine Reihe von Spezialisten aufgeteilt, die sicherzustellen hatten, dass jeder Handgriff exakt den Vorgaben entsprach

1910 wurde »Effizienz« das neue Ideal Amerikas, als die Entscheidung einiger Eisenbahngesellschaften, die Frachtpreise zu erhöhen, eine landesweite Debatte auslöste, in deren Verlauf Taylor eindrucksvoll nachwies, dass sie durch den Einsatz seiner Methoden locker Hunderte von Millionen Dollar hätten einsparen können und eine Tariferhöhung daher nicht gerechtfertigt war. Die Lebenshaltungskosten zu senken wurde zu einer populären Devise, trotz der härteren Arbeitsbedingungen und der Entlassungen, die der Preis dafür waren. Europa und Japan folgten dem amerikanischen Beispiel rasch. Das gemächliche Tempo traditioneller Arbeit und der persönliche Stolz auf individuelle Fertigkeiten der Handwerkskunst wurden als ineffizient verworfen und waren nicht mehr zu halten.

EFFIZIENZ ALS NEUES IDEAL AMERIKAS

Wissenschaftliche Betriebsführung hat seit den Tagen Taylors manches dazulernen müssen, und was man heute darunter versteht, ist etwas völlig anderes. Taylors Mahnung, dass der Sinn der Arbeit darin bestehe, dass Dividenden ausgeschüttet werden, würde so niemand mehr zu äußern wagen. Arbeiter werden nicht mehr willkürlich entlassen, wenn sie sich weigern, härter zu arbeiten, und wenn einige wenige Selbstmord begehen, weil sie die Arbeitsbelastung als unerträglich empfinden, löst das sogleich ein Echo in den Schlagzeilen der Weltpresse aus. Aber es lohnt sich, darüber nachzudenken, wie sich die wissenschaftliche Betriebsführung weiterentwickeln und sich von der Kunst inspirieren lassen könnte. Ein »Poet« ist nach der ursprünglichen Bedeutung des Wortes schließlich jemand, der etwas zusammensetzt und verfertigt – ein Urheber, ein Schöpfer.

21

WAS IST INTERESSANTER, ALS EINE FÜHRUNGSKRAFT ZU WERDEN?

Nach fast einhelliger Meinung lassen sich die Herausforderungen des Lebens ohne Führung nicht bewältigen. Führungskräfte sind unsere Helden – bis sie versagen. Deshalb möchte ich hier einen Blick auf die Schattenseiten ihrer Erfolge werfen.

Sir Francis Bacon (1561–1626) war einer der Ersten, der diesem Aspekt auf den Grund gegangen ist. Thomas Jefferson nannte ihn einen der »drei größten Menschen, die je gelebt haben«, denn er war so außergewöhnlich begabt, dass manche sogar behaupteten, er sei der wirkliche Autor von Shakespeares Dramen. Bacon hat die wissenschaftliche Methodik neu erfunden und das, was einst eine kontemplative Beschäftigung war, zu einer empirischen Forschung entwickelt, die auf praktische Erfindungen ausgerichtet ist, um das »Elend der Menschheit zu lindern«. Er war zugleich einer der Pioniere der Kolonisation Amerikas und träumte von Religionsfreiheit und einer umfassenden Reform des Rechts. Auf allen Gebieten, mit denen er sich befasste, nahm er eine Führungsrolle ein und wurde schließlich Lordkanzler von England, was einem Ministerpräsidenten entspricht. Aber sein Leben war

EIN DESASTRÖSES LEBEN

auch ein Desaster. Er wurde wegen Korruption abgesetzt, gestand seine Schuld, winselte um Gnade und bekannte, »ein schwankendes Schilfrohr« zu sein. Seine einunddreißig Jahre jüngere Frau war verschwendungssüchtig, warf ihm vor, ihr nicht genug Geld zu geben, damit sie sich ihre extravaganten Wünsche erfüllen konnte, wurde ihm untreu und verließ ihn schließlich. Die meiste Zeit seines Lebens hatte er Schulden, die bis zu seinem Tod auf eine gewaltige Summe angewachsen waren, mindestens drei Millionen Pfund nach heutigem Geld. Er wurde bewundert, aber ihm schlugen auch Ablehnung und Misstrauen entgegen, denn er war nicht frei von Heuchelei und scheute nicht vor Verrat zurück, um ganz nach oben zu kommen. Nach seinem Sturz wurde er als der »klügste, scharfsinnigste und niederträchtigste Mensch der Welt« verspottet.

Dass Bacon auch heute noch große Bedeutung zukommt, beruht auf seiner Fähigkeit, seine Misserfolge distanziert zu sehen und die Probleme des Ehrgeizes mit einer Klarheit zu analysieren, die universelle Gültigkeit hat. Er scheute sich nicht, offen zuzugeben, dass er nicht in der Lage war, die Grundsätze der Tugend und Ehrlichkeit zu befolgen, die er selbst gepredigt hatte. Er habe zwei separate Leben gelebt, sagte er, und seine Ideale seien unvorhergesehenen Versuchungen zum Opfer gefallen: »Auf meinem Weg war meine Seele mir ein Fremder.«

> DIE SELTSAME BEGIERDE, NACH MACHT ZU STREBEN UND DABEI SEINE FREIHEIT EINZUBÜSSEN

Sein Ehrgeiz brachte ihm nicht den Lohn, den er erhofft hatte. Viel zu spät begriff er, dass er »der seltsamen Begierde« erlegen war, »nach Macht zu streben und darüber seine Freiheit einzubüßen, oder nach Macht über andere zu streben und die Herrschaft über sich selbst zu verlieren«. Er konnte sich das nicht erklären und auch nicht verstehen, warum so viele andere unter dieser seltsamen Begierde litten. Die hohen Staatsämter hatten ihn zu seiner Überraschung zu einem »Knecht« von Verwaltungsroutinen degradiert. Der Weg zur Macht war »zuweilen eine verruchte Gasse«. Die Macht zu erhalten war ebenfalls nicht einfach, weil sie einem »wie ein Stück Seife« leicht entglitt, und sie zu verlieren war »ein wehmütig Ding, denn wenn ein Mann spürt, dass er nicht mehr ist, was er einmal war, verliert er alles Interesse am Leben«. Erfolg wird oft zu teuer erkauft: »Würde erlangt man durch Demütigungen.« Seine Machtgier hatte ihn in der Tat zu einem Meister der Kunst gemacht, den Einflussreichen die Stiefel zu lecken, das Blaue vom Himmel zu versprechen und ehemalige Freunde zu verraten, wenn sie ihm nicht mehr von Nutzen waren. Er kam zu dem Schluss, dass die Macht ihn von anderen Menschen isoliert hatte. Er war der Erste, der einen Fehler bei anderen entdeckte, aber der Letzte, der seine eigenen Fehler einsah. Und was noch schlimmer war: »Die kniffligen Geschäfte der Mächtigen lassen ihnen keine Zeit, auf ihre körperliche oder geistige Gesundheit zu achten.«

Zweieinhalb Jahrhunderte später wurde Sir Robert Barlow (1891–1976), der aus einfachen Verhältnissen im Osten Londons stammte, Gründer und Leiter eines multinationalen Konzerns, der Metal Box Company, die als Gigant der Verpackungsindustrie über fünfzigtausend Arbeitnehmer beschäftigte und nur von der noch gigantischeren American Can Company übertroffen wurde, aber nie den Versuch aufgab, dieser den Rang abzulaufen. Barlow verstand es, eine Mischung aus Gerissenheit, Mut, wilder Entschlossenheit, Rücksichtslosigkeit, Großzügigkeit und Liebenswürdigkeit mit solchem Charme einzusetzen, dass »selbst die, denen er übel mitspielte, wohlwollend über ihn sprachen«. Nicht wenige bezeichneten ihn allerdings als »miesen Typ«. Ihm ging der Ruf voraus, einer der genialsten Unternehmer seiner Generation zu sein, aber er sagte: »Glücklich macht mich das nicht.«

ALLE VERSCHWÖREN SICH GEGEN MICH

Ständig hatte er gegen Rivalen und Kollegen anzukämpfen, die seine Macht bedrohten. »Ich weiß nicht, warum ich mir das noch immer antue«, klagte er. »Ich habe dieses Leben satt. Alle verschwören sich gegen mich ... Hüten Sie sich vor dem Ehrgeiz. Er bereitet nichts als Kummer. Lassen Sie sich nie auf einen Job ein, wie ich ihn mache. Tot zu sein wäre besser.« Aber das hinderte ihn nicht, erfolgreich alle Widersacher zu bekämpfen, die ihm seinen Posten streitig machen wollten. Trotz aller Erfolge, die er zu Lebzeiten erzielt hatte, musste sein Lebenswerk unmittelbar nach seinem Tod den schwersten Schlag einstecken: 1976 klassifizierte man seine Blechdosen und übrigen Verpackungen als »unerwünschtes Symptom der Konsumgesellschaft, das den Vertrieb unnötig verteuert, knappe Rohstoffe vergeudet, die Landschaft mit Abfällen verschandelt und insbesondere in der Lebensmittelindustrie den Geschmack durch Produkte beeinträchtigt, die auf unnatürliche Weise hergestellt und verarbeitet werden«. Sein Produkt hatte sein Prestige verloren, und Barlow hatte diesen radikalen Wandel nicht vorhersehen können.

Helden und Heilige haben ihren verdienten Platz in der Geschichte des Ehrgeizes. Weniger Beachtung fanden die weitaus zahlreicheren Menschen, die den Ehrgeiz schon immer als gefährlich angesehen haben, nicht zuletzt, weil er dem Ethos der meisten Religionen zuwiderlief, sich mit dem eigenen Schicksal abzufinden. »Ein ehrgeiziger Mann ist ein kranker Mann«, schrieb ein Arzt im Jahr 1841, als sich dem Ehrgeiz noch sehr begrenzte Möglichkeiten boten, denn auf Führungskräfte entfielen in der Industrie nur ein Prozent und im Handel nur etwa sieben Prozent aller Stellen. Erst kürzlich hat sich der Ehrgeiz, auf einen höheren Rang befördert zu werden, zu einer nahezu universellen Leidenschaft entwickelt, und allerlei »Anreize« sind zum Aphrodisiakum der Arbeit geworden. Im 20. Jahrhundert hat sich die Zahl

DER EHRGEIZ STECKT IN EINER KRISE

der Führungskräfte in Großbritannien versiebenfacht, und viele Armeen der Welt haben den Anteil der Offiziere verdrei- oder vervierfacht. In der chinesischen Armee sind ein Drittel aller Soldaten Offiziere und ein weiteres Drittel Unteroffiziere. Der Ehrgeiz steckt offensichtlich in einer Krise: Es kann nicht mehr Vorgesetzte geben als Untergebene, die keinen mehr unter sich haben, dem sie Befehle erteilen könnten. Steigende Erwartungen machen es immer schwerer, den Ehrgeiz zu befriedigen, auch wenn die Aristokratie sich grenzenlos zu einer Meritokratie entwickelt, in der man durch Verdienst und Leistung aufsteigt. Noch niemand hat der brutalen Feststellung von Thomas Hobbes etwas entgegensetzen können, dass alle Unterscheidungen Überlegenheit und Unterlegenheit mit sich bringen und es daher unmöglich ist, dass jedermann den gleichen Respekt genießt, denn »wenn er allen gilt, gilt er keinem«. Noch schwerer wiegt die Tatsache, dass die Schwächen der Erfolgreichen, Mächtigen und Reichen so gnadenlos analysiert werden wie nie zuvor. Noch nie hat man so kritisch hinterfragt, ob sie womöglich mehr Schaden anrichten, als Gutes zu tun. Nur in Ländern, die gerade beginnen, die Armut zu überwinden, flößen sie Ehrfurcht ein, aber sobald ihre Zahl deutlich zunimmt, ist der Zauber verflogen.

Im Jahr 2000 fasste ein Wirtschaftsprofessor am Massachusetts Institute of Technology (MIT) das Kriterium des Erfolgs in einer lapidaren Formel zusammen: »Reichtum erweist sich zunehmend als einziger Maßstab für den persönlichen Wert ... Das ist das einzige Spiel, in dem man beweisen kann, was in einem steckt. Es ist die Erste Liga. Wer dort nicht mitspielt, ist von vornherein zweitrangig ... Reichtum verschafft einem die Macht, zu tun, was man will. Je reicher man ist, desto glücklicher wird man.« Aber das kann nicht das letzte Wort sein. Es liegt auf der Hand, dass auch die großen Bosse sich

INBEGRIFFE DER
SELBSTTÄUSCHUNG

nicht alles erlauben können, was sie wollen. Wenn sie große Unternehmen oder Organisationen leiten, merken sie, wie schwierig es ist, die Zügel in der Hand zu behalten. Ihre Anordnungen werden ständig neu formuliert, neu interpretiert und durchkreuzt. Ihre Probleme sind oft nahezu unlösbar. Sie verbringen immer mehr Zeit damit, sich Gedanken über die Risiken und Gefahren zu machen, die sie bedrohen. Sie nennen sich selbst »Führer«, aber inzwischen sind sie nicht einmal mehr Knechte im Sinne Bacons. Sie sind Geiseln der Aktionäre, Analysten und Fondsmanager, die sie unter Druck setzen, noch höhere Profite zu erzielen. Die politischen Führer enttäuschen, weil sie keine Wunder bewirken können und meist nicht einmal die Programme umsetzen, denen sie ihren Wahlerfolg verdanken. Alle Führungskräfte betreiben inzwischen einen wahnwitzigen Aufwand, ihr »Image« zu pflegen, als ob sie es nicht mehr wagten, ihr Gesicht ungeschminkt zu zeigen. Einige werden zu rein fiktiven Persönlichkeiten, zu Inbegriffen der Heuchelei oder Selbsttäuschung. So brillant sie es auch verstehen mögen, über jedwedes Thema zu sprechen, Leutseligkeit oder Bescheidenheit an den Tag zu legen und Gedichte zu schreiben oder Vögel zu beobachten, um geistig gesund zu bleiben und zu beweisen, dass sie normale Menschen geblieben sind: Noch nie waren sie so verwundbar wie jetzt, da kaum zu vermeidende Fehler sie plötzlich zu Fall bringen können. Sosehr sie ihre Privilegien und das erregende Gefühl genießen mögen, am Ruder zu stehen und viel erreicht zu haben, gelingt es nur wenigen, ständigem Stress oder dem Scheitern im Privatleben zu entgehen. Der Preis, den man dafür zu zahlen hat, seinen Ehrgeiz zu verwirklichen, steht selten im Voraus fest. Voltaire beklagte: »Der einzige Lohn, den man als Schriftsteller zu erwarten hat, ist Verachtung, wenn man nur Mittelmaß erreicht, und Missgunst, wenn man reüssiert.« Obwohl die Bildung dazu dienen soll, allen den Weg zum Erfolg zu ebnen, kann sie die Vorstellungskraft ebenso erdrosseln, wie sie sie aufblühen lassen kann.

Als die Athener vor 2500 Jahren die erste Demokratie errichteten, zögerten sie zwischen bedächtigem oder raschem Ehrgeiz. Die Philosophen meinten, dass die Bürger Athens schlicht und einfach bestrebt sein sollten, moralische Maßstäbe aufrechtzuerhalten und im Interesse des gemeinsamen Wohls Wahrheit und Tugend zu ehren, ohne sofortigen Lohn zu erwarten. Wanderlehrer, die Sophisten genannt wurden, boten Kurse zur Anwendung dieser Ideale im praktischen Leben an und nahmen großen Einfluss auf die athenische Demokratie. Aber unter ihnen gab es auch Ungeduldigere, die lehrten, dass die Menschen im Grunde ihres Herzens auf Vergnügen und Reichtum aus seien und sich von Leidenschaften und Eigeninteressen leiten ließen, sodass die Starken zwangsläufig über die Schwachen herrschen würden. Also müsse man lernen, wie man bekommt, was man will, und dafür gebe es ein einziges Geheimrezept, nämlich die Kunst, andere zu überzeugen. Sie waren die ersten professionellen »Erfolgstrainer« und behaupteten, jedermann könne lernen, wie man andere dazu bringt, seiner Führerschaft zu folgen. Statt auf Physik und Mathematik konzentrierten sie sich allein auf die Kunst der Überzeugung (die vom Unternehmensmanagement nicht weit entfernt ist). Macht, sagten sie, entstehe aus der Kontrolle über Gefühle (eine Idee, die viele Jahrhunderte später als »emotionale Intelligenz« wiederbelebt werden sollte). Sie zogen eine erstaunlich große Zahl von Studenten an, weil sie ihnen versprachen, dass sie rasch Einfluss gewinnen würden, und ihnen vorführten, wie man mit jedwedem Argument zum Ziel gelangen konnte, sofern man nur die nötigen rhetorischen Fähigkeiten besaß. Weil sie schon früh erkannt hatten, dass

BEDÄCHTIGER UND RASCHER EHRGEIZ

DIE ERSTEN PROFESSIONELLEN LEHRMEISTER DES ERFOLGS

die Leute nur zu schätzen wissen, was auch etwas kostet, ließen sie sich ihren Unterricht bezahlen, im Gegensatz zu den Philosophen. Das löste einen Skandal aus, zumal ihre Gebühren enorm waren. Während ein Richter für jeden Arbeitstag eine halbe Drachme erhielt, verlangten die Sophisten bis zu fünfzig Drachmen. Einer von ihnen soll sogar 10 000 Drachmen erhalten haben, mehr als die zehn berühmtesten Bildhauer der Stadt zusammen. Nur die Reichen konnten sich ihren Unterricht leisten, was die Sophisten unpopulär machte, ihre Anziehungskraft aber nicht schmälerte.

Diese Sophisten betrachteten Athen nicht als einen Leuchtturm der Zivilisation, sondern im Wesentlichen als ein Zentrum des Seehandels, wo sich Reichtum ansammelte, mit dem man sich Luxus und üppige Festessen gönnen konnte. Ihre Schriften haben nicht überlebt, denn sie schrieben ebenso wenig für die Nachwelt, wie es die heutigen Autoren von Wirtschaftsbüchern tun. Eine zweite Welle von Sophisten machte bei den Römern von sich reden und erzielte sogar noch größere Erfolge. Auf ihren Vortragsreisen durch das ganze Imperium lockten sie mit ihrer Überzeugungskunst riesige Menschenmengen an. Sophisten waren Pragmatiker, keine Idealisten.

Seit ihrer Zeit sind Business Schools die wichtigsten Institutionen, die den Ehrgeiz leiten und fördern. Vor fünfzig Jahren sagte ein Absolvent der Harvard Business School: »Wir gehören weder zur intellektuellen noch zur erblichen noch zur künstlerischen oder kreativen Elite. Wir werden darauf getrimmt, die Elite der Versierten zu sein. Man bildet uns zu den Typen aus, die bei einer Party nüchtern bleiben. Man gibt uns die Werkzeuge an die Hand, mit denen wir, sobald wir die Schule verlassen, etwas auf die Beine stellen können.« Und das sind Werkzeuge, die sich »wie Aspirin oder Dynamit bei fast allem einsetzen lassen«. Diese Mischung aus Beschei-

WIR SIND NICHT DIE
INTELLEKTUELLE ELITE

denheit und Arroganz hat sich aber letztlich als unzureichend erwiesen. Business Schools waren ursprünglich gegründet worden, um Manager und Kaufleute zu Angehörigen eines angeseheneren, besser ausgebildeten und respektableren Berufsstands zu machen, aber indem sie sich zu engstirnig auf finanzielle und administrative Aspekte konzentrierten und dabei die Kultur außer Acht ließen, bildeten sie Manager heran, die gleichsam nur auf einem Bein stehen konnten, weil sie von ihrer Fähigkeit abhängig waren, unablässig Profite zu erzielen, während ihre Unfähigkeit, sich auf andere Grundlagen zu stützen, sie verwundbar machte. Deshalb mussten die Business Schools ihr Konzept noch einmal überdenken.

Der Erste, der 1977 mit dem Gedanken an die Öffentlichkeit trat, dass ein Manager zu sein nicht die Krönung des Erfolgs darstellt und das eigentliche Ziel darin besteht, ein »Führer« zu sein, war ein Professor der Harvard Business School. Er vertrat die Ansicht, die Psychoanalyse halte den Schlüssel zu einer besseren Zukunft in der Hand, und schrieb ein Buch darüber: »Wie die Freudsche Theorie aus guten Managern bessere Führungskräfte machen kann«. Abraham Zaleznik (1924–2011) warf den Managern vor, zu rational und unpersönlich zu sein, sich nur für Effizienz und reibungslose Abläufe zu interessieren und darüber Ideen, Intuition und Empathie zu vernachlässigen. Er zeigte ihnen einen Weg auf, sich »wiedererwecken« zu lassen und mehr Selbstachtung zu gewinnen. Dazu, meinte er, müsse man »andere von der Gültigkeit der eigenen Schlussfolgerungen überzeugen«. Das setze voraus, sich »auf die eigene Stärke zu besinnen«, indem man sich von den Zweifeln befreie, die im Unterbewussten lauerten und verhinderten, dass sich die eigenen Talente entfalten. Zu viele Manager hätten das Problem, dass ihnen im übertragenen Sinne eine Vaterfigur fehle, was zu Beklemmungen führe, zu dem Bestreben, Ungewissheiten zu beherr-

DIE KRÖNUNG DES ERFOLGS

schen, und zu der Sehnsucht, »neu geboren zu werden«. Zaleznik verband diese Idee mit einer zweiten Quelle der Inspiration, die in den achtziger Jahren des 20. Jahrhunderts hoch im Kurs stand: Japan – das Land, das der industriellen Überlegenheit des Westens ein Ende zu bereiten drohte. Er vergötterte Konosuke Matsushita (1894–1989), der sich vom kleinen Angestellten zum Herrscher über einen Elektronikkonzern hochgearbeitet hatte (der jetzt als Panasonic firmiert) und dessen Management-Philosophie zum wesentlichen Lehrprogramm des »Instituts für Frieden und Glück durch Wohlstand« wurde, das Matsushita 1946 gegründet hatte. Seine Biographie stammt aus der Feder von Zalezniks Nachfolger auf dem Lehrstuhl, den Harvard mit Stiftungsgeldern von Matsushita eingerichtet hatte.

Führungskurse sind seitdem stets auch Barometer der wechselnden Stimmungen und Erwartungen der herrschenden Klasse gewesen. Jedes Jahr erscheinen Tausende von Büchern und Artikeln, die das Thema der Führerschaft durch neue gedankliche Aspekte oder Ideologien erweitern, und bei Google liefert das Suchwort »*leadership*« inzwischen 284 Millionen Treffer. Da sie aber die Enttäuschungen all derer, die keine Führungsposition erringen, nicht beseitigen kann, hat man ihr eine egalitäre Version zur Seite gestellt, der zufolge fast jeder (in der einen oder anderen Hinsicht) führend sein kann. Sie besagt, dass Gefolgsleute – »*followers*« – ebenso wichtig seien wie Führungskräfte, weil keine noch so intensive Ausbildung Entscheidungsträger davor bewahren könne, Fehler zu begehen, und ihr Erfolg daher eine Anhängerschaft brauche, die solche Fehler korrigieren kann. Der Begriff der Führungsperson ist sogar neu definiert worden: Ein Führer sei schlicht jeder, der – gleich auf welcher noch so bescheidenen Ebene – »etwas zuwege bringt« und »Veränderungen herbeiführt«.

Ursprünglich war Führung natürlich ein militärisches Konzept, aber was die Business Schools vom Militär entlehnten, war eine veraltete Version, die die Generäle bereits aufgegeben hatten. Zur Vorbereitung auf den nächsten Krieg begann die US-Armee 1945, sich für Fragen der psychologischen Kriegsführung zu interessieren, musste ihre Vorstellungen aber im Anschluss an die demoralisierende Niederlage in Vietnam und die Aufdeckung eines ausgedehnten Systems von Täuschung und Betrug an der Militärakademie West Point umfassend revidieren. Sie erfand ein völlig neues Konzept der Führung. Von nun an erwartete man von einem Offizier, dass er seine Kenntnisse weit über militärische Angelegenheiten hinaus erweiterte. Sechzehn optionale natur- und ingenieurwissenschaftliche sowie acht geisteswissenschaftliche Fächer wurden in den Lehrplan aufgenommen. Die jüngste Diskussion über Führung in der US-Armee hebt hervor, dass Offiziere zunehmend andere als kämpferische Aufgaben wahrzunehmen haben und dass sie vor allem technische, diplomatische und ökonomische Fähigkeiten brauchen. Dafür reiche eine fachspezifische Ausbildung aber nicht aus, denn nur Generalisten könnten für die noch fehlende Koordinierung dieser Aufgabenbereiche sorgen. Die Business Schools haben das verschlafen. So kommt es, dass Militärs heute in höherem Ansehen stehen als Leiter von Unternehmen und ihnen als Präsidentschaftskandidaten vorgezogen werden. Das »Linienmanagement« bleibt eines der fragwürdigen Vermächtnisse, die die Armee der Geschäftswelt hinterlassen hat.

2008 waren es einmal mehr Führungspersonen, die eine weltweite Krise auslösten. Professoren des Fachs Führungslehre waren gezwungen, alles zu überdenken, was sie bisher gelehrt hatten, fast so wie die kommunistischen Ideologen nach dem Zusammenbruch der Sowjetunion. Der Dekan der Harvard Business School räumte ein, dass Führungskräfte,

WAS BUSINESS SCHOOLS VOM MILITÄR ENTLEHNEN

die »so viele Leute in so große Schwierigkeiten gebracht« hatten, »ihre Daseinsberechtigung verloren« hätten, denn ihr Versagen zeige sich nicht nur im wirtschaftlichen Zusammenbruch von Unternehmen, sondern auch in ihrem »moralischen Debakel« und »der damit einhergehenden Verwirrung und dem Sinnverlust, den sie heraufbeschworen haben«. Er geißelte die Führungslehre als ein System, das auf wissenschaftlicher Forschung beruhe, der es nicht nur »an geistiger Durchdringung fehle«, sondern die auch keine Antworten auf die wirklich wichtigen Fragen gebe. Ein Professor für Führungslehre an der Harvard School of Government verkündete gar »das Ende der Idee von Führerschaft«, ohne jedoch zu sagen, was an ihre Stelle treten solle. Die Idee der Führerschaft wurde aber durchaus nicht über Bord geworfen, obwohl die Experten dieses Fachgebiets berichteten, Führungskräfte litten häufig unter der Angst, »als ignorant oder überfordert zu erscheinen, wenn sie mit Dingen in Berührung kommen (was in ihrer Stellung nicht zu vermeiden ist), die ihnen zunächst einmal fremd sind … Die Unzahl von Aufgaben, die (sowohl aus ihrer eigenen Organisation als auch von außerhalb) an sie herangetragen werden, führt leicht dazu, dass sie sich verzetteln und nichts Wesentliches mehr zustande bringen.« Sie fänden es »überraschend schwierig«, verlässliche Informationen zu erhalten, und beklagten sich, »von informellen Kanälen abgeschnitten« zu sein, wie sie der normale Alltag zum Beispiel bietet; zugleich müssten sie aber »sorgfältig darauf achten, von wem sie Informationen einholen«, um die Autorität leitender Angestellter nicht zu untergraben. »Obwohl sie vorgeben, Herr über ihre Zeit zu sein, sind sie in Wirklichkeit Sklaven eines unerbittlichen Terminkalenders … Sie halten sich oft für überlastet oder verschwenden ihre Zeit mit Dingen, die bloß

BEKENNTNISSE DES DEKANS DER HARVARD BUSINESS SCHOOL

DIE ANGST, IGNORANT ZU WIRKEN

Pflichtübungen sind.« Schuld an der Misere sind immer die anderen: »*Wenn* sie sich Selbstvorwürfe machen, dann den, dass sie leistungsschwache Mitglieder ihres Teams von Topmanagern nicht eher ausgewechselt haben.« Das bewahre sie aber nicht davor, selbst unablässig kritisiert oder gar gefeuert zu werden, weil hohe Erwartungen nun einmal sehr häufig in Enttäuschung enden. Welchen Einfluss sie auf die von ihnen geleiteten Organisationen haben, sei es im positiven oder im negativen Sinne, ist umstritten. Es gibt eine Studie, die ihren Einfluss auf durchschnittlich vierzehn Prozent beziffert, mit einer Schwankungsbreite zwischen zwei und einundzwanzig Prozent in Abhängigkeit von der jeweiligen Branche. Andere Studien sind noch skeptischer. Eine dieser Untersuchungen kam zu dem Schluss, es wäre vielleicht klüger, einen »Grüßaugust« an die Spitze einer Organisation zu stellen statt eine ambitionierte Führungskraft. Solche Vorbehalte teilen 77 Prozent der Amerikaner, die den Meinungsforschern erklärten, dass es eine »Krise der Führerschaft« gebe. Sie stellte einen ebenso dramatischen Niedergang dar wie die »Krise des Adels« im Europa des 17. Jahrhunderts.

Die Führungskräfte selbst äußern sich nur vage über ihre Ziele. Die offizielle Mission von Harvard war es, »Führungskräfte auszubilden, die in der Welt etwas bewirken«; die von Stanford: »die Welt zu verändern«; die des MIT: »die Welt zu verbessern«. Aber wie? Von der Verunsicherung und den Selbstzweifeln der westlichen Führer, die sich fragen, ob die Opfer, die man erbringen muss, um an die Spitze zu gelangen, sich wirklich lohnen, sind die Schwellenländer verschont geblieben. Nach einer Umfrage des *China Youth Daily* wollen zwei Drittel seiner Leser Führungskräfte werden und sind überzeugt, dass 91 Prozent aller jungen Menschen dieses Ziel verfolgen. Aber obwohl Universitäten und Unternehmen immer mehr Institute und Kurse für Führungslehre einrichten, stellt sich vielen die Frage, ob Führungskunst überhaupt eine

Fähigkeit ist, die man lehren kann, und ob dies nicht dem Versuch gleichkäme, Weisheit unterrichten zu wollen.

Warren Gamaliel Bennis (1925–2014), der nicht zuletzt für seinen Humanismus bewunderte Wirtschaftswissenschaftler, hat sich ungewöhnlich offen und aufschlussreich über seine eigenen Führungserfahrungen ausgesprochen. Er habe ein Führer werden wollen, sagt er, »weil ich nicht den Leuten gleichen wollte, die ich schon kannte«. In seiner Jugend war er »frustriert«, weil er aus bescheidenen Verhältnissen kam. Sein Vater war eingewandert und hatte es nicht weit gebracht. Sobald er es sich leisten konnte, unterzog er sich sechs Jahre lang einer Psychoanalyse. Später belegte er einen Kurs in der von dem New-Age-Guru Werner Erhard entwickelten »Technik der Transformation«. Bennis war überzeugt, auf der Suche nach einem idealen Elternteil gewesen zu sein. Seinen zehn Jahre älteren Bruder hielt er für eine geborene Führungsnatur. Schon seit seiner Kindheit, sagte er, habe er darüber nachgedacht, wie auch er ein Führer werden könne. Während seines Wehrdienstes nahm er sich seinen Hauptmann zum Vorbild, und als Student am Antioch College galt seine Bewunderung dessen Rektor (dem Psychologen Douglas McGregor, der sagte, dass ihm seine eigenen vier Jahre in der Psychoanalyse mehr gebracht hätten als sein vierjähriges Grundstudium). »Ich versuchte, ihm in jeder denkbaren Weise ähnlich zu sein. Ich schmeichelte mich bei allen Mentoren schamlos ein. Wahrscheinlich hatten Geistesgrößen für mich eine so hohe Anziehungskraft, weil ich mich selbst so gewöhnlich fühlte.« Am MIT »imitierte ich meine Professoren und die Intelligentesten unter meinen Kommilitonen … Als ich anfing, Vorlesungen zu halten, wusste ich manchmal nicht, wer ich an dem betreffenden Tag sein würde. An manchen Tagen kam ich mir wie ein ausgemachter Hochstapler vor.« Sein »fataler Wunsch zu gefallen« trieb ihn um. Die aus

SELBSTANALYSE EINER FÜHRUNGSKRAFT

Hitlerdeutschland geflohenen Wissenschaftler, die entscheidenden Einfluss auf die Entwicklung der Psychologie in den USA nahmen, betrachteten natürlich jedweden Führungsanspruch mit allergrößtem Misstrauen, weil sie die grauenhafte Realität charismatischer Führerschaft am eigenen Leib erfahren hatten, aber Bennis hatte das Gefühl,»Struktur und Beistand« zu brauchen, den perfekten Vater, der Autorität mit Liebe verband.

Als unbedeutender Juniorprofessor träumte er von der Macht.»Wegen meiner schrecklichen Unsicherheit brauche ich die Illusion, verstanden zu werden, um mich sicher zu fühlen.« Er fühlte sich zu Menschen hingezogen, die sich ihrer Sache offenbar sicher waren, eine überzeugende Vision hatten und seinem»natürlichen Hang zur Verklärung« entgegenkamen.»Ich habe eine Schwäche für Visionen.« So zog er sich aus der Lehre zurück und ging in die Verwaltung. Er wurde Verwaltungschef der Universität von Buffalo, deren »visionärer« Rektor den Ehrgeiz hatte, aus ihr ein »Berkeley des Ostens« zu machen. Das war in den siebziger Jahren, der Zeit der Studentenunruhen. Dieser Traum kam »nie über die Mauern des Verwaltungstrakts hinaus ... Wir sabotierten genau das, was wir unbedingt erreichen wollten: unsere Maßnahmen und selbst unsere Art verprellten die Menschen, die von den Änderungen, die wir vorschlugen, am meisten hätten profitieren sollen.« Viele Jahre später fasste er seine Anstrengungen, zur Führungsspitze vorzustoßen, so zusammen: »Ich hatte nicht gelernt, Nähe und Ehrgeiz unter einen Hut zu bringen. Ich habe es noch immer nicht gelernt.«

Aber eines hatte er gelernt: »Ohne Geschichte, ohne Kontinuität kann es keine Veränderung geben.« Er kam zu dem Schluss, dass er zu schnell vorgeprescht war und die Tradition ignoriert hatte, und unternahm einen neuen Versuch, diesmal als Rektor der Universität von Cincinnati. Aber an-

DER TRAUM VON DER MACHT

dere Probleme machten seine Begeisterung erneut zunichte. »Als ich mehr Macht hatte als je zuvor, fühlte ich mich machtloser denn je ... Nach einem Jahr sagte ich mir: ›Entweder bin ich nicht in der Lage, diese Einrichtung zu leiten, oder sie ist nicht in den Griff zu bekommen.‹ Ich war das Opfer einer unbeabsichtigten Verschwörung, die verhinderte, dass irgendwer irgendwas am Status quo veränderte. Unglücklicherweise war ich einer der Hauptverschwörer.« Die Bürokratie mit ihrer kräftezehrenden Trägheit ließ ihm keine Zeit für ein tiefgreifendes Umdenken oder für grundlegende Reformen. »Ich gab mich dem trügerischen Traum hin, dass die Leute mich lieben würden, wenn sie mich nur wirklich kennenlernen würden ... Führungskräfte sollten nicht erwarten, geliebt zu werden.« Er erlitt schließlich einen Herzinfarkt. Drei Monate der Rekonvaleszenz, in denen er Gedichte schrieb, brachten ihn zu der Einsicht, dass er den Versuch aufgeben sollte, eine Führungsperson zu sein, und dass er an der Spitze einer Organisation niemals glücklich sein würde. Er beschloss daher, Bücher zu schreiben, um anderen zu erklären, wie man Führerschaft erlangt, und widmete sich dieser Aufgabe mit Bravour und weltweitem Erfolg. Jemand sollte Warren Bennis' Autobiographie zu einer Totenmesse für das 20. Jahrhundert umschreiben, eine Epoche, in der die Privilegierten öffentlich Hymnen der Selbstgefälligkeit anstimmten, insgeheim aber davon träumten, von ihren Selbstzweifeln erlöst zu werden.

Nachdem er sich ein Leben lang wie besessen um Führerschaft bemüht und sich eingehend mit ihr beschäftigt hatte, kam er zu dem Schluss, dass ein guter Führer zu sein letztlich nichts anderes bedeutet, als ein anständiger Mensch zu sein. (Aber ist die Geschäftswelt oder die Politik so beschaffen, dass sie es einem leicht macht, sich anständig zu verhalten?)

> BÜROKRATIE VERHINDERT TIEFGREIFENDES UMDENKEN

Er erkannte, dass er für sich selbst die falschen Prioritäten gesetzt hatte, und gelangte zu der Einsicht: »Meine drei Kinder sind wichtiger als alles andere.« (Aber warum fällt das Familienleben dann so oft der Arbeit zum Opfer?) Vor allem betonte er, ohne eine »Vision« könne niemand eine vollkommene Führungskraft sein, aber die einzige Vision, die er vorzuschlagen hatte, war die, »man selbst zu sein«. (Reicht das für die große Masse derer aus, die sich ihrer eigenen Unzulänglichkeiten zutiefst und schmerzhaft bewusst sind?)

EIN ANSTÄNDIGER MENSCH WERDEN

Ich lebe in einem Land, in dem es jedermann freisteht, wie er seinen Lebensunterhalt verdienen will, aber in diesem Land äußern 57 Prozent der Arbeitskräfte die Ansicht, dass sie den falschen Job gewählt haben. Heute kann niemand mehr glauben, sie würden anders empfinden, wenn sie alle wie durch ein Wunder auf die oberste Sprosse der Karriereleiter befördert und als charismatische Führer bejubelt würden. Zu dieser Art von Erfolg gibt es Alternativen. Bacon, Barlow und Bennis haben nur einige der Fallstricke aufgezeigt, die die Idee von der Erlösung durch Führerschaft für das persönliche Leben derer auslegt, die danach streben. Wenn man Führung nur anhand der Ergebnisse beurteilt, die sie für Organisationen erzielt, ignoriert man ihre Auswirkungen auf den Charakter der Führenden.

DAS PERSÖNLICHE LEBEN DER FÜHRER

Im späten 17. Jahrhundert kamen in Hangzhou, das Marco Polo als »die unbestreitbar schönste und edelste Stadt der Welt« bezeichnet hatte, gebildete Frauen in der »Poetischen Gesellschaft zum Bananengarten« zusammen, in einfachen Gewändern aus Rohseide, ohne Schmuck und die Haare zu einem Knoten gebunden, um darüber nachzudenken, was im Leben wichtig ist, oder um – mit ihren eigenen Worten – »den Dingen auf den Grund zu gehen«. Sie kamen zu dem Schluss, dass die Männer, die um die Macht wetteiferten und sich zugleich für moralisch hielten, allesamt Schwindler seien. Aber sie sahen keinen Weg, die Unterstützung der anderen Frauen zu gewinnen, denen »an Kosmetik und eleganten Kleidern« lag und für die sie »Mitleid« empfanden, und so gelangten sie zu der Überzeugung, dass ihr Ideal, ehrlichere Formen der Arbeit zu finden, »unerreichbar« sei. Sie ignorierten die Obsessionen der Männer und beschlossen, ihrerseits ein »ästhetisches Leben« zu führen, indem sie sich den Künsten widmeten und schöne Gärten schufen. Seit dieser Zeit hatten Frauen stets nur begrenzten Einfluss auf die Organisation bezahlter Arbeit. Viele Männer glauben weiterhin, ihr Machthunger und dessen Früchte machten sie in den Augen der Frauen attraktiv, und einige setzen die Tradition fort, sich den Frauen nur zuzuwenden, um sich über ihre Fehlschläge und Demütigungen hinwegzutrösten, so wie die französischen Ritter des Mittelalters, die soeben eine Schlacht verloren hatten, zu sagen pflegten: »Wir werden das in der Kemenate besprechen.« Der Wunsch, Frauen zu gefallen, hat zwar bisweilen zur Entwicklung edlerer Umgangsformen beigetragen, die Männer aber nicht dazu gebracht, den Wert von Konkurrenzkämpfen um Reichtum und Einfluss in Frage zu stellen. Das »unerreichbare Ideal« rückt jedes Mal ein wenig näher, wenn Frauen den althergebrachten Führungsstil aus dem Privatleben verbannen, aber das muss erst noch mit dem Geschäft des Broterwerbs unter einen Hut gebracht werden.

MORAL UND SCHWINDEL

Die Gefahr, die von dem Kult der Führerschaft ausgeht, besteht darin, dass seine Anhänger als Schauspieler enden, die die Rolle zu spielen versuchen, von der sie meinen, dass man sie von ihnen erwartet. Würde man jeden eine Führungskraft nennen, liefe das letztlich auf das Gleiche hinaus, wie alle Menschen zu adeln, indem man ihnen den Titel eines Barons oder einer Señora verleiht. Nach

ANERKENNUNG ALS WICHTIGSTE TRIEBFEDER DER MENSCHHEIT

zehn Jahren als Chef von IKEA bekannte Anders Dahlvig mit ungewöhnlicher Offenheit, er habe es vor allem geschätzt, Anerkennung zu erhalten, und das sei »die wichtigste Triebfeder der Menschheit«. Aber nur sehr wenige Menschen glauben, so anerkannt und geschätzt zu werden, wie sie es verdienen. Öffentliche Anerkennung ist allzu oft nur eine idealisierte Fassade, die beim kleinsten Fehler niedergerissen wird. Private Anerkennung geht viel tiefer und ist wertlos, wenn sie nicht aufrichtig ist.

Andere Arten von Führern, die Propheten, Weisen, Heiligen, Sufis, Gurus und Zaddiks, die die Abkehr von der Eitelkeit weltlichen Ehrgeizes predigen, haben noch immer keine Lösung gefunden, wie man die von ihnen gepriesenen Werte – Weisheit, geistige Emanzipation, Loyalität, sittliche Verfeinerung und Engagement für das Wohl anderer – in eine finanzielle Bilanz einfließen lässt. Die Aufforderung des Konfuzius, ein edler Mensch (*junzi* – im Gegensatz zum Gemeinen) solle »niemals anderen zufügen, was man selbst nicht wünscht«, ist das glatte Gegenteil von dem, was die Arbeitswelt praktiziert. In aller Regel setzt der Erfolg noch immer große Opfer voraus. Francis Bacons Frage, warum Menschen nicht aufhören, Macht über andere erlangen zu wollen, obwohl sie dadurch nur ihre eigene Freiheit verlieren, bleibt unbeantwortet.

»EDLE« UND »GEMEINE« MENSCHEN

Es gibt Alternativen zu dem Ehrgeiz, eine Führungsperson zu sein. Die eine besteht darin, ein Vermittler zu sein, der weder Befehle empfängt noch sie erteilt, sondern anderen, denen es an Wissen, Geld, Phantasie oder Möglichkeiten mangelt, dabei hilft, dies von denen zu erwerben, die darüber reichlich verfügen.

EIN ALTERNATIVER EHRGEIZ

Die Dienstleistungsgesellschaft könnte das Paradies der Vermittler sein, wenn sie sich nicht immer wieder durch Habgier oder Täuschung vergiften ließe. Aber die zu erwartende Zahl von einer Milliarde junger Menschen, für die die Weltwirtschaft keinen Platz bietet, und dazu noch die zunehmende Enttäuschung von Frauen, die die ihnen widerwillig zugestandene Rolle nicht gerade attraktiv finden, lassen keinen Zweifel, dass es an der Zeit ist, unsere Ambitionen zu überdenken.

Landwirtschaft, Industrie und Dienstleistungen wurden sämtlich erfunden, um auf ein enormes und unerwartet schnelles Wachstum der Bevölkerung zu reagieren. Heute dürften viele Menschen, denen bewusst ist, dass sie möglicherweise hundert Jahre alt werden, der Ansicht sein, dass es nicht die vergnüglichste Art ist, diese vielen Jahre damit zu verbringen, auf der Karriereleiter herumzuturnen und sie wieder hinabzufallen, und dass die Vorstellung, ein Führer zu sein – die sich trotz aller kosmetischen, aber auch grundlegenden Veränderungen der letzten Zeit nicht ganz von dem Erbe des Kriegsherrn befreit hat, der nur durch den Sieg über Rivalen und Feinde überlebt –, weniger verlockend ist als zeitgemäßere Herausforderungen, die sich am Beispiel des Astronauten orientieren, der das Unbekannte erforscht. Wenn man der Arbeit einen neuen Sinn geben will, sodass sie mehr ist als die Ausübung einer speziellen Fertigkeit, mehr als die Freude an der Zusammenarbeit mit anderen und mehr als der Preis, der für Sicherheit oder Status gezahlt werden muss, dann muss die Arbeit dazu beitragen, die Freiheit neu zu definieren. Dies könnte eines der großen Abenteuer unserer Zeit sein.

> DAS ERBE DES KRIEGSHERRN

> ARBEIT ALS BEITRAG ZU EINER NEUEN DEFINITION DER FREIHEIT

Es ist ein Abenteuer, das auch erfordert, die Einstellung gegenüber dem Wettbewerb zu erneuern. In welche Richtung diese gehen könnte, lässt sich aus der Geschichte des Damentennis ersehen. Chris Evert, die Weltmeisterin von 1974 und 1981, war von dem Ehrgeiz besessen, um jeden Preis zu gewinnen und ihre Gegnerinnen zu »vernichten«. Ihre Rivalin Martina Navratilova hingegen, die Zugewanderte, die nonkonformistische Heldin der Schwulen- und Lesbenbewegung, suchte die Freundschaft ihrer Gegnerinnen, wollte die Zuneigung der Zuschauer gewinnen und trotz ihrer unkonventionellen Ansichten in ihrer Wahlheimat akzeptiert werden. Bereits ein halbes Jahrhundert zuvor hatte Suzanne Lenglen (1899–1938) durch die Eleganz ihrer geradezu ballettartigen Bewegungen und den Chic ihrer Kleidung entscheidend zur Beliebtheit des Damentennis beigetragen. Aber ich überlasse es einem späteren Kapitel, das ungenutzte Potenzial des Sports (und überhaupt von Aktivitäten im Freien und der Verbundenheit mit der Natur) zu untersuchen, und werde mich in den folgenden Kapiteln zunächst weiter mit den Herausforderungen des Wettbewerbs und des Ehrgeizes befassen.

Randnotiz: ALTERNATIVEN IM DAMENTENNIS

22

WAS BRINGT ES, SO HART ZU ARBEITEN?

»Ich war nie ein sehr nachdenklicher Mensch«, sagte Sam Walton (1918–1992), der Gründer von Wal-Mart, dessen Familie heute das umsatzstärkste Unternehmen der Welt besitzt und mehr als zwei Millionen Menschen beschäftigt. Aber er hatte eine klare Vorstellung von »dem einen Element in meinem Leben, das wirklich für mich zählte«. Es war die »Leidenschaft, in Wettstreit zu treten«. »Jeder Wettbewerb ist großartig«, sagte er. Wenn er Tennis spielte, war er gnadenlos entschlossen, zu gewinnen; er war stolz darauf, dass kein Football-Team, in dem er Mitglied war, je verloren hatte, und der Kampf eines Mannes, eines Gewehrs und eines Hundes gegen einen kleinen Vogel – das Wachtelschießen – war für ihn der ultimative Sport. Er bewunderte seinen Vater (einen Farmer und Bankier), der es verstand, »andere bis auf den letzten Dollar auszuquetschen«, und der stets bereit war, mit fast allem Geschäfte zu machen – mit Pferden, Vieh, Häusern, Farmen oder Autos –, und ohne Zögern seine Uhr gegen ein Schwein getauscht hätte, wenn das für ihn gewinnbringend gewesen wäre. Er bezeichnete seinen Schwiegervater (der Rechtsanwalt war) als »begnadeten Geschäftsmann, einen der

> DIE LEIDENSCHAFT, IN WETTSTREIT ZU TRETEN

überzeugungskräftigsten Menschen, denen ich je begegnet bin«. Walton setzte alles daran, andere zu überzeugen, dass er ihnen gab, was sie wollten. Es gab nichts Schöneres für ihn, als »Handel zu treiben – meine größte Leidenschaft … Ich liebe es, den Preis für eine Ware festzusetzen, selbst wenn es ein ganz gewöhnlicher Artikel ist, und dann auf ihn aufmerksam zu machen. Also kauften wir riesige Mengen von irgendwas und priesen das spektakulär an … Ich liebe es, vor einem Publikum zu stehen und etwas anzupreisen.« Erfolgreiche Geschäfte zu machen bedeutete für ihn nicht bloß, die Kosten zu reduzieren und die Gewinnspanne zu erhöhen, sondern ausfindig zu machen, wie der Wert irgendeines Gegenstands »explodieren und enorme Gewinne abwerfen kann, wenn man nur pfiffig genug ist, ihn aufzustöbern und sich die Mühe zu machen, für ihn zu werben«. Er arbeitete Tag und Nacht, war stolz auf jeden clever erzielten Vorteil und setzte sich zum Ziel, alles zu Preisen weiterzuverkaufen, die niemand unterbieten konnte, und trotzdem Gewinn zu machen. Der Wettbewerb gab ihm das Gefühl, lebendig zu sein, so wie der Kampf einem Soldaten.

Aber ist der Wettbewerb ein Selbstzweck? In der Vergangenheit pflegten Kaufleute und Handwerker sich vor ihm zu hüten und vermieden es, einander ins Gehege zu kommen. Sam Walton war jedoch in kürzester Zeit so erfolgreich, dass er genug Geld hatte, jeden seiner Konkurrenten aufzukaufen. Der Kick, sich einen nach dem anderen einzuverleiben oder ihn in den Ruin zu treiben, verschaffte ihm das Gefühl, es gebe »nichts, das er nicht erobern könne«. Von Eroberungen zu sprechen heißt, sich die Denkweise des Militärs zu eigen zu machen, statt eine eigene Ethik zu entwickeln. Sam Waltons Nachkommen führen inzwischen Einzelhandelskämpfe in fünfzehn Ländern, und wenn ihre Invasion zurückgeschlagen wird, wie das in Deutschland der Fall war,

NICHT GELD, SONDERN EROBERUNG UND NERVENKITZEL

stürzen sie sich auf ein anderes Ziel wie beispielsweise Indien. Sam Walton sah nie einen Grund, seine Ambitionen zu mäßigen. Es ging ihm nicht um das Geld, sondern um den Nervenkitzel. Ein Freund, der ihn gut kannte, sagte über ihn, er wolle einfach nur »ganz oben sein«. Das wollte er aber unauffällig und bescheiden erreichen: Millionäre, die ihren Reichtum durch einen luxuriösen Lebensstil zur Schau stellten, waren ihm ein Gräuel.

Sam Walton war stolz darauf, alles anders zu machen, sich nicht an hergebrachte Regeln zu halten und pfiffiger zu sein als andere. Er bevorzugte sogar Mavericks, die seine eigenen Regeln in Frage stellten. Aber er schätzte die Originalität nicht um ihrer selbst willen. Er war eher ein Mann des Mittelalters als der Renaissance. Es gefiel ihm, Ideen seiner Mitbewerber zu übernehmen. Er beobachtete sie genau und suchte sie regelmäßig auf, sodass sein Imperium schließlich aus lauter Erfindungen anderer Leute bestand. Er war nicht der Erste, der die Selbstbedienung einführte, kopierte sie aber rasch von dem Unternehmen, das sie erfunden hatte. Die Idee, seine Mitarbeiter mit Aktien am Unternehmen zu beteiligen, hatte er von der britischen Warenhauskette John Lewis Partnership abgeschaut, die Teamarbeit forcierte er im Anschluss an einen Besuch in Japan, und seine Supermärkte orientierten sich an denen der französischen Kette Carrefour. Am Ende seines Lebens resümierte er, dass es in seinem Wesen »einen großen Widerspruch gab, den ich bis heute nicht ganz verstanden habe. Was viele meiner Grundwerte betrifft, bin ich ein ziemlich konservativer Typ. Aber in geschäftlichen Dingen hat es mich aus irgendeinem Grund schon immer gereizt, das System umzukrempeln, Innovationen einzuführen und die Dinge weiter voranzutreiben. In der Gemeinschaft bin ich jemand, der durch und durch zum Establishment gehört, aber auf dem Markt war ich stets ein

> EIN KONSERVATIVER, ABER AUCH EIN MAVERICK

Außenseiter, der es liebte, die Dinge aufzumischen und ein wenig Anarchie zu verbreiten. Manchmal hat das Establishment mich einfach auf die Palme gebracht.«

Das war kein Widerspruch. Er machte sich die Instrumente der Moderne zu eigen, um sich vor ihr zu schützen, und setzte die beeindruckende Spitzentechnologie, mit der er die Logistik seines Unternehmens steuerte, zur Wahrung der Tradition ein. Obwohl er seine Kunden verleitete, Dinge zu kaufen, die sie möglicherweise überhaupt nicht brauchten, war das, was er ihnen verkaufte, doch immer ein echtes »Schnäppchen«, sodass sie – ebenso wie er selbst – überzeugt waren, Geld zu sparen, statt es auszugeben. Er verschaffte ihnen das befriedigende Gefühl, der althergebrachten Tugend der Sparsamkeit treu zu bleiben. Außerdem drängte er seine Kunden nicht, maßlos und egoistisch zu sein, denn sie kauften ja für ihre Familien ein, und ihr Bestreben, die Familie vor den Versuchungen der modernen Zügellosigkeit zu bewahren, war auch sein Ziel.

MODERNE INSTRUMENTE ZUR BEKÄMPFUNG DER MODERNE

Das kleinstädtische Amerika war sein Leitbild und auch das seiner Frau, die sich zeitlebens geweigert hatte, in einer Stadt mit mehr als zehntausend Einwohnern zu leben. Der Hauptsitz des riesigen Konzerns befindet sich noch immer mitten im Nirgendwo, in der Kleinstadt Bentonville, Arkansas. Wal-Mart war auf die alte Vorstellung von der Familie als einer wirtschaftlichen Einheit zugeschnitten. Die Belegschaft rekrutierte sich lange Zeit aus der örtlichen Bevölkerung – nicht selten waren in ein und demselben Laden bis zu dreißig Angestellte miteinander verwandt – und bediente die Einwohner des Ortes. Aufgabe dieser Angestellten war es nicht, gedankenlosen oder übertriebenen Konsum zu fördern, sondern den Menschen zu geben, was sie brauchten, um den Respekt anderer zu gewin-

DIE RELIGION DES KLEINSTÄDTISCHEN AMERIKA

nen. »Ich bin von Natur aus ein freundlicher Mensch und spreche immer mit den Leuten auf der Straße«, sagte Walton. Wenn er aus dem Hubschrauber stieg, den er selbst zu steuern pflegte, um jeden einzelnen seiner über das ganze Land verstreuten Läden zu überwachen, setzte er sich an einen Ladentisch, um einer Verkäuferin bei der Arbeit zu helfen, oder packte an der Kasse Einkäufe ein, plauderte mit den Mitarbeitern und hörte zu, was sie ihm zu sagen hatten. Sie hatten das Gefühl, dass er ihnen wirklich zuhörte. Oft lud er Bewerber zu einem Einstellungsgespräch in sein eigenes Haus ein und ermunterte sie, den Ehepartner und die Kinder mitzubringen. Er hielt seine Mitarbeiter dazu an, mit den Kunden über »ihre Hühner und Schweine und Kühe und die Kinder« zu sprechen und in jeder Beziehung ausgesprochen höflich zu sein, obwohl er selbst trotz seiner leutseligen Art durchaus recht scharfzüngig sein konnte.

<small>EIN FREUNDLICHER MENSCH MIT EINER SCHARFEN ZUNGE</small>

Sam Waltons Verbundenheit mit der Vergangenheit spiegelte sich auch in den Vergnügungen wider, die er veranstaltete, um der Monotonie der Kleinstädte zu begegnen, in denen nie etwas passiert. »Wir haben immer versucht, unser Leben so interessant und überraschend wie möglich zu gestalten, indem wir verrückte Sachen auf die Beine gestellt haben, um die Aufmerksamkeit der Leute zu erregen und sie zu animieren, sich ihrerseits Überraschungen auszudenken.« Er setzte auf das Talent örtlicher Amateure, die allerlei – auch derben – Schabernack spielten. Man organisierte spontane Karnevalsumzüge in bizarren Kostümen zusammen mit Cheerleader-Mädchen und trieb allerlei derben Schabernack. Sogar die Strategiebesprechungen der Manager am Samstagvormittag wurden zuweilen völlig unerwartet durch Gesangseinlagen oder Sketche aufgelockert. Zehntausend Aktionäre wurden jährlich nach Bentonville zu einem Wochenende aus-

<small>DERBER SCHABERNACK</small>

gelassener und lärmender Unterhaltung eingeladen, in der Hoffnung, dass die Fremden von der Wall Street »uns kennen und verstehen lernen«.

Obwohl Sam Walton nicht auf die Idee gekommen wäre, sich als fromm zu bezeichnen, und den Kirchgang und die Sonntagsschule lediglich als gute, einheitsstiftende Gepflogenheit ansah, fanden seine Angestellten in ihren Beziehungen zu Wal-Mart zunehmend eine Art religiöser Rechtfertigung für die geduldige Resignation, mit der sie sich in ihre bescheidene Rolle in der Gesellschaft fügten. Die Unternehmensleitung machte sich die Heilsbotschaft der »dienenden Führung« (Servant Leadership) zu eigen, von der Bruce Barton (1887–1967) zuerst gesprochen hatte, der Gründer der weltgrößten Werbeagentur BBDO. Barton war Sohn eines Pfarrers und ein entschiedener konservativer Gegner von Roosevelt und des New Deal. Sein Bestseller, in dem er Jesus als Geschäftsmann darstellte, machte die Idee populär, dass die Wirtschaft eine spirituelle Mission erfülle. Käufer und Verkäufer waren aufgerufen, sich nicht als Automaten oder Fabrikarbeiter zu sehen, die Befehlen gehorchen, sondern als Menschen, die ihren Mitmenschen im christlichen Geist zur Seite stehen, sich in den Dienst ihrer Nachbarn stellen und Familien in die Lage versetzen, ein ehrbares Leben zu führen. Wal-Mart versöhnte Religion und Kommerz und wurde der größte Einzelhändler für christliche Artikel, blieb aber geschäftsorientiert und hatte auch am Sonntag geöffnet. Die Religion, der die Mehrzahl der Kunden angehörte, hielt zwar an der biblischen Überlegenheit des männlichen Geschlechts fest, tröstete die Frauen aber, indem sie die Mutterschaft pries, den Männern zuredete, die Familie zum Mittelpunkt ihrer Interessen zu machen, und Abtreibungen und Homosexualität als die schlimmste Bedrohung

JESUS ALS GESCHÄFTSMANN

RELIGION UND GESCHÄFT MITEINANDER VERSÖHNEN

der Familie bekämpfte. Wal-Mart tat sich mit anderen Wirtschaftsgiganten zusammen, um kleine christliche Hochschulen zu unterstützen und so den angeblich subversiven und autoritätsfeindlichen Einfluss der großen Universitäten zurückzudrängen. Sam Walton misstraute sogar dem, was er abschätzig als »Wohltätigkeitskommerz« bezeichnete, und zog es vor, direkt und persönlich für örtliche Vorhaben zu spenden. Zugleich machte er geltend, sein Unternehmen sei ein öffentlicher Wohltäter, weil seine Kunden dank der niedrigen Preise Geld sparen könnten. Er sagte, ihm liege daran, Wal-Mart zu einem »Motor der Veränderung« werden zu lassen, aber die größte Veränderung, die sein Unternehmen herbeiführte, war das eigene Wachstum. Obwohl Walton es liebte, Dinge anders zu machen als andere, sind die 8500 Wal-Mart-Läden in aller Welt, die unter 56 verschiedenen Firmenbezeichnungen betrieben werden, mehr oder weniger exakte Kopien ihres ursprünglichen Vorbilds. Gewerkschaften sind dort unerwünscht. Tatsächlich beanstanden Gewerkschaftsvertreter, dass die meisten Angestellten nur den Mindestlohn und unbedeutend geringe Gewinnanteile erhalten. Außerdem schaffe das Unternehmen weniger Arbeitsplätze, als es vernichte, indem es den konkurrierenden Einzelhandel in den Ruin treibe. Wal-Marts amerikanische Kunden gehören inzwischen überwiegend zu jenem Drittel der Bevölkerung, das den Kampf um den Wohlstand verloren hat und seinen Stolz zu bewahren versucht, indem es der Anonymität der Großstädte die traditionellen Werte der Nachbarschaft entgegensetzt. Bei den Präsidentschaftswahlen zu Beginn des 21. Jahrhunderts stimmten drei Viertel von ihnen für George W. Bush. Die »Wal-Mart-Muttis« sind eine politische Kraft.

Man könnte meinen, für Wal-Mart bestehe kein Grund,

MISSTRAUEN GEGENÜBER INTELLEKTUELLEN

DIE WAL-MART-MUTTIS

sich zu ändern. Die Finanzanalysten sind zufrieden, weil das Geschäftsmodell solide Gewinne garantiert, erst recht in Zeiten einer Rezession. Wal-Mart gibt für die Werbung nur ein Viertel dessen aus, was der nächstgrößere Konkurrent dafür aufwendet, erzielt aber einen sechs Mal größeren Umsatz und ist daher in der Lage, bei seinen Lieferanten höhere Rabatte durchzusetzen. Seine Methoden der Kosteneinsparung sind technisch so perfekt, dass sogar die Temperaturregler in sämtlichen Läden von Bentonville aus gesteuert werden. Wal-Mart ist zum erfolgreichsten Unternehmen der Welt aufgestiegen, hat sich aber auch so viele Feinde gemacht wie kein anderes und ist immer wieder Zielscheibe von Protesten und Rechtsstreitigkeiten. Kritisiert wird immer wieder die Scheinheiligkeit des Unternehmens: So hält man ihm zum Beispiel vor, dass eine hohe Zahl der Angestellten niemals am Gewinn beteiligt wird, weil darauf nur Anspruch hat, wer eine zweijährige Betriebszugehörigkeit erreicht hat, und viele, die nur geringen Lohn erhalten, sich bis dahin eine andere Arbeit gesucht haben. Während in den fünfziger Jahren der Generaldirektor von General Motors – damals der Inbegriff eines erfolgreichen Unternehmens – ein Gehalt bezog, das 135 Mal höher war als der Lohn eines Arbeiters am Fließband, verdiente der Generaldirektor von Wal-Mart fünfzig Jahre später 1500 Mal so viel wie eine einfache Kassiererin. Ein Fabrikaufseher bei General Motors, der für zwei- oder dreitausend Arbeiter verantwortlich war, verdiente damals fünf Mal so viel wie sie, während der Geschäftsleiter einer Wal-Mart-Filiale zehn Mal so viel verdient wie sein Verkaufspersonal. Im Einzelhandel waren die Gehälter früher einmal halb so hoch wie in der Industrie; mittlerweile erreichen sie nur noch zwei Fünftel.

Wenn das erfolgreichste Unternehmen der Welt noch keine abschließende Antwort auf die Frage gefunden hat, wie man seine Zeit auf dieser Erde am besten verbringt, und die meis-

FEINDE DES ERFOLGS

ten Leute noch immer das Gefühl haben, dass sie für ihre Arbeit nicht den Lohn erhalten, den sie verdienen, und dass ihr lebenslanges Bemühen, den Lebensunterhalt zu bestreiten, nicht den gewünschten Erfolg gebracht hat, ist es an der Zeit, darüber nachzudenken, ob es eine Alternative zum althergebrachten »Broterwerb« gibt.

Bleibt einem wirklich nichts anderes übrig, als seine ganze Energie darauf zu verwenden, Geld zu verdienen und brav wie ein Herdenschaf dasselbe zu tun wie alle anderen offenbar auch, in der Hoffnung, dass man mit den mageren Ersparnissen, die man zurückgelegt hat, sich endlich den wirklich wichtigen und schönen Dingen zuwenden kann, von denen man bisher nur geträumt hat?

DEN LEBENSUNTERHALT VERDIENEN, OHNE ZU LEBEN

Bringt es uns weiter, die europäische Antwort auf Wal-Mart – IKEA – zu betrachten? Ingvar Kamprad (geb. 1926), der IKEA als Siebzehnjähriger gründete, kam wie Walton aus einer kleinen Provinzstadt (in Südschweden), in der das Unternehmen auch heute noch seinen Hauptsitz hat. Auch er suchte die traditionellen ländlichen Werte harter Arbeit und Sparsamkeit hochzuhalten, aber während Waltons *»Zehn Regeln, ein Geschäft aufzubauen«* sich nur mit Engagement befassen (»Jede einzelne meiner persönlichen Unzulänglichkeiten habe ich durch die schiere Leidenschaft für meine Arbeit überwunden«), mit der Notwendigkeit, seine Kollegen zu schätzen und Erfolge mit ihnen zu feiern, und mit dem Anspruch, den Kunden zu geben, was sie wollen und noch ein bisschen mehr (»Die beiden wichtigsten Wörter, die ich je geschrieben habe, standen auf dem ersten Wal-Mart-Firmenschild: Zufriedenheit garantiert«), enthalten die neun Grundsätze in Kamprads *Testament eines Möbelhändlers* auch Visionen wie, »Entdeckerfreuden« zu genießen, sich »als menschliche Wesen zu entwickeln«, »freiere

IKEA, DIE EUROPÄISCHE ANTWORT AUF WAL-MART

Menschen … mit einer natürlicheren und von Zwängen befreiten Lebensweise« zu werden, »ein besseres Alltagsleben für die vielen Menschen zu schaffen«, deren Mittel begrenzt sind, und »fröhlichere« und schönere Waren herzustellen, an denen man lange seine Freude hat. »Warum müssen die Armen sich mit so scheußlichen Gegenständen abfinden?«, fragte Kamprad. In seinen Augen war es ungerecht, dass nur die Reichen sich schöne Dinge leisten konnten. »Die Härte des amerikanischen Kapitalismus hat mir schon immer missfallen«, sagte er, »und ich verhehle nicht, einige sozialistische Grundsätze zu haben … Ich kann die Vorzüge eines lukrativen Geschäfts mit einer beständigen und menschlichen sozialen Vision vereinbaren.«

DAS TESTAMENT EINES MÖBELHÄNDLERS

Seine nostalgische Vorliebe für das einfache ländliche Leben in Schweden hielt ihn nicht davon ab, sich Sorgen um die Zukunft zu machen und sich zugleich auszumalen, wie man sie besser gestalten könnte. Nach jeder Aufgabe, die er bewältigt hatte, pflegte er zu sagen, dass der größte Teil der Arbeit noch vor ihm liege. Stets gab es eine »strahlende Zukunft«, der man entgegenblicken konnte. Er weigerte sich, Anteile an seinem Unternehmen zu verkaufen, weil er entschlossen war, sich nicht in die Hände raffgieriger Investoren zu geben, die ihn von seinem Ziel abbringen könnten. Statt Dividenden zu zahlen, sparte er das Geld lieber, um nicht in Gefahr zu geraten, von Konkurrenten aufgekauft zu werden. »Denke stets an schlechte Zeiten und sei darauf vorbereitet«, wiederholte er. Gewinne wurden in eine gemeinnützige Stiftung gesteckt, die immerwährende Unabhängigkeit garantieren sollte und sich hinter einem undurchdringlichen Dickicht juristischer Vorkehrungen verschanzte, um sich gegen jede Art von Besteuerung und gegen den etwaigen Zusammenbruch von Nationalstaaten, den Kamprad befürchtete, zu wappnen. Er wollte nicht die Vergangenheit bewahren, sondern sein Lebenswerk vollenden; nicht für seine Seele, sondern für sein Unternehmen wollte er Unsterblichkeit erlangen und seinen Idealen, die er das »heilige Konzept« nannte, ein »ewiges Leben« sichern. »Wir sind ein Unternehmen, das ein Leitbild hat. Wenn wir uns an dieses Leitbild halten, werden wir nie untergehen.« Reichtum sei eine »zu große Belastung« für den Einzelnen, und obwohl er seinen Kindern eine einflussreiche Rolle im Unternehmen hinterließ, war allein die Stiftung dessen Inhaberin.

Für IKEA galt eine Art Ersatzreligion – eine weltzugewandte, ganz un-mystische Religion, deren Losungswort »Demut« lautet und mit einem moderaten Gleichheitsprinzip als Ritual. Während Sam Walton seine Angestellten als »Teilhaber« bezeichnete, sah Kamprad sich als Vater seiner »Mitarbeiter« und definierte Führung als »Liebe«. In den Anfangstagen des Unternehmens, die in seiner Erinnerung die glücklichsten waren, »arbeiteten wir wie eine kleine Familie«. Zwischen seinem Familienideal und dem von Sam Walton gab es einen subtilen Unterschied: »Wir waren wie Verliebte. Das hatte nichts mit Erotik zu tun. Wir hatten uns einfach gern.« Bei der Auswahl seiner Mitarbeiter kam es ihm nicht so sehr auf Zeugnisse und Befähigungsnachweise an. Bei den Einstellungsgesprächen, die den ganzen Tag dauern konnten, war der gesunde Menschenverstand der Kandidaten ausschlaggebend, und Kamprad bevorzugte vor allem diejenigen, die sich zu sozialen Zielen bekannten und bereit waren, neue Wege zu gehen. Ein Betriebswirt, der für die Finanzen verantwortlich war, wurde prompt vor die Tür gesetzt, als er sich aufzuspielen begann und zu verstehen gab, es seien letztlich die Buchhalter, die den Laden am Laufen hielten. IKEA war Kamprads Familie, aber keine Familie von Verwandten oder engen Nachbarn, sondern eine, die sich unendlich erweitern konnte und allen offen stand, die sich an seiner Suche nach einem sozial

> EINE ART ERSATZRELIGION

verantwortlichen Leben beteiligen wollten. Ihre Zusammenkünfte waren gefühlsbetont und aufrichtig. Kamprad machte aus seiner Zuneigung keinen Hehl, umarmte die Leute, stimmte mit großem Vergnügen Volkslieder an, drückte die Hände seiner Kollegen und genoss es aus vollem Herzen, mit ihnen zusammen zu sein. Obwohl er unumstritten der Chef war, sprach er ständig über seine »Fehler« und entschuldigte sich inständig für die »Dummheit«, in seiner Jugend nationalsozialistischen Gedanken nahegestanden zu haben. (Seine Familie war erst dreißig Jahre vor seiner Geburt aus Deutschland nach Schweden eingewandert: »Ich bin von einer deutschen Großmutter und einem deutschen Vater erzogen worden.«) Seine erste Ehe »ging in die Brüche, weil ich ein Mistkerl war«. »Fehlendes Selbstbewusstsein, mangelnde Entscheidungsfreude, ein katastrophales Organisationstalent und ein furchtbar beschränktes Auffassungsvermögen gehören zu den Unzulänglichkeiten, die mir nur zu bewusst sind ... Ich bin nie zufrieden. Irgendetwas sagt mir, dass alles, was ich gerade mache, morgen besser gemacht werden muss ... Ich bin so nervös, dass ich anderthalb Stunden früher am Flugplatz bin, um nicht in Panik zu geraten, und es ist mir furchtbar peinlich, wenn ich zu einer Besprechung eine Minute zu spät komme.« Er scheute sich nicht, zu bekennen, dass er Alkoholiker war – »ein gutes Mittel, um zu vergessen« – und eine Leseschwäche hatte. Die einzigen Qualitäten, die er für sich in Anspruch nahm, waren »ein gewisses Gespür für Geschäfte und eine gewisse Bauernschläue«.

Obwohl er seine Angestellten anhielt, Neuerungen einzuführen und ihrem eigenen Urteil zu vertrauen, war ihre Mitarbeit in Wirklichkeit strikten Regeln unterworfen. Das hatte zur Folge, dass IKEA – ebenso wie Wal-Mart – wuchs und wuchs, ohne sich zu verändern. Das Unternehmen wurde international, weil seine schwedischen Mitbewerber ihm

»UNZULÄNGLICHKEITEN, DIE MIR NUR ZU BEWUSST SIND«

übelnahmen, dass es ihre Preise unterbot, und zum Boykott aufriefen; es konnte nur überleben, indem es auf Lieferanten im Ausland auswich, die viel billiger waren – zuerst in Polen und später in anderen Niedriglohnländern. Kamprads Sympathien waren internationaler als die von Walton: »Ich war an dem Tag in Prag, als russische Panzer einen protestierenden Studenten überrollten. In Berlin war ich zwei Tage nach dem Fall der Mauer.« Er »verliebte sich« in das polnische Volk und »seine Herzlichkeit und seine Talente«. Polen wurde für ihn »zur zweiten Heimat«. Seine eigenen Kinder lernten zu Hause vier Sprachen. Aber das Patentrezept niedriger Preise zwang ihn, in Ländern mit niedrigen Löhnen einzukaufen, was nicht ewig funktionieren konnte, und die Mehrzahl der Weltbevölkerung ist noch immer zu arm, um sich IKEA-Möbel leisten zu können. Der Gegensatz zwischen der Tugend der Sparsamkeit und der geschäftlichen Notwendigkeit, die Kunden dazu zu bringen, möglichst viel auszugeben, verlangte nach einer Lösung.

<small>UNGELÖSTE WIDERSPRÜCHE</small>

Um eine unverwechselbare Marke zu schaffen, bestand Kamprad darauf, dass IKEA sich unveränderlich als ein durch und durch schwedisches Unternehmen darstellte, aber das war nicht unbedingt nach dem Geschmack der Bewohner von Ländern, in denen eine alte Kultur andere Vorstellungen von Eleganz geprägt hatte. Die indischen Lieferanten, die häufig sehr gebildet waren und sich sowohl in ihrer eigenen Tradition als auch der des Westens auskannten, nahmen es den Einkäufern von IKEA übel, dass sie mit ihnen nur über Liefertermine und Preise sprachen, Freundschaften vermieden und sich weigerten, an ihren Hochzeiten teilzunehmen, weil das angeblich nach Bestechlichkeit und Korruption aussehen konnte. Obwohl Kamprad besorgt war, dass die emotionalen Bindungen, die sein Unternehmen zusammenhielten, mit dessen zunehmender Größe nachlassen würden, sah er dieses

Wachstum gern, weil es ihm das Gefühl des Erfolgs vermittelte. Das hinderte ihn aber nicht, später zu beklagen, dass die Ergebnisse nicht so ausgefallen seien, wie er es sich erhofft hatte. Größenvorteile und Massenproduktion führten dazu, dass IKEA-Kaufhäuser in aller Welt einander sehr ähnlich sehen und dieselben Waren anbieten.

»Ich wollte«, sagte Ingvar Kamprad, »ich wäre ein bisschen gebildeter – so wie Margaretha [seine Frau, die früher Grundschullehrerin gewesen war]. Sie liest Romane. Ich kann höchstens ein paar Kataloge zur Hand nehmen und sie durchblättern.« Er fühlte, dass etwas fehlte, war aber nicht in der Lage, genau zu erkennen, welchen Beitrag die Kultur zum Kommerz leisten konnte. Das lag daran, dass die zaghafte Annäherung zwischen Geschäft und Kunst noch nicht so weit gediehen ist, dass Geschäftsleute und Künstler sich fragen, was sie gemeinsam erreichen könnten, wenn sie intensiver darüber nachdächten, wohin die Unterschiede zwischen ihnen sie führen könnten. Handel zu treiben bedeutet nicht nur zu kaufen und zu verkaufen, sondern auch zu kommunizieren, und das ist auch das Ziel der Kultur. Geschäfte drehen sich nicht nur ums Geldverdienen. Die kostbarste Handelsware ist nicht das Geld, sondern die Zeit – die Möglichkeit, jeden Tag neu zu entscheiden, was man Nützliches tun kann. Aber weil man der Kultur weitgehend nur die Rolle zugesteht, Unterhaltung oder Trost nach der Arbeit zu bieten, statt sie als einen Bestandteil der Arbeit anzuerkennen, der ihr einen Sinn verleiht, hat die Geschäftswelt sich wenig darum gekümmert, die Inspiration zu würdigen, die sich aus der unendlichen Vielfalt kultureller Erfahrung gewinnen lässt. Solange der Kommerz als eine Technik behandelt wird, die man lehren kann, vermag er nicht zu bieten, was gemeinhin als »Philosophie«

bezeichnet wird, nämlich eine Vision von dem, was das Leben lebenswert macht. Eine Technik ist bloß ein Verfahren, das der Erledigung einer Aufgabe dient, während zu einer »Philosophie« gehört, sich ein Leben lang um ein umfassendes Verständnis zu bemühen, das weit über den jeweils ausgeübten Beruf hinausgeht. Eine Geschäftswelt, die nur auf ihre Bilanzen fixiert ist, übersieht, dass Reichtum ohne Weisheit wie Brot ohne Wasser ist und man schneller verdurstet als verhungert. Weil finanzieller Erfolg keine moralische Autorität verleiht, bezieht die Geschäftswelt ihr Prestige von ausgeliehenen Ideologien wie etwa von der Tradition des Militärs, wenn sie Märkte »erobert«, von den Sozialwissenschaften, deren Sprache sie benutzt, um ihre Praktiken zu kodieren, oder von der Religion, deren Lehren sie sich für die eigenen Zwecke zurechtbiegt. Sie steckt in der Zwickmühle widersprüchlicher Einstellungen zur Arbeit, weil sie sich nicht sicher ist, ob Freizeit das höchste aller Ziele ist, ob einige Arten der Arbeit edler sind als andere und ob man Erfüllung finden kann, indem man eine einzige Fähigkeit ausübt, die man meisterlich beherrscht. Steckt das Geschäftsleben also noch in den Kinderschuhen, berauscht es sich an seinem jugendlichen Schwung, und ist jede neue Generation darauf aus, die vorherige zu übertreffen? Erreicht es seine volle Reife erst, wenn es sich ausgiebig mit dem Sinn der »Geschäftigkeit« *(»business«)* und der Frage befasst hat, welche Anstrengungen es verdienen, unternommen zu werden, und was man mit seiner Zeit am besten anfängt? Im Interesse der Effizienz Zeit zu sparen, gegen sie anzukämpfen, weil sie immer zu knapp ist, sie totzuschlagen, wenn sie nicht schnell genug vergeht, oder seine Zeit zu vergeuden, als wäre sie Geld, wo sie doch offensichtlich kostbarer ist als Geld: dies alles sind nur oberflächliche Gedankenspiele, mit denen

EINE GESCHÄFTSWELT, DIE AUF AUSGELIEHENEN IDEOLOGIEN BERUHT

WOFÜR LOHNT ES SICH, »GESCHÄFTIG« ZU SEIN?

man das Mysterium der Geschäftigkeit nicht entschlüsseln kann, um herauszufinden, wie die unendliche Vielfalt eines jeden Augenblicks in unserem Leben bedeutsam und unvergesslich werden kann.

Die Zeit ist nicht mehr, was sie in den Jahren nach dem Zweiten Weltkrieg war, als Wal-Mart und IKEA ihre Ambitionen definierten. Noch nie hatten die Menschen eine so hohe Lebenserwartung (dreißig Jahre mehr als noch 1900) und auch noch nie so viel Freizeit (siebenunddreißig Wochenstunden, ja sogar die 48-Stunden-Woche entsprechen, wenn man sie auf das Jahr verteilt und dabei alle Wochenenden und anderen freien Tage einbezieht, nur vier oder fünf Stunden täglich). Und doch haben die Menschen noch nie so heftig beklagt, nicht genug Zeit zu haben, um allen Anforderungen gerecht zu werden, die an sie gestellt werden, und allen Angeboten nachzugehen, die ihrer Zerstreuung dienen. Wenn Arbeiter eingeteilt werden, um exakt vorgegebene Aufgaben zu erledigen, wird ihnen die Chance genommen, die vielfältigen Aspekte der Zeit auszukosten, die man bei wechselnden Arbeiten erfährt. Die Arbeitswelt steckt in einer Sackgasse, wenn sie von einer Balance zwischen Beruf und Privatleben spricht, denn der Begriff »Work-Life-Balance« unterstellt, dass Arbeit und Leben nicht dasselbe sind. Was die Menschen von der Arbeit erwarten, ist nicht mehr so selbstverständlich wie früher. All das bietet Gelegenheit, die Geschäftswelt neu zu definieren und ein neues Kapitel ihrer Ziele und ihrer Bedeutung aufzuschlagen, zu überdenken, was Arbeit sein könnte, und in den vielfältigen Formen der Erinnerung, Neugier und Vorstellungskraft einen noch ungehobenen Schatz zu entdecken, den man Kultur nennt, ohne die es kein erfülltes Leben gibt und die jeder Kunde in sich trägt.

Die »Verbrauchergesellschaft« ist möglicherweise nur eine

Vorstufe der Entwicklung menschlicher Interaktion. Durch den Einfallsreichtum einiger weniger getrieben, die unaufhörlich immer neue Gegenstände erfinden, taumelt sie von einer Krise zur nächsten, weil es nicht leicht ist, Käufer zu finden, die sich all das leisten können. Man könnte meinen, dass es keinen Ausweg gibt, weil der Konsumismus alle Anfeindungen, die ihn als materialistisches Gegenteil spiritueller Werte verdammt haben, seit mindestens fünfhundert Jahren überlebt, und das nicht nur im Westen, sondern auch im Osten. Die Kritik flammt in jeder Epoche des Wohlstands und der Verschwendung erneut auf, bewirkt aber wenig, weil Verbraucher auch Arbeitnehmer sind und Dinge herstellen, für die unbedingt Käufer gefunden werden müssen. Darüber hinaus hat sich das »Shopping« als eine stumme Sprache durchgesetzt, die Waren statt Worte benutzt, um zum Ausdruck zu bringen, welche Art von Individuum man gerne sein möchte, um mit den Geschenken, die man kauft, seine Zuneigung zu erweisen, um den Nachbarn zu imponieren, indem man zur Schau stellt, was man erworben hat, und um durch die getroffene Auswahl seinen individuellen Geschmack oder seine Gruppenzugehörigkeit zu unterstreichen. Solange manche Leute über mehr materielle Güter verfügen als andere, wird die Verbrauchergesellschaft ihren Reiz bewahren. Es lohnt sich aber, die Möglichkeit zu erforschen, dass der immer größer werdende Hunger nach neuen Erfahrungen und die unablässige Infragestellung bestehender Praktiken dazu führen, dass neben der Verbrauchergesellschaft andere Gesellschaften entstehen, die sie von innen und von außen herausfordern.

JENSEITS DER VERBRAUCHERGESELLSCHAFT

23

KANN MAN SEINEN LEBENSUNTERHALT AUCH VERGNÜGLICHER VERDIENEN?

Was würde geschehen, wenn Ingvar Kamprad, der Gründer von IKEA, dem Beispiel seiner Frau folgte und anfinge, Romane zu lesen? Sein *Testament eines Möbelhändlers* ist beinahe schon ein Roman, eine leidenschaftliche und romantische Vision einer schöneren Welt – mit einer kleinen Gruppe von Menschen, die fest entschlossen ist, sich »vom Statusdenken und von Konventionen loszureißen«, um den Geist ihrer Jugend und ihre »unbezähmbare Begeisterung« zu bewahren, stets bereit, »einander behilflich zu sein« und sich die Zeit zu nehmen, miteinander zu reden – Menschen, die sich der »Güte und Großzügigkeit« verschrieben haben, es ablehnen, nur für Geld zu arbeiten, die sich eine Fußballmannschaft zum Vorbild für ihre Zusammenarbeit nehmen, Wert auf ihre Unverwechselbarkeit legen, beständig nach neuen Lösungen suchen – wie zum Beispiel zu einem Fensterhersteller zu gehen, wenn man Tischbeine braucht, oder zu einer Hemdenfabrik, um die preisgünstigsten Kissenbezüge zu kaufen –, die darauf bestehen, dass »wir niemals identische Läden haben werden«, weil niemand je vollkommen sein kann, die sich von der Angst, Fehler zu machen, nicht

NICHT BEREIT, NUR FÜR GELD ZU ARBEITEN

beirren lassen, die Ausschusssitzungen, Bürokratie, Statistiken und »Planungswut« – die häufigste Ursache für den Untergang eines Unternehmens – verabscheuen, die einen Konkurrenten, der eine ihrer Ideen stiehlt, nicht mit einem Rechtsstreit überziehen, sondern ein neues und besseres Modell erfinden, die nie und nimmer akzeptieren würden, dass etwas unmöglich sei, und stets nach neuen Abenteuern Ausschau halten. Kamprads Lieblingswort war der alte schwedische Ausdruck *lista*, der bedeutet, bei allem, was zu tun ist, »mit den geringsten Mitteln auszukommen«. Verschwendung war für ihn »eines der größten Übel der Menschheit«, und so fiel es ihm nicht schwer, sich die Ideologie der »Nachhaltigkeit« zu eigen zu machen. Aber je größer IKEA wurde, desto mehr wurde Kamprad ein Gefangener der Zwänge, die er missbilligte. Allerdings haben auch seine Kunden mit den unerfahrenen Verbrauchern aus seiner Anfangszeit nicht mehr viel gemein. Sie haben Ideale entwickelt, die sich mit Kamprads Vision von der Zukunft der Arbeit verbinden lassen könnten, um eine neue Phase sozial ausgerichteter Unternehmen einzuläuten.

Arbeit muss nicht zwangsläufig so organisiert sein, wie sie es heute ist. Der Kampf um den Lebensunterhalt muss nicht so unerbittlich sein. Im Geschäftsleben lassen sich neue Arten von Beziehungen ebenso entwickeln, wie das im Privatleben schon teilweise geschehen ist. Die junge Generation könnte andere Arten der Berufstätigkeit erfinden, die ihr mehr zusagen. Der Gefahr, auf utopische Wunschvorstellungen hereinzufallen, kann man vorbeugen, indem man kleinere praktische Experimente wagt, um zu erproben, wie man die Dinge ändern kann, ohne gleich die gewohnten Abläufe eines ganzen Unternehmens auf den Kopf zu stellen.

In meinen Augen hat Kamprad in seinem Leben noch nicht alles erreicht. Auch wenn er mit seinen IKEA-Kaufhäusern bereits zu Lebzeiten Denkmäler errichtet hat, wie die Pharaonen mit ihren Pyramiden, hatte er sich noch mehr erträumt, aber die Führungsstrukturen von IKEA zu verändern wurde immer schwieriger. Die Wohnungen, die Kamprad möblieren wollte, sind nicht mehr das, was sie einmal waren. Für IKEA reicht nicht mehr aus, sie mit 9500 Modellen von Tischen, Stühlen, Betten und Haushaltsgegenständen auszustatten.

Eine Wohnung mag zu Beginn ein Schutzraum sein, aber allmählich entfaltet sie sich zu einem Ort, den man vor allem schätzt, weil man sich dort verstanden fühlt, was mindestens so wichtig ist wie der häusliche Komfort, und weil man dort seine Freuden und Kümmernisse mit Menschen teilen kann, die einander mögen. Die Wohnung ist der Ort, an dem man sich um andere kümmert und von ihnen umsorgt wird, wo man guten Freunden oder denen, die es werden könnten, Gastfreundschaft gewähren und seine Gedanken und Gefühle gefahrlos zum Ausdruck bringen kann. Aber eine Wohnung kann auch ein Ort der Einsamkeit sein. Zu den großen persönlichen und zugleich kollektiven Kunstwerken unserer Zeit dürfte heute zählen, dass alle Menschen ihr Leben mit dem Versuch zubringen, nach oben zu kommen, ohne wieder herunterzufallen: das ist ein kulturelles Konstrukt. Ein Möbelhaus, das ein »besseres Leben« verspricht und diese Entwicklung nicht verschlafen will, darf sich nicht darauf beschränken, achtundvierzig möblierte Räume auszustellen, um zu zeigen, wie eine Wohnung konkret aussehen könnte. Für IKEA ist es durchaus sinnvoll, den Wettbewerb über den Preis zu führen, solange Kunden mit beschränktem Einkommen bemüht sind, sich mit den äußeren Anzeichen der Respektabilität zu umgeben, aber wenn die kulturellen Ansprüche dieser Kunden sich weiterentwickeln, könnten die Geschäftsbeziehungen zu ihnen eine ganz andere Dimension erreichen.

Vor zwei Jahrhunderten gab es in Großbritannien fünf Mal

DIE KUNST, EINE WOHNUNG ZU MÖBLIEREN, NEU ERFINDEN

mehr Ladengeschäfte als heute, für je fünfzig Einwohner eines. Manche hatten nicht mehr als zwei oder drei Kunden am Tag, und für viele Inhaber war der Handel lediglich eine zusätzliche Einkommensquelle. Jeder zweite Ladenbesitzer in London nahm Pensionsgäste auf. Gegen Ende des 19. Jahrhunderts wurden in jedem dritten Haus in den Dörfern Nordfrankreichs Wein und Alkohol verkauft. In den Vereinigten Staaten stellten die ländlichen Ladengeschäfte den Knotenpunkt der örtlichen landwirtschaftlichen und handwerklichen Tätigkeit dar und akzeptierten alle möglichen Erzeugnisse als Zahlungsmittel. Die ersten großen Kaufhäuser verkauften nicht nur Waren, sondern nahmen sich die Wünsche der Mittelschicht zu Herzen, organisierten Konzerte und Ausstellungen und wurden so zu öffentlichen Orten, die Frauen ohne Scheu allein aufsuchen konnten, um sich zu treffen, neue Vorlieben zu entdecken und ihr Geld so auszugeben, wie es ihnen beliebte. 1881 ließ der »Anblick von Frauen, die diesem für den Geldbeutel fatalen Laster verfallen sind«, die männlichen Redakteure der *New York Times* »beinahe an der Zukunft unseres Landes verzweifeln«. Gordon Selfridge, der 1909 sein Kaufhaus in London gegründet und ein Buch mit dem Titel *The Romance of Shopping* geschrieben hatte, hielt dem entgegen: »Dies ist kein Laden, sondern eine Gemeinschaft. Frauen kommen gern hierher, weil es hier so viel heller und fröhlicher ist als daheim.« Die orientalischen Basare waren lange Zeit fast so etwas wie ein informelles Parlament. Die Trödelläden von Wohltätigkeitsorganisationen sind jetzt häufig gesellige Treffpunkte für Leute, die in der täglichen Mittagspause einfach ein bisschen plaudern wollen, weil ihnen nichts einfällt, womit sie sich die Zeit sonst vertreiben könnten. In der Vergangenheit haben die Ladengeschäfte bereits gezeigt, wie innovativ sie

WAS IST EIN LADENGESCHÄFT?

LÄDEN, BASARE, PARLAMENTE

sein können, und sind deshalb gewiss nicht dazu verdammt, für immer so zu bleiben, wie sie es heute sind.

IKEA wurde zwar nicht müde, jedes Jahr viele neue Möbelhäuser zu eröffnen, aber Kamprad warnte seine Mitarbeiter, dass »ein Unternehmen, das sein Ziel erreicht zu haben glaubt, rasch stagnieren« werde, und verkündete, seine Firma verfüge nun über die finanziellen Mittel, kühnere Experimente zu wagen. Sie sei reif genug, ein aufgeschlossenerer Gastgeber für die 600 Millionen Kunden zu sein, die sich jedes Jahr einfänden und nicht nur die Gelegenheit suchten, Einkäufe zu machen: ihre emotionalen, intellektuellen und moralischen Sehnsüchte seien ihnen ebenso wichtig wie ihre Möbel. Jeder von ihnen hat zu seinem Bemühen, ein »besseres Leben« zu finden, eine eigene Geschichte zu erzählen. Diese Kunden, die sich in so unendlich vielem unterscheiden, haben das Potenzial, jedem einzelnen Kaufhaus die so schwer definierbare Einmaligkeit zu verleihen, auf die Kamprad vergeblich gehofft hatte. So, wie sich über die hellen Lichter der Stadt ein immer dichterer Nebel der Einsamkeit legt, lässt auch der vorgezeichnete Weg durch das Möbelhaus, der die Kunden wie eine Herde Schafe an einer nicht enden wollenden Folge von Ausstellungsstücken entlangführt, ohne dass sie miteinander sprechen, einen der wichtigsten Beweggründe für ihren Einkaufsbummel außer Acht, nämlich der Einsamkeit oder der Langeweile ihrer eigenen Wohnung zu entkommen. Supermärkte vergessen, dass sie ein Ersatz für die großen Plätze und Märkte in der Innenstadt sind, wo Menschen nicht nur zusammenkommen, um einzukaufen, sondern vor allem, um in Gesellschaft zu sein, Geschäfte abzuschließen, Arbeit zu finden oder nach einem geeigneten Lebenspartner zu suchen. Die Supermärkte müssen erst noch lernen, sich als Zentren der Kultur und der Bildung

SCHWEIGENDE KUNDEN

LÄDEN ALS KULTURELLE ZENTREN

zu begreifen, deren Aufgabe es ist, das Leben ihrer Kunden zu bereichern, statt ihnen nur immer mehr Konsumgüter aufzudrängen.

Die Umfragen, die ich in einem IKEA-Möbelhaus durchführen durfte, um herauszufinden, wie eine solche Veränderung herbeigeführt werden könnte, haben ergeben, dass den Kunden sehr daran gelegen war, die Bekanntschaft anderer Kunden zu machen. [INTERESSE AN DINGEN ODER MENSCHEN] Als wir für sie im Rahmen eines Abendessens im Kaufhausrestaurant ein Gespräch mit einem Fremden organisierten und ihnen ein »Menü« von Gesprächsthemen an die Hand gaben, damit sie nicht nur plauderten, sondern ernsthaft erörterten, was ihnen das Wichtigste war und wie ihnen die Erfahrung anderer helfen könnte, nahmen sie das so begeistert auf, dass manche sogar beteuerten, für diese Begegnung »auf ewig dankbar« zu sein. Die Supermärkte unserer Zeit verdanken ihre riesigen Ausmaße der Annahme, die Kunden würden sich umso freier fühlen, je vielfältiger das Warenangebot und je größer die Auswahl sei, die sie eigenständig treffen könnten. Aber letztlich interessieren die Menschen sich mehr für ihresgleichen als für Waren. Treuekarten und Rabatte sind nur schwache Trostpflaster für den unerfüllten Wunsch nach Geselligkeit.

IKEA besteht nicht nur aus den blau-gelben Gebäuden, die die Kunden sehen. In zahlreichen fernen Ländern sind viele Tausende Einwohner damit beschäftigt, Waren für IKEA herzustellen und zu liefern, aber über den Schweiß, die Tränen und die Gedanken der Einzelnen, die den jeweiligen Artikel angefertigt haben, schweigt sich das Unternehmen aus. Ein beliebiger Lampenschirm wird interessanter und verwandelt sich in eine Geschichte unerfüllter Hoffnung, wenn man erfährt, dass er in einer Fabrik in Delhi von einer der zweiundzwanzig Arbeiterinnen hergestellt wurde, die sich acht Stunden täglich über ihre Werkbank beugen und davon träumen, dass ihre Kinder einmal ein »besseres Leben« haben werden. Die Technologie, den Ursprung jedes einzelnen verkauften Artikels zurückzuverfolgen, ist bereits vorhanden und könnte ohne Schwierigkeiten eingesetzt werden, damit der Käufer sieht, wer diesen Gegenstand angefertigt hat, und damit er mit ihm sprechen kann, um seine Anerkennung zum Ausdruck zu bringen und etwas über die Fertigkeiten zu erfahren, die für die Herstellung erforderlich waren. Man unterschätzt die Kunden, wenn man unterstellt, ihnen komme es nur darauf an, den Lampenschirm zu einem möglichst günstigen Preis zu erwerben. Und man schätzt die Lieferanten falsch ein, wenn man meint, sie wollten nur über Preise und Liefertermine reden.

Im Rahmen des Feldversuchs, den ich im IKEA-Möbelhaus durchführte, organisierten wir Sprachkurse und Gesprächsrunden für Ausländer und Einwanderer, die ein verständnisvolles Publikum für die außergewöhnlichen Geschichten vorfanden, die sie zu erzählen hatten und unbedingt mitteilen wollten, während die Kunden mehr über die Leiden und Strapazen der Bewohner anderer Länder erfuhren. Zappelige Kinder im Schlepptau besorgter Eltern, die sich fragten, welche Einkäufe sie sich leisten konnten und welche nicht, waren begeistert, dass man ihnen Gelegenheit bot, Ukulele spielen zu lernen. Ein Parkplatz muss nicht zwangsläufig eine öde, gleichförmige Asphaltwüste sein; man kann auch eine Freiluftgalerie daraus machen, deren einzelne Teilflächen einen riesigen Flickenteppich bilden, der von hängenden Gärten an den Begrenzungsmauern gesäumt wird. Je mehr der Online-Handel expandiert und Ladengeschäfte Museen gleichen, die man nur noch aufsucht, um die im Internet preiswerter angebotenen Waren in die Hand nehmen zu können, desto eher können Theater- und Tanzdarbietungen aus den Ländern, in denen die angebotenen Waren hergestellt wurden, den Be-

IKEA ENTDECKEN

griff des »Einkaufserlebnisses« von Grund auf verändern. Wenn sich die Erkenntnis durchsetzt, dass Kaufhäuser Teil des Bildungssystems sein und mit der Unterhaltungsindustrie konkurrieren können, wird offenkundig, dass es auch wirtschaftlich sinnvoll ist, kulturelle Veranstaltungen einzubeziehen. Ein Kaufhaus kann mehr sein als nur ein Konsumtempel, der dem Abschluss von Geschäften geweiht ist; dort findet sich nämlich eine Gemeinschaft von Kunden ein, die eine umfassendere Vorstellung von Geselligkeit haben. So wie religiöse Reformen auf Gemeinschaften zurückgehen, die alte und neue Rituale miteinander verbinden, hat das Zusammenspiel von Bildung und Kommerz das Potenzial, der Konsumgesellschaft ein neues Gepräge zu geben.

Verkaufsberater, die inzwischen immer besser geschult sind und immer ehrgeizigere Ziele verfolgen, aber auch ständig von Stelleneinsparungen im Interesse der Rentabilität bedroht werden, wünschen sich mehr Handlungsspielraum, um ihre ungenutzten Talente zur Geltung zu bringen. In meinem Feldversuch begann die Leiterin der Bettenabteilung, eine weit gereiste ehemalige Bankangestellte, freiwillig ihre Mittagspause zu opfern, um Kindern vorzulesen, und der Verkäufer in der Büromöbelabteilung, der einen Masterabschluss in Gartenbauwirtschaft hatte, sprach über die tropischen Pflanzen, die er zu Hause kultivierte. Von der Frau am Kuchenstand, deren eigentliches Fachgebiet die Schneiderei war, bis zum Marketingleiter, der sich leidenschaftlich mit alternativen Heilmethoden beschäftigte, hatten alle weit mehr zu bieten als nur die üblichen Verkaufsgespräche. IKEA könnte seinen jungen Verkäuferinnen und Verkäufern eine neuartige internationale Ausbildung bieten, wenn ihnen ermöglicht würde, in jedem der rund vierzig Länder zu arbeiten, in de-

> DIE UNGENUTZTEN TALENTE VON VERKÄUFERN

> KÄUFER SIND MENSCHEN UND KEINE WANDELNDEN GELDBÖRSEN

nen das Unternehmen tätig ist. Im Einzelhandel stehen die finanziellen Aspekte naturgemäß im Vordergrund, aber der Erfolg hängt auch vom guten Ruf des Betriebs ab, und der Lohn für den Leiter dieses Möbelhauses war das Gefühl, der Gemeinschaft in einer Weise zu dienen, die sein Personal und ihn selbst zu Persönlichkeiten machte, die im Leben einer immer größeren Zahl von Individuen eine wichtige Rolle spielten. Nichts zwingt den Handel, sich durch Schmeichelei zu entwürdigen und ständig zu beteuern, dass »der Kunde König ist«. Er kann die Kunden im Gegenteil zu neuen Ideen inspirieren. Der Einzelhandel braucht seine Aufgabe nicht darauf zu beschränken, Beziehungen zwischen Kunden und einem gesichtslosen Unternehmen aufzubauen; er kann auch Beziehungen zwischen den Kunden selbst fördern. Städte müssen nicht das Schicksal teilen, einander immer ähnlicher zu werden, mit den immer gleichen Filialen internationaler Handelsketten und endlos wiederholten Werbeslogans. Käufer sind Menschen und keine wandelnden Geldbörsen.

Ständig unter dem Druck zu stehen, härter zu arbeiten, um sich eine endlose Folge begehrenswerter Dinge leisten zu können, ist eine deprimierende Form der Freiheit. Die großen Konzerne haben noch keine Wege gefunden, sich zu erneuern, um einen Beitrag zur persönlichen Befreiung und individuellen Kreativität zu leisten, die so viele Menschen gegenwärtig außerhalb ihrer täglichen Arbeit zu suchen gezwungen sind. Die Konsumgesellschaft war anfangs eine Revolte gegen das Schicksal und gegen kleinlaute Unterordnung, ein Protest gegen das Dogma, dass man sich in sein Schicksal zu fügen habe und darüber zu jammern nichts ändere. Sie hatte sich den Vorrang individueller Wünsche auf die Fahnen geschrieben. Aber Wünsche weisen längst nicht immer den Weg zur Freiheit; sie können auch versklaven. Wenn der Handel Bestandteil eines blühenden kulturellen Lebens werden und nicht nur bloß ein Mittel zu anderen Zwecken bleiben will, muss er sich mehr einfallen lassen, als nur den Kunden die Wünsche zu erfüllen, die er ihnen einredet, und seinen Mitarbeitern die stumpfsinnige Knechtschaft des Broterwerbs aufzubürden. Erfolgreiche Geschäftsleute, die es zu Ansehen und Wohlstand gebracht haben, scheren sich oft wenig um die intellektuellen, künstlerischen, spirituellen oder ethischen Werte, die sie vernachlässigt haben, aber wenn sie sehen, dass ihre Kinder sich weigern, in ihre Fußstapfen zu treten, und unschlüssig sind, welchen Weg sie beschreiten sollen, wird ihnen bewusst, dass das System, dem sie ihren Erfolg verdanken, für viele, die zur nächsten Generation zählen, jeden Sinn verloren hat.

Gerade diese Arten von Sinnverlust hatten in früheren Jahrhunderten die Jugend zu neuen Abenteuern angespornt – wenn auch bei weitem nicht alle Jugendlichen, denn es sind immer nur Minderheiten, die Initiativen ergreifen und Risiken eingehen. »Zurück zur Natur« ist heute keine Alternative mehr: Sogar Henry David Thoreau (1817–1862), der Pionier unter den Befürwortern eines einfachen Lebens inmitten der Natur, hatte einräumen müssen, dass die Natur ebenso »heimtückisch« wie »grandios« sein kann. Aber die zunehmende Panik angesichts der Zerstörung unserer Umwelt weckt wehmütige Erinnerungen an Wälder und Gegenden, in denen jedermann ungehindert Nahrung suchen und Tiere halten konnte, und an Städte, deren Einwohner ihre Nahrungsmittel selbst anbauten. Henry Daniel (ca. 1315–1385), der in seinem Garten im heutigen Londoner Stadtteil Stepney 252 verschiedene Pflanzen zog, erinnert uns daran, was eine Zivilisation von Büros und Fabriken verliert, wenn sie sich von der Natur absondert und die Trennung von Stadt und Land vollzieht. Für Nachhaltigkeit auf unserem Planeten zu sorgen ist nur ein Anfang; im Anschluss daran stellt sich die noch schwierigere Aufgabe, dafür zu sorgen, dass man

NACHHALTIGKEIT IST NUR EIN ANFANG

nicht mehr so viel arbeiten muss, nur um zu überleben und ein Dach über dem Kopf zu haben.

Die Technologie lässt schon heute erahnen, dass es andere Möglichkeiten gibt, sich zu ernähren, zu wohnen und sich zu kleiden. Für Stadtbewohner wurden Wohntürme entworfen, deren Fassaden vertikale Gärten mit Pflanzen sind: Schicht um Schicht übereinander angeordnet, wachsen dort Hydro- oder Aerokulturen automatisch bewässerter Pflanzen, die im Vergleich zum Anbau auf freiem Feld die sechsfache Ernte erbringen und mit nur acht Prozent der Wassermenge auskommen, die in der herkömmlichen Landwirtschaft benötigt wird. Das geschlossene ökologische Lebenserhaltungssystem *(controlled ecological life support system)* der NASA ermöglicht es Astronauten, sich auf unfruchtbaren Planeten unserer Galaxie autark mit Lebensmitteln zu versorgen. So wie man sich zu Beginn des 20. Jahrhunderts zur Aufgabe gesetzt hatte, jede Wohnung mit einem Badezimmer auszustatten, könnte in naher Zukunft selbst das kleinste Appartement als unvollständig angesehen werden, wenn es nicht über einen eigenen, möglicherweise in eben dieses Badezimmer integrierten vertikalen Gemüsegarten verfügt. Es gibt noch so viele essbare Pflanzen zu entdecken, und so viele Arten werden leichtfertig verschmäht, weil unser Geschmack von Gewohnheiten geprägt ist, die sich auf ganz wenige Grundnahrungsmittel beschränken, dass es an der Zeit ist, eine Revolution der Ernährung zu starten: Viele ungenutzte Möglichkeiten, den Hunger zu stillen und den Appetit zu befriedigen, warten darauf, erprobt zu werden. Das könnte nicht nur verändern, was die Menschen essen, sondern auch, wo und in wessen Gesellschaft sie es zu sich nehmen. »Wir setzen uns nicht zu Tisch, um zu essen, sondern um gemeinsam zu speisen«, schrieb der

NEUE PERSPEKTIVEN FÜR NAHRUNG, WOHNUNG UND KLEIDUNG

EINE REVOLUTION DER ERNÄHRUNG

römische Biograph Plutarch (46–120). Da die meisten Menschen ihre Mahlzeiten ein Leben lang mit einer nur sehr kleinen Auswahl anderer Menschen zu teilen pflegen, ist die Zukunft der Ernährung nicht nur eine Frage der verfügbaren Lebensmittel und der erhöhten landwirtschaftlichen Produktivität, sondern auch der Geselligkeit. Das Projekt »Incredible Edible« (»Unglaublich essbar«), das sich zur Zeit in Europa verbreitet – der gemeinsame Anbau von Obst und Gemüse auf jedem verfügbaren Stückchen Land einer Stadt oder eines Dorfes –, ist nicht zuletzt Ausdruck des Wunsches, sich von dem ständigen Druck zu befreien, den Lebensunterhalt verdienen zu müssen, und die soziale Entfremdung zu überwinden, die damit einhergeht.

Ein Haus oder eine Eigentumswohnung zu erwerben bedeutet zumeist, fünfundzwanzig Jahre lang ein Drittel seines Einkommens für die Tilgung von Hypotheken verwenden zu müssen, was einer siebenjährigen Freiheitsstrafe gleichkommt. In Japan musste man hierfür mitunter einen Kredit mit einer Laufzeit von hundert Jahren aufnehmen, sodass auch die Nachkommen ihn noch abzuzahlen hatten – eine neue Version vererblicher Leibeigenschaft. Extrem unterschiedliche Immobilienpreise haben dazu geführt, dass Arme und Reiche in getrennten Gettos leben. Das Pendeln zwischen gesonderten Gewerbe-, Industrie-, Freizeit- und Wohngebieten hat die Tage verkürzt und zwingt Arbeiter und Angestellte, gleichsam in einem ewigen arktischen Winter zu leben. Lenin hatte versprochen, der Kommunismus werde für mietfreie Wohnungen sorgen, aber es lief darauf hinaus, dass man sowjetische Familien in einem einzigen Zimmer eines Wohnblocks zusammenpferchte. Die Wohnungsnot nimmt von Jahr zu Jahr zu, weil die Bevölkerung wächst und ihre Ansprüche steigen. Weder Vorortvillen noch Wohntürme können das Nonplusultra architektonischer Kreativität sein,

SIEBEN JAHRE GEFÄNGNIS FÜR EIN EIGENHEIM

ebenso wenig wie Beton und Glas die endgültigen Baustoffe sein können. Welcher Pionier wird neuartige Behausungen aus neuen Materialien erschaffen, neuen Wanderungsbewegungen den Weg ebnen oder neue Transportmethoden erfinden, um diejenigen aus einer vergangenen Epoche zu ersetzen? Und wie steht es mit der Bekleidungsindustrie, deren jahrhundertealte Methoden eine Verjüngungskur brauchen? Zeichnet sich eine Textilrevolution am Horizont ab? Da die meisten Menschen nie genug Geld hatten, steht die Technologie vor der ultimativen Herausforderung, uns von den Schrecken des Hungers und der Obdachlosigkeit, von der Tyrannei des Geldes und von der Schinderei zu erlösen, ohne die viele ihren Lebensunterhalt nicht verdienen können.

Wenn in den vergangenen Jahrhunderten junge Menschen keine Arbeit fanden, wanderten sie in andere Länder und Kontinente aus. Heute müssen sie die Arbeitsplätze, die ihnen nicht angeboten werden, dort erfinden, wo sie leben. Eine immer größere Zahl von ihnen lehnt es ab, dem Beispiel der Älteren zu folgen, weil das, was der Stellenmarkt hergibt, nicht jedem Temperament zusagt, nicht jedes Talent sich dort entfalten kann und es niemals genug attraktive Stellen für alle geben wird. Wenn sie zu hören bekommen, dass man sie nicht einstellen kann, weil es ihnen an Erfahrung oder an der richtigen Ausbildung fehlt, bleibt ihnen nichts anderes übrig, als ihre Phantasie darauf zu verwenden, neue Formen der Arbeit zu erfinden. So wie Menschen sich neue Spiele, neuen technischen Schnickschnack oder neue Schlager ausdenken, können sie auch neue Jobs erfinden. Einfach auszusteigen ist keine zukunftsträchtige Alternative.

NEUE SPIELE, NEUER SCHNICKSCHNACK, NEUE JOBS

So können sie verlangen, dass die Arbeit nicht bloß von den Bedürfnissen der Landwirtschaft, der Industrie oder des Dienstleistungssektors – sei er gewerblich oder gemeinnützig – diktiert wird, sondern einem Menschenrecht entspricht, das noch verkündet werden muss: dem berechtigten Anliegen, die Welt und ihre unendlich vielfältigen Lebensformen zu entdecken, sich mehr von den unzähligen Fertigkeiten anzueignen, die die Menschen entwickelt haben, aus ihrem Kokon zu schlüpfen und das Gefühl zu haben, das Leben auszukosten und anderen dabei zu helfen, das Gleiche zu tun. Ein angesehener Fachmann zu sein ist eine wundervolle Sache, aber heute kann man mit der Entwicklung des Wissens eines einzelnen Berufszweigs nicht mehr Schritt halten, ohne die Ideen, die Sprache und die Methoden mehrerer anderer Fachrichtungen zu verstehen. Die Spezialisierung hat viel zur Weiterentwicklung der Fähigkeiten und des Wissens beigetragen, aber inzwischen kann sie nur noch Früchte tragen, wenn sie mit dem Blütenstaub anderer, scheinbar zusammenhangloser Spezialgebiete befruchtet und nicht durch eine Überdosis bürokratischer Wachstumshemmer gelähmt wird. Die Überzeugung, für eine bestimmte Karriere wie geschaffen zu sein, erinnert zu sehr an die früheren Traditionen, die den Einzelnen einer bestimmten Kaste zuordneten und ihm ein vorbestimmtes Schicksal zuwiesen. Das Geschäftsleben sollte sich endlich von den militärischen Idealen freimachen, die es immer noch hochhält, indem es den Erfolg nach eroberten Gebieten, besiegten Wettbewerbern und erzielter Beute bemisst. Es gibt keinen Grund, Geschäftsleben und Privatleben wie unvereinbare Gegensätze zu behandeln. Man sollte vielmehr Parallelen zur Gastronomie ziehen und abklären, was wünschenswert ist und was nicht, neue Geschmacksrichtungen fördern und althergebrachte Vorurteile über Bord werfen.

EIN VERGESSENES MENSCHENRECHT

Business Schools im Umfeld von Universitäten könnten eine Vermittlerrolle einnehmen und Studenten aller Fakultäten und Fachrichtungen Gelegenheit bieten, Gespräche mit Vertretern vieler unterschiedlicher Berufsgruppen zu führen, um die Grundlage für eine Neubesinnung auf die Frage zu schaffen, welchen Beitrag die Arbeit für den Geist, das Herz und die Geldbörse geleistet hat, noch leistet und künftig auf andere Weise leisten könnte. Statt junge Menschen nur auf eine Karriere vorzubereiten, könnten Universitäten und Business Schools Laboratorien sein, in denen Menschen aller Disziplinen und Berufe Experimente durchführen auf der Suche nach einem »besseren Leben«. Nichts ist schwieriger, als Institutionen zu verändern, aber es hat immer unerschrockene Seelen gegeben, die das Undenkbare zu denken wagen.

EINE ZUKUNFT FÜR BUSINESS SCHOOLS

24

WAS KANN MAN IN EINEM HOTEL SONST NOCH TUN?

Wer sich die Ratschläge seiner Zeitgenossen anhört, wird beständig aufgefordert, er selbst zu sein und sogar, sich selbst zu lieben. Gleichzeitig halten ihm unzählige Experten vor, dass er sich Selbsttäuschungen hingebe, dass bei ihm eine Menge im Argen liege und dass er Hilfe brauche, um sich zu kurieren, sich weiterzubilden, sein Leben zu bereichern, sich zu zivilisieren, Kontakte zu pflegen und auch mehr auf seine äußere Erscheinung zu achten. Wenn es jedoch darum geht, wie man diesen vielen Missständen und Fehlern abhelfen soll und was überhaupt als »Fehler« zu gelten hat, sind sich diese Experten alles andere als einig. Was soll man angesichts dieser Widersprüche tun? Wie soll man sich denen gegenüber verhalten, die man kennt oder zu kennen glaubt und über deren Charakter und Eigenschaften man häufig sehr unterschiedliche Informationen erhält? Gleichgültig, ob man Pascal zustimmt, dass Menschen »nichts als Lüge, Doppelsinn und Widerspruch« sind, oder mit Mao Zedong daran glaubt, dass alle Widersprüche gelöst werden können – diese Widersprüche sind Teil des Lebens, und sie zu kennen ist interessanter, als die Augen vor ihnen zu verschließen.

EINE WELT DER WIDERSPRÜCHE

Deshalb wende ich mich nun F. M. Dostojewski (1821–1881) zu, der sich sein ganzes Leben lang bemüht hat, die menschlichen Widersprüche und die Schwankungen seiner eigenen Ansichten und Vorstellungen zu begreifen. Meine Wahl fällt auf ihn, weil er sich nacheinander einer ganzen Reihe unvereinbarer Ideale verschrieben hatte. Er behandelte sie wie Geliebte, zwischen denen er sich nicht endgültig entscheiden konnte, von denen er sich abwandte, ohne sie vergessen zu können, und deren Reiz ihm selbst dann noch schmerzlich bewusst blieb, wenn er sie schließlich hasste. Seine Romane sind Gespräche zwischen Persönlichkeiten, die sich mit widerstreitenden Ansichten über menschliche Seelennöte auseinandersetzen, ohne sich jemals mit einer von ihnen gänzlich oder dauerhaft zufriedenzugeben. Bei wenigen Schriftstellern findet man eine so detaillierte Beschreibung eines Himmels, der von verschiedenen Schattierungen des Zweifels, der Schwermut und der Schuld verdüstert wird und in dem die Hoffnung nur kurz aufblitzt, um sogleich wieder zu erlöschen. Dostojewski ist offenbar in rund hundertsiebzig Sprachen übersetzt worden, was vermuten lässt, dass noch immer zahllose nachdenkliche Menschen in aller Welt angesichts der widersprüchlichen Ideologien Westeuropas genau so zwischen Faszination, Ratlosigkeit und Abscheu hin- und hergerissen sind, wie er es war. Ist eine andere Reaktion auf diese Verwirrung vorstellbar?

LEHREN AUS EINEM ERSCHIESSUNGSKOMMANDO

Weil er mit achtundzwanzig Jahren zum Tode verurteilt und nur wenige Minuten, bevor das Erschießungskommando zusammentreten sollte, begnadigt worden war, wandte Dostojewski sich mit außergewöhnlicher Intensität der Frage zu, was es bedeutet, zu leben. Als er dem Tod entkommen war, verspürte er eine »überschwängliche Liebe zum Leben«, den Drang, »darin einzutauchen«, und die Überzeugung, dass »trotz aller Widrigkeiten niemals die

Hoffnung aufzugeben das Leben ausmacht und dessen Bestimmung ist«. Vier Jahre in einem sibirischen Straflager boten ihm eine weitere ungewöhnliche Erfahrung, weil er dort mit Leuten zusammenkam, die ganz anders waren als er – »grobe, verbitterte und aufbrausende Kriminelle«, die ihn hassten, weil er der herrschenden Klasse angehörte, der sie ihre Strafen verdankten, weil er nie lächelte und weil er schweigsam und misstrauisch war, denn er litt, wie er selbst deutlich sagte, unter der »grausamen Folter«, nie auch nur eine einzige Minute allein zu sein und das Gefühl zu haben, »lebendig begraben und in einen Sarg eingeschlossen« zu sein. Aber nach und nach freundete er sich mit einigen seiner Mithäftlinge an und begann sie zu verstehen. Statt sich darüber zu beklagen, von »hundertfünfzig Feinden« umgeben zu sein, die nicht müde wurden, ihn zu schikanieren, gelangte er zu der Einsicht, dass die gebildete Elite von den Ungebildeten eine Menge lernen konnte. »Unter den Räubern habe ich zuletzt Menschen gefunden ... tiefe, starke und schöne Charaktere unter ihnen – und welch eine Freude war es mir, unter der rauen Schale das Gold zu entdecken ... einfach herrliche Menschen ... alles in allem war diese Zeit nicht vergebens ... wie viel verschiedene Charaktere habe ich hier kennengelernt ... Ich könnte ganze Bände damit füllen.« Eine Zeit lang war er davon überzeugt, dass diese durch keine Erziehung verbildeten Menschen die Welt von ihrer Dekadenz und Korruption erretten könnten.

Im Lauf seines bewegten Lebens war Dostojewski unter anderem Romantiker, Sozialist, Konservativer, ein orthodoxer Christ, der sowohl dem Glauben als auch dem Unglauben etwas abgewinnen konnte, und ein Adept europäischen Gedankenguts, das er allerdings auch als dekadent verurteilte. Er verachtete den Materialismus, obwohl das Geld, an dem es ihm immer mangelte, sein Leben beherrschte, sodass er wie ein Besessener schrieb, um seine Rechnungen bezahlen zu können. Manchmal arbeitete er an zwei Texten zugleich, die als Fortsetzungsromane in Zeitungen erschienen, und verlor das wenige Geld, das er besaß, immer wieder durch seine Spielsucht. »Ohne Geld kann man nicht einen Schritt tun, gleich in welche Richtung.« Bei allem rechnete er aus, was es kostete, und war fasziniert davon, wie Kriminelle es schafften, es sich auf ihre Weise zu beschaffen. Zugleich beklagte er die Geldsucht aber als einen Verrat an Russlands Tradition der Großzügigkeit, Brüderlichkeit und Spiritualität. Er schätzte die althergebrachten Werte, stellte aber auch die traditionelle Familie in Frage und hob die tragischen Missverständnisse hervor, zu denen sie führte. Dem Leitsatz »Dein Vater hat dich gezeugt, du bist sein Blut, also musst du ihn lieben« hielt er entgegen: »Hat er mich geliebt, als er mich zeugte, hat er mich wirklich um meinetwillen gezeugt? Er kannte mich nicht einmal! Warum soll ich ihn lieben, nur weil er mich gezeugt hat, mir aber mein ganzes Leben lang keine Liebe zu schenken wusste?« Während Dostojewski eine seiner Romanfiguren sagen ließ: »Wer wünscht sich nicht den Tod seines Vaters?«, bestand er andererseits darauf, dass »es unsere Pflicht ist, unsere Familie zu lieben, selbst wenn wir sie nicht mögen. Das lehrt uns, alle Menschen zu lieben.«

EIN MENSCH MIT VIELEN GESICHTERN

»Ich bin ein Kind des Zweifels und des Unglaubens«, schrieb er, »ich bin es immer gewesen und weiß, dass ich es bleiben werde, bis man den Sargdeckel über mir schließt.« Aber er hatte die beständige und heftige Sehnsucht, an etwas glauben zu können. Je leidenschaftlicher ihn danach verlangte, desto stärker wurden aber auch seine Argumente gegen den Glauben. Als Journalist war er entschlossen und dogmatisch, verfocht einen glühenden Nationalismus und hielt nichts davon, sich auf den Verstand und auf wissenschaftliche Methoden zu verlassen: Russlands Aufgabe sei es,

EIN KIND DES ZWEIFELS UND DES UNGLAUBENS

Europa zu zivilisieren, seine unerfüllte Berufung zu vollenden, die Vorstellungen seiner verschiedenen Völker zu vereinen und es vom Atheismus und vom Sozialismus zu befreien. Aber als Russland den Krieg verlor und zahlungsunfähig wurde, verkündete er, dass »Europa uns verachtet«, und kehrte ihm den Rücken: Russland solle seine zivilisatorische Aufgabe besser in Asien fortsetzen.

Als Romanschriftsteller war er hingegen alles andere als dogmatisch. Er betrachtete alle Seiten eines Problems, er erkannte die latente Frömmigkeit des Sünders, die Grausamkeit des Leids und seiner Allgegenwart, aber auch seine »erlösende Kraft«. Das Verbrechen war in seinen Augen eine der zahlreichen Formen der Grenzüberschreitung, die Ausdruck der Freiheit, der Neugier oder des Mutes sein konnte: »Wir alle überschreiten täglich Grenzen. Oft müssen wir zwischen zwei Wohltaten oder zwei Übeln wählen.« Das Böse war für ihn keine heilbare Krankheit, sondern Bestandteil der menschlichen Natur. Keine Diskussion konnte die Wahrheit ans Licht bringen, weil Worte nicht ausreichen, sie zu erfassen. Deshalb musste er ein Künstler sein, der sich einer anderen Form der Wahrheit nähert, indem er die Dinge auf eine Weise zu betrachten lernt, die ihre Schönheit offenbart. »Es ist erstaunlich, welch eine Wirkung ein einziger Sonnenstrahl in der Seele eines Menschen hervorzubringen vermag.«

ALLE SEITEN EINES PROBLEMS SEHEN

Dostojewski war ein Dichter der Komplexität, ein Maler unlösbarer Dilemmata, ein Bildhauer, der die zaghaften Hoffnungen der Menschheit in schmelzendem Eis nachbildete. Seit seinem Tod ist alles noch komplizierter geworden, das Wissen hat sich vervielfacht, die Erwartungen sind noch unterschiedlicher geworden, und kaum jemand glaubt noch daran, dass irgendeine Gruppierung, gleich welcher Art, über das Monopol der Weisheit verfügt. Deshalb werde ich das Problem der Unergründlichkeit und Widersprüchlichkeit von Individuen prosaischer angehen, indem ich mich frage, ob sie sämtliche ihnen zur Verfügung stehenden Möglichkeiten nutzen, in die Labyrinthe unausgesprochener Gedanken einzudringen. Im Jahr 2012 erreichte die Zahl der Touristen in aller Welt eine Milliarde, und das bedeutet, dass noch nie zuvor so viele Fremde einander begegnet sind, in aller Regel schweigend, ohne zu erkennen zu geben oder sich zu erkundigen, was sie voneinander oder von sich selbst denken. Hotels sind die Orte, die ihnen noch am ehesten als Parlament dienen könnten, auch wenn dort ein jeder mehr schlecht als recht anhand seiner Nationalität, seines Aussehens oder anderer banaler Details eingeschätzt wird. Man könnte meinen, dort seien nur oberflächliche und kurzfristige Bekanntschaften möglich, im Gegensatz zu Gefängnissen, deren Insassen nach und nach ihre vielschichtigen Eigenarten, die sich hinter ihren jeweiligen Verbrechen verbergen, entdecken können. Aber weil die Wahrnehmung der Widersprüchlichkeit von Individuen zu den notwendigen Voraussetzungen zählt, um fruchtbare Beziehungen zu ihnen aufzubauen, halte ich es für sinnvoll, der Frage nachzugehen, ob die Hotels, in denen sich so viele Menschen vorübergehend aufhalten, nicht einen maßgeblichen Beitrag zu einem besseren Verständnis rätselhafter Fremder und mysteriöser Nachbarn leisten könnten. Diese Idee liegt nicht so fern, wie es den Anschein hat, denn Hotels waren früher in vielen Städten geradezu eine Institution.

DAS LABYRINTH UNAUSGESPROCHENER GEDANKEN DURCHDRINGEN

RÄTSELHAFTE FREMDE UND MYSTERIÖSE NACHBARN

Im 19. Jahrhundert erkannten die Amerikaner, welch wichtige Funktion Hotels in einem neuen Land erfüllen konnten. Sie sahen darin ein Pendant zur griechischen *agora*, dem Marktplatz, der allen Bürgern als Treffpunkt diente. Ihre ersten Hotels, die als »Paläste für die Öffentlichkeit« gerühmt wurden, verkörperten durch ihre Architektur demokratische Ideale, denn sie boten große, für jedermann zugängliche Versammlungshallen mit Restaurants und Veranstaltungssälen, aber auch »Geschäftsbibliotheken« mit den neuesten Fracht- und Preislisten sowie Zeitungen. Während autoritäre Monarchien sowohl private als auch öffentliche Zusammenkünfte mit ängstlichem Misstrauen betrachteten, weil sie überall revolutionäre Verschwörungen witterten, verstanden die Amerikaner sich als eine Nation von Fremden, die sich in ihrer Verfassung das Recht ausbedungen hatten, sich zu versammeln, wo und mit wem auch immer. Sie waren sich bewusst, wie einsam der *Mann in der Menge* war, den Edgar Allan Poe 1840 in seiner gleichnamigen Novelle beschrieben hatte: ein Fremder, dem der Erzähler vom Anbruch der Nacht bis zum nächsten Abend durch die Stadt folgt, um am Ende festzustellen, dass dieser Mann keinen einzigen Bekannten getroffen und mit niemandem gesprochen, ja nicht einmal irgendwen bewusst wahrgenommen hatte. Schon 1818 beklagten die Einwohner von Pittsburgh, ihre nächsten Nachbarn kaum zu kennen. So wurden die Hotels zu Treffpunkten für alle möglichen Aktivitäten. Das Abendessen wurde an einem gemeinsamen Tisch serviert, mit demselben Menü für alle, und brachte Durchreisende und Anwohner zusammen. »Der Reiz, in die Stadt zu gehen, besteht darin, in Gesellschaft von zweihundert elegant gekleideten Gästen in einem prachtvollen Salon zu speisen.« Dieses Vergnügen, in der Öffentlichkeit gemeinsam zu essen, zu dem die Hotels Gelegenheit gaben, war das genaue Gegenteil der europäischen Gewohnheit, die Privatsphäre zu wahren und sich nur unter andere Leute zu begeben, um die eigene Vornehmheit zur Schau zu stellen. Obwohl die Mahlzeiten im Hotel oft »in einer Geschwindigkeit verschlungen wurden, mit der eine

> AMERIKANISCHE HOTELS DES 19. JAHRHUNDERTS

> GEMEINSAM IN DER ÖFFENTLICHKEIT SPEISEN

Meute Jagdhunde, die eine Woche hatte fasten müssen, nicht hätte mithalten können«, wurde das Interesse, das man für seine Tischnachbarn aufbrachte, durch keinerlei vornehme Etikette gezügelt. Domingo Sarmiento (1811–1888), der spätere Präsident Argentiniens, amüsierte sich über die »unbefangene Neugier« der Gäste: »Wenn deine Mantelknöpfe mit Reliefs von Hirsch-, Pferde- oder Bärenköpfen verziert sind, wird jeder, der das bemerkt, dich ansprechen, einen Knopf nach dem anderen begutachten und dich nach allen Seiten drehen, um dieses wandelnde Museum besser betrachten zu können.« Ein englischer Reisender schrieb: »Das Hotel ist die egalitärste aller amerikanischen Institutionen.« Niemand benimmt sich »lakaienhaft« oder »stellt die eigene Wichtigkeit heraus«. Und das entsprach der Art, wie diese Hotels (eine Zeit lang) finanziert wurden: Sie gehörten allen Klassen, weil ihre Aktien nicht nur von den Reichen, sondern auch von schlichten Handwerkern gekauft wurden.

DIE EGALITÄRSTE ALLER AMERIKANISCHEN INSTITUTIONEN

Aber kommerzielle Ziele haben diese Form von Geselligkeit verdrängt. Die zweite Originalität amerikanischer Hotels bestand darin, sich die Methoden der Massenproduktion zu eigen zu machen. E. M. Statler (1863–1928) veränderte die Hotellerie so, wie Henry Ford die Automobilindustrie verändert hatte, denn er senkte die Preise – »ein Bett und ein Bad für anderthalb Dollar« – durch Standardisierung und strikte Anweisungen, die die Angestellten auswendig lernen und exakt befolgen mussten, wenn sie nicht gefeuert werden wollten. Obwohl einige Hotels preiswerter wurden, schlugen andere den entgegengesetzten Weg ein. Wenn sechshundert Angestellte sich um tausend Gäste zu kümmern hatten, wurde die Effizienz zur höchsten Priorität. Hotels in Wolkenkratzern bedrohten die intime Atmosphäre kleiner Familienunternehmen. Das Hotelgewerbe wurde ein Beruf, für den man Dip-

EFFIZIENZ CONTRA GESELLIGKEIT

lome erwerben musste. Hotelketten entwickelten sich zu Profitcentern, und die drei größten Konzerne allein verfügten über fast zwei Millionen Zimmer. Die »Beherbergungsindustrie« war geboren. Die Kommerzialisierung der Gastlichkeit, die aus Freundlichkeit Geld macht, stellt eine weitere große Umwälzung menschlicher Beziehungen dar. Mit ihr ging ein Zeitalter zu Ende, in dem es über fast alle Kulturen hinweg als selbstverständliche Pflicht eines jeden gegolten hatte, reisenden Fremden freie Kost und Logis für eine Nacht oder auch mehrere anzubieten.

Der entscheidende Wandel vollzog sich, als zu Beginn des 20. Jahrhunderts der *»American plan«* der Hotellerie – bei dem die gemeinsamen Mahlzeiten im Zimmerpreis inbegriffen waren – durch das europäische System verdrängt wurde, das mit seinen À-la-carte-Gerichten, die getrennt verzehrt und bezahlt wurden, der Privatsphäre den Vorrang gab. César Ritz (1850–1918), der Sohn eines armen Schweizer Bauern, der sich vom Hilfskellner zum Inhaber und Geschäftsführer eines der renommiertesten europäischen Hotels hochgearbeitet hatte, das von gekrönten Häuptern und dem Geldadel bevorzugt wurde, ersetzte den Egalitarismus durch Luxus, schwere Teppiche, goldene Wasserhähne, devote Bedienung und Exklusivität. »Ich möchte den Leuten zeigen, wie man lebt«, sagte er, denn was ihn faszinierte, war eine idealisierte Version der Gepflogenheiten und der Extravaganz der oberen Klassen, deren Selbstbewusstsein er bewunderte und denen er es unbedingt gleichtun wollte. So schuf er wahre Paläste, die Gästen, die über die entsprechenden Mittel verfügten, die Gelegenheit boten, aristokratische Rituale prunkvollen Überflusses zu genießen, ohne sich den Zwängen häuslicher Gegebenheiten beugen zu müssen. Luxushotels glichen durchgehend geöffneten Theatern, in denen das Personal die Rolle beflissener Lakaien spielte, die ohne mit der Wimper zu

DIE OBEREN
KLASSEN IDEALISIEREN

zucken auf jede Marotte der Gäste eingingen. Seitdem steigen die Reichen, die Mittelklasse und die Ärmeren in jeweils anderen Hotels ab und bleiben dort unter sich.

Dennoch ist ein Hotel heute eine Miniaturausgabe der Vereinten Nationen, die Menschen aus allen Teilen der Welt beschäftigt und beherbergt. Könnte sie ein erfolgreicherer Friedensstifter sein? Muss ihre Luxusversion eine Festung sein, die ihre Bewohner gegen den Pöbel ringsum abschirmt? Gibt es etwas, das sie von Dostojewski und seinem düsteren Domizil lernen könnten, dem Straflager, das diejenigen, deren Verbrechen noch nie verfolgt wurden, vor denen schützt, die für ihre Verbrechen verurteilt wurden, und das ihn so viel über menschliche Widersprüche gelehrt hatte? Zusammen mit einem Team von vier Wissenschaftlern habe ich ein Jahr lang die Angestellten und Gäste einer Hotelkette befragt. Was wir erfuhren, war erhellend: Unter den Angestellten fand sich auf jeder Ebene der Hierarchie eine außergewöhnliche Menge und Vielfalt von Talenten, Erfahrungen und Wissen, aber die Gäste erfuhren davon nichts. Viele Zimmermädchen waren Ausländerinnen, die eine neue Sprache erlernen wollten, und manche hatten ein akademisches Studium abgeschlossen. Zum Hauspersonal gehörten Angestellte, die sich in Abendkursen zur Krankenschwester ausbilden ließen. Ein Barmixer war Buchhalter und ein anderer studierte Betriebswirtschaft; ein Portier war der Sohn eines Stammesfürsten seines Heimatlandes; ein Rezeptionist bereiste die Welt und arbeitete in Hotels, um Material für einen Roman zu sammeln. Aber in der Personaldatenbank des Unternehmens waren nur die oberflächlichsten Informationen über sie verzeichnet, lediglich ein paar Beurteilungen und Beanstandungen, weil man es für überflüssig hielt, tiefer zu gehen, denn in kaum einer Branche wechselt das Personal schneller als im

EIN HOTEL ALS UNO IM KLEINFORMAT

WAS HOTELS VON DOSTOJEWSKI LERNEN KÖNNEN

Hotelgewerbe. Vereinzelt kam es zwischen leitenden Angestellten und Gästen zu mehr oder weniger freundschaftlichen Beziehungen, aber im Allgemeinen hatten die Gäste selten Gelegenheit, Vorteile aus der großen Zahl der Angestellten zu ziehen, die sie nie zu Gesicht bekamen oder an denen sie schweigend vorbeigingen. Dem Personal wurde sogar offiziell nahegelegt, nicht mit den Gästen zu »fraternisieren«, weil das dem ehernen Dogma vom »Dienst am Kunden« widersprochen hätte. Hotels verstehen sich als Betriebe mit streng definierten Aufgaben. Sie unterschätzen die Fähigkeiten ihres Personals und erkennen nicht, dass die Mitarbeiter einen aktiven und eigenständigen Beitrag leisten könnten, um die Vorstellungen oder Erfahrungen ihrer Gäste, ihrer Angestellten oder der Stadt, in der sie sich befinden, zu erweitern und zu bereichern. Der kommerzielle Erfolg von Hotels geht mit einer Reduzierung ihrer sozialen Funktion einher.

SCHWEIGSAME ZIMMERMÄDCHEN

Es gab eine Zeit, in der der englische *Pub* eine zentrale Rolle im öffentlichen, rechtlichen, militärischen und sozialen Leben spielte, weil er der Ort zahlreicher offizieller Veranstaltungen war. Heute hält nur noch die Nostalgie seinen Ruf als Quelle nationaler Geselligkeit aufrecht. Während sich die Bevölkerung Englands seit 1800 versechsfachte, blieb die Zahl der Pubs zunächst unverändert und nimmt inzwischen rapide ab. Allein im Jahr 2015 sind rund viertausend von ihnen geschlossen worden. In einer Straße im Londoner Süden sind sämtliche Pubs verschwunden. An ihrer Stelle gibt es jetzt sechs Spielhallen. Der Pub ist nicht mehr der Ort, wo man sich trifft, um ernsthafte Gespräche zu führen; diese finden nach der Umfrage einer Brauerei zufolge vielmehr zu Hause mit dem Partner (74 Prozent), mit Arbeitskollegen (57 Prozent), mit Freunden (56 Prozent), mit Eltern (38 Prozent), recht selten mit dem Chef (11 Prozent) und so gut wie nie mit Ange-

WAS BRAUEREIEN ÜBER PUBS WISSEN

stellten oder Verkäufern (2 Prozent) statt. Es trifft zwar zu, dass noch immer mehr Gäste in die Pubs strömen als Gläubige in die Kirchen, aber zwei Drittel trauen sich nach eigenen Angaben nicht, im Pub mit Fremden ins Gespräch zu kommen, und viele begnügen sich mit Tratsch, Witzeleien und belanglosem Geplauder. Sie räumen freimütig ein, dass die Hälfte ihrer Gespräche im Pub nutzlos sind und nur vier Prozent länger als eine halbe Stunde dauern. Die französischen Bistrots verlieren ebenso rasch an Boden. Ihre Zahl hatte 1900 noch das Zehnfache betragen. Inzwischen sucht nur ein Fünftel der Bevölkerung sie regelmäßig mindestens einmal in der Woche auf, und nur zwei Fünftel sind der Ansicht, dass sie für die sozialen Beziehungen eine wichtige Rolle spielen.

Obwohl auch das japanische Gasthaus *(ryokan)* eine nationale Ikone ist, eignet es sich noch weniger zum gegenseitigen Kennenlernen; es wird im Gegenteil mit wehmütiger Anhänglichkeit als ein Relikt geschätzt, das es den gestressten Workaholics unserer Tage ermöglicht, die Verbindung mit einer Vergangenheit wiederherzustellen, von der man glaubt, dass sie beständiger und der Harmonie und der Liebe zuträglicher war. Ein Gasthaus, dessen Ursprung auf das Jahr 718 zurückgeht und das seit achtundvierzig Generationen im Besitz derselben Familie steht, ist heute ein Betongebäude mit acht Stockwerken und kann vierhundertfünfzig Gäste beherbergen, wird aber noch immer als ein Refugium geschätzt, wo man den Zwängen globalisierter Gleichförmigkeit entfliehen, historische Erinnerungen wieder aufleben lassen und sich zumindest in der Phantasie eine Vision einer freundlicheren und schöneren Existenz ausmalen kann. Nicht andere, sondern sich selbst zu entdecken ist das Ziel der nach wie vor lebendigen *tabi*-Tradition, unter der man ursprünglich verstand, zu Fuß in eine einsame Gegend aufzubrechen, um den Rivalitäten und Eifersüchteleien der Menschen zu entkommen, weil man sich von

JAPANISCHE
GASTHÄUSER

der Begegnung mit der Natur erhoffte, seine eigenen inneren Werte zu erkennen. Sich der Reglementierung organisierter Gruppenreisen zu entziehen ist denn auch die Botschaft des *Chikyuu no Aururikata* (»Wie man durch die Welt wandert«), des beliebten Reiseführers für Globetrotter und *datsu-sara* (Leute, die nicht länger Gehaltsempfänger sein wollen). Aber diese Flucht vor sich selbst und vor der rauen Wirklichkeit kennt kein näher definiertes Ziel.

Viele Menschen haben sich ihre eigene Alternative zu den Hotels geschaffen, die sie sich nicht leisten können oder die sie als zu langweilig oder zu einengend empfinden. Ihr Ziel ist es, Menschen zu begegnen, die sie noch nicht kennen, und Orte zu sehen, die von Touristen nicht besucht werden. Hajj Sayyah, der die Welt im 19. Jahrhundert durchwanderte, hat inzwischen Millionen von Nachfolgern, die es ihm gleichtun. Zwischen ihnen und organisierten Reisegruppen gibt es keinen Kontakt. Regierungen können sie ebenso wenig kontrollieren, wie sie den Vögeln gesetzlich vorschreiben können, wo sie etwas fallen lassen dürfen und wo nicht, und Stadtplaner, die den Bedürfnissen der Bewohner und des Geschäftslebens den Vorrang einzuräumen haben, müssen die Augen vor dem verschließen, was eine Stadt belebt und sie von einem Schlafsaal unterscheidet, nämlich die Anwesenheit von Fremden, die sich nicht nur für die offiziellen Sehenswürdigkeiten interessieren. Die Tourismus- und Reiseindustrie ist heute die weltweit am schnellsten wachsende Branche, auf die ein Zehntel aller Arbeitsplätze entfallen und die mehr zum Bruttosozialprodukt beiträgt als die Autoindustrie. Schnelle Umsätze sind gefragt, um die ständig steigenden Kosten aufzufangen, die nicht zuletzt entstehen, wenn man pausenlos das Erscheinungsbild dem neusten Trend anpassen will. Doch die Hotels hängen heute einer veralteten Ideologie an, die das letzte und das vorletzte Jahrhun-

WAS EINE STADT VON EINEM SCHLAFSAAL UNTERSCHEIDET

dert prägte, einer Ideologie vom sozialen Aufstieg und vom Luxus und nicht zuletzt von beruflicher Spezialisierung. Hoteliers sind heute Angehörige einer eigenständigen Berufsgruppe, und das bedeutet, dass sie Aufgaben, die sie gut und gern selbst wahrnehmen könnten, anderen Berufen überlassen müssen. Niemand möchte mehr wie die Bauern früherer Zeiten leben, die von den Jahreszeiten abhängig waren und sich im Winter mit vielen nutzbringenden Arbeiten beschäftigten, die mit Landwirtschaft nichts zu tun hatten.

Die Hotels haben noch nicht entdeckt, wie sie die Nebensaison nutzen könnten, obwohl manche in dieser Zeit sehr viele freie Zimmer haben und selbst dann nicht ausgebucht sind, wenn eigentlich Hochbetrieb herrschen sollte. Nichts zwingt sie, ihr Angebot auf Betten und Mahlzeiten zu beschränken oder den Beratungsfirmen des 20. Jahrhunderts zu glauben, die den »Wandel« als einzigen Weg zur Rettung von Unternehmen anpreisen, wobei dieser Wandel aber stets auf die gleichen Ziele des Profits und des Glücks ausgerichtet ist und alsbald auf einen erneuten Wandel hinausläuft, weil jeder meint, noch nicht genug Profit oder Glück erreicht zu haben. Als Alternative zu solch einem Wandel bietet sich an, Neues zu entdecken, mit dem Unterschied, dass Entdeckungen Wege zu bislang ungeahnten Zielen aufzeigen. Die Technologie hat das begriffen, aber das orthodoxe Geschäftsleben legt nun einmal Wert auf vorsehbare Ergebnisse. Der explosionsartige Aufschwung des Tourismus und die Mobilität der Arbeitnehmer lassen die Hotels immer internationaler werden und vervielfachen den Anteil der Touristen, die nicht die Bequemlichkeit luxuriöser Betten suchen, sondern andere Menschen kennenlernen wollen. Es gibt noch eine andere Lösung als die, unsinnig hohe Summen für eine noch luxuriösere Aus-

Marginalien:
NOCH EHRGEIZIGERE BERATER

GLOBALE KONZERNE ERFÜLLEN IHRE GLOBALE AUFGABE NICHT

stattung von Hotels auszugeben, nur um die Preise weiter erhöhen zu können: nämlich den Kenntnissen, Vorstellungen und Wünschen jedes einzelnen Touristen mehr Beachtung zu schenken. Hotels haben heute die Chance, Vermittler zu sein: zwischen den Gästen untereinander, aber auch zu den Bewohnern der Stadt und zu den Hotelangestellten. So wie die ersten Hotels in Amerika die Einwanderer jener Zeit zusammenbrachten, indem sie ihnen die Möglichkeit persönlicher Kontakte boten, können Hotels mit vergleichbaren, aber zeitgemäßeren Methoden das Bewusstsein der Welt für die Vielfalt, die Komplexität und die Widersprüche schärfen, die sich hinter nationalen und beruflichen Normen verbergen. Es gibt weltumspannende Hotelketten, aber sie werden ihrer globalen Rolle nicht gerecht.

Hotelgäste unterhalten sich gelegentlich mit Taxifahrern, aber mit den Zimmermädchen, die ihnen die Betten machen und nur den Mindestlohn verdienen, führen sie nur selten ein Gespräch, das diesen Namen verdient. Obwohl Hotelzimmer keine Gefängniszellen sind, weil es den Gästen freisteht, nach Belieben ein- und auszugehen, wissen diese – so wie Häftlinge – häufig nicht, wohin sie gehen sollen. Rund die Hälfte der Gäste der von mir untersuchten Hotelkette gaben an, die Geschäfte, die sie in der Stadt zu erledigen hätten, nähmen ihre ganze Zeit in Anspruch, und deshalb hätten sie nur den Wunsch, in Ruhe gelassen zu werden. Die anderen fünfzig Prozent hatten hingegen jede Menge Zeit totzuschlagen, wenn sie die Aufgaben, um derentwillen sie angereist waren, erledigt hatten oder auf einen Termin warten mussten. Sie kannten aber niemanden, den sie hätten besuchen können. Wenn sie zu zweit waren, sagten sie, dass sie gern eine Familie aus dieser Gegend kennenlernen würden, und Alleinreisende wünschten sich, zu einem Treffen mit ortsansässigen Kollegen eingeladen zu werden, von denen sie etwas Nütz-

SCHWEIGEN IM HOTEL

liches für ihre eigene Tätigkeit lernen könnten. Wenn sie in der Lobby ihres Hotels herumsaßen, konnten sie nicht ahnen, dass womöglich nur wenige Schritte entfernt ein anderer schweigsamer Gast saß, der denselben Wunsch hatte. Der Portier hätte ihnen zwar Theaterkarten besorgen oder Geschäfte und Restaurants empfehlen können, aber er kannte die einzelnen Gäste und die Bewohner der Stadt zu wenig, um ihnen Begegnungen vorzuschlagen, die sich als weit interessanter hätten erweisen können.

Der Pauschaltourismus hat es den Massen ermöglicht, exotische Orte aufzusuchen, aber auch die Schwierigkeiten aufgezeigt, sie zu würdigen. In einem tunesischen Badeort war das einzige Interesse der Touristen, sich vom Stress ihres Berufsalltags zu erholen. Sie sprachen nie mit den Einwohnern; bei ihrer Abreise wussten sie über das Land, das sie besucht hatten, kaum mehr als zuvor, während die Einheimischen, die ihre Zimmer gereinigt und ihnen das Essen serviert hatten, sich durch ihr mangelndes Interesse gekränkt fühlten. In Cancún ahnen die Gäste der zweihundert Hotels, die dort gebaut wurden, nichts von den ebenso vielen Slums, die sich hinter ihnen verbergen und deren Bewohner sich beklagen, dass der Tourismus zwar Arbeitsplätze schafft und Geld einbringt, aber vier Fünftel dessen, was die Touristen für ihren Urlaub ausgeben, in den Taschen ausländischer Investoren landet, was einer neuen Art von Kolonialismus gleichkommt: »Wir werden von außen regiert.« Der Massentourismus ist an die Grenzen seines Erfindungsreichtums gestoßen. Die Menschen sind nicht unbedingt nur darauf aus, den Realitäten ihrer eigenen Länder zu entfliehen, und der Bedarf nach Urlaubsorten, die sich auf Sex, Drogen, Spielcasinos, Alkohol und eine verwestlichte Parodie ausländischer Küche spezialisiert haben, ist nicht unbegrenzt. Für das, was daraus ent-

EINE KRÄNKUNG DES HOTELPERSONALS

GEFÄHRLICHER TOURISMUS

standen ist, haben die Deutschen den Begriff »Freizeitstress« geprägt. Die orthodoxe Kirche hat besondere Gebete für diejenigen eingeführt, die »durch die Tourismuswelle gefährdet werden«. Es fehlt also nicht an Anlässen, mit anderen Lösungen zu experimentieren.

Der Inhaber der von mir untersuchten Hotelkette sagte mir: »Machen Sie mein Hotel zu Ihrem Versuchslabor.« Aber Hotels sind keine Laboratorien. Ihre Aufgabe ist es, streng definierte Dienstleistungen zu erbringen, und nicht, Neues zu erfinden. Hotelschulen lehren anerkannte Methoden und Verfahrensweisen, aber das ist nicht dieselbe Ausbildung, wie die Gäste, deren Wünsche die Absolventen erfüllen sollen, sie mitbringen. Je höher deren Bildungsgrad ist, desto häufiger bezeichnen sie es als eines ihrer wichtigsten Anliegen, Neues kennenzulernen. Aber die Hotels müssen erst noch dazu übergehen, sich als Einrichtungen zu verstehen, die das Lernen fördern. Viele von ihnen befinden sich schließlich an Orten, wo sie eine bedeutende Rolle in den internationalen Beziehungen und im Dialog der Kulturen übernehmen könnten. Die Diplomaten mögen noch so viele Verträge unterzeichnen, mit denen die Freundschaft zwischen den Völkern besiegelt wird – Individuen entscheiden selbst, wen sie einen Freund nennen. Es gibt keinen Grund, weshalb Hotels nur passive Anbieter von Räumlichkeiten bleiben sollten, in denen auswärtige Organisationen ihre Konferenzen abhalten. Ebenso gut könnten sie selbst Treffen und Gespräche organisieren. Statt sich damit zu begnügen, Touristen Unterkunft zu gewähren, die tagsüber ausschwärmen, um historische Monumente zu besichtigen, könnten sie Begegnungen zwischen ihren Gästen und Ortsansässigen arrangieren, durch die sich die Realität des Alltags verändern lässt, indem persönliche Sympathien entstehen, die für alle Beteiligten etwas Besonde-

»MACHEN SIE MEIN HOTEL ZU IHREM VERSUCHSLABOR«

TOURISTEN ALS BOTSCHAFTER

res und Unvergessliches sind. Statt ihre Gäste mit Luxus zu verhätscheln, könnten sie sich für ihre Gedanken und Gefühle interessieren und zu Quellen kultureller Anregung werden. Gäste, die bislang nicht mehr als Fotografien und Souvenirs mit nach Hause nehmen, könnten als Botschafter des Landes heimkehren, das sie besucht haben, eine neue Art von Botschaftern, die nicht als Repräsentanten von Millionen auftreten, sondern als Individuen mit all ihren Widersprüchen, die nicht nur die Gegensätze zwischen Nationen anerkennen, sondern mehr noch zwischen den einzelnen Menschen, denen sie begegnet sind. Es sind nicht die Kosten, die die Hotels zögern lassen – ein Geschäftsplan hat gezeigt, dass solche Initiativen profitabel sein können, vor allem in Zeiten geringer Auslastung –, sondern es liegt eher daran, dass Hoteliers nicht über die nötige Ausbildung verfügen, um sie zu verwirklichen. Absolventen an geisteswissenschaftlichen Fakultäten fassen selten den Entschluss, Hoteliers zu werden, aber das kann sich durchaus ändern. Noch vor wenigen Jahrzehnten hätte niemand vorausgesagt, dass so viele von ihnen einmal Spitzenköche würden.

Die von mir untersuchte Hotelkette ist stolz darauf, einen Komfort und Service bieten zu können, wie er in früheren Zeiten üblich war – in adligen Landsitzen etwa. Aber Landsitze hatten weit mehr als nur Komfort zu bieten. Dort trafen sich die herrschenden Klassen und pflegten den Austausch. Sie fanden sich dort ein, um mit interessanten Menschen zu diskutieren, Geselligkeit zu pflegen und sowohl städtische als auch ländliche Tugenden hochzuhalten. Je gepflegter die Herrin und der Herr des Hauses die Gäste mit Kunst und Kultur zu beeindrucken wussten, desto besser war ihr Ruf. Hotels könnten strukturierte Gespräche organisieren, bei denen ihre Gäste die unterschiedlichsten Einwohner der Stadt kennenlernen, und sie könnten Porträts von Menschen verschiedener Berufe

WEIT MEHR ALS KOMFORT

und Herkunft vorstellen und auf diese Weise eine Vielfalt von Interessen aufzeigen, die Besuchern gewöhnlich verborgen bleibt. Früher wäre es Hotels schwergefallen, statt elitärer Salons Zentren der Diskussion für einen weit gefächerten Teilnehmerkreis zu werden, aber inzwischen kann man nicht mehr darüber hinwegsehen, dass sich unter den Hotelangestellten zahlreiche talentierte Menschen finden, die nur zu gern eine bedeutendere soziale Rolle als Gastgeberinnen und Gastgeber übernehmen würden: Sie sind interessante Persönlichkeiten, von deren außergewöhnlichen Erfahrungen aus vielen Teilen der Welt die Gäste eine Menge lernen und zu denen sie ihrerseits ebenso viel beitragen könnten. Lernen bedeutet nicht mehr, lediglich Informationen zu erhalten, sondern mit und von anderen zu lernen, gepaart mit dem Wunsch, das eigene Wissen mit anderen zu teilen, ihnen etwas zu geben und wirklichen Anteil an den Menschen zu nehmen, denen man geholfen hat, etwas zu lernen. Das Lernen hat sich zu einem wechselseitigen Vorgang entwickelt, der das Ideal des »Dienstes am Kunden« verdrängt, das in der Geschäftswelt noch immer vorherrscht. Hotels geben sich große Mühe, sich die Treue ihrer Gäste zu erhalten, indem sie ihnen banale Geschenke und kleine Vergünstigungen zukommen lassen, aber ihre Gäste würden ihnen noch größere Treue erweisen, wenn sie dem Hotel etwas zurückgeben könnten, über das nur sie selbst verfügen, nämlich ihr Wissen und ihre Erfahrung.

<small>VON DEN KUNDEN LERNEN</small>

Wenn so viele Angestellte eine neue Sprache lernen wollen, warum sind die Hotels dann nicht auch Sprachschulen? Das liegt nicht nur daran, dass Zimmermädchen, die täglich vierzehn Zimmer zu reinigen haben, anschließend zu erschöpft sind, um noch zu lernen. Der Grund ist vielmehr, dass ihre Vorgesetzten das nicht für die Aufgabe eines Hotels halten, so wie einer von ihnen es formulierte: »Ich bringe Zimmermädchen bei, Zimmermädchen zu sein.« Dabei liegen

Hotels häufig in der Nähe von Universitäten und beschäftigen stundenweise Studenten – warum haben sie sich nie gefragt, was sie gemeinsam tun könnten, sowohl für die Gäste als auch für die Studenten? Warum unterhalten sie keine aktiveren Beziehungen zu Berufsverbänden und kulturellen und wohltätigen Organisationen? Gegenwärtig sind diese Beziehungen bestenfalls ein zaghafter Flirt. Sie könnten sich aber ganz anders gestalten, wenn die Hotels den Mut fänden, sich mit ihnen zusammenzutun und öffentlich zu bekunden, dass sie danach streben, eine Quelle moralischer, kultureller, spiritueller oder intellektueller Inspiration zu sein, um als eine Muse und nicht nur als eine Empfehlung im *Guide Michelin* anerkannt zu werden. Eine angenehme Nachtruhe ist zweifellos eine Wohltat, aber ein gutes Gespräch bleibt viel länger in Erinnerung und kann weit segensreicher sein.

DER MUT, SICH ZUSAMMENZUTUN

25

UM WAS KÖNNEN DIE JÜNGEREN DIE ÄLTEREN AUSSERDEM NOCH BITTEN?

1831, als Triest ein bedeutender und wohlhabender Freihafen war, eine Art mediterranen Vorläufers von Hong Kong, kam eine Gruppe von Menschen verschiedener Nationalitäten zu einer Besprechung zusammen, die weitreichende Folgen haben sollte. Der Anlass war rein geschäftlich, aber wie so oft waren die Geschäfte nicht das, was die Teilnehmer am meisten interessierte. Einer von ihnen schrieb Gedichte auf Hebräisch, die als »durchaus bemerkenswert« bezeichnet wurden; zwei weitere waren italienische Revolutionäre, die später den Umsturz der Regierung ihres Landes betrieben, und ein Vierter, der aus Frankfurt stammte und den Ehrgeiz hatte, ein Aristokrat zu werden, wurde schließlich ein ungarischer Baron. Die große Geschäftsidee, die sie zusammenführte, war die Erkenntnis, dass es an der Zeit sei, »die Risiken des menschlichen Lebens in all seinen Verästelungen« zu versichern. Sie wollten nicht nur einen Versicherungsschutz gegen Schiffshavarien oder Naturkatastrophen gewähren, den sie und andere bereits geschaffen hatten, sondern die Furcht vor der Zukunft im Allgemeinen abschaffen. Sie gründeten die Versicherungs-

> DER PLAN, DIE FURCHT ABZUSCHAFFEN

> KAFKA ÜBER VERSICHERUNGEN

gesellschaft Assicurazioni Generali, deren Zweigstellen sich binnen weniger Jahrzehnte über die ganze Welt verbreiteten, von Alexandria über die Vereinigten Staaten bis nach China. Über das Privatleben der Gründer ist wenig bekannt; sie sind fast vollständig in Vergessenheit geraten, selbst bei denen, die für diese Versicherung arbeiten. Noch weniger weiß man darüber, wie sich das Unternehmen auf das Befinden der – heute 85 000 – Mitarbeiter ausgewirkt hat, die ihr Leben in den Büros der Generali verbrachten. Der einzige Angestellte dieses Unternehmens, an den die Welt sich heute noch erinnert, war Franz Kafka (1883–1924), einer der wenigen Menschen, die beschrieben haben, was man empfindet, wenn man ein Rädchen in dem großen Getriebe der Versicherungswirtschaft ist. Der Schriftsteller W. H. Auden (1907–1973) nannte Kafka den »Dante des 20. Jahrhunderts«, und die Versicherung ist in der Tat mehr als eine Industrie: Sie ist beinahe eine Religion, die es als ihre Mission ansieht, den Dämon der Furcht auszutreiben, und ein großer Teil der Menschheit entrichtet ihr bereitwillig regelmäßige Opfergaben.

Kafka fand das Versicherungswesen »höchst interessant«: er hatte sich auf Arbeitsunfälle in Fabriken spezialisiert und war bei seinen Kollegen, die er als »Vorbilder der Ausgeglichenheit und Gewissenhaftigkeit« bewunderte, sehr angesehen – schließlich war er selbst sehr gewissenhaft und erledigte seine Aufgaben außerordentlich effektiv. Das bewahrte ihn aber nicht davor, seinen Beruf – »diese entsetzliche Beschäftigung« – zu hassen. »Man muss sich sein Grab verdienen«, schrieb er einmal, aber auch das war kein rechter Trost. Ein Jahr später wechselte er zu einer anderen Versicherungsgesellschaft, weil ihn empört hatte, wie ein Kollege »in besonders herabsetzender Weise beschimpft« worden war. Seine Vorgesetzten hatten dafür kein Verständnis und führten sein

»DIESE ENTSETZLICHE BESCHÄFTIGUNG«

Ausscheiden auf eine »Nervosität, verbunden mit großer Erregbarkeit des Herzens« zurück. Allerdings war sein neuer Arbeitsplatz trotz einer geringeren Arbeitszeit auch nicht besser. Kafka klagte nach wie vor über Müdigkeit im Büro und starke Erschöpfung am Ende eines jeden Arbeitstages, obwohl er einen großen Teil dieser Zeit damit verbrachte, aus dem Fenster zu schauen, von jungen Frauen zu träumen, Witze zu machen und über Literatur zu diskutieren. Er hatte Jura studiert, weil er nicht gewusst hatte, was er mit seinem Leben anfangen sollte, aber seine Arbeit war nicht das Leben. Es gab »eine gewisse Stelle in einem kleinen Gang, der zu meinem Bureau führte, in dem mich fast jeden Morgen eine Verzweiflung anfiel, die für einen stärkeren, konsequenteren Charakter, als ich es bin, überreichlich zu einem geradezu seligen Selbstmord genügt hätte«. Sein Traum, dass die Arbeit für die Versicherung ihn in fremde Länder führen würde, wo er »aus den Bureaufenstern Zuckerrohrfelder oder mohammedanische Friedhöfe ... sehn« könne, erfüllte sich nicht. Aber das tat seiner Energie keinen Abbruch. Sobald er das Büro verließ, und obwohl »sich sogleich der schwermütige Gedanke einstellte, bald wieder dorthin zurückkehren zu müssen«, führte er ein bewegtes gesellschaftliches Leben, hatte zahlreiche Affären, besuchte Bordelle, fand Gefallen an Pornographie und blieb doch, wie sein bester Freund anmerkte, »von sexuellen Begierden gepeinigt«. Dem Kabarett galt seine besondere Leidenschaft: »Ich habe im Allgemeinen sehr viel Sinn für solche Sachen, glaube sie von Grund aus, von einem unabsehbaren Grund aus zu erfassen und genieße sie mit Herzklopfen.« Aber seine »Blutsbrüder« fand er in der Welt der Literaten, und mit den Mitteln der Literatur enthüllte er die Absurditäten und Albträume, die ihn verfolgten. »Durch mein Schreiben halte ich mich ja am Leben«, und Schreiben heißt »sich öffnen bis zum Übermaß«. Für ihn war das Schreiben zugleich »eine Form des Gebets«.

Die Arbeit für die Versicherung vermochte Kafka weder von seinen Ängsten noch von seiner fixen Idee zu befreien, dass alle, denen er begegnete, ihn hässlich fänden. Sie ermöglichte es ihm aber, darüber nachzudenken, wie er diesen Ängsten begegnen konnte. Er kam zu dem Schluss, dass die Angst »wahrscheinlich das Beste« an ihm sei. Sich dagegen zu versichern sei möglicherweise nicht die beste Lösung, obwohl er verstand, dass manche sich »in Ketten gefesselt« sicherer fühlten als in Freiheit. Haben die Versicherungen ihre endgültige Bestimmung womöglich noch nicht gefunden?

SICHERER IN KETTEN

Wenn die Versicherung beinahe eine Religion ist, warum kannte sie dann keine Reformation? Versicherungsgesellschaften sind die Nachkommen der Philosophie der Aufklärung, die sich mutig gegen die Vorstellung auflehnte, dass alles, was geschieht, Gottes Wille sei und Gott herauszufordern bedeute, den Zorn des Himmels heraufzubeschwören. Sie machten sich den neuen wissenschaftlichen Ansatz zu eigen und bemühten sich, die Natur zu beherrschen und ihre unvorhersehbaren Launen zu überwinden. Die Sicherheitsgarantien, die sie anboten, beruhten auf rationalen Erwägungen und mathematischen Berechnungen, doch ihr Ausgangspunkt war ein tief verwurzeltes Gefühl: die Angst. Versichert zu sein minderte die Angst. So bot die Versicherung Schutz vor einer immer größeren Palette von Gefahren, schürte zugleich aber weitere Ängste, die es zuvor noch nie gegeben hatte. So gut wie jede menschliche Aktivität wird inzwischen als risikobehaftet und versicherungsbedürftig eingestuft. Mit der Versicherung gegen die Angst lassen sich offenbar höhere Gewinne erzielen als mit den versicherten Tätigkeiten und Objekten selbst.

VERSICHERUNG UND AUFKLÄRUNG

Die neuen, gebildeteren Generationen lassen sich jedoch von anderen Emotionen und Zielen leiten, die mit der Angst wetteifern. In dem Maße, in dem die Jüngeren unabhängiger werden und die sofortige Erfüllung aller Wünsche erstreben, lockert sich auch ihre Bindung an die jahrhundertealte Tugend der Sparsamkeit, auf der alle früheren Kulturen beruhten. Sie mögen sich nach Sicherheit sehnen, streben aber auch nach Abenteuern und aufregenden Erlebnissen, lieber heute als morgen, und sind daher für Renten und Altersvorsorge nur bedingt zu interessieren. Außerdem ist ihnen Geld nicht mehr genug. Sie wollen vor allem, was man mit Geld nicht kaufen kann – insbesondere ein erfülltes Leben und emotionale persönliche Beziehungen.

EMOTIONEN, FÜR DIE ES KEINE VERSICHERUNG GIBT

Darauf wird sich die Versicherungswirtschaft noch einstellen müssen. Sie hält nur minimalen Kontakt zur Jugend, weil sie davon ausgeht, die Jungen seien ohnehin zu wenig finanzkräftig, als dass es sich lohnte, sie als Kunden zu gewinnen. Dabei investiert diese Altersgruppe erhebliche Beträge in andere Produkte wie Musik, Mode, Smartphones und Videospiele, weil diese ihnen helfen, persönliche Kontakte zu knüpfen. Die Versicherer haben offenbar die lange Geschichte der Bemühungen junger Rebellen vergessen, Selbstbewusstsein zu entwickeln und von den Älteren geachtet zu werden, mehr Freiheit zu erlangen, ihren Horizont zu erweitern und ihr Verlangen nach Freundschaften zu stillen, mit denen ihre Familien häufig nicht einverstanden sind. Auch hat die Versicherungswirtschaft es nicht verstanden, sich die Energien zunutze zu machen, denen so viele Erfindungen der Menschheit zu verdanken sind. Sie bietet einen negativen Schutz an, indem sie eine nachträgliche Entschädigung verspricht, und das hat mit dem, was die Jugend anstrebt, wenig zu tun. Warum hat diese Branche keine proaktivere Art von Versicherungen erfunden, die das Interesse der Jüngeren weckt und ihre moderne Erwartungs-

SCHADENVERSICHERUNGEN UND CHANCENVERSICHERUNGEN

haltung berücksichtigt? Warum bietet sie statt einer Schadenversicherung, die sich auf die Sorgen um den Besitz und das Alter bezieht, nicht eine Chancenversicherung an, wo doch immer mehr Leute sich danach sehnen, Zugang zu den Chancen zu erhalten, die ihnen verwehrt werden?

Vor der Erfindung der Versicherungsgesellschaften hatte es andere Versicherungssysteme gegeben, die proaktive Elemente enthielten und gegenüber den heute üblichen Systemen durchaus Vorteile (aber auch Nachteile) aufwiesen. Familien, Kirchen, Vereinigungen und gemeinnützige Vereine erbrachten eine Reihe jener Dienste, die heutzutage so teuer bezahlt werden müssen. Ihnen war gemeinsam, dass für sie die persönliche Interaktion und nicht das Geld im Mittelpunkt stand. Sie boten praktische Unterstützung, emotionalen Halt, Geselligkeit und Rituale. Inzwischen sind diese gemeinnützigen Vereine, die den Armen halfen und ihnen ein Gefühl der Zugehörigkeit vermittelten, in vielen Ländern, in denen die Familien kleiner sind und sich stärker abkapseln als früher und die Religionen ihre einstmals vorherrschende Stellung verloren haben, durch den unpersönlichen Wohlfahrtsstaat verdrängt worden. Deshalb stellen fundamentalistische religiöse Organisationen heute die Versicherungssysteme dar, die am schnellsten wachsen, alle Alters- und Berufsgruppen anziehen und weder schriftliche Verträge noch Massenlösungen anbieten, sondern ganz persönliche Hilfe, die auf die jeweiligen Nöte des Einzelnen bei der Suche nach einer Arbeit oder Wohnung, nach Freundschaft, sozialer Akzeptanz oder nach einem Sinn und Ziel eingeht. Die Versicherungswirtschaft hat sich durch ihre Entscheidung, unpersönliche, anonyme und bürokratische Unternehmen zu werden, von ihrer gemeinschaftsorientierten Vergangenheit abgeschnitten.

Kafkas Urteil über das Unternehmen, in dem er arbeitete, war nicht das Urteil eines feindseligen Kritikers von außen, sondern das eines Mannes, der das Spiel der Versicherungen nach deren eigenen Regeln mit Erfolg gespielt hatte und verstehen konnte, warum die Entwicklung so verlaufen war. Er warf den Bürokraten vor, aus »lebendigen, wandlungsfähigen Menschen tote, jeder Wandlung unfähige Registraturnummern« zu machen. Die Angestellten konnten sich zwar glücklich schätzen, einen sicheren Bürojob zu haben, sagte er, aber sie konnten ihn zugleich auch hassen, weil er ihre Phantasie einkerkerte. Die Willkür und der Widersinn, die sich hinter angeblich unerschütterlichen Regeln verbargen, und die absurden Ungerechtigkeiten, zu denen sie führen konnten, schränkten ihre Gedankenfreiheit auf unerträgliche Weise ein. Welche andere Richtung könnten Versicherungen einschlagen, wenn sie sich die Verbitterungen zu Herzen nähmen, die ihren eigenen Vorstellungen und denen ihrer Kunden zuwiderlaufen?

<small>DIE PHANTASIE VON BÜROANGESTELLTEN</small>

Versicherungsgesellschaften haben ein monetäres Äquivalent des Chloroforms erfunden, das den Kunden Seelenfrieden verheißt und den Gesellschaften selbst dank ausgeklügelter mathematischer Berechnungen einen sicheren Gewinn beschert, und das hatte während einer langen Periode des Wohlstands, die von vielen Ängsten begleitet wurde, sehr gut funktioniert. Je mehr die Menschen besitzen, desto mehr haben sie zu verlieren, und je mehr Annehmlichkeiten sie genießen, desto stärker ist der Wunsch, sie zu behalten. Folglich wurden Gesetze erlassen, die bestimmte Arten von Versicherungen zur Pflicht und andere durch steuerliche Vergünstigungen attraktiv machten. Versicherungen und Pensionsfonds wurden zu einflussreichen Investoren, die der Gesellschaft ihren Stempel aufdrückten, indem sie das Kriterium gesicherter Renditen in den Vordergrund stellten, ohne sich jedoch zu fragen, ob ihre Kunden möglicherweise

<small>EIN LEBEN MIT DER REGELMÄSSIGKEIT EINES UHRWERKS</small>

etwas anderes wollten. Geld war für diese Unternehmen der entscheidende Faktor, denn in ihren Augen war es das Allheilmittel, um alle Fehlschläge wiedergutzumachen und zu gewährleisten, dass das Leben mit der Regelmäßigkeit eines Uhrwerks verläuft. Aber die Hälfte der Weltbevölkerung ist jünger als fünfundzwanzig Jahre, verfügt über kein oder nur wenig Geld und hat ganz andere Dinge im Sinn. Wie lange wollen die Versicherungswirtschaft und die Jugend noch auf unterschiedlichen Planeten leben?

Man darf nicht erwarten, dass eine etablierte Branche ihre eingefahrenen Gewohnheiten von sich aus ändert. Wenn sich jedoch so viele Menschen von ihr entfremden, die Älteren so zahlreich werden, dass die Berufstätigen nicht mehr für sie aufkommen können, und somit die weitere Rentabilität oder gar die Überlebensfähigkeit der Versicherungswirtschaft in Frage gestellt wird, ist es an der Zeit, etwas anderes auszuprobieren. Das birgt keine Gefahren, wenn man es in bescheidenem Rahmen und parallel zu den traditionellen Vorgehensweisen angeht, um schlicht zu erkunden, welche anderen Möglichkeiten es gibt. Wissenschaft und Technik experimentieren unablässig, aber organisierte Berufsgruppen stehen oft unter dem Zwang, die wohlerworbenen Rechte ihrer Mitglieder wahren zu müssen. Immerhin haben gerade die Versicherungen, obwohl sie als Inbegriff der Vorsicht gelten, in den letzten hundertfünfzig Jahren auf ihre eigene Art einen gewissen Abenteuergeist bewiesen, ohne gegen gesellschaftlich geachtete Werte zu verstoßen. Die Assicurazioni Generali, ursprünglich ein reiner Seeversicherer, entwickelte sich fort, investierte in Grundstücke, gründete Banken, betrieb eine Vermögensverwaltung, betätigte sich als Unternehmensberater, vermittelte häusliche Dienst- und Pflegeleistungen und engagierte sich sogar im Bildungsbereich, als ihre deutsche Tochtergesellschaft die größte technische Hochschule Euro-

VERSICHERUNGEN
GEGEN DIE EINSAMKEIT

pas gründete. Aber weder die Generali noch irgendeine andere Versicherung sah es als ihre Aufgabe an, sich mit den scheinbar belanglosen Anliegen junger Leute zu befassen. So blieb es der Mobilfunkindustrie überlassen, der Jugend eine Versicherung gegen ihre schlimmsten Ängste anzubieten, nämlich gegen Langeweile, Einsamkeit und mangelnde Anerkennung. Als der Markt der Smartphones für junge Leute 2006 erstmals den Wert von einhundert Milliarden Dollar überstieg, begriffen die Versicherer nicht, was dieser Meilenstein für ihre eigene Zukunft bedeutete, obwohl er ein deutlicher Hinweis war, dass inzwischen unermesslich viele junge Leute fieberhaft versuchten, in den sozialen Medien Freunde oder Verbündete zu finden, und ihr größter Wunsch war, die frustrierenden Schwierigkeiten zu überwinden, eine zufriedenstellende Arbeit zu finden, eine gute Ausbildung zu erhalten und aufregende Auslandsreisen zu machen. Geld reichte dafür nicht aus, denn das allein konnte ihnen keinen Zugang zu einflussreichen Fremden verschaffen, die ihnen hätten helfen und eine interessantere Zukunft aufzeigen können. Je weiter sie über die Grenzen ihres eigenen Landes hinaussahen, desto stärker waren sie auf die Unterstützung durch persönliche Kontakte angewiesen. Aber niemand bot ihnen eine Chancenversicherung an, die ihnen den Zugang zu der Art von Leben hätte garantieren können, nach der sie sich sehnten.

Bislang ist noch niemand auf die Idee gekommen, dass ein Versicherungsnehmer einem anderen Versicherungsnehmer etwas zu sagen haben könnte, es sei denn, um sich über die bürokratischen Finten zu beschweren, mit denen Versicherungen sich gern um die Erfüllung ihrer Versprechen zu drücken versuchen. Aber es ist durchaus denkbar, dass die Generali (oder ihre Mitbewerber) irgendwann erkennen, welche Vorteile es hätte, wenn

EINE NEUE SICHT DER DINGE, MIT DENEN DIE LEUTE IHREN TAG VERBRINGEN ihre Versicherten miteinander redeten. Die dreißig Millionen Versicherungsnehmer der Generali stellen einen ungenutzten Aktivposten dar, denn sie verfüge über Kenntnisse, Erfahrungen und Netzwerke, die den Jüngeren bei ihren dringlichsten Anliegen helfen könnten. Die Umverteilung des Wissens zwischen den Generationen erfordert keine Revolution, sondern man sehe sich einfach an, wie die Leute ihren Tag verbringen.

Gegenüber den sozialen Medien haben Versicherungsgesellschaften den Vorteil, dass ihr Überleben von dem Vertrauen abhängt, das die Kunden in ihre Fähigkeit setzen, ihnen bei dem, was sie vom Leben erwarten, eine Stütze zu sein. Aber bislang haben sie sich mit einer zu engen Auslegung dieser Aufgabe zufriedengegeben, indem sie sich als Finanzdienstleister verstehen, die sich mit Geldgeschäften befassen. Selbst wenn sie nur einmal im Jahr, oder wenn ein Versicherungsanspruch geltend gemacht wird, Kontakt zu ihren Kunden aufnehmen, ist ihr Erfolg von einem wechselseitigen Vertrauen abhängig. Und nichts stärkt das Vertrauen mehr, als die Fähigkeiten jedes einzelnen Individuums anzuerkennen. Alle Versicherungsnehmer haben Fähigkeiten der einen oder anderen Art, aber man gibt ihnen keine Gelegenheit, sie unter Beweis zu stellen oder im Rahmen des Versicherungsverhältnisses einzusetzen und auf diese Weise das Gefühl zu haben, Teil einer Gemeinschaft zu sein, in der sie ihre Kenntnisse nicht nur zum gegenseitigen Nutzen, sondern auch zum Wohl der Allgemeinheit untereinander austauschen können.

EINE CHANCE, SEINE TALENTE UNTER BEWEIS ZU STELLEN

Verständlicherweise ziehen Unternehmen es vor, auf der sicheren Seite zu bleiben und sich auf ihr Kerngeschäft zu konzentrieren, aber Fluggesellschaften haben immerhin den Mut aufgebracht, kostenlose Flüge anzubieten, um Geld mit anderen Leistungen für ihre Kunden zu verdienen. Die großen Ölkonzerne machen mit den Supermarktartikeln, die sie in ihren Tankstellenshops verkaufen, inzwischen mehr Umsatz als mit Treibstoff. Google bezieht seine Einkünfte nicht von den Nutzern seiner Suchmaschinen, sondern aus deren Attraktivität für Anzeigenkunden. Kinos setzen auf Snacks und Getränke, die sie in den Pausen verkaufen, und nicht nur auf die Erlöse aus dem Kartenverkauf.

Die Versicherungen haben noch nicht erkannt, dass sie über einen gigantischen, aber ungenutzten Bestand an Informationen verfügen, die drei der wichtigsten Aspekte des Lebens betreffen: Arbeitsplätze, Ausbildung und Reisen. Bekanntlich kommen viele Menschen auf Umwegen zu ihrer Arbeitsstelle, durch Beziehungen, und ob ein bestimmter Job attraktiv ist, lässt sich nur anhand von Insiderinformationen beurteilen. Dennoch bietet man den Versicherungsnehmern keine Gelegenheit, einander oder der nächsten Generation, die Dringenderes im Auge hat als Versicherungen, von Nutzen zu sein. Je schwieriger es für jüngere Menschen ist, eine Arbeit zu finden, die ihnen zusagt, desto mehr sind sie auf die Hilfe derer angewiesen, die sich aus eigener Erfahrung mit der Wirklichkeit hinter den Fassaden auskennen. Zudem scheuen Arbeitssuchende zunehmend davor zurück, sich ein Leben lang an einen einzigen Arbeitgeber zu binden, sodass die Notwendigkeit von Kontakten immer wichtiger wird. Was hält die Kunden der Generali davon ab, das Schweigen zu brechen, das die Arbeitssuchenden von denen trennt, die eine Arbeitsstelle haben?

JOBSUCHE VON MUND ZU MUND

Oder gar das Schweigen zwischen den gut Ausgebildeten und denen, die eine solche Ausbildung suchen? Immer mehr Menschen möchten im Ausland studieren, haben aber nur sehr beschränkten Zugang zu lokalen Informationen aus erster Hand. Wenn sie in ein fremdes Land reisen, ohne dort Freunde zu kennen, kommen sie häufig nur mit den eigenen

Landsleuten in Kontakt. Für die komplexen Entscheidungen, die zu treffen sind, erweisen sich offizielle Broschüren nicht selten als unzulänglich oder gar irreführend. Studenten können sich getrost Zeit lassen, Vorsorge für die Zukunft ihrer Hinterbliebenen zu treffen. Was sie aber unbedingt brauchen, sind bessere Lösungen für das vordringliche Problem, ihrem Geldmangel abzuhelfen und jemanden zu finden, der ihnen zu einem, im Idealfall interessanten, Halbtags- oder Vollzeitjob verhilft. In China leben vier Millionen Studenten (ein Viertel der studentischen Bevölkerung) unterhalb der offiziellen Armutsschwelle. In Indien ist eine Bank zu der Erkenntnis gelangt, dass persönliche Beratung willkommener ist und mehr bewirkt als nur Bargeld oder Kredite. Die Manager von Versicherungsgesellschaften vertreten nach wie vor den Standpunkt, dass sie das nichts angehe. Aber gehen junge Leute sie wirklich nichts an?

DAS SCHWEIGEN DER GUT AUSGEBILDETEN

Wenn junge Leute abenteuerlichere Reisen unternehmen, weil sie den Reiz exotischer Ziele oder unerwarteter Herausforderungen suchen, zählt es nicht zu ihren dringlichsten Sorgen, sich gegen Gefahren zu versichern. Wenn sie sich aufmachen, Unbekanntes zu erforschen oder die Geheimnisse von Fremden zu entschlüsseln, und dabei bewusst Risiken auf sich nehmen, interessieren sie sich nicht für den Massentourismus, der auf erschöpfte Arbeitnehmer zugeschnitten ist, oder für sichere Hotels, bewachte Strände und für im Voraus gebuchte Pauschalreisen mit Reiseversicherungsschutz. Sie möchten lieber wissen, an wessen Tür sie anklopfen können, wo immer sie sich befinden. Das möchten aber auch die Älteren. Zwei Drittel aller Briten würden sich gern im Ausland zur Ruhe setzen, und vier Fünftel möchten im Rentenalter Auslandsreisen un-

DER REIZ UNERWARTETER HERAUSFORDERUNGEN

HOFFNUNGEN, DIE MAN MIT GELD NICHT ERKAUFEN KANN

ternehmen. Die Aussicht auf eine Entschädigung im Katastrophenfall ist dafür nicht genug. Viel wichtiger sind die Hoffnungen, die man damit verbindet, vor allem die Art von Hoffnung, die man mit Geld nicht erkaufen kann, wie etwa die Hoffnung, mit den eigenen Kenntnissen und Erfahrungen Menschen helfen zu können, denen man zu Hause im Alltag nicht begegnet, und die Hoffnung, von anderen etwas lernen zu können, von dem man nicht geglaubt hätte, dass es so interessant sein kann.

Für Versicherungsgesellschaften bietet es keinen Vorteil, sich hinter nichtssagenden Firmennamen zu verstecken. Im Mittelalter, als die Universitäten erfunden wurden, hießen die von ihnen angebotenen Kurse »Studia generalia«, und im Gegensatz zu dem, was Universitäten heute lehren, handelte es sich um eine Einführung in das universelle Wissen, in sämtliche Erkenntnisse der damaligen Zeit. Die Generali-Gruppe könnte sich diese namentliche Übereinstimmung zunutze machen, und andere Versicherungsgesellschaften könnten dazu übergehen, sich Namen zu geben, die zum Ausdruck bringen, was sie wirklich auszeichnet. Ein Kunde der Generali zu werden könnte bedeuten, einer neuen Art von Institution beizutreten, die sich das über ihre eher prosaische Geschäftstätigkeit hinausgehende Ziel setzt, den Horizont ihrer Mitglieder zu erweitern und sie von kleinkarierten Fehlvorstellungen zu befreien.

> FREIHEIT VON KLEINKARIERTEN FEHLVORSTELLUNGEN

Versicherungsgesellschaften zählen zu den reichsten, aber auch verschwiegensten Institutionen der Welt. Zu den Vermögenswerten der Generali gehören einige der berühmtesten historischen Bauwerke Europas. Diese Versicherungsgesellschaft könnte weit mehr sein als ein kommerzielles Unternehmen, wenn sie ihren Kunden das Gefühl gäbe, mit ihren Versicherungsbeiträgen und Geldanlagen einen Beitrag zur Kultur zu leisten und ihr kulturelles Erbe zu bewahren, indem sie dafür sorgen, dass ihm größere Wertschätzung entgegengebracht wird. Das ließe sich insbesondere verwirklichen, wenn das Unternehmen auch Festlichkeiten veranstaltete, die an die frühere Verbindung zwischen Versicherungen und Geselligkeit anknüpften und Gelegenheit böten, gesellschaftliche und intellektuelle Beziehungen zwischen Kunden, Aktionären und Angestellten aufzubauen. Die Unpersönlichkeit heutiger Unternehmen ist ein recht neues Phänomen, das jeglicher traditionellen Weisheit zuwiderläuft.

DIE VERSCHWIEGENSTEN EINRICHTUNGEN

Es besteht keine Notwendigkeit, Büroangestellte wie Käfigtiere zu behandeln, die man nur gelegentlich freilässt, um sie an Arbeitssitzungen oder Schulungen teilnehmen zu lassen, und es ist auch nicht nötig, diese Schulungen thematisch so eng zu begrenzen. Zwar schießen unternehmenseigene Universitäten überall wie Pilze aus dem Boden, aber sie sind nur blasse Imitationen wirklicher Universitäten, weil sie ihre Aufgabe allein darin sehen, für messbare Gewinnsteigerungen zu sorgen, nicht aber, aufgeschlossene Denkweisen zu fördern. Sie haben ihre Ziele noch nicht dahin ausgeweitet, eine ernsthafte und allgemeine Auseinandersetzung mit weiterreichenden Fragen anzuregen, etwa mit der Frage, wie man die Arbeit und das Geschäftsleben neu erfinden könnte, damit sie den Idealen der Menschheit besser entsprechen, sodass auch Außenstehende den Wunsch verspüren, diese Kurse zu besuchen, zuzuhören und sich an der Diskussion zu beteiligen. Im Gegenzug würden diese Einrichtungen ein öffentliches Ansehen gewinnen, das von den Produkten des Unternehmens völlig unabhängig ist.

Glücksspiele sind ein weiterer unerkannter Konkurrent von Versicherungsprämien. Wenn die Menschen enttäuscht feststellen, dass ihre Ambitionen nicht zu verwirklichen sind, bieten Glücksspiele ihnen die verlockende Illusion, den

Gewinn ihres Lebens zu machen und sich sogleich zur Ruhe setzen zu können. Man schätzt, dass Spieler weltweit eine Billion Dollar ausgeben, ungefähr so viel wie die weltweiten Militärausgaben, und die Glücksspielbranche wächst schneller als die Versicherungswirtschaft: In Frankreich zum Beispiel hat sich der inflationsbereinigte Wert der Einsätze in den letzten fünfundzwanzig Jahren verdoppelt. In mehreren europäischen Ländern entfallen zwischen einem und zwei Prozent des Bruttosozialprodukts auf Glücksspiele, und in China und Japan dürfte der Anteil noch höher sein.

> AUSGABEN FÜR GLÜCKSSPIELE SO HOCH WIE FÜR DAS MILITÄR

Versicherungsunternehmen könnten indes noch deutlich mehr Gewinner hervorbringen, denn sie sind keine Bestattungsunternehmen, sondern dienen den Lebenden und wären in der Lage, einen nennenswerten Teil ihrer Gewinne zu verwenden, um Stipendien, Reisen und Abenteuer für junge Menschen zu finanzieren, statt sich mit den symbolischen Beträgen zu begnügen, die sie derzeit unter dem Schlagwort der sozialen Verantwortung des Unternehmens bereitstellen.

Woody Allen hat einmal gesagt: »Es gibt Schlimmeres als den Tod. Wer schon einmal einen Abend mit einem Versicherungsvertreter zugebracht hat, wird wissen, was ich meine.« Würde die Versicherungswirtschaft die Menschen stärker dabei unterstützen, einander zu helfen, indem sie ihr gegenseitiges Verständnis förderte, statt nur ihre Versicherungsprämien anonym zu bündeln, könnte sie dem Kampf gegen die Angst eine neue Richtung vorgeben.

> »ES GIBT SCHLIMMERES ALS DEN TOD«

Der berühmte Spruch »Wir brauchen uns vor nichts zu ängstigen außer vor der Angst selbst« stellt keine Lösung dar. Die Angst lässt sich nicht endgültig beseitigen, aber man kann sie unterdrücken oder vergessen, wenn die Gedanken sich auf neue und aufregende Abenteuer konzentrieren. Das ist der Grund, warum

Versicherungen gegen die Angst nicht genug sind und nur diejenigen Versicherungsgesellschaften eine goldene Zukunft haben, die den Einsamen, den Bedrückten und den Hoffenden neue Möglichkeiten eröffnen.

26

REICHT ES, IM HERZEN JUNG ZU BLEIBEN, UM NICHT ZU VERGREISEN?

Der brasilianische Architekt Oscar Niemeyer (1907–2012) ging bis zu seinem Tod im Alter von 104 Jahren jeden Tag in sein Büro und entwarf erstaunliche Gebäude. Kann er denen, die sich vor dem Alter fürchten, als Vorbild dienen?

Niemeyer wusste schon sehr früh, was er wollte, und hielt an den Werten, die er sich in seiner Jugend zu eigen gemacht hatte, in unerschütterlicher Treue fest. Sein berufliches Ziel war, die Architektur von dem Diktat des rechten Winkels zu befreien, demzufolge alle Gebäude quader- oder würfelförmig zu sein hatten. Warum durften Häuser keine Kurven haben, fragte er, so wie die Landschaft, die Blumen, die Frauen und alles andere in der Natur? Warum konnte die Architektur nicht nach Schönheit streben, statt nur der »strukturellen Logik« und »Funktionalität« zu gehorchen? Warum konnte sie sich nicht harmonisch in die Natur einfügen und uns, statt immer nur gleich aussehende Glaskästen hervorzubringen, in Staunen versetzen? Für ihn war die Architektur eine Kunst, die Vergnügen bereiten sollte, und sein ganzes Leben lang blieb er ein »Betonkünstler«, der sich der »reinen Erfindung« verschrieben hatte und zeigte, welche Wunder sich aus Stahl-

DAS DIKTAT DES RECHTEN WINKELS

beton erschaffen ließen. Als Künstler konnte er seine Entwürfe frei gestalten. Den Leuten, die das Aussehen seiner Gebäude befremdlich fanden, sagte er: »Haben Sie so eine Form noch nie zuvor gesehen?«

Er wollte aber nicht nur Kunstwerke schaffen, sondern auch »die Gesellschaft verändern« und der Ungleichheit, der Ungerechtigkeit und der Armut ein Ende bereiten. Er trat in die kommunistische Partei ein. Aber er verband seinen Glauben an die Bruderschaft der Menschen mit einem glühenden Patriotismus. Er fühlte sich Brasilien zutiefst verbunden und wurde wütend, wenn Ausländer das Land schlechtmachten. Dann beharrte er darauf, Brasiliens Unzulänglichkeiten seien nur darauf zurückzuführen, dass es eine junge Nation sei, aber gerade deshalb voller Verheißung und dazu bestimmt, nach Jahrhunderten der Ausbeutung durch die Europäer zu erreichen, was alte, durch starre Traditionen behinderte Zivilisationen nicht vermocht hätten: Brasilien sei das Land der Zukunft. Zugleich begeisterte er sich für alle Erscheinungsformen des »Humanismus«. »Für mich ist es wichtig, zu lesen. Unterschätzen Sie nicht die Bedeutung des Lesens: Man muss unablässig lesen, vor allem über Themen, die nichts mit dem Beruf zu tun haben ... Man darf es nicht zulassen, dass eher technische Fachdisziplinen die kreative Intuition schwächen oder behindern.« Und zu schreiben war für ihn ebenso wichtig. Mit Worten konnte er seine Pläne genau so gut darstellen wie mit Zeichnungen, und er machte abwechselnd von beiden Ausdrucksformen Gebrauch.

Wenn man ihn nach seinen Prioritäten fragte, nannte er allerdings die Familie und die Freunde an erster Stelle. Eine Familie war für ihn »eine lebenslange Freundschaft ... Wir stehen uns alle sehr nahe, wir halten zusammen.« Er erinnerte sich gern an seine Erziehung, als das Reden den Eltern vorbehalten war und die Kinder respektvoll zu gehorchen

DIE BEDEUTUNG DES LESENS

hatten, und im Alter überließ er die Leitung seines Architekturbüros seiner Enkelin. Seine Autobiographie ist eine einzige Lobeshymne auf seine Freunde und beschreibt, wie jeder von ihnen auf seine besondere Art prägend für ihn war. »Das Leben ist wichtiger als die Architektur ... Leben heißt, zu wissen, wie man sich zu verhalten hat, und Freude daran zu haben, liebenswürdig und gerecht zu sein ... Leben heißt, eine Frau an seiner Seite zu haben.«

Zwei Jahre nach dem Tod seiner Frau, mit der er fünfundsiebzig Jahre lang verheiratet war, heiratete er im Alter von neunundneunzig Jahren noch einmal. Der Vorteil des Alters, sagte er, ist die Gelassenheit, die es mit sich bringt. »Früher geriet ich häufig mit denen aneinander, die meine Ideen als Architekt ablehnten. Jetzt nicht mehr. Schließlich verteidigen sie, was sie im Laufe der Jahre als gute Fachleute erreicht haben. Die Zeit vergeht, und mir sind alle Arten von Architektur willkommen.« Nicht anders hielt er es mit den endlosen Auseinandersetzungen innerhalb der kommunistischen Partei: »Es gab dort so viele unterschiedliche und entgegengesetzte Charaktere, dass uns allein das Band der Freundschaft zusammenhalten konnte ... Mit zunehmendem Alter überkommt mich ein Gefühl der Verbundenheit, das alten Groll überwindet, und ich sehe die guten Seiten eines jeden.«

<small>WAS IST DAS WICHTIGSTE?</small>

Ist das die Weisheit, die nur in hohem Alter zu erreichen ist? Nein, denn sie war nur vorgetäuscht. Der Tod war für Niemeyer ein qualvoller Gedanke. »Der Tod hat mich unablässig geängstigt ... Mit fünfzehn machte es mich beklommen, über das Schicksal der Menschen nachzudenken ... Im Lauf der Jahre trieben mich diese Gedanken immer häufiger um ... Ich versuchte, die schwarzen Bilder zu verscheuchen, die vor mir aufstiegen, wenn ich allein war. Ich legte mir eine Maske aus jugendlichem Optimismus und an-

<small>WEISHEIT UND VORTÄUSCHUNG</small>

steckender guter Laune zu. Man hielt mich für fröhlich und spontan, jemanden, der dem Lebensstil der Boheme zugetan war, aber tief in meinem Inneren verspürte ich eine ungeheure Beklemmung, wenn ich an die Menschheit und das Leben dachte.« Nur das ständige Zusammensein mit Freunden konnte diese Melancholie vertreiben, aber die Tragödie des Alters ist, dass die alten Freunde wegsterben. Obwohl er Atheist war, hatte seine ständige Beschäftigung mit dem Tod etwas Religiöses. Die Kunst war seine Erlösung. Aber eine Kunst, die Ausdruck der individuellen Vorstellungskraft ist, bleibt eine Kunst der Einsamkeit.

DIE KUNST DER EINSAMKEIT

Niemeyer schätzte den Optimismus, dem sich der Kommunismus verschrieben hatte, seine Überzeugung, dass eine bessere Welt möglich sei und unmittelbar bevorstehe, und seine Fähigkeit, sich von allen Rückschlägen zu erholen, so wie die Christen sich durch den wiederholten Aufschub der Wiederkehr des Messias nicht entmutigen ließen.

FATALISMUS

Aber tief in seinem Innersten glaubte er nicht daran, dass man die Menschen von Grund auf ändern könne. Obwohl er sich zur Aufgabe gemacht hatte, eine bessere Welt zu erschaffen, war er geprägt von einem Fatalismus, den er allerdings nur selten eingestand. Das Leben, sagte er, »ist das, was das Schicksal für uns bereithält«. Trotz seines Patriotismus war er der Ansicht, dass Brasilien seinen »stereotypen Ruf einer freundlichen und unkomplizierten Gesellschaft« nicht verdiene, und fragte: »Wann werden wir Brasilien in ein Land der Freundschaft und Solidarität verwandeln? Unsere Brüder, die Arbeiter, werden immer ärmer.« Noch schlimmer war, dass diese seine große Vision nicht teilten: »Unsere Landsleute leben in so bitterer Armut, dass die Ärmsten unserer Brüder keinen anderen Wunsch haben, als ein kleines Stück Land zu besitzen, auf dem sie eine erbärmliche Hütte bauen können.« Auf die Frage, warum er hauptsächlich riesige öffentliche Gebäude entwerfe, antwortete er, ihr Anblick solle die Armen, die an ihnen vorbeigingen, durch die Schönheit ihrer seltsamen und unerwarteten Formen fröhlicher machen. Er war in dieser Hinsicht bescheidener als Le Corbusier, der darauf bestand, der Zweck der Architektur sei, das Leben zu verändern. Niemeyer pflegte lieber zu sagen, sie solle Freude bereiten, indem sie Schönheit erschaffe. Aber der »Macht der Schönheit« sind Grenzen gesetzt.

DIE MACHT DER SCHÖNHEIT

Niemeyers Antwort auf Rückschläge und Enttäuschungen war Großzügigkeit. Er liebte es, anderen zu helfen. Auch wenn seine Freigebigkeit keine dauerhafte Veränderung bewirkte, verschaffte sie anderen zumindest einen Moment des Glücks. Er empfand für Geld ein Leben lang »nur Verachtung«, wie er sagte, und arbeitete häufig für ein geringes oder gar kein Honorar. Wenn sein Kontostand wieder einmal einen Tiefpunkt erreicht hatte, mahnte seine Tochter: »Papa, hör endlich auf, allen helfen zu wollen.« Als es unter Strafe gestellt wurde, Kommunist zu sein, die Polizei ihn verfolgte und er ins Exil floh, war er stolz darauf, seine kommunistischen Freunde öffentlich zu unterstützen. Es komme darauf an, sagte er, seinen Überzeugungen treu zu bleiben und nicht aufzuhören zu protestieren. Aber er war sich bewusst, dass seine alten Freunde einander im Laufe der Zeit nur noch die immer gleichen alten Geschichten erzählten.

Niemeyer konnte sich einen der ältesten Träume der Menschheit erfüllen, nämlich so lange wie möglich zu leben und dabei gesund zu bleiben, aber das gelang ihm nicht etwa, weil er im Herzen jung geblieben wäre. Weder seine großherzige Art noch sein architektonisches Genie halfen ihm über die Schwermut hinweg, die ihn in seiner Jugend befallen hatte und von der er sich nicht befreien konnte. Alle, die darüber reden, wie man bis ins hohe Alter jung bleibt, übersehen nämlich, wie sehr die Kindheit von Ängsten und die Jugend von Ungewissheiten geprägt werden. Hinter den Begriffen Jugend und Alter verbirgt sich heute etwas anderes als früher.

Hätte ich – nach dem Untergang des Römischen Reiches – unter den Westgoten gelebt, wäre ich ihnen, sobald ich die fünfundsechzig überschritten hätte, hundert Goldmünzen wert gewesen, genau so viel wie ein Kind unter zehn Jahren. Ein Vierzehnjähriger wurde damals mit 140 Goldmünzen bewertet, ein Erwachsener bis zum fünfzigsten Lebensjahr brachte es auf 300 und eine fruchtbare Frau zwischen vierzehn und vierzig auf 250, danach aber nur noch auf 40 und war, wenn sie die sechzig überschritten hatte, fast nichts mehr wert. Diese Bewertungen spiegeln die grundlegenden Vorstellungen einer Gesellschaft wider, in der es die Aufgabe der Frauen war, Kinder zu gebären, und die der Männer, kampfstarke Krieger zu sein. Aber das sind nicht die einzigen denkbaren Bewertungskriterien.

DAS STIGMA VON GEBURTSTAGEN

Die weit verbreitete Vorstellung, dass alte Männer einst die Welt regiert und sich allgemeiner Wertschätzung erfreut hätten, gibt nur die halbe Wahrheit wieder. Das Alter war noch nie eine hinreichende Voraussetzung, um Macht auszuüben. Alte Leute, die keine besonderen Fähigkeiten besaßen oder nicht mehr gesund waren, wurden häufig vernachlässigt oder sogar umgebracht, selbst in Gesellschaften ohne Schriftkultur, deren Traditionen auf die Erinnerung der Alten angewiesen waren. Berichte über junge Menschen, die sich gegen die Alten stellten, sind uns schon aus dem antiken Mesopotamien überliefert. In Athen stürzte die Demokratie die Herrschaft der Alten, und nur in Sparta blieb die Vormachtstellung der über Sechzigjährigen erhalten. Aristoteles bewunderte zwar einige im hohen Alter stehende Philosophen, schrieb aber auch, dass die meisten alten Leute pessimistisch, misstrauisch, bos-

DIE GEBRECHEN DES ALTERS

haft, argwöhnisch und engstirnig seien und sich nur noch mit ihrer eigenen Vergangenheit beschäftigten. Die römische Aristokratie wurde durch erbitterte Auseinandersetzungen zwischen Vätern und Söhnen gelähmt. In Indien legte die Religion den Alten nahe, sich von allen weltlichen Tätigkeiten zurückzuziehen und sich auf den Tod vorzubereiten. »Ein armes Kind, das weise ist«, sagt das Alte Testament, »ist besser, denn ein alter König, der ein Narr ist.« Trotz all der Weisheit, zu der die Erfahrung angeblich führt, hassten die alten Ägypter die Gebrechen des Alters: Ptahhotep, der Wesir des Pharaos, beklagte 2450 v. Chr., das Greisenalter bekomme den Menschen schlecht – es schwäche sie, mache sie vergesslich und bereite ihnen Schmerzen. Der Kultur seiner Zeit verdanken wir auch die Erfindung der Antifaltencreme.

Jung zu sein kann sich allerdings ebenfalls mühsam gestalten. Seit jeher wird die Jugend zugleich beneidet und gescholten, geliebt und unterdrückt, überbewertet und unterbezahlt, bald wegen ihrer Energie und »Unbefangenheit« bewundert und bald wegen ihres Ungehorsams, ihrer Zügellosigkeit, ihrer Leichtfertigkeit und zahlreicher anderer Untugenden beschimpft. Heißt jung zu bleiben, dass man nicht aufhört zu wachsen? Bedeutet es, den Lebensstil seiner Eltern abzulehnen? Raten die Alten ihren Kindern, ihren eigenen Weg zum Glück zu suchen, weil sie selbst an ihrem Lebensstil zu zweifeln beginnen? Und wenn die Jugend als Sinnbild körperlicher Fitness gilt, warum sind dann so viele junge Menschen in wohlhabenden Ländern so übergewichtig und in schlechter physischer Verfassung? Während Kinder sich früher an der Arbeit der Erwachsenen zu beteiligen pflegten, werden sie heute vor harten Arbeitsbedingungen geschützt und angehalten, lieber zu spielen. Zugleich zwingt die Schulpflicht sie aber, die Fähigkeiten zu erwerben, die die Erwachsenen von ihnen verlangen, und wenn sie sich nicht fügen,

WAS BEDEUTET ES, JUNG ZU SEIN?

werden sie bestraft. Man ermuntert sie, sie selbst zu sein, zwingt ihnen aber eine permanente Ausbildung durch Experten auf, die ständig neue Theorien darüber aufstellen, was mit ihnen nicht in Ordnung sei. Selbst die »Jugendkultur« ist nicht ihre eigene, da sie von wirtschaftlichen Interessen gelenkt wird. Daran teilzuhaben ist sehr kostspielig, und die Gewinne kommen anderen zugute. Eine Minderheit der Jugendlichen mag rebellisch, erfinderisch oder voller Tatendrang sein, aber nach den Aussagen der Sozialforscher macht sich die Mehrheit gewöhnlich die Werte und religiösen Überzeugungen ihrer Eltern zu eigen. In den Schwellenländern sehen viele ihr hauptsächliches Ziel darin, zu Wohlstand zu kommen, als ob das der einzige Weg wäre, über das Scheitern der Eltern hinwegzukommen.

Der Unterschied zwischen Jung und Alt verschwimmt seit einiger Zeit, weil ihr Status sich radikal verändert hat und inzwischen beide Generationen von der Arbeitswelt ausgeschlossen sind, die Jungen durch ihre lange Ausbildungszeit und die Alten durch ihren langen Ruhestand. Nie zuvor sind so viele arbeitsfähige Menschen dafür bezahlt worden, keiner beruflichen Tätigkeit nachzugehen. Der Gesundheitszustand und die Vermögensverhältnisse alter Menschen sind allerdings zu unterschiedlich, um sie als einheitliche Kategorie anzusehen. Nicht alle lassen sich gern als offiziell untauglich abstempeln. In den Ruhestand geschickt zu werden ist zwar eine Befreiung für diejenigen, die ihrer Arbeit nur widerwillig nachgegangen sind, aber ein Affront gegen alle, die ihre Arbeit als wichtigen Beitrag zur Gesellschaft ansehen. Auch die Bedeutung der Renten und Pensionen hat sich geändert. Sie waren im 19. Jahrhundert von preußischen Gutsbesitzern für die arbeitende Bevölkerung als eine Art Bestechungsgeld erfunden worden, um sie von einer sozialistischen Revolution abzuhalten, aber die Arbeiter wiesen die Idee einer Ver-

JUNGE UND ALTE ARBEITSLOSE

rentung ursprünglich weit von sich, und amerikanische Gewerkschaften riefen dagegen zum Streik auf – mit gutem Grund, denn die harte Arbeit ruinierte die Gesundheit der Armen, die selten alt genug wurden, um ihre Rente lange genießen zu können. Es war der Mittelstand, der den größten Vorteil daraus zog. Jetzt, da ganze Versorgungssysteme zusammenzubrechen drohen, weil die Menschen länger leben, ist es an der Zeit, das Rentensystem selbst in Rente zu schicken. Wenn die Menschen hundert Jahre alt werden, geht es nicht an, dass sie vierzig Jahre lang arbeiten und weitere vierzig Jahre im Ruhestand verbringen. Keine noch so ausgeklügelte Finanzakrobatik könnte das finanzieren. Man wird sich etwas anderes einfallen lassen müssen. Abgesehen davon bekommt die Vorstellung, jung zu bleiben, in einer Zeit, in der in manchen Ländern jeder zweite junge Mensch keine Arbeit findet, einen düsteren Beiklang.

Ganz neue Möglichkeiten tun sich auf, sobald man nicht mehr auf die Unterschiede zwischen Alt und Jung starrt, so nützlich diese Unterscheidung manchmal auch sein mag, und nicht mehr nach der Zahl der Jahre fragt, die jemand gelebt hat, sondern danach, *wie* er gelebt hat. Der menschliche Kopf ist ein Trödelladen voller Erinnerungen, alter Gewohnheiten, Vorurteile und Märchen aus vergangenen Jahrhunderten. Das Leben eines jeden Einzelnen wird weitgehend durch ein Sammelsurium von überkommenen Vorstellungen geprägt und durch Emotionen, denen Spuren und Aromen verschiedener Epochen anhaften. Das Alter eines Menschen ergibt sich daher nur vordergründig aus seinem Geburtsjahr. Jeder hat nicht nur ein Alter, er hat mehrere davon zugleich. Es stimmt nicht einmal, dass der Körper kontinuierlich altert. »So von Stund zu Stunde reifen wir, und so von Stund zu Stunde faulen wir«, wie Shakespeare sagt – eine solche stetige Entwicklung gibt es

> DER MENSCHLICHE KOPF IST EIN VOLLGESTOPFTER TRÖDELLADEN

nicht. Oscar Niemeyers zwanghafte Beschäftigung mit dem Tod, sein Fatalismus, sein Familiensinn, seine Leidenschaft für Protest, Überraschungen und geschwungene Linien und seine Loyalität, seine Großzügigkeit und sein Humanismus, all das zeigt, dass er aus unterschiedlich alten Traditionen und Bestrebungen schöpfte, deren Mischung ihm sein unverwechselbares Gepräge gab. Die Qualität eines Lebens hängt zu einem erheblichen Teil davon ab, wie geschickt, mühelos und elegant man Erinnerungen miteinander zu verbinden versteht, um daraus Erfahrungen entstehen zu lassen, die zusammen mehr bewirken als ihre einzelnen Elemente allein. Nichts davon lässt sich anhand der Zahl der Jahre messen, die jemand gelebt hat.

Unser Trödelladen kann ständig mit neuer Ware beliefert werden oder aber unangetastet bleiben und einstauben. Das physische Alter eines Menschen gibt keinen Aufschluss über das Alter seiner Ideen. Das Besondere an ihnen ist, dass sie dem Lauf der Zeit widerstehen und fruchtbar bleiben können, sodass sie neue Ideen hervorbringen, sobald ihnen neue Fragen begegnen.

DAS ALTER DER IDEEN

Sie können aber auch versteinern. Während die sexuelle Fruchtbarkeit die Blüte der Jugend ist, verwandelt die intellektuelle Fruchtbarkeit die Stille zwischen Vergangenheit, Gegenwart und Zukunft in Musik. Konfuzius hoffte, dass seine Schüler dies beherzigen würden, als er sagte: »Das Alte üben und das Neue kennen: dann kann man als Lehrer gelten« (Analekten II, 11). Jedermann übernimmt, verwirft, übergeht oder missversteht ständig Relikte von Gedanken vergangener Zeiten, produziert aber nur gelegentlich selber neue Gedanken. Ein Gespräch, das erstaunt, herausfordert, stimuliert, besänftigt oder anstachelt, weil es diese Relikte neu gestaltet, hilft zu erkennen, was einem im Leben fehlt. In jedem meiner Kapitel hat mich die Begegnung mit einer Per-

SEXUELLE UND
INTELLEKTUELLE
FRUCHTBARKEIT

son aus der Vergangenheit, die die Welt anders sah als ich, dazu gebracht, über meine bestehenden Überzeugungen hinauszudenken. Im 20. Jahrhundert war es in einigen Ländern Mode geworden, nur die persönlichen Erinnerungen und die der eigenen Familie zu bewahren, denn das verlieh einem das Gefühl von Sicherheit. Interessantere Ergebnisse erhält man aber, wenn man einen Schritt weiter geht und den Ideen von Menschen nachspürt, die zu seinen Vorfahren zu zählen einem nie in den Sinn käme, und die Vermächtnisse von Kulturen erschließt, die fernab von allen Orten existierten, die man je besucht hat. Wenn man sich nur für das eigene Leben interessiert, verschließt man die Ohren vor den Schreien der Menschen, deren Echo durch die Geschichte gellt, und ist außerstande, die Freudenschreie von den Schmerzensschreien zu unterscheiden.

Wie lange jemand einem anderen zuhört, ehe er abschaltet, ist das zweite Kriterium, das einem verrät, wie lebendig diese Person ist, unabhängig von ihrem Alter. Die Interaktionen zwischen einem Kleinkind und seiner Mutter, die Begegnungen zwischen Kindern und ihren Spielgefährten, zwischen Heranwachsenden und ihren Helden, zwischen Studenten und Professoren und zwischen zwei Liebenden sind entscheidende Schritte auf dem Weg, sich allmählich bewusst zu werden, wie andere die Welt sehen. Diese Schritte können sich verlangsamen, wenn es einem schwerfällt, neue Freundschaften zu schließen oder neue Interessen zu entwickeln, oder wenn man sich auf soziale Medien beschränkt, die nur zu oberflächlichen Kontakten taugen. Erst in jüngster Zeit haben funktionelle Kernspintomogramme des Gehirns den Schluss nahegelegt, dass den wichtigsten Teil einer Besprechung ausmacht, was anschließend geschieht: Ihre Wirkungen hängen davon ab, wie intensiv man sich über

> NICHT WIE ALT, SONDERN WIE LEBENDIG MAN IST – DAS ZÄHLT

> SCHLAFEN IST EINE KUNST

die Bedeutung der Diskussionsbeiträge klarzuwerden versucht, und diese Gedanken setzen sich während des Schlafs am beharrlichsten fort. Wenn man schläft und scheinbar untätig ist, bleiben Teile des Gehirns sehr aktiv und beanspruchen zwanzig Prozent der dem Körper zur Verfügung stehenden Energie, nur fünf Prozent weniger, als das Gehirn braucht, wenn es sich in wachem Zustand mit spezifischen Aufgaben beschäftigt, die seine unmittelbare Aufmerksamkeit erfordern. Diese Aktivität dient offenbar dazu, persönliche Erinnerungen, gegenwärtige Erfahrungen und künftige Möglichkeiten zu überprüfen und zu versuchen, andere Menschen zu verstehen, wobei das Gehirn ständig neue Szenarien durchspielt, was künftig geschehen könnte, und nach Wegen sucht, unangenehme Überraschungen zu vermeiden. Das legt nicht nur den Schluss nahe, dass die Aktivität der Menschen während des Schlafs ebenso ausschlaggebend ist wie das, was sie in wachem Zustand tun, sondern auch und vor allem, dass sie sich viel zu wenig Zeit nehmen, um über das, was sie sehen und hören, gründlich nachzudenken.

EINE ZEIT ZUM SINNIEREN

Die Frage, die das Beispiel Oscar Niemeyers aufwirft, lautet nicht, wie es ihm gelungen ist, so lange aktiv zu bleiben, sondern wie sehr ihn die Menschen und Ideen, denen er während seiner hundertvier Lebensjahre begegnet ist, verändert haben, wie lange er für Ideen, die nicht seine eigenen waren, empfänglich blieb, und in welcher Weise die Bücher, die er las, seine eigenen Vorstellungen bestätigt oder ihn zu neuen Ideen angeregt haben. Er selbst hat diese Fragen nur zum Teil beantwortet, aber immerhin deutlich gemacht, wie sehr ihm seine frühen Mentoren geholfen haben, sich darüber klarzuwerden, wohin er keinesfalls gehen wollte. Ihr Einfluss war so wichtig, weil sie anders waren als er und weil die Stärke ihrer Persönlichkeit und ihrer Überzeugungen ihn anspornte,

HERAUSFORDERUNGEN

herauszufinden, was für ihn mehr zählte als ihre Ideale und wozu er fähig war und sie nicht. Er begann seine Karriere als Schüler des Stadtplaners Lúcio Costa und als Bewunderer von Le Corbusier, der zwanzig Jahre älter war als er. Aber dann ging er seinen eigenen Weg und entwickelte seinen ganz individuellen Stil, indem er sich den Herausforderungen durch andere stellte. Die Formen, in die er den Beton seiner Gebäude goss, waren nicht bloß Ausdruck seines Geschmacks, sondern das Ergebnis der Auseinandersetzung mit seinen Mentoren, seinen Mitarbeitern und dem Material. Le Corbusier, der in Wirklichkeit Charles-Édouard Jeanneret hieß, hatte dieses Pseudonym gewählt, weil er der Ansicht war, jeder müsse sich selbst erfinden. Aber allein ist man dazu nicht fähig. Wie man es dennoch erreichen kann, wird klarer, wenn man sich mit den Künstlern beschäftigt, die Niemeyers Zeitgenossen waren.

Niemeyer wurde in dem Jahr geboren, in dem zum ersten Mal ein kubistisches Gemälde ausgestellt wurde, und wie der Kubismus die Malerei von der Perspektive befreit hatte, so befreite er die Architektur vom rechten Winkel. Georges Braque (1882–1963) fügt dem Beispiel Niemeyers einen weiteren Aspekt hinzu, denn um sich schrittweise zu definieren, war auch er auf einen »Spiegel«, einen Mentor und eine Muse angewiesen, die ihm klar vor Augen führten, wonach er suchte. Cézanne und Picasso waren für Braque, was Le Corbusier für Niemeyer war. Die Begegnung mit Cézannes Werk zwang Braque, »alles neu zu überdenken« und »gegen vieles von dem, was wir wussten, aufzubegehren«. Sechs Jahre lang trafen Braque und Picasso sich fast allabendlich, um über ihre Bilder zu diskutieren und gemeinsam zu experimentieren. Sie tauschten sogar ihre Kleidung und übten sich darin, im Stil des jeweils anderen zu malen. Im Lauf dieser vielen Gespräche entdeckte Braque allmählich, dass

CÉZANNE ZWANG BRAQUE, »ALLES ZU ÜBERDENKEN«

sein Interesse nicht einer Malerei galt, die die Natur nachzuahmen suchte, sondern dass er Bilder schaffen wollte, die etwas Eigenständiges darstellten, aus sich selbst heraus lebten und nicht einmal einen Rahmen brauchten. Dann beschloss er, sein Interesse nicht den in seinen Gemälden abgebildeten Dingen selbst zuzuwenden, sondern den Beziehungen zwischen ihnen, und wurde sich bewusst, dass es ihm vor allem auf diese Bezüge ankam, auf die Diskrepanzen und Verbindungen zwischen Menschen und Gegenständen sowie zwischen diesen und ihm selbst. Diese neue Sichtweise war nicht bloß eine weitere künstlerische Mode. Sie war auch Ausdruck des Bestrebens, Menschen und Gegenstände nicht aus dem Blickwinkel ihrer Ähnlichkeit mit den Idealen der Schönheit oder Erhabenheit zu sehen und zu würdigen, sondern ihre Beziehungen untereinander und zu anderen zu erkennen und zu verstehen, wie sie auf das Selbstverständnis und das Verhalten des Betrachters einwirken konnten. Ein Zeitgenosse, der zum ersten Mal Bilder von ihm sah, bekannte wenig später: »Als ich meine Wohnung so anschaute, sagte ich mir: Mein Gott, hier sieht ja alles aus, als wäre es von Braque!« In der Welt gibt es weit mehr mögliche Beziehungen als nur die, denen man aus Gewohnheit oder Tradition Beachtung schenkt. Die Welt mit den Augen anderer zu sehen heißt nicht zwangsläufig, sie so zu sehen, wie man es von der Altersgruppe erwartet, der man angehört.

Die Tatsache, dass junge Menschen im Vergleich zu alten als schöner gelten, zeigt uns, dass die Maßstäbe der Westgoten noch immer gültig sind. Die Alten, die sich jung geben, werden den wirklich Jungen an Schönheit wohl nie gleichkommen, aber ihnen bieten sich andere und interessantere Möglichkeiten, als das Aussehen und Verhalten der nächsten Generation nachzuahmen. Antike Kulturen wussten zum Beispiel Kosmetik und Kleidung zu nutzen, um – nicht selten mit großem Geschick – die Würde erfahrener Jäger und Krieger oder Magier und Priester hervorzuheben. In neuerer Zeit pflegt man hingegen, sobald man ein gewisses Alter erreicht, auf auffälligen Zierrat zu verzichten und kleidet sich dezent, als wäre man nicht mehr willens oder in der Lage, äußerlich kundzutun, was die individuelle Erfahrung dem Rest der Gesellschaft bieten kann. Stattdessen trösten sich alle, die sich ihres Misserfolgs schämen, mit dem Gedanken, der folgenden Generation eine Chance zu geben, es besser zu machen, und überlassen es einem jeden, selbst zurechtzukommen. Während man früher von den Jungen erwartete, dem Beispiel der Alten zu folgen, ahmen diese heute die Jungen nach, aber beides lässt nicht erkennen, in welche Richtung sie sich fortentwickeln.

Es ist schwieriger geworden, herauszufinden, was sich hinter der Fassade einer zunehmend trendbewussten Jugend und was sich hinter den welkenden Gesichtszügen der Älteren verbirgt, aber jedes Mal, wenn es gelingt, sieht die Welt ein wenig anders aus. Manchmal genügt schon ein Lächeln, um das Bild, das man sich von einem anderen macht, zu verändern. Auf einem Flohmarkt am Rande von Paris begegnete ich einmal einer alten, ärmlich gekleideten Frau, die ein wenig abseits stand und ein Paar getragener Schuhe, das sie verkaufen wollte, vor sich auf dem Gehweg ausgelegt hatte. Aber niemand beachtete sie. Für mich war sie ein Bild des Jammers und der Verzweiflung. Als ich sie ansprach, begannen ihre Augen jedoch zu leuchten, und allmählich verwandelte sie sich. Sie wurde lebhaft, und das machte sie schön.

1415 war *Ars moriendi* (»die Kunst des Sterbens«) eines der ersten Bücher, das mit auswechselbaren Lettern gedruckt wurde, und es war mehrere Jahrhunderte lang ein Bestseller in ganz Europa, denn jeder wollte wissen, was nach dem Tod geschieht. Damals glaubten alle an ein Leben nach dem Tod, und sehr viele tun es heute noch. Wie alt oder jung man war, spielte damals eine geringere Rolle als in der heutigen Zeit, in der sich sehr unterschiedliche Erwartungen an die einzelnen, immer stärker untergliederten Altersgruppen knüpfen. Heute gibt es niemanden mehr, den man mit Shunzhi (1638–1661) vergleichen könnte, der von seinem zwölften bis zweiundzwanzigsten Lebensjahr mit beachtlichem Erfolg das riesige chinesische Kaiserreich regierte, oder mit William Pitt (1759–1806), der im Alter von vierundzwanzig Jahren britischer Premierminister wurde – einer der kompetentesten, die das Land je hatte. Statt die Leute zu fragen, wie alt sie sind, wäre es sinnvoller, zu erfahren, wie lebendig sie sind oder wann sie aufgehört haben, neue Gedanken zu entwickeln. Das Alter ist häufig trügerisch.

ICH FRAGE ANDERE NICHT NACH IHREM ALTER

DAS ALTER IST OFT TRÜGERISCH

Niemeyers außergewöhnliches Vermächtnis beruht weder auf der Länge seines Lebens noch auf seiner Unfähigkeit, sich von den Ängsten seiner Jugend zu befreien. Es ist in den Gebäuden zu finden, die er hinterlassen hat, aber auch in der ebenso originellen Selbstveränderung, die er der Zusammenarbeit mit Le Corbusier verdankte, der so alt war, dass er sein Vater hätte sein können.

27

WAS LOHNT ES ZU WISSEN?

Ich lebe im Zeitalter der Information, der Wissenswirtschaft und des lebenslangen Lernens, und doch komme ich mir überaus unwissend vor. Sicherlich könnte ich mit Hilfe besserer Technologien, besserer Methoden und besserer Schulung Abhilfe schaffen. Aber das kann einige Zeit dauern.

In der Zwischenzeit wüsste ich gern, wie ich mit meiner Unwissenheit zurechtkommen kann. Ich möchte das wenige, das ich über die Gewohnheiten meines eigenen Gehirns weiß, zu ergründen versuchen und hoffe, damit anderen Mut zu machen, offen darüber zu sprechen, was sie von ihrem Gehirn wissen. Das Leben des Gehirns birgt mehr Geheimnisse als das Sexualleben.

Seit frühester Kindheit suche ich mit unbezähmbarer Leidenschaft nach Wissen und habe mich auf unterschiedliche Weise darum bemüht – in der Schule, an der Universität, als Lehrer, Autor, Forscher und als Berater von Unternehmen und Regierungen, die bereits mit Informationen vollgestopft sind und dennoch nicht genug davon bekommen können. Trotzdem bin ich nicht in der Lage, auch nur einen Bruchteil des vorhandenen Wissens zu verstehen. Ich erinnere mich höchstens noch an die Hälfte von dem, was man mich gelehrt hat. Viele meiner Studenten haben wahr-

> DAS LEBEN DES GEHIRNS BIRGT MEHR GEHEIMNISSE ALS DAS SEXUALLEBEN

scheinlich auch diese Hälfte vergessen. Was ich hier schreibe, sind nicht die Bekenntnisse eines Mannes, der sich einbildet, für immer jung bleiben zu können, indem er sich als ewigen Studenten versteht, den jedes neue Häppchen Wissen verjüngt. Ich versuche vielmehr, den Werdegang eines Schulschwänzers zu rekonstruieren, der sich, was sein Wissen betrifft, keinen Illusionen hingibt. Viele Jahrhunderte lang galt Bildung als Heilmittel gegen alle möglichen menschlichen Übel, aber trotz aller Wunder, die wir ihr verdanken, wurden einige der schlimmsten Torheiten der Menschheit von hochgebildeten Personen begangen. Menschen, die sich eine Unmenge von Kenntnissen angeeignet hatten, machten davon nicht immer den besten Gebrauch. Politiker versichern ihren Kritikern unaufhörlich, aus ihren Fehlern »Lehren gezogen« zu haben, aber die Fehler hören nicht auf. Der Glaube an lebenslanges Lernen geht mindestens auf die Zeit von Hsün-tse zurück, der 238 v. Chr. starb und etwas zu optimistisch dachte, als er schrieb: »Das Lernen währt ein Leben lang und endet erst mit dem Tod.« Wenn es so schwierig ist, sich von dem, was man lernt, nicht in die Irre führen zu lassen oder das Gelernte in der Praxis sinnvoll anzuwenden, welche Hoffnung bleibt dann noch?

DIE TORHEITEN DER HOCHGEBILDETEN

Ich könnte mein Versäumnis, nicht alles gelernt zu haben, was ich hätte lernen sollen, damit entschuldigen, zu spät geboren zu sein. Um 1600 hätte ich die meisten der vierhundert Werke, die Jahr für Jahr in England veröffentlicht wurden, wohl lesen können. Die Menschen der Renaissance hatten es leichter als wir. Aber heute sehe ich mich jedes Jahr 200 000 neuen Büchern gegenüber, ganz abgesehen von allen anderen Formen von Veröffentlichungen, Zeitschriften, Rundfunk- und Fernsehsendungen. Und diese Zahl berücksichtigt noch gar nichts von dem, was außerhalb meiner

EINE NEUE PHASE IN DER GESCHICHTE DER IGNORANZ

kleinen Insel erscheint. Weltweit werden Jahr für Jahr eine halbe Million Bücher veröffentlicht. Die Menschheit steht offensichtlich an der Schwelle einer neuen Phase in der Geschichte der Ignoranz.

Zwanzig Jahre meiner Jugend habe ich damit verbracht, an meinem Buch *Ich liebe das Leben, und das Leben liebt mich – Was es heißt, Franzose zu sein* zu schreiben und zugleich fast ununterbrochen zu lesen. Damals durfte ich wohl zu Recht davon ausgehen, dem Ziel, fast alle für mein Thema bedeutsamen und verfügbaren Quellen auszuwerten, recht nahe gekommen zu sein. Aber heute könnte ich ein solches Buch nicht mehr schreiben, denn seitdem ist zu diesem Thema so viel Neues veröffentlicht worden, dass niemand sich anmaßen kann, das alles berücksichtigen zu wollen. Diese Erfahrung hätte mich vielleicht davor warnen müssen, noch einen Schritt weiter zu gehen und verstehen zu wollen, was es in allen Jahrhunderten und in allen Kulturen bedeutet hatte, zu leben. Ich hatte allerdings nicht – und auch sonst niemand – die riesige Wolke der Ignoranz vorausgesehen, mit der die Explosion des Hochschulwesens die Welt überziehen würde. Ein Tsunami von Dissertationen und wissenschaftlichen Monographien hat die Landschaft des Wissens verändert. Die Ausbreitung der akademischen Wissbegier in so viele Richtungen hat zur Folge, dass ich jedes Mal, wenn ich eine Antwort auf eine Frage suche, so unbedeutend diese auch sein mag, in einem Schwall von Rückmeldungen zu versinken drohe, begraben unter einer Sturzflut von Fakten und erschlagen von immer spezifischeren Erklärungen. Je mehr Informationen es gibt, desto größer wird die Ignoranz.

<small>WAS ES BEDEUTETE, ZU LEBEN</small>

Natürlich bin ich beileibe nicht der Erste, der das erkennt. Menschen haben schon immer unter einem Übermaß an Informationen gelitten (ebenso wie unter einem Mangel an Informationen, denn man kann nie genug wissen). Die alten Monumente, die das am besten zeigen, sind die Enzyklopädien. Ihre Magie wurde mir zum ersten Mal bewusst, als ich, kaum acht Jahre alt, von meinem Vater gleich zwei davon geschenkt bekam, und seitdem bereitet es mir großes Vergnügen, die unterschiedlichen Kriterien zu untersuchen, nach denen sie Fakten und Meinungen auswählen, von anderen abschreiben und verändern. Seit frühester Zeit waren die bedeutendsten Enzyklopädien diejenigen, die sich nicht damit begnügten, Informationen in leicht verdaulicher Form zu bieten, sondern ihnen einen Sinn gaben und dafür sorgten, dass der Leser sich genährt und nicht bloß aufgebläht fühlte. Fakten allein sind so wertlos wie bloße Sandkörner und Tangfäden am Strand. Man muss sie erst zusammentragen, ihre nahrhaften Bestandteile extrahieren und sie zubereiten, um sie in Wissen zu verwandeln. Zwischen dem 3. und dem 8. Jahrhundert entstanden über sechshundert chinesische Enzyklopädien, die alle zusammen fast an die Pyramiden Ägyptens heranreichen: die Yongle-Enzyklopädie (1408) war das Werk von 2169 Gelehrten, und die Enzyklopädie von 1726 bis 1728, die im kaiserlichen Auftrag erstellte »Sammlung von Tafeln und Schriften aus alter und neuer Zeit«, umfasste 852 408 Seiten. Die Chinesen nannten ihre Enzyklopädien »Klassifikationen« *(leishu)*, weil es sich im Wesentlichen um Sammlungen alter Texte handelte, die das gesamte verfügbare Wissen über den Himmel, die Erde, die Menschen, historische Ereignisse, die Künste und die Wissenschaften in einer Form zusammenstellten, die gewährleisten sollte, dass die angeblich gelehrten Männer, die das Land regierten, die zu befolgenden Traditionen kannten und dass die Kandidaten der Zulassungsprüfung für den Staatsdienst (von denen es in der Ming-Zeit jedes Jahr über eine Million gab) wussten, was sie sich zu merken hatten. Diese Enzyklopädien verbanden isolierte Fakten mit einem Zweck, und ihre Zusammenstellung hatte den Nebeneffekt, dass potenziell subversive Gelehrte sich in die Details der Abfassung von Einträgen so sehr vertiefen mussten, dass sie gar nicht mehr dazu kamen, die Tradition in Frage zu stellen. Informationen geordnet zusammenzustellen bedeutete, ihnen eine Richtung zu geben und sie mit einer Botschaft zu versehen, und diese Botschaft zu kontrollieren war den Herrschern jede Mühe wert.

Die großen islamischen Enzyklopädien des Mittelalters gingen darüber noch hinaus. Sie unternahmen den kühnen Versuch einer Synthese aller bekannten Kulturen – der mesopotamischen, griechischen, indischen, iranischen, jüdischen und arabischen –, während sie zugleich die persönlichen Auffassungen der mitwirkenden Gelehrten zum Ausdruck brachten: Eine der berühmtesten Enzyklopädien, die im 10. Jahrhundert in Basra von den »Brüdern der Reinheit« verfasst wurde, machte aus deren Hoffnung kein Hehl, dass die amtierende Regierung bald abgelöst werde. Im Gegensatz dazu wollten europäische Philosophen wie Bacon, Descartes und Leibniz Informationen so aufbereiten, dass sie für neue Entdeckungen genutzt werden konnten. Zur Zeit der Aufklärung erreichte dieses Anliegen mit Diderots *Enzyklopädie der Aufklärung* in siebenundzwanzig Bänden (1751–1772) ein beispiellos revolutionäres Ausmaß, weil dieses Werk es nicht bei dem Versuch beließ, das vorhandene Wissen zusammenzufassen, sondern auch eigene Forschungen und Sozialkritik einbrachte, die darauf abzielten, die Art der Regierung, die Religion, die Wirtschaft, das Bildungswesen und vieles mehr neu zu definieren. Das Werk hatte jedoch nur geringen Erfolg. Bloße Belesenheit vermochte kaum jeman-

ISLAMISCHE ENZYKLOPÄDIEN

DAS VERSAGEN DER BELESENHEIT

den zu einem Philosophen oder Revolutionär zu machen. Heute sind viele Enzyklopädien zaghafte Resümees allgemein verbreiteter Überzeugungen und bloße Hilfsmittel, um sich gepflegt unterhalten und dabei oberflächliche Bemerkungen über populäre Persönlichkeiten und in Mode geratene »Ismen« einflechten zu können, ohne die eigene Ignoranz zu offenbaren. Harold Macmillan sagte einmal, die Enzyklopädien, die in seinem Verlag erschienen, sollten lediglich »das Ausmaß der Ratlosigkeit verringern«. Wissen schließt Ignoranz nicht zwingend aus.

Das Internet ist ein Spross dieser langen Reihe von Vorfahren. Obwohl es einem weit größeren Publikum Zugang zu Informationen aller Art verschafft, verleiht es den Informationen damit noch keinen Sinn. Wie die chinesischen *leishu* erkennt die Internet-Enzyklopädie Wikipedia nur Fakten an, die schon irgendwo öffentlich dokumentiert wurden, als ob eine Fußnote mit einem Verweis auf eine frühere Veröffentlichung für Seriosität bürgen könnte. Das Internet hat der alten Idee von einem Buch, in dem sich das gesamte Wissen der Welt findet, neuen Auftrieb gegeben. Ganze Armeen von Informations- und Wissensmanagern sind inzwischen damit beschäftigt, die Daten so zu strukturieren, dass sie zum Erfolg von Unternehmen beitragen und das Überleben von Regierungen sicherstellen, doch all diese Anstrengungen haben uns einer Antwort auf die Frage, welche Kenntnisse für einfache Leute, die ein interessanteres Leben führen möchten, nützlich sind, kein bisschen näher gebracht. Die Fachleute interessieren sich nur für die Verfahren, mit denen Informationen gespeichert und verarbeitet werden können, aber nicht für ihren eigentlichen Inhalt, geschweige denn ihren moralischen Wert. Es gehört nicht zu ihren Aufgaben, die in diesen Informationen verborgene Poesie zu entdecken, und sie sind we-

DIE BESCHRÄNKUNGEN DES INTERNETS

WO FINDET MAN WEISHEIT?

der Seher noch Weise. Deshalb ist es nicht verwunderlich, dass die Menschen heute nicht weiser sind als früher. Und wozu sollen Informationen gut sein, wenn sie keine Weisheit enthalten? Dass unser Jahrhundert das der Weisheit sei, hat jedenfalls noch niemand behauptet.

Die Schwierigkeiten, die ich hatte, mir einen Weg durch den gigantischen Wust von Informationen zu bahnen, lassen mich jedoch weder verzweifeln, noch trauere ich den angeblich besseren früheren Zeiten nach, und sie beeinträchtigen auch nicht meine Begeisterung und Freude, etwas Neues zu lernen. Für gewöhnlich empfinden die Menschen eine Scheu davor, den Inhalt der unsichtbaren Enzyklopädien in ihren Köpfen zu offenbaren. Doch manchmal verlieren sie sie: 1968 in Paris zum Beispiel, als die staatliche Autorität plötzlich zusammenbrach, habe ich Leute erlebt, die sich Wildfremden anvertrauten und ihnen sagten, was sie normalerweise für sich behalten hätten. Aber bald darauf verfielen sie wieder in Schweigen. In diesem Buch habe ich versucht, die Seiten der Enzyklopädie in meinem Kopf aufzuschlagen. Mein Bedürfnis, zu entdecken, was in anderen Köpfen vor sich geht, zielt nicht nur darauf ab, zu verstehen, was meinen Kopf von anderen unterscheidet, oder einen gefährlichen Zusammenstoß mit anderen Köpfen zu verhindern. Ich kann mich nicht lebendig fühlen, wenn ich nur meine eigenen Gedanken kenne.

DIE UNSICHTBARE ENZYKLOPÄDIE IM KOPF

Die Informationen, die ich in meinem Kopf angehäuft habe, weisen nicht alle in dieselbe Richtung. Das stört mich aber nicht im Geringsten. Es gibt mir vielmehr ein Gefühl der Freiheit. Lernen ist nur ein Beginn. Wenn ich eine historische Abhandlung schreibe, bemühe ich mich stets so aufrichtig und sorgfältig wie möglich um die Wahrheit, aber wenn ich zum Ende komme, wird mir jedes Mal bewusst, eine fiktive

ERFUNDENE GESCHICHTEN SCHREIBEN

Darstellung zu Papier gebracht zu haben, weil ich Fragmente von dem, was ich für wahr halte, ausgewählt und auf meine Weise zusammengestellt habe, um daraus ein Bild zu schaffen, das mir plausibel erscheint. Niemand kann die Vergangenheit exakt so rekonstruieren oder erinnern, wie sie wirklich war. Ich bewundere Künstler, die gezeigt haben, dass die Welt weit mehr ist als das, was ein beiläufiger Blick erfassen kann, und die den Mut hatten, ihre Bestandteile so umzugestalten, dass tiefere Botschaften von ihnen ausgehen. So wie diese Künstler habe auch ich versucht, die Erinnerungen an die Vergangenheit von den eisernen Ketten der Chronologie zu befreien, indem ich Ereignisse und Ideen, die sich aus unterschiedlichen Zusammenhängen ergeben haben, einander gegenübergestellt habe, um ihre universelle Bedeutung hervorzuheben. Die Vergangenheit ist für mich keine Abfolge einzelner Episoden, sondern ein Panorama voller Schönheit und Schrecken, das die Phantasie aus der Gesamtheit menschlicher Erfahrungen erschaffen hat. Wissen zu erzeugen ist eine Kunst, die wenig damit zu tun hat, sich Informationen einzuverleiben oder Ignoranz zu beseitigen.

SCHÖNHEIT UND SCHRECKEN ERFINDEN

Vor einiger Zeit sandte mir jemand einen Ausschnitt aus einem chinesischen Wirtschaftsmagazin zu, das einen berühmten Besucher aus dem Westen interviewt hatte, eine jener Persönlichkeiten, die das Leben fast aller Bewohner unseres Planeten beeinflusst haben. Er war vor dreißig Jahren einer meiner Studenten gewesen und hatte später als Erster erhebliches Wagniskapital in Google, Yahoo und eBay investiert, damals noch unbedeutende Start-ups, die schließlich die Welt veränderten. Auf die Frage, wer seine Karriere am meisten beeinflusst habe, nannte er meinen Namen und erläuterte, ich hätte ihn gelehrt, dass die Dinge nicht sind, was sie zu sein scheinen. Für einen Lehrer ist es

DIE DINGE SIND NICHT, WAS SIE ZU SEIN SCHEINEN

ungewohnt, von einem Schüler verstanden zu werden. Aber dieser Mann hatte das wirkliche Ausmaß meiner Ignoranz genau erkannt. Jedes Mal, wenn ich mit einer neuen Erfahrung konfrontiert werde, sei es in Form eines Themas oder einer Person, sehe ich nicht nur sie, sondern stelle mir auch vor, wie sie anders sein könnte. Ich frage mich stets: Könnte es sein, dass sie etwas ganz anderes ist, und wenn ja, was? Das ist die Frage, die uns Menschen zu dem gemacht hat, was wir heute sind, denn ohne sie würden wir noch immer auf Bäumen wohnen. Und deshalb frage ich mich, ob es noch andere Wege gibt, gegen die Ignoranz vorzugehen, als mit noch mehr Informationen und noch mehr Lernen.

Meine Antwort auf die Frage, was zu wissen sich lohnt, lautet wie folgt: Es kommt nicht nur darauf an, wie viel Wissen ich besitze, sondern darauf, was ich damit anstelle. Aus dem, was ich lerne, etwas Brauchbares und Schönes zu erschaffen ist ein ganz anderer Vorgang, als aus vorgefertigten Ziegeln ein Haus zu bauen. Er gleicht eher dem Malen eines Bildes, das allmählich Gestalt annimmt. Während ich Farben oder Konturen hinzufüge oder abdecke, eröffnet mir jede einzelne von ihnen neue Möglichkeiten, die mir zuvor nicht in den Sinn gekommen waren, und ich mache mich sogleich daran, sie besser zu verstehen und neue Gebiete zu erkunden, die mir ihrerseits neue Perspektiven und neue Bedeutungen erschließen, die jene Vorstellungen verändern, mit denen ich ursprünglich ans Werk gegangen bin. Meistens fällt das Ergebnis ganz anders aus, als ich es mir anfangs vorgestellt hatte. Nach dieser Methode wähle ich aus, was ich wissen möchte, und das ist eine Vorgehensweise, deren Resultat sich umso weniger vorhersehen lässt, als sie mich zu Orten führt, von denen ich möglicherweise nicht einmal wusste, dass es sie überhaupt gibt. Besonders spannend wird es, wenn die Menschen oder Orte oder Ideen, zwischen

UNVORHERSEHBARE GEDANKEN

denen ich bislang keinerlei Beziehung gesehen habe oder die mir nicht relevant erschienen, sich zusammentun, um mir neue Einsichten zu verschaffen, und dasselbe auch für andere bewirken können.

Die Erkenntnis, wie wichtig die Relevanz ist, verdanke ich meiner Frau, der Sprachwissenschaftlerin Deirdre Wilson. Sie ist die Mitbegründerin der Relevanztheorie, die dazu beigetragen hat, von Grund auf zu revidieren, was man seit Aristoteles über die Kommunikation zu wissen glaubte. Kommunikation ist mehr als nur der bloße Vorgang, Botschaften zu übermitteln, die anschließend so entschlüsselt und verstanden werden, wie der Sender es beabsichtigte. Das Verständnis dieser Botschaften und die damit verbundenen neuen Kenntnisse hängen zum einen davon ab, welche Relevanz der Empfänger ihnen beizumessen in der Lage ist, denn jeder verfügt nur über einen begrenzten Hintergrund an Wissen, und zum anderen, wie hoch seine Bereitschaft und Ausdauer ist, sie zu verarbeiten und Folgerungen daraus abzuleiten. Je zahlreicher diese Folgerungen sind und je müheloser sie sich ableiten lassen, desto höher ist die Relevanz der Botschaft. Allerdings ist ein gewisser spekulativer Aufwand unvermeidlich, um zu begreifen, welche Schlüsse der andere uns nahelegen wollte. Jede Kommunikation erfordert, sich mit Ungewissheiten auseinanderzusetzen. Mir ist daher bewusst, dass das Wissen, mit dem ich mich befasse, kein monolithischer Block ist, sondern formbar, wandelbar. Mit Dogmatismus kann ich nichts anfangen. Das heißt jedoch nicht, dass ich alle Ansichten für gleichwertig und die Wahrheit für relativ halte. Zwar müssen alle unsere Wahrheiten sich gefallen lassen, wenn nötig korrigiert zu werden, aber das braucht uns nicht davon abzuhalten, nach der Wahrheit zu streben, so häufig sie für uns auch unerreichbar sein mag. Diese endlose Suche an den Grenzen der Ignoranz zählt ebenso zu den großen Freuden des Le-

DIE RELEVANZTHEORIE

bens, wie an immer neuen exotischen Speisen Geschmack zu finden.

Wenn ich auf künstlerische Metaphern zurückgreife, um meine Begeisterung über die schöpferischen Möglichkeiten auszudrücken, die das Wissen uns eröffnet, sehe ich mich durch die recht ähnlichen Ansätze von Wissenschaftlern bestärkt, die die Gewissheiten des 19. Jahrhunderts aufgaben, um sich in geradezu poetischer Weise mit den Mysterien des Universums auseinanderzusetzen. »Auch die mathematisch formulierten Behauptungen der Physik«, schrieb Werner Heisenberg (1901–1976), einer der Begründer der Quantenmechanik, sind »gewissermaßen nur Wortgemälde, mit denen wir versuchen, unsere Erfahrungen über die Natur uns und anderen verständlich zu machen.« Und Richard Feynman (1918–1988) fügte dem hinzu: »Was wir heute wissenschaftliche Erkenntnis nennen, ist eine Ansammlung von Äußerungen unterschiedlicher Gewissheit ... Es ist äußerst wichtig, dieses Unwissen und diesen Zweifel zu erkennen ... Der oberste Grundsatz der Wissenschaft lautet, sich keinen Illusionen hinzugeben ... Ich lebe, ohne zu wissen.« Die Heisenberg'sche Unschärferelation lässt sich auf mindestens sechs verschiedene Arten interpretieren. Niels Bohr legte seine Theorie des Komplementaritätsprinzips in einem Vortrag dar, der als Meilenstein in die Annalen der Physik einging, aber auch als einer ihrer am schwersten zu verstehenden Texte gilt. Er brachte darin zum Ausdruck, dass zwei verschiedene Beobachtungen eines Vorgangs zu sich ausschließenden Ergebnissen kommen können, ohne dass eine der beiden falsch sein muss, vielmehr ist das eine Ergebnis das Komplement des anderen.

Ich betrachte die Mehrdeutigkeit daher nicht als Feind und halte gegensätzliche Auffassungen nicht für eine Pest, die es auszurotten gilt. Neue Ideen führen beinahe zwangsläufig zu

WISSENSCHAFT ALS »WORTGEMÄLDE«

Meinungsverschiedenheiten. Das Wissen ist ein Kind der Meinungsverschiedenheit. Ich erwarte nicht, dass andere mir zustimmen, und halte ihnen deshalb auch keine Predigt. Als der Historiker Fernand Braudel (1902–1985), dessen Biographie zu schreiben ich vor einiger Zeit gebeten wurde, wehmütig sagte, es gebe nur eine einzige Person auf der Welt, die ihn vollkommen verstehe, übersah er – was untypisch für ihn war –, dass Missverständnisse die ewigen Begleiter aller menschlichen Beziehungen sind.

MISSVERSTÄNDNISSE –
DIE EWIGEN BEGLEITER

Ich habe lange gebraucht, die Erziehung zu begreifen, die mir zuteilwurde. Sie lehrte mich, meine kritischen Fähigkeiten zu schärfen, kümmerte sich aber nur wenig um die Vorstellungskraft, obwohl nur diese in der Lage ist, Kritik in konstruktives Denken zu verwandeln. Die akademische Welt ist ein Zoo, in dem sich unterschiedliche Spezies von Intelligenzen necken und gegenseitig zur Verzweiflung bringen, indem sie einander vorhalten: »Ich denke nicht wie du.« Für Köpfe, die alle unterschiedlich geformt sind und gegensätzliche Ansichten beherbergen, ist es nicht leicht, neue Gedanken voneinander zu übernehmen. Aber »Wissenschaft entsteht im Gespräch«, wie Heisenberg sagte. Seine in Gesprächsform geschriebenen Lebenserinnerungen, *Der Teil und das Ganze*, tragen den Untertitel »Gespräche im Umkreis der Atomphysik«. Inzwischen ist belegt, dass die beiden größten Entdeckungen des 20. Jahrhunderts – auf dem Gebiet der Quantenphysik und der Genetik – das Ergebnis sehr, sehr langer Gespräche zwischen Individuen waren, die unterschiedliche Ansichten hatten. »Naturwissenschaft beruht auf Experimenten, sie gelangt zu ihren Ergebnissen durch die Gespräche der in ihr Tätigen, die miteinander über die Deutung der Experimente beraten.« Volle Übereinstimmung bereitet der Erfindung ein Ende. Niels Bohr war dafür bekannt,

»WISSENSCHAFT
ENTSTEHT IM GESPRÄCH«

dass er seine Ideen aus unzähligen Gesprächen mit Studenten und Kollegen zu entwickeln pflegte. Er lud im Laufe der Jahre über vierhundert Besucher ein, mindestens einen Monat in seinem Labor zu verbringen. Er behauptete, dass Ideen zu leben begännen, wenn sie anderen mitgeteilt und von ihnen verstanden würden. Er vertrat sogar die Auffassung, dass es nicht die Aufgabe der Physik sei, »herauszufinden, wie die Natur beschaffen ist. Die Aufgabe der Physik ist vielmehr, herauszufinden, was wir über die Natur sagen können. Wir sind von unseren Wörtern abhängig. Unsere Aufgabe ist es, Erfahrung und Ideen anderen mitzuteilen. Wir hängen in der Sprache.« Und er widmete den Rest seines Lebens der Wissenschaftssprache und der Art, wie Menschen miteinander kommunizieren.

Diese Enthüllungen bringen in mir eine Saite zum Schwingen. Obwohl es mir Vergnügen bereitet, in einer dem ersten Anschein nach trivialen Äußerung plötzlich etwas Bedeutsames zu entdecken, wird mir, was ich aus einem Gespräch oder aus einem Buch gelernt habe, erst am nächsten Morgen richtig bewusst. Manchen Denkern der Antike erschienen die Lösungen ihrer Probleme im Traum. Mir nicht. Wenn ich vor dem Einschlafen über Informationen gegrübelt habe, auf die ich mir keinen Reim machen konnte, sind es bei mir eher die ersten Sekunden nach dem Aufwachen, in denen mir der eine oder andere Gedanke durch den Kopf schießt, meine vagabundierenden Ideen miteinander verknüpft und einen bislang ungeahnten Sinn erkennen lässt. Aber diese spontanen Eingebungen führen längst nicht immer zu einer Antwort, die mit sämtlichen Fakten vereinbar ist. Manchmal muss dieser Prozess sich mehrfach wiederholen, bis ich das Gefühl habe, etwas gefunden zu haben, das in sich stimmig ist. Ich maße mir nicht an, dies als eine nachahmenswerte Methode zu empfehlen, genauso wenig, wie ich die

WAS DER MORGEN DANACH UNS BESCHEREN KANN

großen Wissenschaftler zitiert habe, damit Sie ihrem Beispiel folgen sollen. Ich finde es einfach nur tröstlich, etwas über das jahrelange Ringen und Grübeln zu erfahren, das den Entdeckungen anderer vorausging.

Deshalb ist es auch nicht möglich, im Voraus zu erkennen, was zu wissen sich lohnt. Nur wenn ein Wissensfragment mit einem anderen Wissensfragment zusammentrifft, können die beiden herausfinden, ob sie einander etwas zu sagen haben, und durch den unvorhersehbaren Funken der Vorstellungskraft eines Einzelnen in Verbindung gebracht werden. Es ist nun einmal so, dass die meisten Ideen, die in den Köpfen der Menschen entstehen, nie Gelegenheit hatten, dem zu begegnen, was ihnen eine Muse hätte sein können. Deshalb wäre es mein Wunsch, zum Frühstück stets ein Häppchen – ein Résumé in nicht mehr als tausend Wörtern – von einem neuen Buch zu mir nehmen zu können, das irgendwo auf der Welt erschienen ist, zu welchem Thema auch immer, und dessen Verfasser etwas zu sagen hat, das von allgemeinem Interesse sein könnte, obwohl es der Aufmerksamkeit der meisten Menschen entgeht, weil es in der Schublade eines speziellen Fachgebiets versteckt ist. Autoren, die vermutlich Jahre damit verbracht haben, ihre dicken Bücher zu schreiben, müssten sich nur der relativ geringen Mühe unterziehen, die Kernaussagen auf zwei oder drei Seiten darzustellen. Schließlich reihen sich die 500 000 Bücher, die jedes Jahr erscheinen, in den Kampf der Menschheit gegen die Ignoranz ein und sind ein Teil der Welt, mit der ich Verbindung aufnehmen möchte. Ich habe diese Frühstücksidee auf meiner Website zur Diskussion gestellt und bin gespannt, wohin sie führt.

Wenn es etwas gibt, das zu erkennen sehr wichtig ist, dann sind es die typischen Denkmuster, mit denen ich auf die auf mich einstürmenden Fakten reagiere, und die blinden Flecken, die mich so vieles von vornherein übersehen lassen.

Beide lassen sich nur erkennen, wenn man sie mit den typischen Denkmustern und den blinden Flecken anderer Menschen vergleicht, und deshalb bin ich darauf angewiesen, dass Sie mir verraten, was Sie über Ihre Vorlieben herausgefunden haben und was Sie sehen und was nicht, obwohl auch Sie das erst wissen können, wenn Sie es mit den Vorlieben und Erkenntnissen vieler anderer verglichen haben. Außerdem möchte ich möglichst viel von dem praktischen Wissen erwerben, das es mir zum Beispiel erlaubt, Gemüse anzubauen oder defekte Geräte zu reparieren, und ich bin gern mit Leuten zusammen, die sich viele Fähigkeiten dieser Art erworben haben und für jede der unzähligen Pannen, die unser tägliches Leben heimsuchen, eine pfiffige Lösung parat haben. Nichts war der Menschheit so abträglich wie die Trennung von abstraktem und praktischem Wissen. Die Menschen, die in der Zeit bis etwa 1830 lebten, genossen den großen Vorteil, an zahlreichen Natur- und Geisteswissenschaften aktiven Anteil zu nehmen, und die legendäre Vielfalt der Erfindungen Leonardo da Vincis belegt, wie segensreich das war. In der heutigen Zeit, in der sich die Wissenszweige so sehr spezialisiert haben, dass man sich viele Jahre lang auf eine begrenzte Zahl winziger Details konzentrieren muss, ist der geistige Austausch zwischen talentierten Praktikern und hochspezialisierten Theoretikern wichtiger denn je. Die einflussreichsten Erfindungen sind dem Zufall zu verdanken und hätten ohne die Freiheit gegenüber Zielvorgaben nicht gemacht werden können.

Möglicherweise kann eine Gesellschaft lebenslang Lernender nicht das letztgültige Ziel sein. Unendlich viel Wissen anzuhäufen bereitet großes Vergnügen, aber ein Übermaß an Wissen kann der geistigen Gesundheit schaden. Sollte ich die

Gelegenheit erhalten, meine Alternative zur akademischen Welt zu erproben, werde ich sie in meinem nächsten Buch vorstellen, zusammen mit all den anderen Themen, zu denen meine Gedanken anhand praktischer Versuche und Irrtümer erst noch reifen müssen.

28

WAS BEDEUTET ES, LEBENDIG ZU SEIN?

»Fremder, auf ein Wort nur« – lautet eine alte römische Grabinschrift –, »halte ein und lies. Dies ist das wenig schöne Grab einer schönen Frau, von den Eltern Claudia benannt. Sie war ihrem Gatten von Herzen zugetan. Zwei Söhne gebar sie, deren einen sie auf der Erde zurückließ und den anderen begrub. Sie war gewitzt im Gespräch, aber auch von gefälliger Haltung. Sie versorgte das Haus und spann die Wolle. Mehr ist nicht zu sagen. Und nun geh.«

GRABINSCHRIFTEN

Seit zweitausend Jahre sagen Grabinschriften zu der Frage, was es bedeutet, gelebt zu haben, fast dasselbe und in der Regel sogar eher weniger. Was könnten die Menschen von heute anderes sagen? Dieses römische Epitaph fasst die in der Antike verbreitete Ansicht zusammen, dass der Sinn des Lebens das Leben selbst, das Überleben und die Weitergabe des Lebens sei. Sie erkennt, dass die Natur keine Mühe scheut, dafür zu sorgen, dass das Leben weitergeht. Frauen kommen mit zwei Millionen Eizellen auf die Welt. Männer sondern bei jeder Ejakulation vierzig Millionen Spermien ab oder taten dies zumindest, bevor die Umweltverschmutzung sie verkümmern ließ. Aus einem einzigen Ei der unscheinbaren

Schlupfwespe können zwischen 800 und 3500 Larven entstehen. Dschingis Khan sah es als seine »natürliche« Aufgabe an, nicht nur den größten Teil Asiens zu erobern, sondern auch »die Frauen und Töchter seiner Feinde im Arm zu halten« und mit ihnen so viele Kinder wie möglich zu zeugen, sodass heute sechzehn Millionen Menschen zu seinen Nachkommen zählen dürften.

Aber die Menschen sind auch die Ketzer der Natur. Oft widmen sie nur ein Viertel ihres Lebens der Aufzucht von Kindern und delegieren viele Erziehungsaufgaben an Fachleute außerhalb ihrer Familie. Sie ermutigen ihre Kinder, nicht nur Kopien der Eltern zu sein, und jede neue Generation stellt eine leicht veränderte Version der Menschheit dar. Von Zeit zu Zeit vergessen sie, dass die Familie für sie am meisten zählt, dass es die Kinder sind, die ihnen die größte Freude bereiten, und dass deren gelungene Erziehung ihr ganzer Stolz ist. Im Lauf der Geschichte hat es wiederholt Phasen drastisch fallender Geburtenraten gegeben. Die Bevölkerung Mesopotamiens verdreifachte sich in seiner Blütezeit, verringerte sich dann aber, als ihr Ideenreichtum und Optimismus erlosch, auf ein Zehntel des Höchststands. Die Bevölkerung Ägyptens, die 3000 v. Chr. noch unter 1 Million gelegen hatte, war zu Zeiten Christi auf 5 Millionen angestiegen, eintausend Jahre später jedoch auf 1,5 Millionen zurückgegangen. Nach der Invasion der Spanier reduzierte sich die mexikanische Bevölkerung auf ein Zehntel ihrer früheren Größe, und das war nicht nur auf Krankheiten, sondern auch auf Verzweiflung zurückzuführen. Chinas Ein-Kind-Politik wurde als Angriff auf natürliche Instinkte angesehen, obwohl viele andere Länder wie Griechenland, Italien und Spanien ihre Geburtenraten zur gleichen Zeit freiwillig auf ein Niveau absenkten, das deutlich unter dem chinesischen lag. In Deutschland sind dreißig Prozent aller Frauen kinderlos, und bei Akademikerinnen ist dieser Anteil noch höher. Unzählige Menschen waren Mönche oder Nonnen. Die Liste der Kinderlosen, die sich entschieden hatten, nur geistige Nachkommen zu hinterlassen, umfasst Persönlichkeiten wie Leonardo da Vinci, Bacon, Descartes, Newton, Locke, Berkeley, Hume, Kant, Keynes, Händel, Beethoven, Tschaikowski, Louis Armstrong, Maria Callas, Georges Brassens, Jane Austen, William Blake, John Ruskin, Oliver Wendell Holmes, René Magritte, Susan B. Anthony, Florence Nightingale, Simone de Beauvoir, Coco Chanel, Katharine Hepburn, Greta Garbo und natürlich auch Jesus selbst. Sie fanden andere Lösungen, um der Warnung des Philosophen Mengzi zu begegnen, der Menschen ohne eigene Familie bedauerte, weil sie niemanden hatten, dem sie »ihren Kummer anvertrauen« konnten.

Wenn es stark regnet und die Wüsten plötzlich zu blühen beginnen, sodass es jede Menge Nahrung gibt, vermehren sich auch die Heuschrecken rasant. Je stärker ihre Zahl anschwillt und je häufiger sie in körperlichen Kontakt miteinander kommen, desto erregter werden sie und verwandeln ihre sonst so eintönige Färbung in Gelb, Orange oder Schwarz, als ob sie die Mode und die Kosmetik entdeckt hätten. Sie scharen sich zusammen, solange sie jung sind, und wenn sie ausgewachsen sind, bilden sie Schwärme, von denen ein einzelner sechzig Milliarden Heuschrecken umfassen kann, und vertilgen im Umkreis mehrerer tausend Kilometer jegliche Vegetation, bis nichts mehr übrig bleibt und sie verhungern. Auch die Menschen haben sich vermehrt, sie haben die Wälder gerodet und die Ozeane leergefischt, aber ihnen ist nie so recht klar geworden, dass sie wie die Heuschrecken sterben werden, sobald die Ressourcen erschöpft sind.

MENSCHEN SIND WIE HEUSCHRECKEN

Das Einzigartige der Menschen besteht darin, dass sie (oder

zumindest die meisten von ihnen) glaubten, ihr wirkliches Leben beginne erst nach dem Tod. Als Mozart sagte, der Sinn des Lebens sei der Tod, meinte er, dass das Leben auf der Erde nur eine kurze Etappe auf dem Weg zum ewigen Leben im Jenseits sei. Manche glauben, dieser Weg führe ins Paradies, und andere, er schließe eine Reihe von Reinkarnationen in anderen Wesen ein. Für die alten Ägypter wurden die Toten zu Raumfahrern, denn sie begleiteten die Sonne auf ihrer täglichen Bahn. Der Sinn des Lebens sei, lehrte Buddha, dem Leben und seinen unvermeidlichen Leiden zu entkommen, aber es könne mehrerer Tode bedürfen, um die Freiheit zu erlangen. Die jüdischen Propheten verkündeten, für die Menschen sei der Lohn ihres Lebens, »zu ihren Vätern versammelt« zu werden, und viele Kulturen haben den Vorfahren die Aufgabe zugedacht, über ihre noch lebenden Nachkommen zu wachen. Das Sterben galt als die höchste Kunst, die einem mehr abverlangte als das Leben. Der spanische Dramatiker Calderón (1600–1681) kam zu dem Schluss: »Des Menschen größte Sünde ist, dass er geboren ward.« In einer Zeit, als das Leben »eine kleine Kerze« und nur »ein wandelnder Schatten« war (wie es bei Shakespeare heißt), standen die Vorstellungen über die Zeugung von Nachkommen und das Leben nach dem Tod weit mehr im Mittelpunkt als zu unserer Zeit, in der man zumeist erst heiratet, wenn man die Dreißig überschritten hat und die Chancen, fast hundert Jahre zu leben, immer größer werden.

WENN DAS LEBEN NACH DEM TOD BEGINNT

Die subversivste Rebellion der Menschheit war der Bruch mit der Vorstellung, dass der »Sinn des Lebens« von der Natur oder von Gott ein für alle Mal vorbestimmt und von den Wünschen einfacher Menschen unabhängig sei. Sie stellte diesem Gedanken die Überzeugung gegenüber, dass jedes Individuum das Geschenk des Lebens so deuten solle, wie es

DEM LEBEN EINEN SINN GEBEN

seinen eigenen Idealen und Wünschen entspreche. Seitdem lautet die Frage nicht mehr: »Womit musst du dich abfinden?«, sondern: »Was erwartest du von deinem Leben, und wie gestaltest du es?« Es geht nicht darum, welchen Sinn »das Leben« hat, sondern welchen Sinn Sie Ihrem eigenen Leben geben möchten. Das lässt die Vorstellung vom Sinn des Lebens im Allgemeinen bedeutungslos werden. Es liegt an jedem Einzelnen, seinem Leben einen Sinn zu geben. Wünsche haben den Gehorsam entthront.

Mit einem Mal erweist sich die Idee des Fortschritts als sehr nützlich, denn sie bietet einen Rahmen, innerhalb dessen ein jeder seinem persönlichen Bemühen eine Bedeutung geben kann. Früher wurde erwartet, dass man dasselbe tat wie die Eltern, dass man so arbeitete, heiratete, aß und sich kleidete wie sie. Jetzt gilt es, besser zu werden. Das Leben ist nicht länger eine Reise auf gemächlich dahinströmenden Flüssen, die schon seit dem Anbeginn der Zeit da waren. Es gleicht eher einem Irrgarten, in dem jeder versucht, sich zurechtzufinden. Statt sich nur als ein weiteres Glied in einer langen Kette von Vorfahren und Nachfahren zu begreifen, muss man sich anstrengen, Fähigkeiten zu erwerben und Leistungen zu erbringen, die weit über das hinausgehen, was irgendein Mitglied der eigenen Familie sich hätte erträumen können. Aber wie soll man seine Wahl treffen? Wie den nächsten Monat, das nächste Jahr, das nächste Jahrzehnt verbringen?

Nach Ansicht eines Professors von der University of Southern California haben die Menschen 135 verschiedene Ziele. Um diese Fülle in den Griff zu bekommen, kann man dem Beispiel des Psychologen Abraham Maslow (1908–1970) folgen, der die menschlichen Bedürfnisse in der Gestalt einer Pyramide darstellte. Man beginnt mit der Befriedigung seiner physiologischen Bedürfnisse wie Nahrung, Sex und Schlaf, die die erste Stufe der Pyramide bilden. Auf

WARUM IST NICHT JEDER VON UNS EIN BEETHOVEN?

der nächsten Stufe folgt das Bedürfnis nach Sicherheit. Noch eine Stufe höher gelangt man zum Bedürfnis nach Liebe und Selbstachtung, und an der Spitze steht das Bedürfnis nach Selbstverwirklichung. Das oberste Ziel ist es also, alle diejenigen Eigenschaften zu verwirklichen, die in einem stecken, die sich aber nicht zeigen konnten, weil man zu sehr damit beschäftigt war, die Grundbedürfnisse zu befriedigen. »Der Mensch hat unendliches Potenzial, mit dem er, wenn er es richtig einsetzt, sein Leben fast so gestalten kann, wie er sich den Himmel erträumt«, schrieb Maslow. Er analysierte die Biographien berühmter Persönlichkeiten, um herauszufinden, wie sie ihre Spitzenleistungen erreichten. »Warum ist nicht jeder von uns ein Beethoven?«, fragte er. Dem schien die unausgesprochene Annahme zugrunde zu liegen, dass wir alle ein Beethoven sein könnten, oder beinahe, und das verhalf Maslows Theorie zu ihrem großen Erfolg. Es war erfrischend, endlich etwas Optimistischeres zu hören als Freuds negativ gefärbte Vorstellung von der verdrängten Libido. Außerdem war Maslow alles andere als ein Gelehrter im Elfenbeinturm: Er war der Sohn eines aus Russland in die USA eingewanderten jüdischen Ehepaars. Die Eltern waren einfache Leute, die aber Wert darauf legten, dass aus ihren sieben Kindern etwas wurde. Maslow konnte, als er später Psychologie lehrte, immerhin eine gewisse Erfahrung im gewöhnlichen Arbeitsleben vorweisen, denn seiner Familie gehörte zu der Zeit ein kleiner Betrieb in Kalifornien, der Weinfässer herstellte. Maslows große Leistung bestand darin, die diffusen Hoffnungen einer Generation auf ein besseres Leben in fünf klaren Begriffen zusammengefasst zu haben, mit denen sich jeder identifizieren konnte, und seine Theorie hat bis heute nichts von ihrer Aktualität verloren.

Maslow ist ein vortreffliches Beispiel dafür, wie oft die Botschaft eines Autors von seinen Schülern im Übermaß vereinfacht wird. Insgeheim bedauerte er, dass er im wirklichen

Leben nur wenige Menschen habe ausfindig machen können, die sich selbst verwirklicht hatten. Nur etwa zwei Prozent der Bevölkerung, sagte er, hätten das erreicht, und bei genauerer Betrachtung habe sich gezeigt, dass sie in bedauerlicher Weise »unvollkommen« und »wenig angepasst« seien, unter Angst und Schuldgefühlen litten und gelegentlich zu »unerwarteter Unbarmherzigkeit und chirurgischer Kälte« neigten. Sie mochten begnadete Liebhaber sein, aber eine gute Ehe sei »unmöglich, wenn man nicht bereit ist, sich von dem anderen eine ganze Menge gefallen zu lassen«. Seine Kindheit, in der er sich gegen Antisemitismus und gegen eine rechthaberische Mutter zur Wehr setzen musste, hatte ihm manche Illusion genommen: Obwohl er bemüht war, die Welt zu einem besseren Ort zu machen, hegte er starke Zweifel, dass seine Hoffnungen sich verwirklichen lassen würden. Er war enttäuscht, weil seine Studenten seinen Idealvorstellungen nicht entsprachen, und bedauerte, dass seine Theorie weder Hitler noch die Deutschen, noch die Kommunisten zu erklären vermochte.

DIE »BEDAUERLICHE UNVOLLKOMMENHEIT« IDEALER PERSÖNLICHKEITEN

Im Übrigen, sagte er, seien nur sehr wenige Leute in der Lage, seine Theorie zu verstehen. Jeder seiner Kollegen, kluge Professoren aus Europa, die in den USA Zuflucht gefunden hatten, vertrete seine eigenen Thesen, und keiner sei mit irgendeinem anderen völlig einer Meinung, denn so fördere die akademische Welt nun einmal den kritischen Geist: Sie übernähmen voneinander nur, was in ihr eigenes Konzept passe. Der Neurologe Kurt Goldstein (1878–1965), der den Begriff der »Selbstverwirklichung« *(self-actualisation)* kurz zuvor – wenn auch unter anderen Vorzeichen – in Amerika populär gemacht hatte, war nicht damit einverstanden, dass Maslow sich seiner Terminologie bediente. In Wirklichkeit geht der Gedanke allerdings auf Aristoteles zurück, und seit-

EIN MISSVERSTANDENER MASLOW

dem haben zahlreiche Philosophen ihn in unterschiedlichen Varianten verwendet. Maslow hebt sich von ihnen insofern ab, als er wusste, wie »wacklig« die empirischen Grundlagen seiner eigenen Theorie waren, weil sie nur »auf der gründlichen Untersuchung von drei oder vier Dutzend Probanden beruhten, während weitere hundert oder zweihundert eher weniger sorgfältig und eingehend beobachtet werden konnten ... Ich räume freimütig ein, dass diese Versuchsreihe fehlerhaft und unzulänglich war – es drängt mich sogar, das einzugestehen, weil es mich ein wenig beunruhigt, dass all dieses Zeugs, das ich für unausgereift halte, von Enthusiasten aller Art für bare Münze genommen wird.« Auch die praktische Anwendung seiner Theorien ließ viele Fragen offen. Er erkannte, dass kreative Menschen, die »sich selbst verwirklicht« hatten, dazu neigten, launenhaft, widerspenstig und ein bisschen verrückt zu sein, »weil jede wirklich neue Idee anfangs verrückt erscheint ... Ich habe das den Leitern eines Unternehmens erklärt, aber mir ist schleierhaft, wie Manager mit kreativen Leuten zusammenarbeiten können, die dazu neigen, Unruhe zu stiften. Das ist aber nicht mein Problem.« Er überließ es den Managern, das Problem zu lösen, und hoffte, sie würden die Unternehmensführung als »ein psychologisches Experiment« betrachten, nachdem er ihnen Mut gemacht und eingeredet hatte, sie seien ebenso »vergeistigt« wie die »von Berufs wegen religiösen« Dichter oder Intellektuellen, nur mit dem Unterschied, dass sie eine »andere Fachsprache« verwendeten und »ihren Idealismus hinter einer Maske der Hartnäckigkeit, Gelassenheit und Selbstsucht« verbargen.

Diese Vorbehalte und Unklarheiten hielten zahlreiche Amerikaner und später viele Menschen in aller Welt nicht davon ab, in der Selbstverwirklichung den Schlüssel zu einem erfolgreichen Leben und zu einträglicher Arbeit anzusehen, so als sei plötzlich ein Eldorado des Talents entdeckt worden und jeder werde bald sagenhaft reich und innerlich erfüllt sein. Der vergebliche Versuch der Weisen – sowohl im Osten als auch im Westen –, Unwissende und Sünder in Musterbeispiele der Selbstverwirklichung zu verwandeln, war in Vergessenheit geraten, als eine neue Generation von Betriebswirten unter der Führung von Douglas McGregor (1906–1964) vom MIT und Peter Drucker (1909–2005), der kurz zuvor mit seiner Studie über General Motors Aufsehen erregt hatte, das Maslow'sche Prinzip als Allheilmittel wiederentdeckte. Seitdem ist es fester Bestandteil aller Personalschulungsprogramme, die den Anspruch erheben, aus einfachen Menschen mustergültige Führungskräfte zu machen. Die New-Age-Gurus der sechziger Jahre verarbeiteten Maslows Psychologie zu einer Fertigsauce, mit der sie ihre esoterischen Gerichte würzten, und auf diesem Umweg sickerte sie in eine Unzahl von Selbsthilfebüchern ein, die Reichtum, Ruhm und Glück versprachen. Eine Werbeanzeige verkündete zum Beispiel, man müsse sich lediglich »bewusst werden, dass man sein, tun und haben kann, was immer man will«. Betty Friedan (1921–2006), die zur gleichen Zeit Psychologie studierte, als Maslows »humanistische Psychologie« in Mode kam, machte sich seine Sprache zu eigen, als sie in ihrem Buch *Der Weiblichkeitswahn* den berühmt gewordenen Satz schrieb: »Das Problem ohne Namen – nämlich schlicht und einfach die Tatsache, dass die amerikanischen Frauen daran gehindert werden, ihre vollen menschlichen Fähigkeiten zu entwickeln – fordert einen weit höheren Zoll an körperlicher und geistiger Gesundheit als jede bekannte Krankheit.« Die »positive Psychologie«, die die Nachfolge der »humanistischen Psychologie« angetreten hat und Maslow als einen ihrer Impulsgeber anerkennt, ist inzwischen ein akademisches Lehrfach, das die Menschen unterweist, glücklich zu sein, ihre »Kernqualitäten zu entwi-

> EIN ELDORADO DES TALENTS

> DER KULT DER SELBSTACHTUNG

ckeln« und »Nischen zu finden, in denen sie ihre positiven Anlagen am besten ausleben können«. Vor allem gab Maslows Bedürfnispyramide den Industriekapitänen ein fertiges Schema an die Hand, mit dem man den Angestellten einreden konnte, dass ihre Arbeit ihnen helfe, sich »selbst zu verwirklichen«. Sich in der eigenen Haut wohl zu fühlen und »man selbst zu sein« wurde zum höchsten Lebensziel. Das ist, als wären die Gefühle das einzige Gut, das einem ganz allein gehört, und als müsse man den Einzelnen vor Kritik schützen, weil sie dazu führen würde, dass er sich schlecht fühlt. Aber kann es wirklich das höchste Ziel sein, die eigene Identität zur Geltung zu bringen und sie zu verteidigen? Wohin führt es, die Selbstachtung zu kultivieren?

Es ist schwer zu sagen, ob es heutzutage mehr »Beethovens« gibt als früher, oder weniger Tyrannen oder weniger Dummköpfe. Und bislang hat noch niemand die Theorie aufgestellt, dass – weil so viele Genies, Propheten und Künstler unter Armut oder Verfolgung gelitten haben – der sicherste Weg zum Gipfel der Berühmtheit sei, in einer Dachkammer oder einem Gefängnis von Wasser und Brot zu leben. Es ist nicht das erste Mal in der Geschichte der Menschheit, dass Einzelne sich auf die einsame Suche nach dem Sinn ihrer Existenz begeben. Diese Reise haben Menschen schon immer unternommen, wenn es offiziellen Institutionen nicht gelang, ängstliche Gemüter zu beschwichtigen. Das 20. Jahrhundert hat diese Reise nur noch beschwerlicher gemacht, weil es viele Menschen zu der Überzeugung brachte, keinen anderen Gefährten zu haben als ihr Ego, und es dem vereinsamten Spermium und der frustrierten Eizelle überließ, miteinander Frieden zu schließen.

Sich selbst zu verwirklichen ist nicht dasselbe, wie ein erfülltes Leben zu führen. Wie kann jemand, der sich der eigenen Grenzen bewusst ist, damit zufrieden sein, sich nichts weiter erhoffen zu dürfen, als sein offenkundig unzulängliches »Potenzial« auszuschöpfen und dabei auf die dürftigen

Talente angewiesen zu sein, die ihm in die Wiege gelegt wurden? Auch wenn die Selbstverwirklichung zur offiziell gebilligten Maxime vieler Länder geworden ist, die sich zur Aufgabe gesetzt haben, aus dem Weg zu räumen, was den Einzelnen daran hindert, »wirklich er selbst« zu sein, ist das womöglich nicht das Endziel der Menschheit. Viele Regierungen überall auf der Welt haben versucht, die Menschen glücklich, wohlhabend, einflussreich, frei zu machen. Aber glückliche Menschen können selbstsüchtig sein. Wohlhabend zu werden macht einen nicht unbedingt zu einem besseren Menschen. Die Macht korrumpiert nicht nur, sie ist auch das Virus, das Größenwahn auslöst. Die Freiheit, so unentbehrlich sie ist, kann auch der Ungewissheit zum Opfer fallen, was man mit ihr anfangen soll. Amtliche Rezepte zur Steigerung des menschlichen Wohls haben die erwarteten Ziele nur sehr selten erreicht. Pyramiden Stufe für Stufe zu ersteigen und dabei immer genau zu wissen, wohin man den Fuß setzen muss, ist eine viel zu simple Metapher für das Leben. Als ich zwölf war, bin ich bis zur Spitze der Cheops-Pyramide geklettert und habe dort meinen Namen in den Stein geritzt, wie das alle Touristen tun, aber dann blieb mir nichts anderes übrig, als wieder hinabzusteigen.

<small>GLÜCK UND SELBSTSUCHT</small>

Was das Leben bedeutet, kann ich nicht wissen, bevor mir nicht jeder Einzelne verraten hat, was er in seinem Leben gefunden oder vergeblich gesucht hat. Ich kann nur ein winziges Eckchen des Universums sehen und erst dann anfangen, mir ein größeres Bild davon zu machen, wenn ich herausgefunden habe, was andere sehen. Lebendig zu sein heißt mehr als nur ein Herz zu haben, das schlägt. Es heißt auch, sich bewusst zu werden, wie andere Herzen schlagen und wie andere im Austausch miteinander denken. Die schlimmste Krankheit, die die Lebenden befallen kann, ist der *rigor vitae*, die Lebensstarre oder Starre

<small>GEISTIGE STARRE</small>

des Geistes, die die Neugier lähmt und durch monotone und gedankenlose Routine ersetzt. Sie ist gefährlicher als der *rigor mortis*, die Totenstarre, weil sie einem die Illusion vermittelt, noch zu leben. »Lebendig sein« ist nur eine leere Worthülse, wenn man nicht mehr imstande ist, Gedanken zur Welt zu bringen, auf die man nie zuvor gekommen war, und sich von dem, was andere denken, inspirieren zu lassen.

Ein Wandel im Verständnis des Lebens war unmöglich, solange sich das Verständnis des Todes nicht änderte, aber das zumindest ist endlich eingetreten, weil man den Vorgang des Sterbens jetzt unter dem Mikroskop genauer verfolgen kann. Der Tod ist nicht, für was wir ihn hielten. Eine fruchtbare Zwiesprache ist nicht nur, was uns ermöglicht, die Gesellschaft eines anderen zu genießen, sie findet auch in einer Form, die erst kürzlich entdeckt wurde, still und für das bloße Auge unsichtbar in unserem Fleisch und Blut statt. Unser physisches Überleben ist vom Dialog der Zellen abhängig, aus denen wir bestehen. Eine Zelle lebt nur dank der Verbindungen weiter, die sie mit anderen Zellen um sie herum aufnimmt. Jeden Tag sterben in meinem Körper Milliarden von Zellen, aber es ist nicht das Alter, das sie umbringt. Im Gegenteil: Die meisten Zellen begehen Selbstmord. Sie werden mit der Fähigkeit geboren, sich das Leben zu nehmen, und machen davon Gebrauch, wenn sie mit ihren Nachbarzellen keine Signale mehr austauschen können. Sie überleben, solange sie sich mit anderen Zellen verbinden können, um etwas hervorzubringen, das mehr ist als sie selbst. Sie verändern sich unablässig, indem sie mit anderen verschmelzen, und die Proteine in ihrem Inneren passen sich den anderen Proteinen in ihrer Nachbarschaft an wie Tänzer, die ein Ballett aufführen. Jede Zelle kann sich innerhalb weniger Stunden zerstören, und ihr Entschluss zum Selbstmord wird

EIN NEUES VERSTÄNDNIS DES TODES

DIE STRAFE FÜR DAS SCHWEIGEN IST DER TOD

ausgelöst, wenn eine ganze Reihe von Gesprächsversuchen mit ihren Nachbarzellen fehlgeschlagen ist: Die Strafe für das Schweigen ist der Tod. Diese Vorgänge bedeuten, dass unser Körper sich beständig erneuert, während unzählige Zellen vergehen wie Herbstblätter, die vom Baum fallen. Auch unser Gehirn übernimmt und verwirft unablässig Gedanken, die wir fremden Hirnen entlehnen.

Nicht nur Zellen begehen Selbstmord, indem sie sich abkapseln. Auch Menschen, die nichts anderes als Nabelschau betreiben, verpassen das Leben. Das Geschenk des Lebens ist mit der Einladung verbunden, mit der unendlichen Vielfalt der natürlichen Umgebung und der Phantasie und dem Einfallsreichtum anderer in Verbindung zu treten. Sie zu würdigen kann Zuneigung erwecken, und man wird umso lebendiger, je weiter man seine Zuneigung ausdehnt. Wenn ich bei einem anderen Menschen interessante Eigenschaften entdecke und imstande bin, ihm die eine oder andere Inspiration zu bieten, die ihm niemand sonst verschaffen kann, füge ich dem Leben etwas hinzu. Jede Begegnung zweier Menschen, die nicht nur oberflächlich bleibt, ist eine Chance, das Leben durch Entdeckungen und Erfindungen über das Banale hinausgehen zu lassen. Wenn andere mir Angst machen und ich nicht weiß, wie ich mit ihnen reden kann, und auch sie mir nichts zu sagen wissen, oder wenn wir kein Verständnis für die Bedürfnisse des jeweils anderen haben, befinden wir uns in derselben Lage wie Zellen, deren Existenz sinnlos geworden ist. Aber obwohl die Angst ebenso unvermeidlich ist wie der Hunger, gibt es mehr oder weniger elegante Möglichkeiten, mit beiden umzugehen. Ängste zu erkunden ist eine der Aufgaben, die uns das Leben stellt, und dazu gehört auch, die Landkarte der eigenen Ängste neu zu zeichnen.

Marginalien: DAS LEBEN VERPASSEN — DEM LEBEN ETWAS HINZUFÜGEN — DIE LANDKARTE DER ANGST NEU ZEICHNEN

Institutionen, Regierungen und Unternehmen, die den Zweck verfolgen, die Störungen zu beheben, die durch Launen, Ärger, Langeweile, Zufall und alle anderen Missgeschicke des Alltags hervorgerufen werden, mögen weiterhin überzeugt sein, dass private Gespräche weniger Einfluss ausüben als Leitlinien und Verhaltensregeln, die für jedermann verbindlich sind. Rednern mag es gelegentlich gelingen, Menschenmassen unversehens in Heuschreckenschwärme zu verwandeln. Aber der Welt eröffnen sich neue Möglichkeiten, wenn die Interaktion von Individuen den Verstand schärft, Ängste beschwichtigt und unerwartete Synergien freisetzt. Es mangelt nicht an Gelegenheiten, sich zu unterhalten, aber nicht jede Unterhaltung ist ein Gespräch, das dem Denken als Triebfeder dienen kann. Zwar gibt es heute mehr Möglichkeiten der Interaktion als jemals zuvor, aber auch die Hindernisse sind zahlreicher geworden. Auch wenn ihre Erfindungen einwandfrei funktionieren, hat die Technik die Ängste, die die Menschen lähmen, nicht aus dem Weg räumen können. Deshalb liefern die Erfahrungen jedes Einzelnen und seine Versuche und Irrtümer einen entscheidenden Beitrag zum Verständnis des Lebens.

GESPRÄCHE SIND DIE TRIEBFEDERN DES DENKENS

1085 führte Wilhelm der Eroberer (1028–1087), der König der Engländer, »tiefgehende Gespräche mit seinen Ratgebern und schickte Männer in ganz England zu jeder Grafschaft aus, um herauszufinden, was oder wie viel jeder Grundbesitzer an Land und Vieh hatte, und was es wert war«. Das Ergebnis dieser Erfassung war das *Domesday Book*, ein Bestandsverzeichnis dessen, was damals am wichtigsten war: Eigentum. Heute besteht Anlass zu einer anderen Art von Bestandsaufnahme. Wie gut Sie von anderen verstanden werden und wie gut Sie andere verstehen, ist für Ihr Leben wichtiger als das, was Sie besitzen. Ein weit umfangreicheres Buch wartet dar-

EIN NEUES DOMESDAY BOOK

auf, geschrieben zu werden, eine Zusammenstellung der Aussagen einzelner Personen über das, was sie schätzen, glauben, fürchten und hoffen. Jeder hat weit mehr zu sagen, als sich mit einem Kreuz auf einem Stimmzettel ausdrücken lässt. 81 Prozent aller Amerikaner gaben in einer Umfrage an, eine Idee für ein Buch im Kopf zu haben, das sie gerne schreiben würden. Das muss kein Luftschloss bleiben. Öffentliche Bibliotheken, die einen so entscheidenden Beitrag zur privaten Fortbildung der Massen geleistet haben, könnten ihrer drohenden Schließung entgegenwirken, indem sie eine neue Phase einleiten, in der sie nicht nur Bücher verleihen, sondern den Leuten helfen, selbst welche zu schreiben. Sie könnten Selbstporträts fördern und sammeln, in denen die Verfasser aufzeichnen, was in ihrem Leben von Bedeutung ist und was sie anderen über sich mitteilen wollen, und sie könnten ihren Besuchern die Möglichkeit geben, zu erfahren, wie sie sich die Talente und Hoffnungen von Nachbarn, die sie nur flüchtig oder gar nicht kennen, zunutze machen können. Die Bibliothekare der öffentlichen Büchereien einer der größten Städte der Welt haben bereits zugesagt, sich auf dieses Abenteuer einzulassen.

Dieses Buch ist mein Beitrag. Ich hoffe, dass die Gelegenheit, meine Gespräche zu belauschen, in meinen Lesern den Wunsch geweckt hat, sich einzumischen und zu widersprechen, und dass sie Lust bekommen, ihr eigenes Buch anzufangen, um darin aus ihrer Perspektive zu schildern, was für sie in der Vergangenheit besonders bedeutsam war, und sich eine Zukunft auszumalen, die der Gegenwart mehr Hoffnung schenkt.

WO FINDET MAN NAHRUNG FÜR DEN GEIST?

Alle Menschen, denen ich je begegnet bin, sowohl diejenigen, die mir freundlich und wohlgesonnen waren und mir ihre Türen geöffnet haben, als auch die, die mich verwirrt, gemieden, erschreckt oder entsetzt haben, alle Bücher von lebenden oder verstorbenen Schriftstellern, die ich in meinem Leben gelesen habe, und alle Dinge, die ich je gesehen und gehört habe, sind Mitautoren dieses Buchs. Alle sind für mich Musen gewesen, auch wenn sie nichts davon wissen.

Im Gegensatz zum Panda, der nichts anderes frisst als Bambus, können die Menschen fast alles in geistige Nahrung verwandeln. Dieses Buch ist mein Versuch, unseren Geschmack zu erweitern, und das setzt voraus, die Vorlieben, Meinungen, Erfahrungen und Hoffnungen anderer zu entdecken. Praktische Möglichkeiten, an diesem Bestreben teilzuhaben, finden Sie auf der Website der Oxford Muse Foundation (www.oxfordmuse.com), einer gemeinnützigen Stiftung, die gegründet wurde, um die auf diesen Seiten beschriebenen Arten von Gesprächen, Selbstporträts und Experimenten zu fördern. Auch wenn Sie das Gefühl haben, den Absurditäten und Grausamkeiten, die uns das Leben verleiden, machtlos gegenüberzustehen, können Sie die Welt ein klein wenig klüger machen, indem Sie ihr die Möglichkeit geben, etwas über Sie, über Ihre Art zu denken, über die Wechselfälle Ihres mehr oder weniger erfolgreichen Erwerbslebens und über Ihre Methoden, mit Missgeschicken umzugehen, zu erfahren.

Jeder gebildete Mensch ist nicht nur Leser, sondern auch Schriftsteller, und ich lade Sie ein, zu Papier zu bringen, was Sie gewöhnlich für sich behalten. Wenn Sie Ihr Selbstporträt in unsere Galerie einstellen, gern auch anonym oder in Bildern, werden Sie eine Muse für andere.

Die Website lädt Sie auch zur Beteiligung an einem neuen Projekt ein, das demonstrieren soll, dass Menschen sich durch ihre Fähigkeit zu denken auszeichnen und dass Denken ebenso aufregend und befriedigend sein kann wie die bekannten Angebote der Unterhaltungsindustrie.

Schon durch den Kauf dieses Buches unterstützen Sie eine gemeinnützige Organisation, die das Ziel verfolgt, sich auf nützlichere Art an die Vergangenheit zu erinnern, an ihre Irrwege ebenso wie an ihre Errungenschaften, sodass man mehr tun kann, als die Schlaglöcher einer alten, widersprüchlich ausgeschilderten Straße auszubessern.

Auf der Website der Oxford Muse Foundation habe ich meine Dankbarkeit gegenüber all den vielen Menschen, die unsere Bemühungen im Lauf der Jahre auf unterschiedliche Weise unterstützt und gefördert haben, ausführlicher zum Ausdruck gebracht. Aber es gehört sich, in jeden Gegenstand die Namen seiner Schöpfer einzugravieren, und deshalb möchte ich auf dieser letzten Seite diejenigen Menschen erwähnen, die aus meinem Manuskript mit überaus kundiger Hand ein richtiges Buch und seine Veröffentlichung zu einer so erfreulichen und anregenden Erfahrung gemacht haben: Christopher MacLehose, Katharina Bielenberg, Auriol Bishop, Paul Engles, Bethan Ferguson, Lucy Hale, Corinna

Zifko und ihre Kolleginnen, Rukun Advani und Michael Salu, Andrew Nurnberg und seine Kollegen sowie nicht zuletzt die unersetzlichen Buchhändler, die bereit waren, dieses Buch als Pflegekind aufzunehmen, bis es geneigte Leser findet.

NAMENSVERZEICHNIS

A

Abu Nawas 207
Adams, John 255
Addison, Joseph 43
Akbar, Dschalaludin Mohammed 208
Al-Banna, Hasan 124, 126, 131f.
Al-Dschuwaini 144
Alexander der Große 41, 246
Allen, Woody 421
Andersen, Hans Christian 220, 222f., 227, 232
Anthony, Susan B. 132, 457
Aristoteles 124, 284, 428, 448, 461
Armstrong, Louis 457
Ar-Razi, Abu Bakr 245
Ar-Rumi, Dschalal ad-Din Muhammad 288
Ashley-Cooper, Anthony Earl of Shaftesbury 154
As-Sadat, Anwar 198
As-Suyuti, Jalal ad-Din 39
Auden, Wystan Hugh 408
Augustinus 137
Austen, Jane 457

B

Bacon, Francis 334f., 339, 350, 352, 443, 457
Banarasidas 40
Bang, Peter 228f., 232
Ban Zhao 242
Barlow, Robert 336f., 350
Bartlett, Frederic Charles 181
Barton, Bruce Fairchild 360
Beauvoir, Simone de 457
Beecher, Henry Ward 146
Beethoven, Ludwig van 123, 125, 178, 457, 460
Bennis, Warren Gamaliel 347ff.
Berkeley, George 457
Berners-Lee, Tim 132
Birbal (Hofnarr Akbals) 208
Birla, Ghanshyam Das 104ff.
Bismarck, Otto von 16, 156
Blake, William 457
Blixen, Karen (Tania) 223, 231f.
Boetie, Dugmore 42
Bohr, Niels 179, 449f.
Borge, Victor 228
Botton, Alain de 305
Braque, Georges 435f.
Brassens, Georges 457
Braudel, Fernand 450

Buckingham, Herzog von *Siehe*
 Villiers, George Herzog von
 Buckingham 305
Buddha (Siddharta Gautama)
 149, 321, 458
Buffon, Georges-Louis Leclerc
 Comte de 271f., 276
Burns, Robert 95
Bush, George W. 361

C

Calderón de la Barca, Pedro
 458
Callas, Maria 457
Carnegie, Andrew 91, 93, 95,
 97ff., 105f.
Cassianus *Siehe* Johannes
 Cassianus 309
Cavendish, Margaret 41
Cervantes, Miguel de 212f.
Cézanne, Paul 435
Chanel, Gabrielle »Coco« 457
Chaplin, Charlie 200
Chaucer, Geoffrey 213
Chen Hengzhe 37
Ching 102
Chin Yun 297ff., 304, 310, 312,
 317
Chu Hsi *Siehe* Zhu Xi 241
Congreve, William 210
Cortés, Hernán 18
Costa, Lúcio 435

D

Dahlvig, Anders 352
Daniel, Henry 381
Darius III. 295
Darwin, Charles 159
Davy, Humphry 247
Demophilus von Konstantinopel
 145

Descartes, René 443, 457
Dhu n-Nun al-Misri 288
Dickens, Charles 116f., 133,
 194f.
Diderot, Denis 63, 122, 443
Diogenes 245
Disraeli, Benjamin 45
Dostojewski, Fjodor Michailo-
 witsch 388ff., 396
Dreiser, Theodore 97
Drucker, Peter 463
Dschingis Khan 456
Dylan, Bob 256

E

Edison, Thomas Alva 13
Edward VII. 100
Einstein, Albert 73f., 175ff.,
 182, 186
Eisenhower, Dwight David 141
Eisenstein, Sergej 64, 66f., 69,
 71f., 190
Elisabeth I. 207
Elmhirst, Leonard Knight
 167f., 170
El-Shennawi, Kamal 198
Erasmus von Rotterdam 203,
 207
Erhard, Werner 347
Eulenspiegel, Till 214
Evert, Chris 353

F

Farquhar, George 210
Feydeau, Georges 200
Feynman, Richard 449
Fibiger, Mathilde 225f., 232
Fichte, Johann Gottlieb 273
Ford, Henry 171, 394
Fougeret de Montbron, Louis-
 Charles 247

Franklin, Benjamin 254
Freud, Caroline 48
Freud, Lucian 47f., 63
Freud, Sigmund 49, 460
Friedan, Betty 463
Fuller, Margaret 267

G
Galilei, Galileo 66
Gandhi, Indira Priyadarshini 164
Gandhi, Mohandas Karamchand 104f., 165
Garbo, Greta 457
Garibaldi, Giuseppe 16
Gibbon, Edward 122
Goethe, Johann Wolfgang von 55
Goldstein, Herbert S. Rabbi 176
Goldstein, Kurt 461
Gong Zizhen 120
Grant, Ulysses 16
Gregor von Nyssa 144
Grossmann, Marcel 74
Grundtvig, Frederik 235f., 238ff.

H
Hajj Sayyah (Mirza Mohammad Ali) 15, 17f., 399
Händel, Georg Friedrich 457
Han Shu 102
Harun ar-Raschid 207
Haydon, Benjamin 109ff., 120
Heisenberg, Werner 449f.
Hepburn, Katharine 457
Hillel 152
Hitler, Adolf 461
Hobbes, Thomas 338

Holbein, Hans der Jüngere 204
Holmes, Oliver Wendell 457
Hongwu Taizu 145
Hsieh An 303
Hsün-tse 440
Hume, David 457
Hu Shi 36f.
Hussein, Taha 40

I
Ibn al-Muqaffa, Abdullah 260
Ibn Chaldun 198

J
James I. 305
Jeanneret, Charles-Édouard Siehe Le Corbusier 435
Jefferson, Thomas 133, 334
Jensen, Jacob 229
Jesus von Nazaret 142, 457
Johannes Cassianus 309
Julia von Antiochien 139

K
Kafka, Franz 407ff., 412
Kamban 259
Kamprad, Ingvar 363ff., 372ff., 376
Kamprad, Margaretha 368, 372
Kant, Immanuel 273, 457
Karl Ludwig, Kurfürst von der Pfalz 207
Keats, John 110
Kierkegaard, Søren 226f., 232
Kolumbus, Christoph 18
Konfuzius 152, 214, 285, 311, 352, 432
Kunde, Jesper 230

L

Lao She 190, 193 ff., 197, 201, 206
Lao-Tse 138
La Salle, Jean-Baptiste de 199
Leclerc, Georges-Louis Comte de Buffon *Siehe* Buffon 271
Le Corbusier 427, 435, 438
Leibniz, Gottfried Wilhelm 43, 273, 443
Lenglen, Suzanne 354
Lenin, Wladimir Iljitsch 383
Leonardo da Vinci 453, 457
Linné, Carl von 268 ff., 276
Liu Ling 303
Li Yu 301
Locke, John 132, 457
Ludwig XIII. von Frankreich 207
Lukian von Samosata 204
Luther, Martin 269 f.

M

Machiavelli, Niccolò 199, 260
Macmillan, Harold 44
Macrima 144
Madhava Acharya 143
Magritte, René 457
Mani 137 ff.
Mao Ch'i Ling 33 ff., 38, 42 f.
Mao Zedong 195, 304, 387
Marais (Hofnarr Ludwigs XIII. von Frankreich) 207
Maria Stuart 208
Marx, Karl 289
Maslow, Abraham 459 ff.
Matsushita, Konosuke 343
Maverick, Samuel Augustus 280 ff.
McGregor, Douglas 347, 463
Melville, Herman 235

Mengzi (Mencius) 241, 457
Mercier, Louis-Sébastien 68
Merton, Thomas 118, 137
Michisunas Mutter 38
Millar, John 210
Miller, Arthur 253
Mill, John Stuart 225
Mirza Mohammad Ali *Siehe* Hajj Sayyah 15
Mishima, Yukio 252
Mohammed 153, 278
Mohan, Senapati 213
Morus, Margaret 204
Morus, Thomas 203 f., 210, 216
Mozart, Wolfgang Amadeus 458
Mubarak, Husni 198
Murray, Simon 18

N

Napoleon Bonaparte 51, 247
Napoleon III. 51
Nasreddin 212
Nasser, Gamal Abdel 198
Navratilova, Martina 354
Nehru, Jawaharlal 165
Newton, Isaac 457
Niemeyer, Oscar 423, 425 ff., 432, 434 f., 438
Nightingale, Florence 132, 457
Nobel, Alfred 211

O

O'Connor, William Henry Kardinal von Boston 176
Okuni, Izumo no 321
Olufsen, Svend 228 f.
Oshio Heihachiro 252 f.
Overbeke, Aernout van 213
Owen, Robert 168, 243

P

Pa 102
Pachomius 308
Pascal, Blaise 387
Perikles 263
Picasso, Pablo 435
Pitt, William 438
Platon 284
Plutarch 383
Poe, Edgar Allan 393
Poincaré, Henri Jules 186
Pollock, Jackson 70
Polo, Marco 350
Pope, Alexander 288
Ptahhotep 429

Q

Qutb, Sayyid 124

R

Rabelais, François 213
Ramanujan, Attipate Krishnaswami 307
Raychaudhuri, Tapan 82
Ray, Satyajit 164
Reynolds, Malvina 257
Rimbaud, Arthur 18
Ritz, César 395
Roosevelt, Franklin Delano 360
Roosevelt, Theodore 99, 201
Rousseau, Jean-Jacques 248f., 272
Ruan Chi 303
Rushdie, Salman 124
Ruskin, John 457
Russell, Bertrand 159, 170

S

Sadat *Siehe* As-Sadat, Anwar 198
Sandemose, Aksel 230ff.
Sargon von Akkad 246
Sarmiento, Domingo Faustino 394
Schlegel, Friedrich von 273
Schostakowitsch, Dmitri 212
Schweitzer, Albert 133
Selfridge, Harry Gordon 375
Sen, Amartya 164, 288
Sen, Haimabati 78f., 82, 87, 89, 91, 101, 103
Shaftesbury, Anthony Earl of 213
Shah Jahan (Shihabuddin Muhammad) 171
Shakespeare, William 29, 95, 243, 321, 334, 431, 458
Shelley, Percy Bysshe 110
Shen Fu 297ff., 304, 310, 312, 317
Shishuo Xinyu 285
Shunzhi 438
Smith, Adam 84, 91, 210
Sogi 318f.
Sokrates 84f., 285
Solon 156
Spencer, Herbert 93
Spinoza 177
Stalin, Josef 66, 122
Statler, Ellsworth Milton 394
Steingarten, Jeffrey L. 295
Sterne, Laurence 213

T

Taft, William Howard 99
Tagore, Rabindranath 157ff., 175, 179f., 182
Tamerlan (Timu) 212
Tarlton, Richard 207
Taylor, Frederick Winslow 330ff.

Temple, William 210
Thackeray, William Makepeace 194
Theophrastos von Eresos 284
Thoreau, Henry David 381
Thumb, Tom 117
Tillich, Paul 61
Tocqueville, Alexis de 57
Tschaikowski, Pjotr Iljitsch 457
Tung-fang Shuo 208
Twain, Mark 99f., 194f.

V
Veronese, Paolo 71
Vestey, William 120
Villiers, George Herzog von Buckingham 305f.
Voltaire 272, 339

W
Wahid, Abdurrahman 123ff., 132
Walton, Sam 355ff., 359ff., 363, 365, 367
Wang Shou-ch'i 50
Wang Yangming 252

Watt, James 331
Webb, Martha Beatrice 158
Wedgwood, Josiah 133
Wesley, John 151
Whitney, Dorothy Payne 160
Wilde, Oscar 277
Wilhelm der Eroberer 468
Wilkes, John 304
Wilson, Deirdre 5, 448
Wordsworth, William 110
Wright, Frank Lloyd 67, 133
Wu (Kaiser von China) 208

X
Xenophon 84ff.
Xunzi *Siehe* Hsün-tse 440

Y
Yamanoue no Okura 318
Yeats, William Butler 173

Z
Zainab bint Chuzaima 278
Zaleznik, Abraham 342f.
Zhang Tao 82
Zhu Xi 241
Żmichkowska, Narcyza 273ff.

DER AUTOR

Theodore Zeldin, geboren 1933, hat viele Jahre in Oxford Geschichte gelehrt. Als Autor hat er sich unter anderem mit *Eine intime Geschichte der Menschheit* einen Namen gemacht. Die britische Zeitung *The Independent* setzte ihn auf die Liste jener weltweit vierzig Menschen, deren Ideen das 21. Jahrhundert nachhaltig beeinflussen werden. Zeldin ist Kommandeur der französischen Ehrenlegion, Mitglied der British Academy und der Royal Society of Literature. Er lebt mit seiner Frau, der Linguistin und Kognitionswissenschaftlerin Deirdre Wilson, bei Oxford.